조영남(趙英男, Young Nam Cho)

2002년부터 현재까지 서울대학교 국제대학원 교수로 재직하고 있다. 서울대학교 동양사학과를 졸업하고 정치학과에서 석·박사 학위를 받았다. 중국 베이징대학(北京大學) 현대중국연구센터 객원연구원(1997~1998년), 난카이대학(南開大學) 정치학과 방문학자(2001~2002년), 미국 하버드-옌칭연구소(Harvard-Yenching Institute) 방문학자(2006~2007년)를 역임했다. 연구 성과로는 『중국의 위기 대응 정책』(2024년), 『중국의 통치 체제 1·2·3』(2022~25년), 『중국의 엘리트 정치』(2019년), 『개혁과 개방』/『파벌과 투쟁』/『톈안먼 사건』(〈덩샤오핑 시대의 중국〉 3부작)(2016년), *Local People's Congresses in China* (2009년) 등 모두 18권의 단독 학술서와 많은 학술 논문이 있다. 서울대학교 연구공로상(2007년), 니어(NEAR) 재단 학술상(2008년), 한국정치학회 학술상(저술부문)(2020년)을 수상했다.

KB192197

(주)북이십일 경계를 허무는 콘텐츠 리더

21세기북스 채널에서 도서 정보와 다양한 영상자료, 이벤트를 만나세요!
페이스북 facebook.com/jiinpill21   포스트 post.naver.com/21c_editors
인스타그램 instagram.com/jiinpill21   홈페이지 www.book21.com
유튜브 youtube.com/book21pub

중국의
통치 체제 3

이 연구는 2024년도 서울대학교 아시아연구소의 아시아 기초 연구 사업의 지원을
받아 수행되었음

중국의 통치 체제

3

국가 헌정 체제

조영남

21세기북스

'공산당의 국가' 중국에서
정부와 의회는 무엇을 하는가?

만약 마오쩌둥이 통치했던 문화대혁명 시기(1966~1976년)였다면, 이 질문에 쉽게 답했을 것이다. 당시에는 중국 정치에서 정부와 의회가 별 역할을 담당하지 못했기 때문이다. 단적으로 의회는 법원·검찰원·공안(경찰) 기관과 함께 10년 동안 문을 닫았고, 그래서 단 한 건의 법률도 제정하지 못했다. 정부는 문을 닫지는 않았지만, 원래의 역할을 제대로 수행하지는 못했다. 대신 당정간부, 군대(인민해방군) 대표, 군중(인민단체) 대표가 중심이 되어 구성된 혁명위원회가 정부의 기능을 수행했다.

그러나 중국이 1978년부터 사유화·시장화·개방화·분권화를 핵심 내용으로 하는 개혁·개방 정책을 추진한 다음부터는 상황이 완전히 달라졌다. 개인적 소유제도를 도입하고 시장경제를 활성화하는 일, 해외직접투자(FDI)를 유치하고 대외무역을 촉진하는 일은 공산당이나 군대가 맡아서 할 수 있는 성격의 일이 아니다. 이런 업무는 높은 수준의 전문 지식과 체계적인 실무 능력을 갖춘 행정기관, 즉 정부가 맡아야만 하는 일이다. 개혁기에 들어 중앙과 지방 모두에서 정부가 개혁·개방 정책을 주도하게 되고, 그 결과 정부의 역할이 매우 강화된 것은 바로 이 때문이다.

정부보다는 못하지만, 의회도 개혁기에 들어서는 역할이 강화되었다. 개인적 소유제도와 시장제도는 법률로 보장하고, 법률에 근거하여 관리하지 않으면 운영될 수 없다. 해외직접투자를 유치하고 대외무역을 촉진하는 일도 마찬가지다. 모두 법률체계가 갖추어져 뒷받침해야만 제대로 추진될 수 있는 정책들이다. 중국에서 1980년대부터 '시장경제는 법제경제(法制經濟)'라는 말이 유행하고, 이를 실행하기 위해 많은 법률이 제정된 것은 이 때문이다. 이에 따라 의회의 입법 기능은 강화될 수밖에 없었다. 의회가 제정한 법률을 정부가 제대로 집행하도록 감독하는 일도 마찬가지다. 이것도 역시 의회의 고유한 기능으로, 1990년대 이후에 의회의 감독 기능은 점차로 강화되었다.

정리하면, 개혁기 중국 정치에서 정부와 의회는 공산당 영도하에 매우 중요한 역할을 담당한다. 따라서 중국의 통치 체제를 제대로 이해하기 위해서는 공산당의 역할뿐만 아니라 정부와 의회의 역할도 함께 살펴보아야 한다. 그래서 『중국의 통치 체제 1: 공산당 영도 체제』와『중국의 통치 체제 2: 공산당 통제 기제』에서 공산당의 구조와 활동을 집중적으로 분석한 다음에『중국의 통치 체제 3: 국가 헌정 체제』에서는 정부와 의회로 초점을 옮겨 이들의 구조와 활동을 체계적이고 깊이 있게 분석한 것이다.

내가 이 책에서 정부와 의회의 활동을 분석할 때는 특히 다음과 같은 두 가지 사항에 주의했다. 첫째, 정부와 의회의 역할을 각각 분리해서 분석하는 것이 아니라, 공산당—정부—의회 간의 상호작용 속에서 이들이 수행하는 역할을 분석하려고 노력했다. 정부와 의회는 '공산당 영도 체제' 속에서 활동한다. 따라서 실제 활동 과정에서 정부와 의회가 각각 공산당과 어떤 관계를 맺고 있고, 공산당은 이들의 활동에 어떤 영향을 미치는가를 자세히 살펴보아야 한다. 마찬가지로 정부와 의회가 활동 과정에서 서로 어떤 관계를 맺고 있고, 서로에게 어떠한 영향을 미치는가도 자세히 분석해야 한다. 이렇게 함으로써만 우리는 중국의 통치 체제를 입체적이고 역동적으로 이해할 수 있다. 이것이 이 책의 첫 번째 특징이다.

둘째, 정부와 의회의 활동을 실제 사례를 중심으로 생생하게 분석하려고 노력했다. 〈헌법〉과 법률은 정부와 의회가 수행하는 직권을 자세히 규정하고 있다. 그러나 한국을 포함한 전 세계 국가 중에서 정부와 의회가 법률 규정대로 그대로 활동하는 곳은 거의 없다. 중국은 특히 더 그렇다. 따라서 우리가 중국 정부와 의회의 역할을 제대로 이해하려면 〈헌법〉과 법률의 '규정'이 아니라 현실에서 이들이 수행하는 '실제' 활동을 살펴보아야 한다. 우리는 사례 분석을 통해 이를 확인할 수 있다. 이것이 이 책의 두 번째 특징이다.

이 책은 모두 두 부분으로 구성되어 있다. 제1부 「정부」에서는 먼저 중앙 정부인 국무원을 사례로, 중국 정부의 구조와 기능을 간략하게 살펴본다. 이어서 정책 결정 과정(policy-making process)의 관점에서 정부가 일상 시기와 위기 시기에 중요한 정책을 어떻게 결정하고 집행하는지를 원론적인 차원에서 분석한다. 이런 분석을 기반으로 의료개혁을 사례로 정부의 일상 시기 활동을 분석하고, 코로나19 방역을 사례로 정부의 위기 시기 활동을 분석한다. 이를 통해 우리는 중국 정부가 어떻게 활동하고 있는지를 생생히 이해할 수 있을 것이다.

제2부 「의회」에서는 먼저 중앙 의회인 전국인민대표대회(전국인대)를 사례로, 중국 의회의 구조와 역할을 살펴본다. 이때에는 중국 의회의 '이중구조 현상'과 '선택적 역할 강화' 현상에 초점을 맞춘다. 이 현상은 다른 국가의 의회에는 없는 중국 의회만의 고유한 특징이다. 다음으로 의회가 수행하는 입법(legislation), 감독(supervision), 대의(representation)의 세 가지 역할을 자세히 분석한다. 입법 역할은 다시 중앙 의회(전국인대)와 성급(省級: 성·자치구·직할시) 지방 의회로 나누어 사례를 중심으로 분석한다. 감독 역할은 활동이 가장 활발한 현급(縣級: 현·시·구) 지방 의회에 초점을 맞추어 살

펴본다. 대의 역할은 약 250만 명의 '인민(人民) 대표'가 폐회 기간에 일상적으로 수행하는 반영(reflection), 감독, 모범 선도 활동을 중심으로 분석한다.

이번에 『중국의 통치 체제 3: 국가 헌정 체제』를 출간함으로써 '현대 중국 연구 시리즈'의 세 번째 연구가 드디어 완성되었다. 2022년에 『중국의 통치 체제 1·2』를 출간한 지 3년 만의 일이다. 원래는 이 책을 2023년에 출간하려고 계획했지만, 중간에 중국의 코로나19 대응을 분석하는 책을 먼저 출간하면서 어쩔 수 없이 2년을 더 늦추게 되었다. 이제 이 책을 출간함으로써 '중국의 통치 체제 시리즈'는 완전한 모습을 갖추게 되었다.

이 책은 이전에 출간했던 '현대 중국 연구 시리즈'의 다른 책들과 달리 내가 그동안 연구한 결과물을 집대성한 성격이 훨씬 강하다. 나는 1999년 여름에 중국의 전국인대(중앙 의회)를 분석한 논문으로 박사 학위를 받았고, 이후로도 5년 동안 지방 의회를 계속 분석해서 두 권의 책을 더 출간했다. 그 후 10년 동안 중국의 법치 정책을 분석하면서 정부, 법원, 사회단체, 법률 보급 운동 등을 체계적으로 분석했고, 그 결과를 다시 세 권의 연구서로 출간했다. 이 책은 바로 이런 연구 내용을 기반으로 작성되었다는 것이다.

구체적으로 이 책을 쓰면서 내용을 참고하거나 가져온 출처는 다음과 같다. 제1부 「정부」는 『중국의 위기 대응 정책: 코로나와의 인민 전쟁』(21세기북스, 2022)의 일부 내용을 가져오거나 요약하는 방식으로 집필했다. 제2부 「의회」와 제3부 「결론」은 다음 책들의 일부 내용을 수정 보완해서 집필했다(물론 새롭게 집필한 내용도 있다). 『중국 정치개혁과 전국인대: 개혁기 구조와 역할의 변화』(나남, 2000); 『중국 의회정치의 발전: 지방인민대표대회의 등장·역할·선거』(폴리테이아, 2006); *Local People's Congresses in China: Development and Transition* (Cambridge University Press, 2009); 『중국의 법치와 정치개혁』(창비, 2012).

이 책을 쓰면서 여러분들로부터 정말 많은 도움을 받았다. 방대한 초고를 꼼꼼하게 읽고 오탈자를 잡아주었을 뿐만 아니라 내용에 대해 훌륭한 조언을 해주신 서울대학교 국제대학원의 정종호·이현태 교수, 인천대학교의 안치영·구자선 교수, 국방연구원의 이강규 선임 연구위원, 고려대와 연세대에 출강하는 이정호 박사, 서울대 국제대학원 박사과정의 강승원 석사, 서울대 대학원 정치외교학부 박사과정의 왕흠우(王鑫宇) 석사, 동 대학원 석사과정의 조대건 학사께 감사한다. 또한 이 책의 많은 그래프와 그림을 정성껏 만들어준 박세혁 조교와 좋은 사진을 골라준 왕흠우 석사께도 다시 한번 감사한다. 매번 그렇지만 이번에도 이분들의 도움을 받으면서, 책은 나 혼자 쓰는 것이 아니라 함께 쓰는 것이라는 사실을 절실히 느꼈다. 그래도 남아 있는 부족한 점은 선후배 학자와 독자의 도움을 받아 계속 보완할 것이다. 많은 분들의 가르침을 고대한다.

서울대학교 아시아연구소는 이번 연구에 필요한 연구비를 제공해주셨다. 윤석열 정부가 들어선 이후, 한국연구재단은 중국 학술 연구에 대한 재정 지원을 '사실상' 중단했는데, 이런 상황에서 아시아연구소의 지원은 큰 도움이 되었다. 이 자리를 빌려 진심으로 감사드린다. 책 출간을 흔쾌히 수락해주신 21세기북스의 김영곤 대표이사께도 감사드린다. 또한 책의 편집을 맡아 수고를 마다하지 않으신 양으녕 팀장님과 노재은 선생님께도 감사드린다. 두 분께서는 이번에도 책이 예쁘게 나올 수 있도록 최선을 다해주셨다. 솔직히 말하면, 이번 책을 쓰면서 정신적으로나 육체적으로 매우 힘들었다. 그래도 내가 멈추지 않고 책을 쓸 수 있었던 것은, 삼프로 TV(3Pro TV)의 〈중국통(中國通)〉을 본 수백만 '시청자'—'독자'라면 더욱 좋을 것이다!—의 성원과 격려 때문이었다. 응원해주신 시청자들과 프로그램의 진행을 맡아주신 정영진 프로께 깊이 감사드린다.

이제 '중국의 통치 체제 시리즈'의 세 권을 모두 출간하게 되어 매우 기쁘고 홀가분한 마음이다. 늘 그렇듯이 이번에 출간한 세 권의 책이 우리 학계의 중국 정치 연구를 더욱 발전시키는 데 작은 도움이나마 되었으면 좋겠다. 특히 시류에 휩쓸리지 않고 묵묵히 중국 연구에 매진하고 있는 후배 학자들과 우리 학생들이 내가 쌓

아놓은 이 작은 디딤돌을 밟고 더 높고 더 넓은 학문의 세계로 도약할 수 있기를 간절한 마음으로 기원한다!

2025년 1월 29일
서울대 연구실에서
조영남

차례

제1부 정부

제2부 의회

중국의 통치 체제 1: 공산당 영도 체제

중국의 통치 체제 2: 공산당 통제 기제

국가 헌정 체제

『중국의 통치 체제』 1권에서는 '공산당 영도 체제(領導體制, leadership system)'에 대해 자세히 살펴보았다. 공산당 영도 체제는 '〈공산당 장정(章程)〉(〈당장〉)과 당내 법규(당규)에 근거하여 구성되고 운영되는 정치체제', 줄여서 '〈당장(黨章)〉에 근거한 정치체제'를 말한다.[1] 흔히 말하는 공산당 일당 체제가 바로 공산당 영도 체제라고 할 수 있다.

〈그림 1-1〉이 보여주듯이, 공산당 영도 체제는 중국 정치체제를 구성하는 중요한 요소이면서 동시에 국가 헌정 체제를 주도하는 핵심 요소이기도 하다. 그래서 우리는 중국의 정치체제(즉 당-국가 체제)를 그냥 '공산당 영도 체제'라고 부를 수 있다.

또한 2권에서는 인사 통제, 조직 통제, 사상 통제, 무력 통제, 경제 통제 등 다섯 개의 영역을 중심으로 '공산당 통제 기제(control

〈그림 1-1〉 중국의 당-국가 체제: 공산당 영도 체제와 국가 헌정 체제

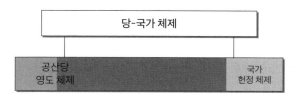

자료: 조영남, 『중국의 통치 체제 1: 공산당 영도 체제』(파주: 21세기북스, 2022), p. 42.

mechanism)'에 대해 자세히 살펴보았다. 즉 공산당이 다섯 개의 기둥을 이용해서 어떻게 국가와 사회를 통치하고 영도하는지를 분석했다. 이를 통해 우리는 공산당 영도 체제의 실제 모습을 이해할

〈그림 1-2〉 공산당 통제 기제: 다섯 가지 기둥

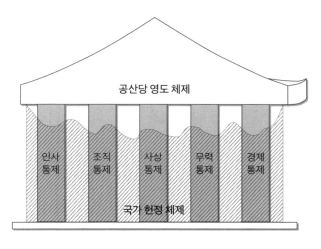

자료: 조영남, 『중국의 통치 체제 1』, p. 84.

수 있었다.

이를 이어 3권에서는 '국가 헌정 체제(憲政體制, political system of the constitution)'를 살펴보려고 한다. 국가 헌정 체제는 〈헌법〉과 법률에 근거하여 구성되고 운영되는 정치체제', 줄여서 〈헌법〉에 규정된 정치체제'를 말한다. 주의할 점은, 이것을 민주주의에서 말하는 '입헌주의(立憲主義, constitutionalism)' 혹은 '헌법 체제(constitutional regime)'와 혼동하면 안 된다는 것이다. 입헌주의는 헌법에 근거하여 국가권력을 제한하고 국민의 자유와 권리를 보장하는 정치체제를 말한다. 중국과 같은 공산당 영도 체제에서는 그런 것이 있을 수 없다.[2] 〈그림 1–3〉은 국가 헌정 체제를 정리한 것이다.

국가 헌정 체제를 구성하는 여러 가지의 국가기관 중에서 우리

〈그림 1-3〉 중국의 국가 헌정 체제

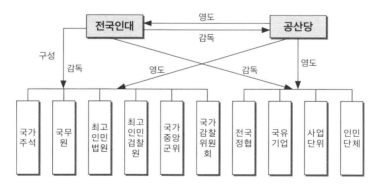

자료: 조영남, 『중국의 통치 체제 1』, p. 57.

는 의회와 정부를 집중적으로 살펴볼 것이다. 의회와 정부가 가장 중요한 국가기관이기 때문이다. 여기서 의회는 중앙 의회인 전국인민대표대회(全國人民代表大會, 전국인대)와 지방 의회인 각급(各級) 지방인민대표대회(地方人民代表大會, 지방인대)를 말한다. 정부는 중앙 정부인 국무원(國務院)과 각급 지방 정부를 말한다.

1. 국가 헌정 체제의 원칙

공산당 영도 체제가 〈당장〉이 규정한 원칙에 따라 구성되고 운영되듯이, 국가 헌정 체제도 〈헌법〉이 규정한 원칙에 따라 구성되

〈표 1-1〉 국가 헌정 체제의 원칙

위치	원칙	주요 내용
〈헌법〉 1장 1조	공산당 영도 원칙	• 인민 민주 독재의 사회주의 국가 • 공산당 영도
〈헌법〉 1장 2조	인민대표대회 제도	• 인민주권 원칙 • 인민대표대회 제도
〈헌법〉 1장 3조	민주집중제 원칙	• 인민대표대회 제도(정치체제)의 조직 원칙 • 권력 분립 원칙과 대립
〈헌법〉 1장 4조	민족자치 제도	• 소수민족 자치권 보장 • 민족 통합 실현
〈헌법〉 1장 5조	의법치국 원칙	• 사회주의 법치국가 건설 • 법 앞에서의 평등과 〈헌법〉 및 법률의 준수 강조

자료: 〈중화인민공화국 헌법〉

고 운영된다. 따라서 국가 헌정 체제를 이해하기 위해서는 무엇보다 먼저 〈헌법〉에 규정된 원칙을 살펴보아야 한다.

그 원칙은 크게 다섯 가지로 나눌 수 있다. 첫째는 공산당 영도 원칙, 둘째는 인민주권과 인민대표대회(人民代表大會, 인대) 제도, 셋째는 민주집중제 원칙, 넷째는 민족자치 제도, 다섯째는 의법치국(依法治國: 법률에 근거한 국가 통치) 원칙이다.

(1) 다섯 개의 원칙

첫째, 〈헌법〉 제1장 '총강(總綱)'의 제1조에는 국가의 성질, 즉 '인민 민주 독재의 사회주의 국가'와 함께 '공산당 영도' 원칙이 규정되어 있다. 이것이 국가 헌정 체제를 규정하는 가장 중요하고, 가장 근본적인 원칙이다. 중국에서는 이것을 '국체(國體)', 즉 '국가의 계급적 성질(속성)'이라고 표현한다.[3] 또한 이 원칙으로 인해 공산당의 국가 통치는 정당화되고 합법화된다. 이에 대해서는 제1권에서 이미 자세히 살펴보았다.

"**제1조** 중화인민공화국은 노동자계급이 영도하고, 노동자·농민 연맹(工農聯盟)을 기초로 하는 인민 민주 독재(人民民主專政)의 사회주의 국가다.

사회주의 제도는 중화인민공화국의 근본 제도다. 중국공산당의 영도는 중국 특색 사회주의의 가장 본질적인 특징이다. 어떤 조직이나 개인도 사회주의 제도를 파괴할 수 없다."

둘째, 〈헌법〉 제1장 제2조에는 '인민주권'과 함께 '인민대표대회제도'에 대한 원칙이 규정되어 있다. 중국에서는 이를 '정체(政體)', 즉 '국가권력의 조직과 기본 형태'라고 부른다.[4] '정체'는 앞에서 말한 '국체'를 실현하는 정치형식이다.

"**제2조** 중화인민공화국의 일체 권력은 인민에 속한다.
인민이 국가권력을 행사하는 기관은 전국인민대표대회와 각급 지방인민대표대회다. 인민은 법률 규정에 근거하여 각종 경로와 형식을 통해 국가 사무를 관리하고, 경제와 문화 사업을 관리하며, 사회 사무를 관리한다."

이에 따르면, 중국도 한국처럼 인민주권(人民主權, popular sovereignty) 혹은 주권재민(主權在民) 원칙을 강조한다. 다만 그것은 제1조의 공산당 영도 원칙 다음에 오는 것으로, 결코 가장 중요한 원칙이 아니다. 참고로 〈대한민국 헌법〉 제1장 '총강(總綱)'의 제1조는 인민주권 원칙을 규정하고 있다. 즉, "대한민국은 민주공화국이다. 대한민국의 주권은 국민에게 있고, 모든 권력은 국민으로부터 나온다."

또한 인민주권 원칙은 전국인대와 지방인대라는 국가 권력기관을 통해 실현된다. 중국에서는 이를 '인민대표대회(인대) 제도'라고 부른다. 여기서 '인민대표대회 제도'는 '인민대표대회(의회)를 핵심 및 주요 내용으로 하는 국가 정권(政權)의 조직 형식'을 가리킨다.[5] 이처럼 '인민대표대회 제도'는 단순히 의회제도를 가리키는 것이 아니라, 인민주권 원칙을 실현하는 중국의 근본적인 정치제도를 가리킨다.[6]

셋째, 〈헌법〉 제1장 제3조는 '민주집중제(民主集中制, democratic centralism)' 원칙을 규정하고 있다. 이는 제2조에 규정한 '인민대표대회 제도'를 현실에서 실현하는 조직 원칙을 가리킨다. 또한 민주집중제는 민주주의 체제의 권력 분립(separation of powers) 제도와 대립하는 원칙이다. 이 원칙은 중국의 정치제도를 이해하는 데 매우 중요하기 때문에 뒤에서 자세히 살펴볼 것이다.

넷째, 〈헌법〉 제1장 제4조는 '민족자치(民族自治) 제도'를 규정한다. 중국은 전체 인구의 약 91.5%를 차지하는 한족(漢族)과 8.5%를 차지하는 55개의 소수민족으로 구성된 다민족 국가다(규모 면에서 소수민족은 '소수(少數)의' 민족이다). 그래서 〈헌법〉에 다수민족인 한족과 비교해서 약자인 소수민족의 권리를 보호하기 위해 별도의 소수민족 자치 원칙을 규정하고 있다.

"제4조 중화인민공화국의 각 민족은 일률적으로 평등하다.

국가는 소수민족의 합법적인 권리와 이익을 보호하고, 각 민족의 평등·단결·화해 관계를 보호 및 발전시킨다. 민족에 대한 어떤 편견과 압박을 금지하며, 민족 단결을 파괴하고 민족 분열을 조장하는 행위를 금지한다. [중략] 각 소수민족이 거주하는 지방에서는 민족자치를 실행하며, 자치기관을 설립하여 자치권을 행사한다. 각 민족자치 지방은 모두 중화인민공화국의 불가분의 부분이다."

이 원칙에 따르면, 〈헌법〉은 소수민족 문제와 관련하여 크게 두 가지 내용을 강조한다. 첫째는 소수민족 자치권의 보장이다. 그러나 그것이 구체적으로 무엇이고, 어떻게 보장할 것인가는 〈헌법〉에 명확한 규정이 없다. 중국은 연방제(聯邦制, federal system)가 아니라 단방제(單邦制, unitary system) 국가이기 때문이다. 참고로 연방제 국가에서는 헌법에 중앙과 지방의 권한을 규정하고 있다.

둘째는 민족 통합의 실현이다. 소수민족 지역이 민족자치 제도를 실행해도, 이들 지역이 중국의 일부분이라는 사실은 변함이 없다. 따라서 이를 부정하거나 파괴하는 행위는 용납하지 않는다. 티베트(西藏)나 신장(新疆) 지역의 분리독립이 대표적인 사례다. 다시 말해, 다민족은 중화인민공화국이라는 하나의 국가를 통해 통합되고, 이와 같은 민족 통합은 절대로 양보할 수 없는 근본 원칙이다.

다섯째, 〈헌법〉 제1장 제5조는 의법치국(依法治國: 법률에 근거한 국가 통치) 원칙을 규정한다. 이는 1997년 공산당 15차 당대회에서 의

법치국이 공산당의 중요한 통치 방침으로 결정되면서 〈헌법〉에 추가된 것이다. 동시에 이것이 현재의 공산당 영도 체제가 마오쩌둥 시기의 공산당 영도 체제와 구별되는 근본적인 이유이기도 하다. 다시 말해, 마오 시기에는 법이 아니라 공산당의 지시와 명령으로 국가를 통치했는데, 이제는 그렇게 하지 않겠다는 것이다.

> **제5조** 중화인민공화국은 의법치국을 실행하여 사회주의 법치국가를 건설한다. [중략]
> 모든 국가기관과 무장 역량, 각 정당과 사회단체, 각 기업과 사업단위는 모두 반드시 헌법과 법률을 준수해야 한다. 헌법과 법률을 위반하는 일체 행위는 반드시 추궁(追究)한다. 어떤 조직 혹은 개인도 모두 헌법과 법률을 넘어서는 특권을 가질 수 없다."

또한 이 원칙에 따르면, 공산당을 포함한 모든 정당과 조직은 〈헌법〉과 법률을 준수해야 한다. 특히 공산당이 의법집권(依法執政: 법률에 근거한 집권)을 중요한 정치 방침으로 결정한 후에는 이를 더욱 강조한다. 그런데 전국인대는 법률 감독을 담당하는 국가 권력기관이므로 원칙적으로는 공산당에 대해서도 위헌(違憲) 및 위법(違法) 심사를 시행할 권한이 있다. 물론 실제로는 그렇게 하지 못한다.

(2) 중국 정치제도의 조직 원칙: 민주집중제

앞에서 '인민대표대회 제도'는 인민주권 원칙을 실현하는 중국의 근본적인 정치제도라고 말했다. 그리고 〈헌법〉 제1장 제3조의 '민주집중제' 원칙은 '인민대표대회 제도'를 현실에서 실현하는 조직 원칙이라고 말했다.[7] 다시 말해, 민주집중제는 중국의 정치제도(정확히는 국가 헌정 체제)가 어떻게 구성되고 운영되는지를 규정하는 원칙이다. 따라서 〈헌법〉에서 말하는 민주집중제는 〈당장〉에서 말하는 민주집중제, 즉 공산당 조직의 구성 및 운영 원칙과는 분명히 다르다.[8]

〈헌법〉 제1장 제3조는 국가 정치제도에 적용되는 민주집중제에 대해 다음과 같이 규정하고 있다.

"**제3조** 중화인민공화국의 국가기관은 민주집중제의 원칙을 실행한다.

(첫째) 전국인민대표대회와 지방 각급 인민대표대회는 민주 선거로 구성(産生)하고, 인민에 책임지고, 인민의 감독을 받는다.

(둘째) 국가 행정기관, 감찰기관(監察機關), 심판기관, 검찰기관(檢察機關)은 인민대표대회가 구성하고, 그것에 책임지고, 그것의 감독을 받는다.

(셋째) 중앙 국가기관과 지방 국가기관 간의 직권(職權)은 구분되고, 중앙의 통일 영도를 준수하는 전제하에 지방의 능동성(主動性)과 적

극성 원칙을 충분히 발휘한다."

위에서 살펴본 민주집중제 원칙은 세 가지 측면에서 중국의 정치제도, 즉 '인민대표대회 제도'를 규정한다. 첫째는 인민과 인대(의회) 간의 관계다. 둘째는 인대와 다른 국가기관 간의 관계다. 셋째는 중앙과 지방 간의 관계다.

첫째, 전국인대와 지방인대는 인민주권 원칙에 따라 인민이 정치권력을 행사하는 통로이자 수단이다. 따라서 이들 기관은 반드시 인민의 선거로 구성되어야 한다. 다만 꼭 직선제일 필요는 없다. 이렇게 해야만 인민주권 원칙이 실현될 수 있다는 것이다. 참고로 향급(鄕級: 향·진) 및 현급(縣級: 현·시·구) 인대는 유권자의 직접선거, 시급(市級: 시·자치주) 및 성급(省級: 성·자치구·직할시) 인대와 전국인대는 하급 인대의 간접선거로 구성된다.

둘째, 이렇게 인민이 선거로 구성한 전국인대와 지방인대는 단순한 입법기관일 뿐만 아니라 '국가 권력기관'이기도 하다. 따라서 전국인대와 지방인대는 중앙과 지방의 다른 국가기관, 즉 정부·법원·검찰원·국가감찰위원회(국감위)·중앙군사위원회(중앙군위)를 구성(産出)하고, 그들 기관의 활동을 감독할 수 있다. 반면 다른 국가기관은 전국인대와 지방인대에 직책 수행을 보고하고 감독을 받아야 한다.

이처럼 민주집중제 원칙에 의해 중국에서는 의회-정부, 의회-

법원 간의 관계가 동등한 국가기관 간의 병렬적 관계가 아니라, 인대가 구성하고 나머지는 구성되는 '감독-피감독'의 수직적 관계다. 그 결과 정부는 의회의 권한 행사에 대해 대항하거나 저항할 수 있는 아무런 법적 수단을 가지고 있지 않다. 최소한 법률적으로는 그렇다. 그래서 민주집중제는 권력 분립 제도와는 근본적으로 다르다는 것이다.

셋째, 중국은 연방제 국가가 아니라 단방제 국가다. 따라서 중앙-지방 관계에서 지방의 자율성과 권한(직권)은 연방제 국가에 비해 매우 제한적이다. 다시 말해, 중앙의 권한이 많고 지방은 적다. 민주집중제의 세 번째 항목은 이를 명시한 것이다.

이에 따르면, 중앙과 지방은 각기 다른 직권을 행사한다. 또한 지방은 각자의 능동성과 적극성을 발휘하여 지역에 필요한 활동을 전개할 수 있다. 단 전제 조건이 있다. 즉 반드시 '중앙의 통일 영도를 전제'로 해서만 그렇게 할 수 있다. 이런 〈헌법〉 규정에 근거하여 중앙은 지방을 통제하고 관리할 수 있다.[9]

2. 국가 헌정 체제의 조직 체계

이제 국가 헌정 체제의 원칙에 따라 국가기구가 실제로 어떻게 구성되고 운영되는지를 살펴보자.

〈그림 1-4〉 중국의 국가기구: 〈82헌법〉 체계

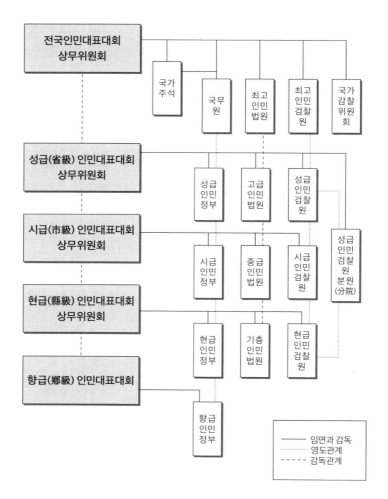

해설: 국가감찰위원회(2018년 설립)는 법적으로는 국가기구지만 실제로는 중앙기율검사위원회와 통합하여 운영하는 공산당 기구다. 따라서 조직표에는 포함했지만, 별도로 살펴보지는 않을 것이다. 중앙군사위원회는 공산당 기구로 분류하여 이 조직표에는 포함하지 않았다.

자료: 浦興祖 外, 『中華人民共和國政治制度』(香港: 三聯書店, 1995), p. 481. 일부 내용은 필자 추가.

의회: 전국인대와 지방인대

전국인대와 지방인대는 다른 국가기관, 즉 국가주석·정부·법원·검찰원·감찰위원회를 구성한다. 또한 공산당 중앙의 통제를 받는 중앙군위 주석도 법적으로는 전국인대 연례 회의에서 선출된다. 이런 면에서 중앙군위까지도 전국인대가 법적으로는 구성한다고 말할 수 있다.

또한 의회는 입법기관으로서 〈헌법〉과 법률을 제정한다. 이는 다른 국가기관이 대체할 수 없는 의회의 고유한 직책이다. 그 밖에도 의회는 다른 국가기관을 감독하는 역할, 국민의 의견을 대변하는 대의(representation) 역할, 공산당 통치를 정당화하고 합법화하는 체제 유지(system-maintenance) 역할을 담당한다. 이런 의회 기능 중에서 체제 유지는 상징적인 것으로, 우리가 크게 주목하지 않아도 된다.

그러나 입법·감독·대의 역할은 그렇지 않다. 이런 의회 역할은 마오쩌둥 시기에는 사실상 의미가 없었던 것으로, 개혁기에 비로소 발휘하기 시작한 새로운 정치 기능이다. 또한 이런 역할은 시간이 갈수록 더욱 강화되고 있다. 개혁·개방 정책이 의회의 이런 역할을 필요로 하기 때문이다. 따라서 국가 헌정 체제를 분석할 때는 전국인대와 지방인대의 입법·감독·대의 활동을 반드시 주목해야 한다.

한편 상·하급 의회 관계, 즉 상급 인대와 하급 인대 간의 관계는 '감독 관계'다. 이는 상급 인대가 하급 인대의 활동을 감독하고, 문제가 있는 활동은 시정을 지시할 권한을 보유하고 있다는 사실을 의미한다. 또한 법률에는 없지만 업무상으로는 '지도(指導) 관계'다. 즉 상급 인대는 하급 인대의 업무를 지도하는 역할을 맡고 있다. 상급 법원과 하급 법원 간의 관계도 이와 마찬가지다.

그러나 상급 인대와 하급 인대 간의 관계는 '영도(領導) 관계', 즉 상급 인대가 명령하면 하급 인대는 복종하는 그런 관계는 아니다. 각급 지방인대는 지역 유권자 혹은 지역 하급 인대 대표에 의해 구성되는 독자적인 기구이고, 따라서 전국인대나 상급 인대에 종속된 기구가 아니기 때문이다. 이는 한국의 국회가 지방 의회에 대해 명령할 수 있는 권한을 가지고 있지 않은 것과 같은 원리다.

| 정부: 국무원과 지방 정부

정부, 즉 중앙 정부인 국무원과 각급 지방 정부는 국가 헌정 체제를 주도하는 국가기관이다. 개혁기에 들어 정부 역할은 더욱 확대되고 강화되었다. 공산당이 추진하는 개혁·개방 정책, 즉 시장화·사유화·개방화·분권화 정책은 대부분 정부가 집행해야 하는 업무이기 때문이다.

그 결과 중국 정부는 다른 국가의 정부처럼 방대한 조직과 인원을 보유한 관료조직으로 변화했다. 그 과정에서 관료주의 문제와 부정부패 문제가 발생하고 있다. 따라서 공산당의 관점에서 보면,

정부를 어떻게 관리하고 통제하는가가 핵심 과제로 등장했다. 공산당이 자체 감독에 더해 의회 감독을 통해 정부를 통제하려고 시도하는 이유는 이 때문이다. 또한 공산당이 개혁기 40여 년 동안 정부 기구개혁을 여덟 차례나 단행한 것도 이 때문이다.

상·하급 정부 간의 관계는 상·하급 공산당 조직 간의 관계와 마찬가지로 명령과 복종의 '영도 관계'다. 〈헌법〉에 따르면, 단방제 국가인 중국에서 국무원은 단순한 중앙 정부일 뿐 아니라, '최고 국가 행정기관'이기도 하다. 이는 국무원이 각급 지방 정부와 기층 정부에 대해 명령할 수 있는 권한을 갖고 있다는 사실을 의미한다. 따라서 지방 정부와 기층 정부는 국무원의 명령과 지시에 반드시 복종해야 한다.

이 때문에 '정부 계통(政府系統)'은 '의회 계통(人大系統)'이나 '법원 계통'과는 달리 막강한 힘을 동원할 수 있다. 이는 '공산당 계통'과 '군 계통'도 마찬가지다. 이런 이유로 우리가 국가 헌정 체제를 분석할 때는 정부 활동을 반드시 분석해야 한다.

| 정법기관: 법원과 검찰원

국가 헌정 체제를 구성하는 세 번째 국가기관은 법원과 검찰원, 즉 '정법기관(政法機關)' 혹은 '사법기관(司法機關)'이다. 정법기관도 마오쩌둥 시기에는 제대로 기능을 발휘할 수 없는 '죽은 기관'이었다. 당시에는 '법률 허무주의', 즉 법률은 자산계급이 노동계급을 통치하는 데 사용하는 억압적인 수단일 뿐으로 사회주의 국가에서는 필요 없다는 생각이 팽배했다. 실제로 문화대혁명(1966~1976년) 기간에는 공안(경찰), 법원, 검찰원이 모두 문을 닫았다.

그러나 개혁·개방 정책이 본격적으로 추진되면서 상황이 달라졌다. 법률이 국가 통치에서 중요한 수단이 되었듯이, 사회생활에서도 개인과 조직 간의 활동을 규제하는 중요한 도구가 된 것이다. 형사소송이나 행정소송뿐만 아니라 민사소송이 급증한 것은 이를 잘 보여준다. 따라서 그동안 유명무실했던 법원과 검찰원의 역할이 강화될 수밖에 없었다. 이런 면에서 국가 헌정 체제를 분석할 때는 법원과 검찰원도 살펴보아야 한다.

그런데 의회나 정부와 비교할 때, 정법기관은 상대적으로 덜 중요하다는 특징이 있다. 첫째, 의회 및 정부와 비교해서 이들의 정치적 및 법적 지위는 여전히 낮다. 단적으로 전국인대와 국무원은 공산당 중앙이 직접 관리하는 기관이지만, 최고법원과 최고검찰원은 공산당 부서 중 하나인 중앙 정법위원회(政法委員會)가 관리하는 기관이다. 즉 정법기관은 의회 및 정부와 비교해서 한 등급 아래의 기관이다.

이들 기관의 수장, 즉 최고법원 법원장과 최고검찰원 검찰장은 국무원 및 전국인대 수장과 비교해서 두 등급이 아래다. 즉 전국인대 상무위원회 위원장(한국의 국회의장)과 국무원 총리가 공산당 정치국 상무위원회 위원(상무위원)인 데 비해 이들은 정치국 위원(정치국원)도 아닌 중앙위원회 위원(중앙위원)일 뿐이다. 다만 행정등급 면에서는 법원장과 검찰장을 국무원 부총리급으로 대우한다. 이는 지방도 마찬가지다.

둘째, 정법기관의 역할 또한 상대적으로 덜 중요하다. 의회는 입법과 감독 활동을 주도하면서 중요한 국가기관으로 등장했다. 정부는 개혁·개방 정책을 주도적으로 집행하면서 역시 강력한 국가기관으로 발전했다. 이들과 비교해서 법원과 검찰원의 역할은 강화되었지만 현실 정치과정에서는 여전히 부수적일 뿐이다. 이런 측면에서 최고법원과 최고검찰원의 활동을 분석하지 않는다고 해서 국가 헌정 체제를 이해할 수 없는 것은 아니다.

셋째, 현재 중국에서 정법기관은 국가 헌정 체제의 구성요소라기보다는 공산당 영도 체제의 구성요소라는 성격이 훨씬 강하다. 전작 1권의 공산당 영도 체제에서 이미 자세히 살펴보았듯이, 공산당이 '절대영도'를 실행하는 대상은 두 가지다. 하나는 군(軍: 무장역량)이고, 다른 하나는 정법기관, 즉 법원·검찰·공안(경찰)·정보기관·교정기관이다.[10] 이는 공산당이 일당 체제를 유지하기 위해 군대만큼 정법기관을 중시한다는 사실을 보여준다.

그래서 전작 2권의 공산당 통제 기제에서 무력 통제, 특히 공산당 정법위원회를 분석할 때 법원과 검찰원을 함께 살펴본 것이다.[11] 다시 말해, 정법기관은 국가 헌정 체제에서 분석할 수 있지만, 현재 상황에서는 공산당 영도 체제에서 분석하는 것이 더 타

당하다. 이 책 3권에서 법원과 검찰원을 따로 분석하지 않는 것은
이 때문이다.

3. 공산당-정부-의회 관계

중국의 당-국가 체제는 '공산당 영도 체제와 국가 헌정 체제로
구성되어 있고, 실제 정치과정에서 전자가 후자를 영도할 뿐만 아
니라 종종 대체하는 권위주의 정치체제'다.[12] 그렇다면 의회 및 정
부와 관련된 법률은 공산당 영도 체제를 어떻게 규정하는가? 다시
말해, 국가 헌정 체제 속에서 공산당 영도 체제는 어떻게 투영되
어 있는가? 또한 국가 헌정 체제에서 의회와 정부 간의 관계는 어
떤가?

(1) 공산당 영도 원칙의 법적 보장

공산당 영도 원칙은 〈헌법〉뿐만 아니라 다른 법률에도 규정되
어 있다. 이런 면에서 공산당 영도 체제는 단순히 〈당장〉이 규정한
정치체제가 아니라 법률로도 보장된 정치체제라고 말할 수 있다.
이는 현실과 법률 모두에서 공산당 영도 체제와 국가 헌정 체제가
매우 밀접하게 결합해 있다는 사실을 다시 한번 보여준다.

| 의회 관련 법률 규정

먼저 전국인대 및 지방인대와 관련된 법률 규정을 살펴보자. 〈전국인대 조직법〉(1982년 제정·2021년 수정)의 제1장 '총칙(總則)'의 제3조에 따르면, "전국인대와 그 상무위원회는 중국공산당의 영도를 견지"해야 한다. 또한 "마르크스·레닌주의, 마오쩌둥 사상, 덩샤오핑 이론, 삼개대표(三個代表) 중요 사상, 과학적 발전관, 시진핑 신시대 중국 특색의 사회주의 사상의 지도를 견지"해야 한다. 그리고 전국인대(상무위원회)는 이런 원칙을 견지한 상태에서 "헌법과 법률의 규정에 따라 직권을 행사해야 한다."

또한 〈전국인대 상무위원회 조성인원(組成人員) 수칙(守則)〉(1993년 제정·2023년 수정)의 제3조도 위에서 살펴본 내용과 똑같은 규정을 두고 있다. 다음으로 〈전국인대 상무위원회 의사규칙(議事規則)〉(1987년 제정·2022년 수정)도 비슷한 규정을 가지고 있다. 즉 제1장 '총칙(總則)'의 제2조에 따르면, "전국인대와 그 상무위원회는 중국공산당의 영도를 견지하고, 법정 직권과 절차에 따라 회의를 개최하고 업무를 전개해야 한다." 지방인대에 대한 법률 규정, 즉 〈지방인대와 지방 정부 조직법〉(1979년 제정·2022년 수정)도 대동소이하다.

이상에서 살펴본 네 개의 법률은 공통점이 있다. 즉 전국인대와 지방인대의 활동 원칙에서 '헌법과 법률에 따른 직권 행사'보다 '공산당 영도 견지'가 항상 앞에 나온다는 사실이다. 이는 국가 헌정 체제를 구성하는 국가기관조차도 직권을 행사할 때는 '헌법과 법률'에 앞서 '공산당 영도 원칙'을 견지하는 것이 우선이라는 사실을 보여준다. 이처럼 〈당장〉과 당규가 아닌 법률에서도 공산당 영도 체제가 국가 헌정 체제에 앞선다는 점을 다시 한번 확인할 수 있다.

| 정부 관련 법률 규정

그렇다면 국무원과 지방 정부를 규정하는 법률은 어떨까? 크게 다르지 않다. 〈국무원 조직법〉(1982년 제정·2024년 수정)의 제3조에 따르면, "국무원은 공산당 영도를 견지해야 한다." 또한 국무원은 마르크스·레닌주의, 마오쩌둥 사상, 덩샤오핑 이론, 삼개대표 중요 사상, 과학적 발전관, '시진핑 사상'의 지도를 견지해야 한다. 그 밖에도 국무원은 "중앙 권위와 집중 통일 영도를 굳건히 옹호하고, 당 중앙의 정책 결정 및 배치를 굳건히 관철하며, 신(新) 발전 이념을 굳건히 관철하고, 의법행정(依法行政: 법률에 근거한 행정)을 견지하여, 헌법과 법률의 규정에 따라 정부 직능을 전면적이고 정확하게 이행해야 한다."

2023년 3월에 제정된 〈국무원 공작 규칙(工作規則)〉은 이것보다 훨씬 명확하게 공산당 영도 원칙을 강조한다. 우선 제1장 '총칙'의 제2조에서는 "국무원 업무는 시진핑 신시대 중국 특색의 사회주의 사상의 지도를 견지하고, 당 중앙 권위와 집중 통일 영도를 견지한" 상태에서 모든 업무를 추진해야 한다. 이처럼 여기서는 '시진핑 사상'과 '당 중앙의 권위와 집중 통일 영도'를 가장 강조한다.

또한 같은 법규의 제3조에서는 시진핑 시기의 공산당 방침을 강조한다. 즉 ① 시진핑의 당 중앙 및 전당의 핵심 지위와 ② '시진핑 사상'의 지도 지위 확립이라는 '두 개의 확립(兩個確立)', ① 시진핑의 당 중앙 및 전당의 핵심 지위와 ② 당 중앙 권위 및 집중 통일 영도의 옹호라는 '두 개의 옹호(兩個維護)'를 강조한다. 또한 제3장 '공작원칙'에서는 모두 여섯 개의 업무 원칙을 제시하는데, 첫째가 '당의 영도 견지'이고, 나머지는 '인민 지상(至上) 견지', '의법행정 견지', '과학 민주 견지', '수정(守正) 혁신(創新) 견지', '청정(淸正) 염결(廉潔) 견지'다.

〈헌법〉은 국무원을 전국인대(상무위원회)의 집행기관이자 동시에 '최고 국가 행정기관'으로 규정한다. 또한 〈국무원 조직법〉의 제2조에도 동일한 규정이 나온다. 그런데 〈국무원 조직법〉의 다른 조문과 〈국무원 공작 규칙〉의 전체 조문을 보면, 국무원이 전국인대의 집행기관이라는 사실은 드러나지 않는다. 대신 국무원이 '공산당 중앙의 집행기관'이라는 인상만 강하게 심어준다. 이처럼 국무원 관련 법률도 전국인대 관련 법률처럼 '공산당 영도 원칙'을 최우선으로 삼는다.

(2) 공산당 영도 원칙의 실현 수단

공산당 영도 원칙이 〈헌법〉과 법률에 규정되어 있다고 해서 그 것이 현실에서 그대로 관철된다는 보장은 없다. 다시 말해, 그것이 관철되려면 그에 필요한 통제 기제가 존재해야 하고, 그것이 공산 당의 의도대로 작동해서 의회와 정부 등 국가기관을 충분히 통제 할 수 있어야 한다.

그렇다면 실제는 어떤가? 전작 1권과 2권에서 자세히 살펴보았 듯이, 공산당은 국가기관을 통제하여 공산당 영도 원칙을 실현할 수 있는 다양한 수단을 가지고 있다. 이를 간략하게 다시 한번 정 리해보자.

첫째는 인사제도, 즉 간부직무명칭표(nomenklatura) 제도다. 예를 들어, 공산당 중앙은 인사권을 행사함으로써 국무원의 각 부서와 성급(省級) 정부를 통제할 수 있다. 당정기관 밖에 있는 인민단체, 국유기업, 사업단위(事業單位: 예를 들어, 병원이나 학교)도 마찬가지다. 이런 면에서 인사권은 공산당이 국가 헌정 체제를 통제하는 가장 강력한 수단이라고 말할 수 있다.[13]

둘째는 정부와 의회 내에 조직되어 있는 공산당 영도조직, 즉 당조(黨組, party group)다. 예를 들어, 국무원 내에는 모두 세 개의 당 조가 있는데, 이 당조는 모두 공산당 중앙의 영도를 받는다. 첫째 는 국무원 총리·부총리·국무위원으로 구성된 '국무원 당조'다. 둘 째는 각 부(部)와 위원회(委員會)에 구성된 당조—일명 '분당조(分黨

組)'—로, 구성원은 각 부·위원회의 지도부(즉 부장과 부부장, 주임과 부주임)다. 셋째는 국무원 내 공산당원을 관리하는 공산당 공작위원회 당조—일명 '기관당조(機關黨組)'—다. 이 당조의 조장은 국무원 판공청 비서장이 맡는다.

이와 같은 세 개의 당조는 '보고 비준 제도(請示報告制度)'에 따라 중요한 사항을 공산당 중앙에 보고하고, 지시 혹은 승인을 받은 이후에 관련 사항을 처리해야 한다. 이는 전국인대도 마찬가지다.[14] 이처럼 공산당 중앙은 국무원과 전국인대 내에 조직된 '당조'라는 자신의 하부 기구, '보고 비준 제도'라는 일상적인 소통 제도를 이용해 이들 국가기관을 효과적으로 통제할 수 있다.

셋째는 공산당 중앙 소속의 영도소조(領導小組, leading small group)다. 중앙 영도소조는 정치국 상무위원이나 정치국원이 조장(組長)을 맡고, 당·정·군의 주요 부서 책임자(장관)가 조원으로 참여하는 특수한 영도조직이다. 영도소조의 임무는 첫째, 정책 초안 작성과 결정, 둘째, 부서 간 의견 조정, 셋째, 공산당 중앙이 결정한 정책의 집행 감독 등 세 가지다. 공산당 중앙은 이와 같은 영도소조를 통해 의회와 정부를 통제할 수 있다. 특히 시진핑 시기(2012년~현재)에 들어 영도소조가 급증하면서 공산당 중앙의 통제 능력은 전보다 더욱 강해졌다.[15]

〈표 1-2〉 중국에서 정부-의회 관계

	근거	관계 성격	우열	의회 중점 역할
법적 관계	〈헌법〉	감독 관계	정부 < 의회	감독과 입법
이론적 관계	정치이론	분업 관계	정부 ≒ 의회	입법
실제 관계	권력관계	분업 관계	정부 > 의회	입법

자료: 필자 정리

(3) 정부-의회 관계

이제 마지막으로 의회, 즉 전국인대 및 지방인대와 정부, 즉 국무원과 지방 정부 간의 관계를 살펴보자. 중국의 정치체제에서 의회와 정부 간의 관계는 크게 세 가지 측면에서 살펴볼 수 있다. 첫째는 〈헌법〉과 법률이 규정하는 '법적 관계'다. 둘째는 공산당의 정치 이론에서 말하는 '이론적 관계'다. 셋째는 '실제 관계'다. 실제 관계는 정부와 의회가 공산당 내에서 차지하는 정치적 지위, 조직 역량, 활동 능력 등 실제 권력관계에 의해 결정되는 관계를 말한다.

| 법적 관계와 이론적 관계

첫째, 법적 관계에서 보면, 정부와 의회 간의 관계는 '감독 관계'다(즉 종속 관계다). 다시 말해, 의회는 정부를 구성하고 감독하며, 정부는 의회에 대해 책임지는 관계다. 〈헌법〉에 따르면, 전국인대는 '최고 국가 권력기관'이고, 지방인대는 해당 지역의 '국가 권력기관'이다. 반면 국무원은 '최고 국가 권력기관의 집행기관'이며 동시에 '최고 국가 행정기관'이다. 지방 정부도 마찬가지로 해당 지역의 '국가 권력기관의 집행기관'이면서 동시에 '국가 행정기관'이다.

둘째, 이론적 관계에서 보면, 정부와 의회는 서로 협력하고 지원하는 상호 보완의 '분업(分工) 관계'다(즉 평등한 관계다). 의회는 국가 입법기관으로 법률을 제정하고 그것의 집행을 감독한다. 반면 정부는 국가 행정기관으로 법률을 집행하고, 행정 업무를 담당한다. 이처럼 중국에서 의회와 정부는 민주집중제 원칙에 따라 공산당 영도하에 각자의 직책을 수행하는 '분업 관계'이지, 권력 분립론에서 말하는 '권력 분립 관계'는 아니다.[16]

의회와 정부 간의 관계가 공산당 영도 하의 '분업 관계'라는 관점은 시진핑도 강조한 내용이다. 예를 들어, 시진핑은 2021년 10월에 개최된 '중앙 인대(人大) 공작회의'에서 의회에 대한 그의 관점을 설명했다. 참고로 공산당이 의회제도를 단일 주제로 중앙 공작회의를 개최한 것은 이것이 처음이었다. 그에 따르면, 전국인대(상무위원회)는 국가 권력기관이기도 하지만, 구체적인 업무와 관련해서는 '국가 입법기관'이기도 하다.[17] 이 경우 전국인대(상무위원회)는 '국가 행정기관'인 국무원과 함께 공산당의 영도하에 각자의 직책(즉 입법)을 행사하는 병렬적인 기관이다.

| 실제 관계

그런데 실제 정치과정에서 나타나는 의회와 정부 간의 권력관계

(즉 '실제 관계')는 법적 및 이론적 관계와는 전혀 다르다. 이들 간의 실제 관계는 크게 두 가지 요소에 의해 결정된다. 첫째는 공산당 내에서의 정치적 지위다. 이때는 국가 헌정 체제가 아니라 공산당 영도 체제가 의회–정부 관계를 결정한다. 둘째는 실제 직책과 권한, 그리고 그것을 수행하는 데 필요한 조직·인력·재정 능력이다. 이 중에서 결정적인 요소는 전자다.

이 두 가지 요소를 종합적으로 고려할 때, 의회와 정부 간의 실제 관계는 법적 관계와는 반대로 정부가 압도적인 우위에 있는 불평등 관계다. 예를 들어, 의회 지도자와 정부 지도자의 공산당 내 지위는 후자가 높다. 2002년 공산당 16차 당대회 이후 성급(省級) 행정단위를 중심으로 공산당 서기가 인대 주임(主任: 의회 의장)을 겸직하게 함으로써 인대의 공산당 내 지위를 높이려고 시도했다.

그 결과 현재 약 75%의 성급 행정단위에서는 공산당 서기(당서기)가 인대 주임(의회 의장)을 겸직한다. 그러나 이렇게 했다고 해서 의회의 정치적 지위가 높아지지는 않는다. 반대로 당서기가 인대 주임을 겸직하면서 의회 활동에 대한 공산당의 통제만 강화되는 효과, 그래서 실제로는 의회의 역할이 약화하는 결과가 초래되었다.[18]

| 현실에서 의회-정부의 복잡한 관계

의회와 정부 간의 법적 관계와 실제 관계의 괴리는 활동 영역에 따라 다른 모습으로 나타난다. 예를 들어, 입법에서는 의회와 정부가 각자 자신에게 주어진 입법권을 행사하면서 협력하는 모습이 주로 나타난다. 의회의 입법 활동이 정부의 권한을 심각하게 침해하는 일은 거의 없다. 따라서 정부가 의회의 입법 활동에 저항하거나 방해하는 일도 매우 드물다는 것이다.

그러나 의회의 감독 활동은 다르다. 감독은 기본적으로 정부의 활동을 제약하고 통제하는 행위라서 정부의 권한이 침해될 수 있다. 따라서 의회−정부 간에 갈등과 대립의 모습이 나타나기도 한다. 다시 말해, 의회는 법적 관계(의회 우위)에 따라 정부를 감독하려고 하지만, 정부는 실제 관계(정부 우위)에 근거하여 의회 감독에 저항하거나 무시하는 모습을 보인다는 것이다.

이를 의식하여 의회는 정부를 감독할 때 '강성(hard)' 수단―예를 들어, 질문권(質詢權) 행사와 특별조사위원회 구성―보다는 '연성(soft)' 수단―예를 들어, 업무보고의 심의와 비준―을 사용하여 감독한다. 그 결과 의회의 정부 감독은 큰 효과가 없다. 지금까지 전국인대와 성급 인대의 정부 감독이 제대로 시행되지 않은 것은 이 때문이다. 물론 시급 및 현급 인대의 정부 감독은 이와는 조금 다르다.

이는 중요한 정책의 결정 과정에서도 마찬가지다. 예를 들어, 전국인대 연례 회의에서 국무원은 국민경제와 사회발전 계획을 보고하고 심의를 받는다. 그런데 이런 안건은 이미 공산당 중앙(정치국)

이 비준한 것으로, 단순히 정부 정책이 아니라 '공산당 정책'이다. 따라서 전국인대는 그것을 통과시켜 법적 정당성을 부여해야 한다. 성급 및 시급 인대도 마찬가지다. 이런 면에서 의회의 정책 결정권은 공산당 정책을 국가 정책으로 변화시키는 '합법화' 역할에 머물고 있을 뿐이다.

이제 정부와 의회가 실제 정치과정에서 어떤 역할을 어떻게 수행하고 있는지를 자세히 살펴보자. 중요도에 따라 제1부에서는 정부를 살펴볼 것이고, 제2부에서는 의회를 살펴볼 것이다. 이런 분석을 통해 우리는 국가 헌정 체제가 실제로 어떻게 움직이는지를 잘 이해할 수 있을 것이다.

제1부

정부

◆◆◆◆
정부의 구조와 운영

제1부에서는 중국 정부의 구조와 운영, 그리고 실제 활동에 대해 자세히 살펴보려고 한다. 중국 정부는 한국과 비슷하게 중앙 정부와 지방 정부로 나뉜다. 정부의 공식 명칭은 '인민정부'로 '중앙 인민정부'와 '지방 인민정부'라고 부른다. 여기서 중앙 인민정부를 '국무원(國務院, State Council)'이라고 부르는 것이다. 1954년 이전에는 '정무원(政務院)'이라고 불렀다.

지방 정부는 행정등급별로 '성급(省級: 성·자치구·직할시)', '시급(市級: 시·자치주)', '현급(縣級: 현·시·구)' 정부로 나뉜다. 그 밑에는 기층 정부로, 농촌 지역의 '향급(鄕級: 향·진)' 정부와 도시 지역의 '가도판사처(街道辦事處)'가 있다. 향급 정부는 한국의 읍·면 단위의 정부다. '가도판서처'는 한국식으로 말하면 동사무소 혹은 주민센터로, 상급 정부인 시(市) 정부 혹은 구(區) 정부의 출장소(派出機關)다. 즉 그것은 향급 정부와는 달리 독립 단위의 정부가 아니다.

중앙 정부인 국무원부터 각급(各級) 지방 정부, 즉 성급·시급·현급 정부는 구조와 기능이 비슷하다. 다만 밑으로 내려갈수록 기구 규모가 작고, 행정 인원이 적으며, 직책의 포괄 범위가 좁아질 뿐이다. 여기서는 국무원을 사례로 중국 정부에 대해 자세히 살펴보려고 한다.

| 1. 국무원의 지위와 직책: 최고 국가 행정기관 |

중국은 미국·인도·러시아 등 영토나 인구 면에서 비슷한 다른 국가들이 연방제(聯邦制, federal system)를 채택한 것과 달리 단방제(單邦制, unitary system)를 유지하고 있다. 중국에도 다섯 개의 성급 단위의 '소수민족 자치구(自治區)'가 있고, 용어만 보면 중국도 연방제도를 운영하는 것처럼 보인다. 그러나 자치구는 소수민족 업무와 관련된 일부 사항만 자치가 허용될 뿐으로 미국이나 인도의 주(state)와는 달리 독자적인 정책 결정과 집행 권한이 없다.

국무원의 법적 지위는 이런 단방제 특성에 의해 결정된다. 즉 국무원은 단순히 '중앙 정부'일 뿐만 아니라 중국 전체의 행정을 책임지는 '최고 정부'라는 것이다. 구체적으로 〈헌법〉과 〈국무원 조직법〉에 따르면, 국무원은 '최고 국가 권력기관의 집행기관'이며, 동시에 '최고 국가 행정기관'이다. 이와 비슷하게 각급 지방 정부도 해당 지역의 '국가 권력기관의 집행기관'이며 '국가 행정기관'이다.

이는 국무원이 두 가지 성격을 가졌다는 사실을 뜻한다. 첫째, 국무원은 '최고 국가 권력기관', 즉 전국인민대표대회(전국인대)와 그것의 상설기관인 전국인대 상무위원회의 집행기관이다. 이런 성격에 따라 국무원은 전국인대(상무위원회)가 제정한 법률, 이들이 의결한 결정과 결의를 집행할 수 있는 권한과 그 결과에 대해 책임지는 책무가 있다. 이것이 첫째다.

둘째, 국무원은 '최고 국가 행정기관'이다. 이런 법적 지위에 따라 국무원은 중앙과 지방 모두를 포괄하여 전국적으로 행정 계통의 업무를 통일적으로 지도하고, 경제와 사회 등 전체 업무를 지도하고 관리하는 권한과 책무를 갖는다. 또한 이런 법적 지위에 따라 국무원과 각급 지방 정부 간에는 명령과 복종의 관계, 즉 '영도관계(領導關係)'가 형성된다. 즉 모든 지방 정부와 기층 정부는 국무원이 제정한 행정 법규를 준수해야 하고, 국무원이 하달한 명령과 지시를 반드시 집행해야 한다.

국무원의 두 가지 성격은 직권(職權: 권한과 책임)을 통해 실현된다. 〈헌법〉에 따르면, 국무원은 모두 18개의 직권을 가지고 있다. 〈표 2-1〉은 이를 정리한 것이다.

여기서 '법률 집행과 행정 입법'은 주로 '최고 국가 권력기관의 집행기관'으로서의 임무를 수행하는 데 필요한 직권이다. 반면 '행정

직권	〈헌법〉 규정(18개)
법률 집행과 행정 입법	• 〈헌법〉과 법률에 근거하여 행정 조치를 규정하고, 행정법규를 제정하며, 결정과 명령을 반포 • 전국인대(상무위원회)에 각종 의안 제출
행정 관리	• 국무원 각 부서의 임무와 직책을 규정하고, 각 부서의 업무를 통일 영도하며, 각 부서에 속하지 않은 전국적인 행정 업무를 영도 • 전국 국가 행정기관의 업무를 통일 영도하고, 중앙 및 성·자치구·직할시의 국가 행정기관의 직책 구분을 규정 • 국무원 각 부서의 부당한 명령·지시·규정을 개정 혹은 폐지 • 지방 국가 행정기관의 부당한 결정과 명령을 개정 혹은 폐지 • 성·자치구·직할시의 구역 획정을 비준하고, 자치주·현·자치현·시의 설치와 구역 획정을 비준 • 행정기구의 편제를 심의 확정하고, 법률 규정에 근거하여 행정 인원을 임면·훈련·평가(考核)·표창 및 징벌
경제 관리	• 국민경제와 사회발전 계획, 국가 예산의 편제와 집행 • 경제 업무와 도농 건설, 생태문명 건설의 영도와 관리
사회 관리	• 교육·과학·문화·위생·체육·가족계획 업무의 영도와 관리 • 민족 사무의 영도와 관리, 소수민족의 평등한 권리와 민족자치 지방의 자치 권리 보장 • 화교의 정당한 권리와 권익 보호, 화교 및 화인의 합법적 권리와 권익 보호
외교 관리	• 대외 사무의 관리와 외국과의 조약 및 협정의 체결
국방 관리	• 국방 건설 사업의 영도와 관리 • 법률 규정에 근거하여 성·자치구·직할시 범위의 내부지역 긴급상태 진입 결정
기타	• 전국인대(상무위원회)가 부여한 기타 직권

자료: 〈헌법〉

관리, 경제 관리, 사회 관리, 외교 관리, 국방 관리'는 모두 '최고 국가 행정기관'으로서의 임무를 수행하는 데 필요한 직권이다. 이 중에서 개혁기 국무원의 최대 직권은 '경제 관리'다. 그래서 국무원 총리의 주된 업무가 경제 관리라고 말하는 것이다.

2. 국무원의 조직구조

국무원은 전 세계 어떤 국가의 중앙 정부보다 조직과 인원 규모 면에서 방대한 관료조직이다. 두 가지 이유 때문이다. 첫째, 중국은 단방제 국가로, 중앙 정부인 국무원은 중앙 단위뿐만 아니라 지방 및 기층 단위까지 지도하고 관리해야 한다. 반면 연방제 국가는 지방과 기층 사무를 대부분 지방으로 이관한다. 둘째, 위에서 살펴본 많은 직책을 수행하기 위해서는 방대한 조직과 인원이 필요하다.

〈그림 2-1〉은 국무원의 조직구조를 정리한 것이다. 2024년 말 기준으로 국무원 기구는 모두 67개고, 여기에는 약 4만~5만 명의 상근 인원이 근무한다. 이런 국무원 기구는 다시 두 가지로 나눌 수 있다. 하나는 '영도기구'로, 국무원 총리·부총리·국무위원, 국무원 전체회의(全體會議), 국무원 상무회의(常務會議), 총리 판공회의(辦公會議)가 여기에 속한다. 영도기구는 국무원 전체의 업무를 지도 및 운영하는 조직이다. 다른 하나는 '사무기구'로, 나머지 모두가 이에 속한다. 이는 국무원의 직책을 수행하는 데 필요한 조직이다.

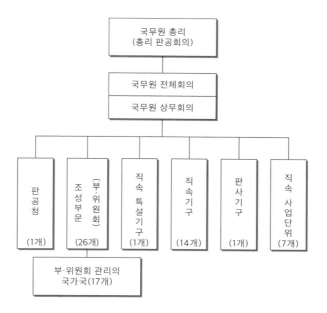

〈그림 2-1〉 국무원 조직도(2023년 3월 기준)

```
          국무원 총리
        (총리 판공회의)
              │
         국무원 전체회의
         국무원 상무회의
              │
 ┌────┬────┬────┬────┬────┬────┐
판공청  (부·위원회)  직속  직속  판사  직속
      조성부문  특설기구  기구  기구  사업단위
(1개)  (26개)  (1개)  (14개)  (1개)  (7개)
        │
   부·위원회 관리의
    국가국(17개)
```

자료: "國務院關於機構設置的通知",《中國政府網》2023年 3月 20日, www.people.com.cn; "中華人民共和國 國務院",〈中華人民共和國中央人民政府〉, www.gov.cn.

먼저 국무원의 '사무기구'를 살펴보고, '영도기구'는 국무원의 운 영에서 살펴보자.

(1) 국무원 판공청

'국무원 판공청(辦公廳)'은 국무원의 일상 업무를 처리하는 사무 기구로, 산하에 모두 10개의 부서를 두고 있다(2018년 11월 기준으로 상근 인원은 593명이다).[1] 판공청 책임자는 비서장(祕書長)—'비서들의 총책임자'라는 뜻—인데, 다른 국무원 부서의 부장과 주임이 대부분 장관급(省部級)인 데 비해 부총리급(副總理級)으로 반(半) 등급이 높다. 또한 비서장은 대개 국무원 국무위원(國務委員)을 겸직한다.

그 밖에도 국무원 판공청 비서장은 영도기구인 국무원 상무회의와 전체회의의 구성원이다. 또한 총리 혹은 부총리 주재로 개최되는 총리 판공회의에도 참석한다. 공산당 중앙 판공청 주임이 공산당 총서기의 비서실장 역할을 하듯이, 국무원 판공청 비서장도 국무원 총리의 비서실장 역할을 담당한다고 볼 수 있다. 이런 의미에서 국무원 전체의 운영과 관련해서는 판공청 비서장의 역할이 매우 중요하다.

국무원 내부 규정에 따르면, 판공청의 주요 직책은 모두 여덟 가지다. 여기에는 첫째, 국무원 전체회의와 상무회의 등 주요 회의 준비, 둘째, 국무원이 반포하는 문건의 초안 작성, 셋째, 국무원에 비준을 요청하는 사항의 사전 검토와 보고, 넷째, 국무원 각 부서와 성급 정부가 국무원의 결정 및 지시 사항을 충실히 이행하는지에 대한 감독과 독촉이 속한다. 한마디로 말해, 국무원 총리와 영도기구가 제대로 활동할 수 있도록 행정적으로 지원하는 기구가 판공청이다.[2]

(2) 국무원 조성부문

국무원에서 가장 중요한 실무기구는 '국무원 조성부문(組成部

門)'으로 불리는 부(部)와 위원회(委員會)다. 〈표 2-2〉는 이것을 정리한 것이다. 부와 위원회는 관리 업무의 성격에 따라 조금 다르다. 즉 부가 비교적 전문적인 업무를 집중적으로 다루는 기구라면, 위원회는 여러 부문에 걸쳐 있는 종합적인 업무를 다루는 기구다. 그래서 위원회는 부보다 '머리 반 개 정도' 높은 지위에 있다고 말한

〈표 2-2〉 국무원 조성부문(부·위원회)(26개) (2023년 3월 기준)

번호	기구 명칭	번호	기구 명칭
1	외교부	14	자연자원부
2	국방부	15	생태환경부
3	국가발전개혁위원회(發改委)	16	주택도농건설부(住房和城鄕建設部)
4	교육부	17	교통운수부
5	과학기술부	18	수리부(水利部)
6	공업정보화부(工業和信息化部)	19	농업농촌부(農業和農村部)
7	국가민족사무위원회	20	상무부(商務部)
8	공안부(公安部)	21	문화관광부(文化和旅游部)
9	국가안전부(安全部)	22	국가위생건강위원회
10	민정부(民政部)	23	퇴역군인사무부
11	사법부(司法部)	24	응급관리부(應急管理部)
12	재정부(財政部)	25	중국인민은행
13	인력자원사회보장부	26	심계서(審計署)

자료: "國務院關於機構設置的通知",《中國政府網》2023년 3월 20日, www.people.com.cn.

다(행정등급은 똑같은 장관급이다). 또한 위원회에는 다른 부서의 책임자가 지도부 구성원으로 참여하는 경우가 있다.[3]

국무원 조성부문은 설치와 폐지가 전국인대에 의해 결정되는 장관급(正部級) 기구다. 그 책임자는 국무원 전체회의의 구성원으로, 국무원 업무와 관련된 중요한 사항을 논의하고 결정하는 데 참여한다. 또한 이들은 총리의 제청으로 전국인대(상무위원회)가 임명과 면직(任免)을 결정한다. 반면 다른 기구의 책임자는 국무원 총리가 전국인대(상무위원회)의 결정 없이 임명 및 면직할 수 있다. 물론 실제로는 공산당 간부 관리(黨管幹部) 원칙에 따라 장관급(部長級)은 정치국, 차관급(副部長級)은 정치국 상무위원회 등 공산당 중앙이 결정한다.

국무원 조성부문은 모두 중요한데, 그중에서도 국가발전개혁위원회(發改委, NDRC)가 특히 그렇다. 국가발전개혁위원회는 경제 관련 거시 계획을 작성하고, 경제를 종합적으로 관리하는 전문 부서로서, 국무원 내에서도 '경제 내각(經濟內閣)'의 역할을 담당한다. 국무원의 주요 업무가 경제 관리이기 때문에 발개위는 예로부터 '작은 국무원(小國務院)'으로 불렸다. 그만큼 경제와 관련하여 발개위가 막강한 권한을 보유하고 있다는 뜻이다.

이런 이름에 걸맞게 발개위 산하에는 현재 모두 29개의 부서가 있다. 정책연구실, 체개사(體改司), 투자사(投資司), 민영국(民營局), 외자사(外資司), 산업사(産業司), 농경사(農經司), 취업사(就業司), 고

기술사(高技術司), 경무사(經貿司), 가격사(價格司), 국제사(國際司)가 대표적이다. 또한 발개위는 30개에 달하는 다양한 사업단위를 관리한다. 예를 들어, 거시경제연구원, 국가정보센터, 가격인증센터, 국가 투자항목평가센터, 가격감독센터, 국가에너지센터가 있다.[4]

(3) 국무원의 기타 사무기구

'국무원 직속 특설기구'는 국유자산을 종합적으로 감독하고 관리하는 국유자산감독관리위원회, 줄여서 국자위(國資委)를 가리킨다. 국자위는 중앙 정부가 관리하는 방대한 국유기업을 관리하는 업무를 맡고 있다. 현재 중앙이 관리하는 국유기업(제조업)은 모두 97개인데, 이들은 국자위의 관리를 받고 있다. 각급 지방 정부에도 국자위가 설치되어 소속 국유기업을 관리한다.

'국무원 판사기구(辦事機構)'는 총리를 도와 특정한 업무를 처리하는 기구를 가리키는데, 현재는 국무원 연구실만이 남아 있다. 전에는 화교사무판공실(僑務辦公室), 홍콩·마카오사무판공실(港澳事務辦公室), 대만사무판공실(台灣事務辦公室), 사이버정보판공실(互聯網信息辦公室), 신문판공실(新聞辦公室)도 있었다. 그런데 이들은 2018년 정부 기구개혁 때 공산당 중앙 부서의 관리를 받는 하부 기구로 소속이 변경되었다.

〈표 2-3〉의 '국무원 직속기구(直屬機構)'는 특정 전문 분야의 업무를 전담하기 위해 설치된 조직으로, 국무원 전체회의에서 기구

〈표 2-3〉 국무원 직속기구(14개) (2023년 3월 기준)

번호	기구 명칭	번호	기구 명칭
1	중화인민공화국 해관총서(海關總署)	8	국가 신방국(信訪局)
2	국가 세무총국(稅務總局)	9	국가 통계국
3	국가 시장감독관리총국	10	국가 지식재산권국(知識産權局)
4	국가 금융감독관리총국	11	국가 국제발전합작서(合作署)
5	중국 증권감독관리위원회	12	국가 의료보장국
6	국가 라디오TV(廣播電視)총국	13	국무원 참사실(參事室)
7	국가 체육총국	14	국가 기관사무관리국

자료: "國務院關於機構設置的通知",《中國政府網》2023年 3月 20日.

의 설치와 폐지를 결정할 수 있다. 또한 '직속기구'는 '조성부문'과 행정등급이 같은 '장관급(正部級)' 기구─〈표 2-3〉의 1~8번의 기구─와 그보다 반(半) 등급이 낮은 '차관급(副部級)' 기구─〈표 2-3〉의 9~14번의 기구─로 나뉘어 있다. 따라서 그 책임자는 장관급일 수도 있고, 아니면 차관급일 수도 있다.

마지막으로 '국무원 직속기구' 책임자는 장관급인지 아니면 차관급인지에 상관없이 전국인대(상무위원회)의 결정 없이 총리가 독자적으로 임명과 면직을 결정할 수 있다. 이는 이들 부서가 전국인대의 승인 없이 국무원 자체로 존폐를 결정할 수 있는 것과 같은 이치다. 이것이 국무원 직속기구와 조성부문 간의 가장 큰 차이점이다. 물론 이들도 실제로는 공산당 중앙이 인사권을 행사한다.

<표 2-4> 국무원 부·위원회 관리의 국가국(17개) (2023년 3월 기준)

번호	기구 명칭(관리 부서)	번호	기구 명칭(관리 부서)
1	국가 양식물자비축국(발개위)	10	국가 우정국(교통부)
2	국가 에너지국(발개위)	11	국가 문물국(문화관광부)
3	국가 데이터국(발개위)	12	국가 중의약관리국(위생건강위원회)
4	국가 국방과기공업국(공업부)	13	국가 질병예방통제국(위생건강위원회)
5	국가 연초전매국(공업부)	14	국가 광산안전감찰국(응급관리부)
6	국가 이민관리국(공안부)	15	국가 소방구원국(응급관리부)
7	국가 임업초원국(자연자원부)	16	국가 외환관리국(인민은행)
8	국가 철로국(교통부)	17	국가 약품감독관리국(국가 시장감독관리총국)
9	중국 민용항공국(교통부)		

자료: "國務院關於機構設置的通知",《中國政府網》2023年 3月 20日.

〈표 2-4〉는 국무원의 부와 위원회가 관리하는 '국가국(國家局)'—부서 이름 앞에 대개 '국가' 자가 붙는다고 해서 이렇게 부른다—을 정리한 것이다. '국가국'은 '국무원 직속기구'와는 달리 특정 업종 분야의 업무를 전문적으로 관리하는 기구다. 그래서 '국가국'은 모두 차관급(副部級) 기구이며, 책임자는 모두 차관(副部長)이다. 또한 이들 기구는 '국무원 조성부문'이나 '국무원 직속기구'의 관리를 받으면서 업무를 처리한다. 즉 그 아래 소속의 기구다.

〈표 2-5〉의 '국무원 직속 사업단위(事業單位)'는 행정기구가 아니라 비영리성 공공 업무를 담당하는 '사업 편제(事業編制)'다. 즉

<表 2-5> 국무원 직속 사업단위(7개) (2023년 3월 기준)

번호	기구 명칭	번호	기구 명칭
1	신화통신사(新華通訊社)	5	국무원 발전연구센터(中心)
2	중국과학원	6	중앙 라디오TV총국(廣播電視總臺)
3	중국사회과학원	7	중국기상국
4	중국공정원(工程院)		

자료: "國務院關於機構設置的通知", 《中國政府網》 2023年 3月 20日.

'직속 사업단위'는 국무원으로부터 권한을 위임받은 단위가 업무를 수행하는 기구라고 할 수 있다. 중국의 공식 통신사인 신화통신사, 분야별 종합 국책 연구기관인 중국과학원, 중국사회과학원, 중국공정원이 이런 '직속 사업단위'의 성격을 잘 보여준다.

(4) 국무원 산하의 의사 조정 기구(영도소조)

마지막으로 국무원 산하에는 수많은 '의사조정기구(議事協調機構)', 즉 영도소조(領導小組, leading small group)가 있다. 이는 공산당 중앙 산하에 많은 영도소조가 있는 것과 동일하다. 다만 공산당 중앙의 영도소조가 정치국과 정치국 상무위원이 영도소조 조장을 맡는 '영도집단급(班子級) 영도소조'인 것에 비해 국무원 영도소조는 부총리나 부장(주임)이 조장을 맡는 '장관급(部級) 영도소조'라는 차이가 있다. 즉 급이 한 등급 아래다.

국무원 산하 영도소조의 수는 적지 않다. 1993년 〈통지(通知)〉

에 따르면 26개, 2008년 〈통지〉에 따르면 29개의 영도소조가 설치되었다.[5] 그런데 2013년에는 34개, 2017년 9월에는 57개로 급증했다.[6] 많았을 때는 85개까지 설치된 적도 있다.[7] 새로운 임무가 등장하면 그 임무를 맡을 새로운 영도소조가 만들어지기 때문에 시간이 가면서 증가하는 경향이 있다.

이 중에서 우리에게 익숙한 것으로는 국무원 빈곤지원개발(扶貧開發) 영도소조, 국가 과학기술 영도소조, 국무원 서부지구개발(西部地區開發) 영도소조, 국무원 동북지구(東北地區) 노(老)공업기지 진흥 영도소조, 국가 기후변화대응과 에너지절감 공작 영도소조, 국무원 안전생산위원회. 국무원 산샤공정(三峽工程) 건설위원회 등이 있다.

국무원 영도소조는 여러 부서의 책임자로 구성되는데, 임무는 크게 두 가지다. 첫째는 정책 협의와 조정이다. 영도소조는 국무원 부서 간의 의견을 조정하여 정책 초안을 작성해 국무원 총리, 국무원 전체회의와 상무회의에 보고한다. 둘째는 정책 집행의 감독과 촉진이다. 즉 영도소조는 국무원 총리와 영도기구가 결정한 정책을 각 부서가 제대로 집행하도록 감독하는 역할을 담당한다. 이런 면에서 국무원 영도소조는 공산당 산하의 영도소조와 크게 다르지 않다.

국무원 영도소조의 조장은 중요한 것은 부총리, 그렇지 않은 것은 주무 부서 부장이나 주임이 맡는다. 또한 여기에는 영도소조 관련 부서의 책임자(부장·주임)가 부조장과 조원으로 참여한다. 영도소조는 특별한 것을 제외하고는 대개 1년에 한두 차례, 많아야 서너 차례 회의가 개최되기 때문에 일상적으로 활동하지는 않는다. 대신 각 영도소조 밑에 설치된 판공실이 일상적으로 관련 실무를 담당한다. 이것도 공산당 산하의 영도소조와 크게 다르지 않다.

3. 국무원의 운영: 총리 책임제

중국 정치조직의 운영 방식은 크게 두 가지로 나눌 수 있다. 하나는 '수장책임제(首長負責制)'로, 국무원과 지방 정부 등 정부와 중앙군사위원회(중앙군위) 등 군 조직이 이에 속한다. 그래서 국무원은 '총리 책임제(總理負責制)', 중앙군위는 '주석 책임제(主席負責制)'로 운영된다고 말한다. 국무원 부서도 역시 수장책임제로 운영된다.

다른 하나는 '집단지도(集體領導)' 혹은 '위원회제도'다. 공산당 등 정치조직과 전국인대와 지방인대 등 의회가 이에 속한다. 수장책임제에서는 중요 문제를 수장이 최종 결정하지만, 집단지도에서는 의결 기구의 구성원이 함께 협의한 후에 공동으로 결정한다. 그리고 이때에는 다수결 원칙이 적용된다.

(1) 총리 책임제와 국가주석

국무원과 지방 정부, 국무원 각 부서와 지방 정부 각 부서는 모두 수장책임제로 운영된다. 여기서 수장책임제란 '각급(各級) 정부 수장과 부서 책임자가 구성원의 민주적인 토론의 기초 위에서 해당 조직의 관할 업무에 대해 최종 결정권을 행사하고, 동시에 그에 대해 전면적으로 책임지는 제도'를 말한다.[8] 국무원의 최고 지도자, 즉 수장은 총리다. 또한 〈헌법〉과 〈국무원 조직법〉에 따르면, 총리는 "국무원의 업무를 영도"한다. 그래서 국무원은 총리 책임제를 실행한다고 말한다.

국무원이 처음부터 총리 책임제를 실행한 것은 아니었다. 즉 마오쩌둥 시기에는 집단지도와 총리 책임제의 중간 정도로, 총리 책임제가 아니었다. 그러다가 1982년에 새로운 〈헌법〉(〈82헌법〉)을 제정하면서 총리 책임제가 확립되었다. 이는 중국이 개혁·개방 방침을 결정한 이후, 경제발전에 매진하는 과정에서 발견된 행정 비효율성과 무책임성을 해결하려는 조치였다. 수장책임제로 바꾸어야만 중요한 정책을 신속하게 결정할 수 있고, 결정된 정책의 집행 결과에 대해서도 분명하게 책임을 물을 수가 있기 때문이다.[9]

총리 책임제의 내용은 흔히 '3권(權) 1책(責)'으로 불린다. 즉 총리는 세 가지의 권한을 가지고 있고, 한 가지의 책임을 진다는 의미다. 첫째는 전면 영도권이다. 총리는 국무원 업무에 대해 전면적으로 영도한다. 각 부서 책임자는 총리에 대해서만 책임지고, 총리가 국무원을 대표하여 전국인대에 책임진다. 둘째는 최후 결정권이다. 국무원의 중요 문제는 회의를 통해 충분히 토론하지만, 최후 결정권은 총리가 행사한다. 즉 총리의 결정권은 다수결 원칙의 제한을 받지 않는다. 셋째는 인사 제청권이다. 총리는 전국인대(상무위원회)에 국무원 부총리, 국무위원, 조성 인원(부장·주임)에 대한 인사 임면(任免)을 제청할 수 있다. 넷째는 전면 책임(全面負責)이다. 국무원이 반포하는 결정·명령·행정법규와 전국인대(상무위원회)에 상정하는 의안(議案), 정부 인사 임면안은 모두 총리가 단독으로 서명하고, 그 결과에 대해서도 전면적으로 책임진다.[10]

| 국무원 총리와 국가주석의 차이

여기서 국가주석과 국무원 총리의 차이를 간략히 살펴보자. 우선 두 직위는 선출 과정이 다르다. 〈헌법〉에 따르면, 국가주석은 전국인대가 선출(選擧)하고, 또한 파면(罷免)을 결정할 수 있다. 이에 비해 총리는 국가주석이 제청하고, 전국인대가 인선을 결정(決定)하면, 국가주석이 임명한다. 또한 전국인대가 총리의 파면을 결정하면, 국가주석이 총리를 파면한다. 이렇게 보면, 총리보다 국가주석이 상위에 있고, 실권을 행사하는 직위인 것처럼 보인다.

그런데 〈헌법〉 규정을 자세히 보면, 국가주석은 나쁘게 표현하면 '대외 행사용 명예직'이고, 좋게 표현하면 '집단 원수제(集體元首制)'의 한 요소일 뿐이다.[11] 국가주석의 직책은 크게 '대내(對內)' 직책과 '대외(對外)' 직책으로 나눌 수 있다. 대내 직책은 국무원 구성원의 임면, 국가 훈장과 칭호의 부여, 사면령 반포, 긴급상태(계엄) 진입 선포, 전쟁상태 선포, 동원령 발동이다. 그런데 이 모든 활동은 '반드시 전국인대(상무위원회)의 결정(決定)'에 근거해야 한다. 다시 말해, 전국인대(상무위원회)가 결정하지 않으면 국가주석은 단독으로 이런 직책을 수행할 수 없다.

대외 직책은 전국인대의 결정에 근거하여 수행하는 직책과 독자적으로 수행할 수 있는 직책이 있다. 전자는 대사 파견과 소환, 외국과 체결한 조약과 중요한 협정의 비준과 폐기다. 후자는 중국을 대표하여 '국사(國事) 활동을 진행하고, 외교 사절을 맞이하는(接受)' 일이다. 다시 말해, 국가주석이 독자적으로 수행할 수 있는 일은 중국을 대표하여 외국을 방문하고 외빈을 접견하는 것뿐이다. 그래서 '대외 행사용 명예직'이라고 말한 것이다.

이처럼 국가주석은 법적으로 볼 때나 실제 활동으로 볼 때 '명예직'에 가깝다. 따라서 중국에서 국가주석은 총리보다 권한이 많은 국가원수가 아니다. 특히 국가원수에게 중요한 군 통수권은 국가주석이 아니라 중앙군위 주석(대개 공산당 총서기가 겸직)이 행사한다.

(2) 부총리·국무위원의 업무 분담 제도

한편 국무원 영도기구에는 부총리와 국무위원도 포함된다. 〈국무원 조직법〉에 따르면, 부총리와 국무위원은 총리의 업무를 보조

하고, "업무 분담 책임(分工負責)에 따라 영역 업무를 나누어 관리
(分管)한다." 또한 총리의 위임을 받아 기타 업무 또는 전문 임무(專
項任務)를 책임진다. 마지막으로 국무원의 배치에 따라(즉 개인적인
판단이 아니라), 국무원을 대표하여 대외 활동(外事活動)을 진행한다.
이처럼 국무원은 총리 책임제와 함께 '부총리·국무위원 업무 분담
제도'를 운영한다.[12]

〈표 2-6〉은 국무원 총리·부총리·국무위원의 구성 상황을 정리

〈표 2-6〉 국무원 총리·부총리·국무위원의 구성 상황

시기(년)	총리(명)	부총리(명)	국무위원(명)	상무회의(명)	전체회의(명)
1978	1	13~14	미설치	15~16	54~55
1983	1	4	10	16	61
1988	1	4	10	16	57
1993	1	4	9	15	56
1998	1	4	5	10	38
2003	1	4	5	10	38
2008	1	4	5	10	37
2013	1	4	5	10	34
2018	1	4	5	10	36
2023	1	4	5	10	36

해설: 국무원 상무회의는 총리·부총리·국무위원·비서장으로 구성되고, 국무원 전체회의는 상무회의 인원에 국무원 조성부문 책임자로 구성된다. 2023년 10월에 리상푸(李尚福) 국방부장, 친강(秦剛) 외교부장이 해임되면서 국무위원은 5명에서 3명으로 축소되었다.

자료: 朱光磊, 『當代中國政府過程』(修訂版)(天津: 天津人民出版社, 2002), p. 43. 2003년 이후 자료는 필자가 추가.

한 것이다. 국무위원이 신설된 것은 1983년부터다. 그전에는 국무위원이 없는 대신 부총리를 10여 명 선임했다. 그런데 1982년 공산당 12차 당대회 이후에 국무원은 개혁·개방 정책을 추진하는 데 적합하도록 구조 조정을 단행했다. 국무원 부총리의 규모(數)를 대폭 줄이고, 대신 국무위원 직위를 신설한 것은 이런 개혁 조치의 하나였다. 따라서 국무위원은 부총리와 같은 직급, 즉 '부총리급'으로 인정되고, 그에 맞는 대우를 받는다.

1998년에는 현재와 같은 모습, 즉 '1정(正) 4부(副) 5위원(委員)' 체제가 만들어졌다. 여기서 '1정'은 한 명의 총리, '4부'는 네 명의 부총리, '5위원'은 다섯 명의 국무위원을 가리킨다. 참고로 국무원 판공청 비서장은 1988년부터 국무위원을 겸직하기 시작했다. 이렇게 되면서 1998년부터는 총리(1인)·부총리(4인)·국무위원(5인)으로 구성된 국무원 지도부가 10인이 되고, 이들이 국무원 상무회의를 구성하는 완전한 체제가 갖추어졌다.

또한 1998년부터 현재까지는 누가 국무위원이 되는지도 거의 고정되었다. 첫째는 국방부장, 둘째는 공안부장(公安部長), 셋째는 외교부장 또는 외사 영도소조 판공실 주임, 넷째는 국무원 판공청 비서장이다. 마지막 다섯째는 일종의 '무임소(無任所) 국무위원'으로, 특정한 국무원 부서를 맡지 않은 사람이 선임된다. 이처럼 국무위원은 한 명을 제외하고는 모두 특정 부서를 책임지면서 국무위원을 겸직한다. 따라서 이들은 담당 부서의 업무를 중심으로 다른 업무를 추가로 분담한다.

한편 네 명의 부총리는 국무위원이 맡고 있는 업무를 제외한 나머지 업무를 나누어 관리하고, 그 결과에 대해 책임진다. 5년에 한 번씩 국무원 지도부가 새롭게 구성되면, 국무원은 전체회의를 개최하여 부총리의 업무 분담을 확정한다(물론 사전에 공산당 중앙이 결정한다). 이에 따라 부총리는 각자 관리하고 책임지는 고유한 업무를 갖게 되고, 동시에 그 업무를 수행하는 부서(부·위원회)도 관리하게 된다.

마지막으로 국무원 총리·부총리·국무위원은 공산당 내에서도 높은 직위를 차지한다. 우선 총리와 상무(常務) 부총리는 공산당 정치국 상무위원으로 선출된다. 그 결과 7인의 정치국 상무위원 중에서 공산당이 3인(즉 총서기, 중앙서기처 상무서기, 중앙기율검사위원회 서기)을 차지하고, 국무원이 2인을 차지한다. 나머지 2인은 전국인대 위원장과 전국정협 주석이다. 또한 4인의 부총리는 모두 공산당 정치국원으로 선출된다. 5인의 국무위원은 대개는 공산당 중앙위원, 그중에서 1인은 가끔 정치국원으로 선출된다.

(3) 국무원의 주요 회의제도: 상무회의, 전체회의, 총리 판공회의

〈헌법〉, 〈국무원 조직법〉, 〈국무원 업무규칙(工作規則)〉(2023년 제정)에 따르면, 국무원은 "국무원 전체회의(全體會議)와 국무원 상무회의(常務會議) 제도를 실행한다." 또한 "국무원 업무 중에서 중요한 문제는 반드시 국무원 상무회의 혹은 국무원 전체회의의 토론을 거쳐 결정해야 한다." 이처럼 국무원에서 가장 중요한 회의는 국무원 상무회의와 전체회의다.

│ 국무원 상무회의

국무원 상무회의는 총리·부총리·국무위원·비서장으로 구성되고, 회의는 총리가 소집하고 주재한다. 또한 이들은 국무원 내에 조직된 공산당 중앙의 하부 조직, 즉 '국무원 당조(黨組)' 성원이 된다. 따라서 국무원 상무회의는 두 가지 성격을 동시에 가지고 있다. 첫째, 법적으로 국무원의 공식 영도기구 중 하나다(다른 하나는 전체회의다). 둘째, 정치적으로 공산당 중앙의 국무원 영도조직이다.[13]

〈국무원 업무규칙〉에 따르면, 국무원 상무회의의 임무는 모두 다섯 가지다. 첫째는 공산당 중앙에 보고하여 심의 및 결정을 요청할 중요한 사항을 토론한다. 이는 국무원 당조의 자격으로 처리하는 임무다. 둘째는 국무원 전체회의에 심의를 요청할 중요한 사항을 토론한다. 셋째, 법률 초안과 행정법규 초안을 토론한다. 넷째, 국무원 명의로 반포하는 중요한 규범성 문건을 토론하여 통과시킨다. 다섯째, 기타 상무회의가 토론·결정·통보할 중요한 사항을 다룬다.[14]

또한 국무원 상무회의는 〈국무원 업무규칙〉에 따르면 매월 2~3회 개최하고, 필요할 때는 수시로 개최할 수 있다. 실제 개최

빈도수를 보면, 사실상 매주 1회씩 개최된다. 예를 들어, 2015년에 국무원 상무회의는 모두 41회 개최되었는데, 이는 매달 평균 3.4회 개최된 것을 의미한다. 참고로 41회의 국무원 상무회의 중에서 32회가 매주 수요일에 개최되었다.[15] 또한 코로나19가 확산하던 2020년 1월부터 4월까지 4개월을 보면, 국무원 상무회의는 모두 16회, 매달 평균 4회씩 개최되었다.[16] 참고로 2023년 3월에 시작된 리창(李强) 총리 시기에는 회의가 매월 2회 정도 금요일에 개최된다고 한다.

| 국무원 전체회의

반면 국무원 전체회의는 총리·부총리·국무위원·비서장, 즉 상무회의 구성원 외에 각부 부장, 각 위원회 주임, 인민은행 행장, 심계서 심계장으로 구성된다. 또한 회의는 총리가 소집하고 주재한다. 〈국무원 업무규칙〉에는 회의 개최 규정이 없는데, 회의는 대개 6개월에 1회, 1년에 2회 정도 개최된다. 마지막으로 임무는 두 가지다. 첫째, 국무원은 정부 업무보고(工作報告), 국민경제와 사회발전 계획 등 중대 사항을 토론하여 결정한다. 이를 안건은 모두 국무원이 전국인대 연례 회의에 보고하는 것이다. 둘째, 국무원의 중요한 업무를 배치(部署)한다.

그런데 여기서 주의할 점이 있다. 국무원은 총리 책임제로 운영되기 때문에 국무원 상무회의와 전체회의는 중요한 문제를 결정하는 의결기구가 아니라는 사실이다. 〈국무원 업무규칙〉에 따르면, 상무회의와 전체회의의 여섯 가지 임무 중에서 "토론하여 결정한다"라고 규정한 사항은 하나뿐이다. 즉 '정부 업무보고, 국민경제와 사회발전 계획 등 중대 사항'(즉 전국인대에 보고하는 사항)이 그것이다. 나머지는 모두 '토론'하고 '배치'한다. 즉 결정은 총리가 한다. 이 점이 국무원이 공산당 중앙 및 전국인대와 다른 점이다.[17]

│ 총리 판공회의

마지막으로 총리는 직접 혹은 부총리에 위임하여 총리 판공회의를 수시로 개최할 수 있다. 총리 판공회의는 2004년에 폐지되었다가 2023년에 〈국무원 업무규칙〉이 제정되면서 다시 설치되었다. 이 회의는 국무원의 중요한 사항을 연구하고 처리하는 임무를 맡고 있다. 의제는 총리가 결정하고, 의제와 관련이 있는 부총리와 국무위원 이외에도 국무원 타 부서 책임자나 다른 국가기관 관계자도 참석할 수 있다. 이처럼 총리 판공회의는 다른 회의를 준비하는 예비회의, 중요한 정책을 사전에 조사하고 연구하는 준비회의의 성격을 띠고 있다.

(4) 각종 공작회의

국무원 상무회의, 전체회의, 총리 판공회의 외에도 국무원에는 다양한 회의제도가 있다. 〈국무원 업무규칙〉에 따르면, 먼저 국무원은 부총리 혹은 국무위원 주재로 '전문회의(專題會議)'를 개최하여 국무원 업무 중에서 전문 분야의 중요한 문제를 연구하고 조정할 수 있다. 또한 국무원 각 부서도 자기 업무와 관련된 '공작회의(工作會議)'를 개최할 수 있다.

국무원: '전국(全國)' 공작회의

이런 국무원 공작회의는 다시 두 가지 종류로 나눌 수 있다. 하나는 총리가 주재하여 매년 개최하는 '종합성(綜合性) 공작회의'다. 국무원 청렴(廉政) 회의가 대표적이다. 그 밖에도 중요한 문제가 발생하면, 총리 주재로 부서 책임자와 성급 지방 정부 책임자가 참석하는 공작회의를 개회한다.

다른 하나는 특정한 업무를 대상으로 개최하는 '전문성(專題性) 공작회의'다. 이런 회의 앞에는 대개 '전국(全國)'이라는 글자가 붙는데, 이는 국무원이 개최하는 전국 성격의 업무 회의를 의미한다. 전국 금융 공작회의, 전국 위생 공작회의, 전국 과학기술 공작회의, 전국 안전생산 공작회의, 전국 종교 공작회의, 전국 우정관리(郵政管理) 공작회의, 전국 출판 공작회의, 전국 문화재(文物) 공작회의, 전국 대만 공작회의 등이 대표적이다.

공산당: '중앙(中央)' 공작회의

참고로 공산당 중앙도 공작회의를 개최한다. 이를 통해 주요 문제의 기본 방침과 정책 방향을 결정하여 국무원, 전국인대, 전국 정협 등 다른 국가기관과 공공기관이 세부 정책을 결정하고 집행하는 데 필요한 원칙과 기조를 제공한다. 이런 회의의 명칭 앞에는 '중앙(中央)'이라는 글자가 붙는다. 따라서 '중앙' 글자가 붙은 회의는 공산당 중앙이 개최하는 전국회의로 보면 된다. 마찬가지로 '중앙' 글자가 붙은 기구는 공산당 중앙조직 혹은 그 산하의 조직으로 보면 된다.

첫째는 세부 업무에 대한 공작회의다. 중앙 경제 공작회의, 중앙 금융 공작회의, 중앙 정법(政法) 공작회의, 중앙 민족 공작회의, 중앙 농촌 공작회의, 중앙 외사(外事) 공작회의, 중앙 통일전선(統戰) 공작회의, 중앙 인대(人大) 공작회의, 중앙 사상선전 공작회의, 중앙 조직 공작회의 등이 이에 속한다.

둘째는 특정 지역과 관련된 공작회의다. 이런 회의는 대개 '공작 좌담회의(座談會議)'라는 명칭이 사용된다. 중앙 티베트(西藏)공작 좌담회의, 중앙 신장(新疆)공작 좌담회의가 대표적이다. 셋째는 종합적인 주제를 다루는 공작회의다. 중앙 도시화(城鎮化) 공작회의가 대표적이다.[18]

####

정부의 정책 결정과 집행

지금까지 우리는 국무원의 지위와 성격, 조직, 운영 제도에 대해 자세히 살펴보았다. 이제 이를 토대로 중국 정부가 일상적으로 전개하는 실제 활동을 살펴보자. 이때는 정책 결정 과정(policy-making process), 즉 '정부가 정책을 결정하고 집행하는 과정'이라는 관점에서 살펴볼 것이다. 학계에서는 이를 줄여서 '정책 과정(policy process)'이라고 부르는데, 일반인에게는 '정책 결정 과정'이라는 말이 더 친숙할 것 같아서 그렇게 부르려고 한다.

정치는 '일정한 국민과 영토 내에서 공적이고 권위 있는 정책 결정을 둘러싸고 벌어지는 제반 활동'으로 정의할 수 있다. 결국 정치는 '정책 결정을 둘러싸고 벌어지는 과정과 갈등'을 가리키는 것으로, 정치의 핵심 내용이 바로 '정책 결정'이다.[1] 중국 정부가 국가 헌정 체제에서 담당하는 주된 역할이 바로 정책 결정과 집행이다. 이런 면에서 정부는 중국 정치에서 상당히 중요한 역할을 담당한다. 따라서 정책 결정 과정의 관점에서 정부 활동을 살펴보겠다는 것은, 국가 헌정 체제에서 정부가 수행하는 실제 역할을 살펴보겠다는 뜻이다.

또한 정부의 정책 결정과 집행은 일상 시기와 위기 시기로 나눌 수 있다. 일상 시기에는 정부가 법정 절차에 따라 직책을 수행하면 된다. 그런데 위기 시기가 오면 새로운 위기 대응 기제(mechanism)가 작동한다. 동시에 이때에는 공산당이 중요한 행위자로 등장한다. 물론 공산당과 의회 등 다른 주체는 일상 시기의 정책 결정 과정에도 참여한다. 그러나 참여 정도와 역할은 위기 시기와는 다르다. 따라서 우리는 정부 활동을 살펴볼 때, 일상 시기와 위기 시기로 나누어 살펴볼 필요가 있다.

중국이 개혁·개방 정책을 추진한 이후, 경제와 사회는 전과 다르게 크게 바뀌었다. 사적 소유제도와 시장제도가 도입되었을 뿐만 아니라 경제적 대외 개방, 구체적으로는 해외직접투자(FDI)와 대외무역이 크게 성장했기 때문이다. 정치는 그만큼은 아니지만 역시 큰 변화를 겪었다. 국가 정책을 결정하고 집행하는 정부 활동, 즉 정책 결정 과정도 마찬가지다.

예를 들어, 마오쩌둥 시기(1949~1976년)에는 공산당이 각종 '사회혁명'을 추진하기 위해 100회에 달하는 다양한 종류의 대중운동(mass movement)을 전개했다. 인민의 자발성을 동원하여 급속한 경제발전을 달성하려고 추진한 대약진운동(大躍進運動, 1958~1960년), '자본주의의 길'을 걷는 당정간부를 처단하고 '프롤레타리아 독재'를 완성하기 위해 추진한 문화대혁명(文化大革命, 1966~1976년)이 대표적이다.[2] 이처럼 마오쩌둥 시기에 공산당은 대중운동이라는 혁명 시기의 방식을 사용하여 주요 정책을 결정하고 집행했다.

그러나 개혁기(1978년~현재)에는 달라졌다. 현재도 마오쩌둥 시기처럼 위기 시기나 중요한 정책을 집행할 때는 '운동식 정책 방식(campaign-style policy mode)', 줄여서 '운동 방식(campaign mode)'이 사용된다. 그렇지만 일상 시기에는 대부분 정책이 정부의 '관료적 정책 방식(bureaucratic policy mode)', 줄여서 '관료 방식(bureaucratic mode)'에 따라 결정되고 집행된다. 이는 국가 관료조직(주로 정부)이 정해진 법률과 제도에 근거하여 주요 정책을 결정하고 집행하는 방식을 가리킨다.

이 장에서는 이와 같은 중국 정부의 정책 결정 방식을 원론적인 차원에서 살펴보려고 한다. 이를 토대로 다음 두 개의 장에서는 정부가 일상 시기에 전개하는 활동과 위기 시기에 전개하는 활동을 나누어 실제 사례를 중심으로 살펴볼 것이다.

1. 학계의 중국 정책 결정 연구

중국의 정책 결정 방식을 본격적으로 검토하기 전에 학계에서
는 이 문제에 대해 어떻게 연구하고 있는지를 간략히 살펴보자.[3]
이를 통해 우리는 중국 정부가 어떤 종류의 정책 결정 방식(policy-
making mode)을 사용하는지를 엿볼 수 있다.

(1) 분절된 권위주의 모델과 수정 모델들

개혁기에 중국 정치를 분석하는 주류 모델은 '분절된 권위주의
(fragmented authoritarianism)'였다. 이 모델은 중앙과 지방의 국가 관
료조직(주로 정부)에 초점을 맞추어 정책 결정 과정을 분석한다는
특징이 있다. 그래서 이를 관료 모델(bureaucratic model)이라고 부르
기도 한다. 이와 대비되는 모델로는 '보수파'와 '개혁파' 간의 권력
투쟁의 관점에서 정치를 분석하는 파벌 모델(factional model) 혹은
투쟁 모델(struggle model)이 있다.

분절된 권위주의 모델에 따르면, 마오쩌둥 시기와는 달리 개혁
기에는 정책 결정 권한(authority)이 중앙과 지방뿐만 아니라 동급
(同級)의 관료조직(즉 정부 부서) 간에도 분절(fragmented) 혹은 분산된
(decentralized) 정치구조가 등장했다.[4] 그 결과 정부 정책은 권한을
보유한 다양한 관료조직 간에 합의(consensus)가 형성되어야만 결정
될 수 있게 되었다. 개혁기에 정책 결정 과정이 중앙과 지방의 관료

조직 간에 협상과 타협이 반복되는 아주 길고 복잡한 과정으로 변화한 것은 이 때문이다.

그런데 1990년대 중반 이후 분절된 권위주의 모델의 문제점이 분명해지면서 이를 수정 보완하려는 연구가 진행되었다. 첫째는 공산당 중앙의 권한과 능력이 강화되었다는 사실을 강조하는 연구다. '통합된(integrated) 권위주의' 모델이 대표적이다. 이에 따르면, 공산당 중앙은 1990년대 중반 이후 이전의 권한과 능력을 회복했고, 이를 행사하여 국무원과 지방 정부의 정책 결정 과정을 통제할 수 있다.[5] 즉 정책 결정 과정이 '분절된(fragmented)' 측면이 있지만, 동시에 공산당 중앙에 의해 '통합된(integrated)' 측면도 있다는 것이다.

둘째는 정책 참여 주체의 확대를 강조하는 '정책 과정의 다원화(pluralization)' 모델이다. 이에 따르면, 1990년대 중반 이후 정책 결정 과정에는 국가 관료조직, 즉 정부와 그 부서뿐만 아니라 사회단체, 기업, 개인(명망가), 시민 등 '사회세력(social actors)'도 중요한 주체로 참여한다.[6] 이처럼 새로운 사회세력의 등장으로 인해 정책 결정 과정은 다양한 행위자들이 참여하는 복잡한 게임으로 바뀌었다는 것이다. 물론 관료조직이 정책 결정 과정을 주도한다는 사실은 변함이 없고, 이런 면에서 분절된 권위주의 모델의 기본 성격은 유지된다.

(2) 게릴라 정책 방식: 운동 방식과 실험 방식

한편 2000년대를 넘어서면서 마오쩌둥 시기와 개혁기를 연속선 상에서 분석하려는 새로운 연구 경향이 등장했다. '게릴라 정책 방식(guerrilla policy style)'을 주장하는 연구가 대표적이다. 여기서 말하는 게릴라 정책 방식은 마오쩌둥 시기에 시작되어 개혁기에도 널리 사용되는 두 가지 종류의 정책 결정 방식을 가리킨다.

하나는 앞에서 말한 운동 방식이다. 다른 하나는 '실험에 기초한 정책 방식(experimentation-based policy mode)', 줄여서 '실험 방식(experimental mode)'이다. 이런 방식은 옌안(延安) 혁명근거지 등 사회주의 혁명 시기에 사용되기 시작했다. 중국은 이런 게릴라 정책 방식들을 사용한 덕택에 '사회주의 건설'뿐만 아니라 개혁·개방 정책도 성공적으로 추진할 수 있었다.[7]

2. 중국 정책 결정 방식의 네 가지 종류

현재 중국에는 '크게 보면' 세 가지 종류의 정책 결정 방식이 사용되고 있다. 첫째는 관료 방식이다. 이는 분절된 권위주의, 통합된 권위주의, 정책 과정의 다원화 모델이 강조하는 정책 결정 방식이다. 현재 대부분 정책은 정부에 의해 이 방식으로 결정되고 집행된다. 둘째는 운동 방식이다. 이는 마오쩌둥 시기에 주로 사용된 정책 결정 방식인데, 개혁기에도 중요한 정책을 결정하고 집행할 때는 이 방식이 사용된다. 셋째는 실험 방식이다. 1980~1990년대 에 중요한 개혁·개방 정책은 기본적으로 이 방식으로 결정되었다.

또한 이런 세 가지 종류의 정책 결정 방식, 즉 관료 방식, 운 동 방식, 실험 방식은 '일상 시기(ordinary period)'와 '위기 시기(crisis period)'에 달리 사용된다. 따라서 두 가지의 내용, 즉 ① 세 가지의 정책 결정 방식과 ② 일상 시기와 위기 시기라는 두 가지의 시기를 종합하면, 우리는 조금 더 세밀하게 정책 결정 방식을 구분할 수 있다.

먼저, 세 가지의 정책 결정 방식 중에서 운동 방식은 위기 시기

〈표 3-1〉 중국 정책 결정 방식의 네 가지 종류

	관료 방식	운동 방식	실험 방식
일상 시기	• 중앙의 방침과 목표 제시 • 관료조직의 정책 결정 과 집행 • 사회세력의 선별적 참여	• 중앙의 정책 결정과 지도 • 관료조직의 정책 집행 • 대중의 선별적 동원	• 중앙의 허용과 일부 실험 • 정책의 확대와 검증 • 검증된 정책의 전국 실시
위기 시기	• 해당 사항 없음	• 중앙의 정책 결정과 감독 • 관료조직의 정책 집행 • 공산당·군·인민단체 의 동원 • 대중의 광범위한 동원	• 해당 사항 없음

자료: 조영남, 『중국의 위기 대응 정책: 코로나와의 인민 전쟁』(파주: 21세기북스, 2024), p. 42.

에 주로 사용되지만, 일상 시기에도 사용된다. 그런데 일상 시기와 위기 시기의 운동 방식은 과정과 절차는 비슷하지만, 실제 내용이 크게 다르다. 따라서 우리는 운동 방식을 두 가지의 정책 결정 방식으로 나눌 수 있다. 반면 관료 방식과 실험 방식은 일상 시기에만 사용되고, 위기 시기에는 사용되지 않는다.

이렇게 '세밀하게 보면' 중국의 정책 결정 방식은 세 가지가 아니라 모두 네 가지 종류라고 말할 수 있다. 첫째는 관료 방식이다. 둘째는 '일상 시기'의 운동 방식이다. 셋째는 '위기 시기'의 운동 방식이다. 즉 운동 방식은 한 가지 종류가 아니라 두 가지 종류다. 넷째는 실험 방식이다. 이를 정리한 것이 〈표 3-1〉이다.

이제 네 가지 종류의 정책 결정 방식을 하나하나 살펴보도록 하자.

3. 정책 결정 방식 1: 관료 방식

관료 방식은 중앙과 지방의 관료조직(주로 정부와 그 부서)이 정해진 절차와 규정에 따라 법률이 부여한 권한을 행사하여 정책을 결정하고 집행하는 방식을 말한다. 중국은 지금까지 정치개혁을 꾸준히 추진했고, 정부 구조와 운영을 제도화하는 행정 개혁은 그중에서도 특히 중요했다.[8] 그 결과 현재 중국의 정책 결정 과정은 한국이나 일본 등 동아시아의 다른 국가들과 비슷한 방식으로 변화했다. 즉 이들 국가에서는 모두 정부가 관료 방식에 따라 대부분 정책을 결정하고 집행한다.

한편 관료 방식에서는 공산당 중앙이 정책의 기본 방침과 전체 목표를 제시한다. 그러나 그것은 너무 추상적이고 포괄적이어서 현장에서 당장 실행할 수가 없다. 따라서 공산당 중앙의 기본 방침과 전체 목표를 구체적인 정책으로 바꾸는 일이 필요한데, 이는 국가 관료조직, 즉 정부와 그 부서의 몫이다. 이런 점에서 관료 방식에서는 정책 결정의 주체가 바로 관료조직, 주로 정부다. 또한 다양한 사회세력이 관료조직을 보조하여 정책을 결정하고 집행하는 데 참여한다.

(1) 공산당 중앙의 방침과 목표 제시

먼저, '중앙'이 정책의 기본 방침과 전체 목표를 제시한다. 여기서 '중앙'은 일반적으로는 공산당 중앙, 즉 당대회(5년에 1회 개최), 중앙위원회(매년 1회 개최), 정치국(매월 1회 개최), 정치국 상무위원회(매주 1회 개최)를 가리킨다. 그런데 일부 중요한 정책은 공산당 중앙과 중앙 정부인 국무원이 함께 결정하여 발표한다. 이 경우 중앙은 공산당 중앙과 중앙의 국가기관을 포함한 중앙의 '전체' 기관을 가리킨다.

공산당 중앙이 방침과 목표를 제시하는 방식에는 여러 가지가 있다. 회의 개최가 대표적이다. 예를 들어, 5년에 한 번씩 개최되는 공산당 전국대표대회(당대회)는 과거 5년의 업무를 평가하고, 향후 5년의 중점 과제를 제시한다. 여기에는 주요 정책의 방침과 목표가 들어 있다. 매년 개최되는 공산당 중앙위원회 전체회의—줄여서 중전회(中全會)—와 매월 개최되는 정치국 회의도 마찬가지다. 이때에는 국무원이 전국인민대표대회(전국인대) 회의에 제출하는 '국민경제 및 사회발전 5개년 계획(規劃)'이나 국가 예산안 및 결산안 보고, 정부 업무보고, 최고법원·검찰원 업무보고가 의제로 상정되어 논의된다.

또한 공산당 중앙은 정기적으로 혹은 중요한 이슈가 발생할 때마다 각종 '공작회의(工作會議)'를 개최한다. 매년 연말에 개최하는 중앙 경제 공작회의가 대표적이다. 이 밖에도 중앙 농촌 공작회의, 중앙 재경(財經) 공작회의, 중앙 금융 공작회의, 중앙 조직 공작회의, 중앙 사상선전 공작회의, 중앙 외사(外事) 공작회의 등이 있다. 공산당 중앙은 이런 회의를 통해 주요 정책의 기본 방침과 전체 목표를 제시한다.

공산당 중앙은 정부 등 관료조직이 세부 정책을 결정하고 집행할 때도 역시 정책 결정 과정을 통제할 수 있다. 이때는 크게 네 가지 종류의 통제 기제(control mechanism)가 동원된다. 첫째는 인사제도, 즉 간부직무명칭표(nomenklatura) 제도다. 공산당 중앙은 인사권을 행사함으로써 국무원 각 부서와 성급(省級) 정부를 통제할 수

있다.[9]

둘째는 공산당 중앙 소속의 영도소조(領導小組, leading small group)다. 영도소조는 '의사 조정 및 결정 기구'로서 임무는 크게 세 가지다. 첫째는 정책 초안 작성과 결정, 둘째는 부서 간 의견 조정, 셋째는 정책 집행의 감독이다. 공산당 중앙은 영도조직을 통해 역시 국무원 각 부서와 성급 정부를 통제할 수 있다.[10]

셋째는 정풍운동(整風運動, rectification campaign)이다. 이는 공산당 내부의 자정 활동이지만 동시에 정부 등 국가 관료조직 전체를 대상으로 전개되는 공산당 중앙의 감독 활동이기도 하다. 장쩌민(江澤民) 시기와 후진타오(胡錦濤) 시기에도 그랬지만, 시진핑 시기에 들어와서는 2년에 한 번씩 정풍운동이 정기적으로 강력하게 추진되고 있다. 그 결과 국무원 각 부서와 지방 정부는 공산당 중앙의 방침에 충실히 따를 수밖에 없다.

넷째는 공산당의 감독제도다. 중국에는 다양한 종류의 감독제도가 있다. 정부의 행정 감찰과 회계 감독, 전국인대와 지방인대의 의회 감독, 검찰원의 사법 감독이 대표적이다. 그런데 이런 제도 중에서 가장 강력한 것이 바로 공산당 감독이다. 특히 후진타오 시기와 시진핑 시기에 순시제도(巡視制度)와 국가감찰위원회(國家監察委員會) 신설 등 새로운 감독제도가 도입되면서 공산당 중앙의 정부 통제 능력은 한층 더 강화되었다. 따라서 국가 관료조직은 공산당 중앙의 정책을 그 어느 때보다 더 잘 집행할 수밖에 없게 되었다.[11]

(2) 관료조직의 정책 결정

다음으로, 국가 관료조직, 특히 국무원과 성급 정부는 공산당 중앙이 결정한 방침과 목표에 근거하여 구체적인 정책을 결정하고 집행한다. 이때는 분절된 권위주의 모델에서 말하는 정책 결정 방식이 작동한다.

분절된 권위주의 모델은 크게 두 가지 명제로 정리할 수 있다. 첫째, 권한이 분절된 정치구조가 등장했기 때문에 공산당 중앙의 명령이 아니라 관료조직 간의 합의 형성(consensus-building)이 정책 결정 과정에서 관건이 되었다. 권한이 분산된 상황에서 정책은 관련 당사자(주로 정부 부서) 간에 합의가 이루어져야만 결정될 수 있기 때문이다. 반면 마오쩌둥 시기에는 공산당 중앙, 특히 마오쩌둥 개인이 정책을 결정하면 국가 관료조직은 그것을 집행하는 방식으로 정책이 일방적이고 신속하게 결정되었다.

또한 관료 방식에서 합의 형성은 횡적 관계(塊關係), 예를 들어 국무원 각 부서 간의 관계와 동급 지방 정부 간의 관계뿐만 아니라 종적 관계(條關係), 예를 들어 국무원과 성급 정부, 성급 정부와 시급 정부 간의 관계에서도 이루어져야 한다. 이런 이유로 정책 합의는 더욱 어렵고 복잡하다. 그 결과 일상 시기의 정책 결정 과정은 관료조직 간에 협상과 타협이 반복되는 길고 험난한 과정이 된다. 정책 결정이 한없이 늦어지는 것은 이 때문이다.

둘째, 정책 결정 과정이 분산된다. 정책 결정 권한이 횡적 및 종적으로 나뉘고 계층화된 상황에서, 중앙과 지방의 관료조직이 협상하고 타협하는 과정은 분산될 수밖에 없다. 하나의 정책에도 복수의 활동 주체(관료조직)가 개입하여 협상을 벌이기 때문이다. 또한 하층 단위(정부)에서 결정된 정책이 상층 단위(정부)로 보고되어 재승인을 받아야 하기 때문이다. 만약 전체 정책 결정 과정을 총괄 조정하는 영도소조와 같은 영도조직이 없다면, 정책 결정은 더욱 지연되고 왜곡된다.[12]

(3) 사회세력의 정책 참여

마지막으로 관료 방식의 정책 결정 과정에는 '사회세력(social actors)'도 중요한 정책 주체로 참여한다. 이런 사회세력으로는 첫째, 사회단체(NGO)가 있다. 여기에는 총공회(總工會, 노조연합회), 부녀연합회(婦聯, 부련), 공산주의청년단(共靑團, 공청단) 같은 인민단체(GONGO)와 다양한 민간 사회단체(civic NGO)가 포함된다. 둘째, 국유기업·민영기업·외자기업 등의 각종 기업과 공상업연합회(工商聯, 공상련)·사영기업가협회(私營企業家協會)·외자기업가협회(外資企業家協會) 등의 기업가단체도 중요하다.

셋째, 저명인사·전문가·교수·언론인 등 개인 활동가가 있다. 특히 인터넷과 소셜 미디어(SNS)가 광범위하게 보급되면서 개인 활동가의 역할이 전보다 더욱 중요해졌다. 넷째, 그 밖에도 일반 시민 혹은 대중도 정책 결정 과정에 참여한다. 이는 1990년대 중반 이후에 나타난 새로운 변화로, 지금은 중앙과 지방에서 정책을 결정하고 집행할 때 나타나는 보편적인 현상이 되었다. '정책 과정의 다원화(pluralization)' 모델은 이를 잘 보여준다.[13]

| 의법치국 방침의 결과

그런데 사회세력이 정책 결정 과정에 참여하게 된 가장 강력한 배경은, 이들의 참여를 합법화하고 권장하는 관련 법규가 제정되고, 그에 따라 참여 기제 혹은 제도가 만들어졌기 때문이다. 이는 우연히 일어난 일이 아니라, 공산당 중앙이 일관된 정책에 따른 예상된 결과였다. 특히 1997년 공산당 15차 당대회에서 의법치국(依法治國: 법률에 근거한 국가 통치)이 정치 방침으로 확정되면서 이것이 더욱 강화되었다.[14]

예를 들어, 사회단체와 시민은 〈행정소송법〉(1989년 제정)에 근거하여 정부와 공무원의 잘못된 정책에 대해 행정소송을 제기할 수 있고, 이를 통해 정책 결정과 집행에 영향을 미칠 수 있다. 1997년에 제정된 〈가격법(價格法)〉과 2000년에 제정된 〈입법법(立法法)〉은 물가 정책의 결정과 법률의 제정 과정에서 청문회 개최를 규정했다. 사회세력은 청문회에 참석하는 방식으로 합법적으로 정책 결정 과정에 참여할 수 있게 된 것이다. 2003년에 도입된 환경영향평가 제도도 마찬가지다. 즉 일반 시민들은 이 제도를 이용하여 국가의 대규모 토목 사업과 건설 항목 결정 과정에 참여하여 의견을 말

할 수 있게 된 것이다.[15]

다만 여기서 주의할 점이 있다. 사회세력의 정책 결정 참여는 정책 영역에 따라 크게 달라질 수 있다는 사실이다. 다시 말해, 사회세력이 모든 정책 결정 과정에 참여할 수 있는 것은 아니다. 단적으로 국민 생활과 밀접히 관련된 경제와 사회 정책에서는 활발히 참여하지만, 외교·안보·정법(政法) 등 공산당 집권과 국가 안위에 관련된 정책에서는 거의 참여할 수 없다. 또한 사회세력이 참여하는 정책 결정 과정에서도 주도권은 여전히 관료조직, 즉 정부가 쥐고 있다. 따라서 사회세력의 정책 결정 참여를 과장해서는 안 된다.

| 4. 정책 결정 방식 2: 일상 시기의 운동 방식 |

운동 방식은 공산당 중앙이 결정한 정책 목표를 달성하기 위해 국가 관료조직뿐만 아니라, 사회단체와 일반 대중(시민)을 총동원하여 정책을 집행하는 방식을 말한다. 운동 방식은 마오쩌둥 시기(1949~1976년)에는 중요한 정책 방식이었다. 앞에서 말한 대약진운동과 문화대혁명이 대표적이다. 개혁기에는 이보다는 사용 빈도가 많이 줄어들었지만, 여전히 중요한 정책을 집행할 때는 이 방식이 사용된다.

한편 운동 방식은 일상 시기와 위기 시기에 모두 사용된다는 점에서 다른 정책 결정 방식과는 다르다. 즉 관료 방식과 실험 방식은 일상 시기에만 사용되고, 위기 시기에는 사용되지 않는다. 따라서 운동 방식은 일상 시기와 위기 시기로 나누어 살펴보아야 한다. 절차와 방식은 비슷하지만, 구체적인 내용이 다르기 때문이다.

(1) 개혁기 운동 방식의 특징

일상 시기에는 대부분 정책이 관료 방식으로 결정되고 집행된다. 그러나 공산당 중앙의 관점에서 볼 때, 공산당 집권과 국가 발전에 매우 중요하다고 판단되는 정책은 운동 방식으로 처리된다. 중국이 1980년대부터 최근까지 중점적으로 추진한 산아제한(計劃生育) 정책이 대표적이다.[16] 2005년부터 추진된 '사회주의 신(新) 농촌 건설' 운동,[17] 강력한 법 집행이 필요한 환경 정책,[18] 각종 범죄 소탕 정책(嚴打·打黑)도 이 범주에 속한다.[19]

그런데 개혁기의 운동 방식은 마오쩌둥 시기의 운동 방식과는 다르다. 그래서 화이트(T. White) 교수는 이를 '제도화된 동원(institutionalized mobilization)', 페리(E. Perry) 교수는 '관리된 운동(managed campaign)'이라고 부르면서 이전 시기의 '대중동원(mass mobilization)' 혹은 '대중운동(mass campaign)' 방식과는 구분한다. 몇 가지 중요한 차이가 있기 때문이다.

첫째, 운동의 시간·강도·범위가 지역마다 다르다. 즉 이전처럼 전국적으로 또한 동시다발적으로 전개하는 고강도의 획일화된 정책 집행이 아니다. 둘째, 제한된 짧은 시기 동안만 지속된다. 즉 문화대혁명이 10년 동안 유지된 것처럼 장기간 지속되지 않는다. 셋째, 산아제한이나 빈곤 탈출처럼 구체적이고 명확한 목적을 달성하기 위한 것이다. 반면 이전에는 '사회주의 인간' 창출이나 '정신문화 개조' 같은 거창하고 추상적인 목표를 달성하려고 시도했다. 넷째, 목표 집단에 한정해서 대중의 참여를 허용하지, 무차별적으로 모든 대중을 동원하지 않는다. 다섯째, 대중 선동 방식을 사용하지만, 파괴적인 대중 행동을 고취하지는 않는다.[20]

(2) 공산당 중앙의 정책 주도권 장악과 하향식 정책 집행

먼저, 일상 시기나 위기 시기나 할 것 없이 운동 방식에서는 공산당 중앙이 정책 결정의 주도권을 독점적으로 행사한다. 관료 방식에서 중심적인 역할을 담당하는 국가 관료조직(특히 정부)은 운동 방식에서는 정책 결정에 참여하지 못한다. 대신 공산당 당대회, 중앙위원회, 정치국과 정치국 상무위원회가 정책을 결정한다. 상황에 따라서는 공산당 중앙과 국무원이 합동으로 정책을 결정하기도 한다.

또한 공산당 중앙이 결정한 정책은 하향식(top-down style)으로 집행된다. 첫째, 중앙과 지방 모두에 정책 집행을 위한 임시 영도소조가 구성된다. 이런 영도소조에는 공산당 지도부와 정부 주요 부서 책임자가 구성원으로 참여한다. 둘째, 공산당 중앙은 정책 집행을 위한 방침과 계획을 발표한다. 여기에는 정책의 지도 이념과 사상, 목표, 절차, 기간, 추진조직, 감독 및 평가 방법 등이 명시되어 있다.

셋째, 대중 동원을 위한 선전 선동이 광범위하고 체계적으로 진행된다. 중앙과 지방에서는 동원대회(mobilization meeting)가 개최되고, 언론은 이를 대대적으로 보도한다. 국가기관과 군, 인민단체와 사업단위도 소속원의 참여를 독려하기 위해 자체적으로 추진 계획을 수립하여 집행한다. 넷째, 공산당 중앙은 관료조직과 지방의 정책 집행을 독려하고 평가하기 위해 특별 감독조를 구성하여 파견한다.

(3) 관료조직의 집행 참여와 대중 동원

그런데 일상 시기건, 아니면 위기 시기건 개혁기의 운동 방식에서는 국가 관료조직(즉 정부와 그 부서)이 정책의 '결정'에는 관여하지 못하지만 '집행'에서는 중요한 역할을 담당한다는 특징이 있다. 운동 방식으로 정책을 결정할 때도 관료조직의 협조가 없으면 정책이 제대로 집행되지 않기 때문이다. 이런 면에서 개혁기에 관료 방식과 운동 방식은 상호 보완 및 협조 관계에 있다고 말할 수 있다.[21]

이 점이 마오쩌둥 시기의 대중 동원 방식과 개혁기의 제한된 운동 방식이 다른 점이다. 마오쩌둥 시기에는 당정 간부가 '관료주의'

와 '형식주의'에 빠지는 위험을 방지하기 위해, 또한 관료 방식으로는 집행할 수 없는 공산당(사실은 마오쩌둥)의 정책을 집행하기 위해 공산당 중앙이 관료조직을 제쳐두고 대중을 광범위하게 동원하여 정책을 집행했다. 대약진운동과 문화대혁명이 대표적이다. 이 경우 운동 방식은 관료 방식과 대립하거나 그것을 대체하는 성격을 띤다.

마지막으로 운동 방식에서는 대중 동원이 중요하다. 그런데 마오쩌둥 시기와는 다르게 개혁기에는 정책에 필요한 특정 집단이나 계층만이 '선별적으로' 또는 '제한된 범위' 내에서만 동원된다. 예를 들어, 산아제한 정책은 가임 적령기의 여성, 특히 남아선호 사상이 강한 농촌 지역의 여성이 주요 동원 대상이 된다. 사회주의 신 농촌 건설 정책은, 빈곤 지역으로 지정된 지역의 농민이 주요 동원 대상이다. 반면 마오쩌둥 시기에는 모든 대중이 무차별적으로 동원되었다. 대약진운동과 문화대혁명 시기에 있었던 대규모 대중 동원이 이를 잘 보여준다.

| 5. 정책 결정 방식 3: 위기 시기의 운동 방식 |

위기 시기의 운동 방식은 일상 시기의 운동 방식과 절차와 형식은 비슷하지만, 정책 결정의 속도, 정책 집행의 강도, 대중 동원의 규모 등에서 차이가 난다. 일상 시기와는 달리 위기 시기에는 상황이 매우 급박하게 돌아가기 때문이다.

(1) 공산당 중앙의 정책 결정권 독점과 관료조직의 일사불란한 집행

먼저, 국가적 위기 상황이 발생하면 정책 결정 권한은 공산당 중앙으로 더욱 집중되고, 공산당 중앙은 이를 이용하여 필요한 정책을 신속하고 과감하게 결정한다. 이때 정책을 결정하는 주체는 공산당 정치국 상무위원회인데, 아주 중요한 정책은 정치국이 소집되어 결정하기도 한다. 또한 공산당 중앙은 위기 대응의 긴박감을 강조하기 위해 군대식 용어를 사용한다. '인민 전쟁', '총력전', '주전장(主戰場)', '투쟁 활동', '전투 보루', '선봉대', '돌격대' 등이 대표적이다.

또한 공산당 중앙은 당성(黨性), 즉 공산당 중앙에 대한 전 조직과 당원의 복종을 강조하면서, 공산당 조직과 국가 관료조직이 중앙의 결정과 지시에 무조건 복종할 것을 요구한다. 그 밖에도 공산당 중앙은 국가 관료조직이 중앙의 명령과 지시를 충실히 따르고 있는지를 감독하기 위해 '특별 감독조'를 조직하여 전국에 파견한다. 감독 과정에서 적발된 간부는 즉시 처벌하고, 그 결과를 발표하여 정책 집행의 긴장감을 고조시킨다.

반면 국무원과 지방 정부 등 관료조직은 위기 시기의 운동 방식에서는 정책 결정 권한을 상실하고, 공산당 중앙이 결정한 정책을 충실하게 집행하는 임무만 주어진다. 정책 집행 과정에서도 일상 시기의 운동 방식에서는 일부 허용되는 재량권, 즉 정책 분야와 지역의 특수한 상황에 맞추어 사용되는 탄력적인 집행 방법이나 수단은 허용되지 않는다. 마지막으로 공산당 중앙의 정책을 충실히 이행하지 않은 당정 간부는 즉시 처벌하고, 그 결과가 공포된다. 공산당 중앙의 정책을 충실히 집행한 당정 간부는 공개적으로 포상한다.

(2) 조직 역량의 '총동원'과 대규모 대중 동원

또한 위기 시기의 운동 방식에서는 공산당이 동원할 수 있는 모든 인력과 자원이 총동원된다. 그중에는 공산당 조직과 당원, 정규군(인민해방군)·무장경찰(武警)·민병(民兵)을 포괄하는 군(軍)이 포함된다. 인민단체, 즉 총공회·부녀연합회·공청단 등도 마찬가지다. 그 밖에 공식 종교조직이나 자선단체도 있다. 이들은 공산당이 위기를 극복하기 위해 동원하는 가장 기본적이면서도 강력한 수단이다.

구체적으로 공산당 조직과 당원은 공산당 중앙의 지시에 따라 위기 상황을 극복하기 위해 솔선수범한다. 예를 들어, 2019년 말에 후베이성(湖北省) 우한시(武漢市)에서 코로나19(COVID-19)가 발생했을 때, 다른 지역에서 '공산당원'인 의사와 간호사가 '선봉대'

혹은 '돌격대'를 조직하여 우한시에 지원하러 온 것이 대표적이다. 그러면 언론 매체는 이를 대대적으로 선전하면서 대중의 헌신적인 참여를 촉구한다. 또한 위험하고 중장비가 필요한 힘든 과제를 수행할 때는 군이 동원된다. 2008년 쓰촨성(四川省) 원촨(汶川) 대지진이 발생했을 때 군이 동원된 것이나, 코로나19의 방역을 위해 매일 20만 명의 민병(民兵)이 동원된 것이 이를 잘 보여준다.

마지막으로 위기 시기의 운동 방식에서는 대중도 광범위하고 신속하게 동원된다. 일상 시기의 운동 방식에서는 선별적으로 제한된 범위 내에서만 대중이 동원되는 것과는 다르다. 예를 들어, 2008년에 쓰촨성 원촨에서 대지진이 발생했을 때, 공산당 중앙은 재난 극복을 위해 전 국민이 동참할 것을 촉구했다. 이에 호응하여 수많은 사회단체와 시민이 재난 극복에 참여했다. 거액의 기부금을 내거나, 복구 활동에 지원한 것이 대표적이다.[22] 2002년에 사스(SARS: 중증 급성 호흡기증후군)가 발생했을 때나, 2019년에 코로나19가 발생했을 때도 마찬가지였다.[23]

6. 정책 결정 방식 4: 실험 방식

실험 방식은 정책의 타당성과 실행 가능성을 검증하기 위해 먼저 일부 지역에서 정책을 실험적으로 실행한 다음에 검증이 완료되면 전국적으로 확대 실행하는 방식을 말한다. 이 방식은 정책에 대한 확신이 없어서 정치 엘리트나 관료조직 간에 치열한 논쟁이 전개될 때, 혹은 정책 부작용이나 예상치 못한 결과가 발생할 가능성이 있을 때 주로 사용된다.

실험 방식은 마오쩌둥 시기에도 널리 사용되었지만, 개혁기에 개혁·개방 정책을 추진하는 과정에서도 광범위하게 사용되었다. 그 결과 중국의 실험 방식은 점진적 개혁의 대명사가 되었다. 소련과 동유럽의 사회주의 개혁 과정에서 사용된 '충격요법(shock therapy)'과 대비되는 '중국식 개혁 방식'은 바로 실험 방식을 가리킨다.[24]

(1) 일부 지방의 정책 실험과 '시험지점' 지정

실험 방식의 정책 결정 과정은 다음과 같은 절차로 진행된다.[25] 먼저, 특정한 정책이 한두 지방에서 시험적으로 시행된다. 지방은 자체 판단으로 이런 실험을 시작할 수도 있고, 아니면 공산당 중앙이나 국무원의 요청에 따라 실험을 시작할 수도 있다. 이때 공산당 중앙은 그런 지방을 위해 실험을 허용하는 방침이나 규정을 제정하기도 한다. 수권입법(授權立法), 즉 입법권을 부여하여 지방이 자체적으로 법규를 제정하여 정책을 실험할 수 있도록 허용하는 조치가 대표적이다.

예를 들어, 전국인민대표대회(전국인대) 상무위원회는 1980년에 공산당 중앙의 지시에 따라 광둥성(廣東省) 선전(深圳)에 특별 입법권을 부여했다. 선전은 이에 따라 '헌법 정신에 어긋나지 않는 범위' 내에서 개혁·개방에 필요한 각종 지방 조례를 제정할 수 있었다. 선전이 사적 소유제도와 시장제도 등의 개혁 정책을 과감하게 도입할 수 있었던 것은, 중앙이 부여한 수권 입법권을 사용하여 관련 법규를 제정했기 때문이다.[26]

다음 단계로, 공산당 중앙은 정책 실험을 확산시키는 방침을 확정하고, 이를 위해 몇 개의 '시험지점(試點)'을 지정한다. 1979년에 네 곳의 지역을 경제특구(經濟特區, Special Economic Zone)로 지정한 것이 대표적이다. 여기에는 광둥성의 선전, 주하이(珠海), 산터우(汕頭)와 푸젠성(福建省)의 샤먼(廈門)이 포함된다. 또 다른 사례로, 시진핑 시기인 2013년 8월에 공산당 중앙과 국무원이 상하이시(上海市) 푸둥(浦東) 지역에 '자유무역 시험구(自由貿易試驗區)'를 설치한 것을 들 수 있다.

(2) '시험구' 확대와 국가 정책화

이와 같은 실험이 성공하면, 공산당 중앙은 이를 더 넓은 지역으로 확산시키려고 '시험구(試驗區)'을 지정한다. 1984년에 연해 지역의 14개 도시, 즉 다롄(大連), 친황다오(秦皇島), 톈진(天津), 옌타이(烟臺), 칭다오(青島), 롄윈강(連雲港), 난퉁(南通), 상하이(上海), 닝보(寧波), 원저우(溫州), 푸저우(福州), 광저우(廣州), 잔장(湛江), 베이하이(北海)를 '개방 도시'로 지정하고, 경제특구에서 실행한 주요 정책을 도입한 것이 이를 잘 보여준다.[27]

시진핑 시기의 자유무역 시험구도 이와 비슷하게 전국으로 범위를 넓혀갔다. 즉 2015년 4월에는 톈진시와 광둥성, 2017년 4월에는 랴오닝성(遼寧省), 저장성(浙江省), 허난성(河南省), 충칭시(重慶市), 쓰촨성, 산시성(陝西省)에 자유무역 시험구가 설치되었다. 이런 확대는 이후에도 계속되어 2023년 11월에는 신장(新疆) 위구르 자치구에 자유무역 시험구가 설치되었다.

마지막 단계로, 공산당 중앙은 국가 계획, 예를 들어 국민경제 및 사회발전 5개년 계획을 수립하거나, '국유기업 개혁법'이나 '외국자본 유치법' 등의 국가 법률을 제정하는 방법을 통해 새로운 정책을 전국적으로 확대 실행한다. 이렇게 해서 일부 지역에서 실험되었던 정책은 공산당 중앙에 의해 국가 정책으로 채택되어 전국적으로 시행된다. 이것이 바로 '점(點)-선(線)-면(面)(由點到面)'의 점진적인 정책 추진 방식이다. 중국에서는 이를 "돌다리를 두드리며 강을 건넌다(摸著石頭過河)"라는 말로 표현한다.

그런데 여기서 주의할 점이 있다. 실험 방식은 독자적으로도 사용되지만, 최근에는 관료 방식이나 운동 방식과 결합해서 사용되는 경우도 있다. 예를 들어, 정책 결정 과정에서 관료조직 간에 의견 대립이 심하거나 반대가 많을 때, 혹은 정책 결과가 불확실할 때, 일부 지역을 대상으로 실험을 진행한 다음에 그 결과에 따라 전국으로 확대 실행할지를 결정한다. 이 경우 실험 방식은 관료 방식과 결합한다. 비슷하게 운동 방식으로 정책을 집행하기 전에 일부 지역에서 먼저 실험적으로 정책을 실행한다. 이 경우는 운동 방식과 결합한다.

다음 장에서는 일상 시기와 위기 시기에 정부가 실제로 관료 방식과 운동 방식을 사용하여 어떻게 정책을 결정하고 집행하는지를 대표적인 사례를 중심으로 자세히 살펴보자.

정부의 일상 시기 활동: 의료개혁 사례

의료개혁(healthcare reform)은 국무원 산하에 임시 전담 조직이 구성되어 활동을 시작한 2006년 6월부터 최종 방안이 확정 발표된 2009년 3월까지 약 4년 동안, 정부와 사회조직 간에 힘든 협상과 타협을 통해 정책이 결정되면서 추진될 수 있었다. 만약 새로운 농촌 의료보험 제도를 실험하기 시작한 2002년을 의료개혁의 기점으로 잡고, 의료개혁이 일차 완료되는 2011년을 종점으로 잡으면, 그 기간은 10년으로 늘어난다. 이처럼 의료개혁은 '관료적 정책 방식(관료 방식)'을 가장 잘 보여주는 대표적인 사례다. 따라서 이를 통해 중국 정부가 관료 방식을 사용하여 중요한 정책을 어떻게 결정하고 집행하는지를 이해할 수 있다.

또한 의료개혁은 '일상 시기(ordinary period)'에 정책이 결정되고 집행되었다. 이런 점에서 이 개혁은 정부의 일상 시기 정책 결정과 집행을 가장 잘 보여주는 대표적인 사례라고도 할 수 있다. 이는 뒤에서 살펴볼 '위기 시기(crisis period)'의 '운동식 정책 방식(운동 방식)'을 사용하여 코로나19에 대응하는 것과는 완전히 상반된 상황과 조건에서 진행된 것이다. 우리는 두 가지 사례를 차례로 살펴봄으로써 정부가 일상 시기와 위기 시기에 각각 어떻게 다르게 활동하는지를 이해할 수 있다.

1. 의료개혁의 절박함과 어려움

의료 제도를 전면적으로 개혁해야 한다는 주장은 1990년대부터 이미 제기되었다. 문제가 심각했고, 이에 대한 국민의 불만이 매우 높았기 때문이다. 2000년대 들어와서도 이런 상황은 바뀌지 않았다. 특히 2002년 사스(SARS) 사태를 계기로 중국의 공중 보건의료 제도와 의료 체계가 매우 취약하다는 사실이 분명해지면서 의료개혁은 더 이상 미룰 수 없는 과제가 되었다.

(1) 의료개혁의 절박함

중국에서는 의료 제도의 문제점을 간단히 '간병난(看病難: 진료받기 어려움)'과 '간병귀(看病貴: 진료비 급증)'로 표현한다. 간병난은 의료 보험 가입률이 매우 낮아 병이 나도 병원에 갈 수 없고, 그래서 치료를 제대로 받을 수 없는 상황을 가리킨다. '간병귀'는 의료보험에 가입하지 않아 병이 나서 치료를 받으면 비용이 너무 많이 드는 상황을 가리킨다. 이처럼 간병난과 간병귀는 모두 의료보험 문제와 연관되어 있다.

| 간병난과 간병귀

먼저 의료보험 제도가 제대로 갖추어지지 않아서 의료 혜택을 받는 사람이 소수에 그치면서 간병난 현상이 나타났다. 1990년대에 들어 도시 지역에서는 국유기업 개혁이 추진되면서 기업이 통폐합되거나 파산했고, 그 과정에서 광범위한 실업자가 발생했다. 이 때문에 수억 명의 노동자가 의료보험 혜택을 받을 수 없게 되었다.

이를 보완하기 위해 1998년에 도시 직장인(취업자)을 대상으로 하는 '도시 직공 기본 의료보험(城鎮職工基本醫療保險) 제도'가 전국적으로 시행되었다. 그 결과 2005년에는 '취업' 노동자의 50% 정도가 의료보험 혜택을 볼 수 있었다. 그러나 이 제도에는 심각한 문제가 있었다. 노동자 가족과 비(非)취업자가 보험 가입 대상에서 제외된 것이다.

농촌 지역에서는 상황이 더욱 심각했다. 농촌에서는 1990년대에 들어 호별영농(戶別營農)이 정착하면서 집단영농을 기반으로 운영되던 '농촌 합작의료(農村合作醫療) 제도'가 완전히 무너졌다. 이를 대신하고자 정부는 2002년에 '신형(新型) 농촌 합작의료 제도'를 일부 지역을 대상으로 실험적으로 시행하기 시작했다.

그러나 농촌 합작의료 제도는 자체에 문제가 많아서 시간이 지나도 가입률이 10%밖에 되지 않았다. 그 결과 농민 대다수는 의료보험 혜택을 받지 못했다. 결국 도시와 농촌을 합해 의료보험 미가입자가 전국적으로 10억 명(전체 인구는 약 13억 명)이나 되었고, 이들은 의료 서비스의 사각지대에 놓여 있었다.[1]

이는 곧바로 의료 비용이 급증하는 '간병귀' 현상으로 이어졌다. 즉 의료보험 가입률이 매우 낮은 상황에서 병이 나서 병원 치료를 받으면, 대부분 환자는 그 비용을 스스로 감당해야만 했다. 의료 비용이 급증한 것은 당연한 결과였다. 단적으로 1978년에서 2011년까지 중국의 소비자 물가지수가 5.56배 증가한 데 비해 1인당 의료비 지출은 164배나 증가했다. 다른 통계에 따르면, 1978년부터 2008년까지 30년 동안 경제성장률은 매년 9% 증가한 데 비해 의료비는 매년 16%나 증가했다.[2]

│ 세계 최하위권의 공공의료 체계

이 밖에도 몇 가지 심각한 문제가 더 있었다. 첫째, 도시와 농촌 간의 의료 격차가 더욱 확대되었다. 2003년 기준으로, 5세 이하 사망률이 인구 1,000명당 도시는 13명인 데 비해 농촌은 330명이었다.

둘째, 과잉 진료와 과잉 의약품 처방이 심각했다. 정부가 병원의 의료 가격을 엄격히 통제하는 가운데서 오직 조제 의약품에 대해서만 15%의 이윤을 보장했다. 그 결과 과잉 의약품 처방이 나타났다. 예를 들어, 항생제 처방 비율을 보면 일반 환자는 75%, 입원 환자는 79%였다. 이는 당시 국제 평균인 약 30%보다 두 배 이상 큰 것이다.

셋째, 병원과 제약회사 사이의 담합과 결탁, 즉 부패가 심각했다. 의료비가 증가한 데는 이런 담합도 한몫했다. 넷째, 분절된 의료 체계로 인해 의료 자원이 낭비되고, 환자의 의료 비용이 증가했다. 예를 들어, 상·하급 의료기관은 완전히 분리되어 하급 기관의 의료 검사 기록이 상급 기관에서는 무용지물이었다. 이 때문에 환자가 병원을 옮길 때마다 같은 검사를 반복해야 했고, 그에 따라 의료비가 늘어났다.[3]

이런 심각한 상황은 국제적인 비교 평가에서도 확인되었다. 2000년에 세계보건기구(WHO)는 191개 국가를 대상으로 의료 서비스 공급 실태를 조사했다. 여기에는 의료 서비스의 불평등, 공정한 재정 지원, 환자 만족도 등의 평가 기준이 포함되었다. 평가 결과, 중국은 191개의 조사 대상 국가 중에서 의료 불평등은 188위, 다른 항목은 144위를 차지했다. 거의 최하위였다.

2002년에 발생한 사스 위기는 공중 보건위생 및 의료 체계의 취약성과 심각성을 다시 한번 확인시켜 주었다. 만약 이런 심각한 상황이 개선되지 않는다면, 중국은 감염병에 취약하여 주기적으로 보건의료 대란(大亂) 혹은 위기에 직면할 가능성이 크다. 이에 대한 정치 지도자의 위기의식이 크게 증폭된 것은 당연한 일이었다.[4]

(2) 의료개혁의 어려움

의료개혁이 아무리 절박해도 바로 개혁을 추진할 수 있는 것은 아니다. 여러 가지 어려움이 있기 때문이다. 의료개혁은 국민 생활과 밀접히 관련되는 개혁이라서 국민의 요구가 매우 많을 뿐만 아니라, 결과에 대한 국민의 관심도와 기대 또한 매우 높았다. 따라서 의료개혁을 잘못 시행하면 국민으로부터 거센 비난과 저항에 직면할 수 있다. 이외에도 의료개혁은 세 가지 문제로 인해 추진이 쉽지 않았다.

| 정부 부서 간의 치열한 영역 다툼

첫째는 정부 부서 간의 치열한 '영역 다툼(turf fight)'이다. 분절된 권위주의 모델이 주장하듯, 정책이 결정되기 위해서는 무엇보다 먼저 국가 관료조직 간에 합의가 이루어져야 한다. 그런데 첫째, 정책과 관련된 중앙과 지방의 관료조직 수가 많을 경우, 둘째, 정책 결과가 관료조직의 이익에 커다란 영향을 미칠 경우, 셋째, 정책 방향 및 내용에 대해 관료조직 간의 의견 대립이 클 경우는 합의 형성이 매우 어렵다. 의료개혁이 바로 이에 딱 맞는 사례다.

먼저 의료개혁에는 중앙과 지방의 수많은 관료조직이 직접적으로 관련되어 있다. 단적으로 2006년 6월에 의료개혁을 추진하기 위해 국무원이 설립한 '조정 공작소조(協調工作小組)'에는 모두 16개의 국무원 부서와 사회조직이 참여했다. 여기서 국무원 위생부와 국가발전개혁위원회(發改委, 발개위)가 조장을 맡았고, 국무원 재정부, 농업부, 노동사회안전부, 중앙기구편제위원회, 교육부, 민정부, 인사부, 가족계획(計劃生育)위원회, 국무원 연구실, 국유자산감독관리위원회, 식품약품감독관리국, 중의약관리국, 보험감독관리위원회가 조원으로 참여했다. 사회조직 중에는 전국총공회가 참여했다. 2008년 12월에 '의료개혁 영도소조'가 설립되었을 때는 이보다 4개가 많은 20개의 국무원 부서와 사회조직이 참여했다.[5]

또한 국무원 각 부서와 사회조직은 각자의 조직 이익, 즉 권한과 예산의 확대를 위해 노력할 뿐만 아니라 소속 집단의 이익도 대변해야만 했다. 예를 들어, 국무원 위생부는 병원과 의료 계통 종사자의 이익, 인사부는 공무원의 이익, 노동사회안전부는 기업의 이익, 식품약품감독관리국은 의약품 계통의 기업과 종사자의 이익, 전국총공회는 노동자의 이익을 대변했다. 이에 비해 국무원 재정부와 발개위는 국가 이익의 수호자를 자처하면서 정부 재정투입의 축소를 주장했다.

각 지역에서 의료개혁을 실제로 집행해야 하는 성급(省級) 및 시급(市級) 정부는 재정 확대나 경제발전과 같은 간부 인사고과에 유리한 성과 달성에만 몰두했다. 다시 말해, 이들 지방 정부는 의료개혁의 집행에는 별로 관심이 없었다. 이런 상황에서는 의료개혁 정책의 결정과 집행이 모두 매우 어려웠다.[6]

| 이해 당사자 간의 이익 조정 문제

둘째는 거대하고 복잡한 이해 당사자(stake-holder) 간의 이익 조정 문제다. 의료개혁에는 수많은 관련 집단의 생계가 달렸다. 첫째는 병원과 의료 종사자(주로 의사와 간호사, 약 850만 명), 둘째는 공중 보건위생 기구(보건소, 약 100만 개), 셋째는 보험회사와 종사자, 넷째는 의약품과 의료기기 제조사(약 1만 3,500개), 다섯째는 의약품 도매업(약 1만 3,000개)과 소매업자(약 600만 명)다.

이들은 의료개혁이 어떻게 결정되는지에 따라 단순히 경제적 이해가 갈릴 뿐만 아니라, 상황에 따라서는 생존 자체도 위협받을 수 있었다. 따라서 이들은 의료개혁 방안이 준비되는 과정에서 각자 새로운 이익단체를 결성하거나, 아니면 기존 이익단체를 총동원하여 국무원 각 부서를 상대로 치열한 로비전을 전개했다.[7]

예를 들어, 34만 개의 약국과 600만 명의 종사자를 거느린 중국 의약상업협회(中國醫藥商業協會)는 의약분업과 병원의 독과점 폐지, 의약품 시장의 경쟁 강화를 요구했다. 6,154개의 국내 의약품 기업이 소속된 중국 의약기업관리협회(中國醫藥企業管理協會)와 외국 제약회사가 가입한 중국 외상투자기업협회(中國外商投資企業協會)의 의약품연구개발 업종위원회(藥品研制和發展行業委員會, RDPAC)는 의약품 단가의 현실화(인상)를 요구했다.

반면 176개의 국내 보험회사가 가입한 중국 보험업종협회(中國保險行業協會)는 보험회사의 의료보험 참여 보장을 요구했다. 마지막으로 공립병원 원장과 의사가 소속된 중국 의원협회(中國醫院協會)와 중국 의사협회(中國醫師協會)는 정부의 병원 통제 완화와 자율성제고, 의료 단가의 인상과 의료 종사자(의사와 간호사)의 처우 개선을 요구했다.[8]

다만 중국 정치체제의 특성상, 즉 공산당 영도 체제라는 특징으로 인해 이런 이익집단이 한국이나 미국에서처럼 자유롭게 활동하면서 국가 정책에 실질적인 영향력을 행사하기는 매우 어렵다. 주요 이익집단은 공산당이나 국가의 통제하에 있을 뿐만 아니라, 국가 정책은 공산당의 지도를 받아 정부가 주도적으로 결정하기 때문이다. 따라서 이들의 역할과 영향력을 과장해서는 안 된다.

| 이념적 및 정책적 대립

마지막은 의료개혁 방안을 둘러싼 이념적 및 정책적 대립이다. 의료개혁이 정책 의제로 등장하면서 정부와 사회세력은 정책 방향과 내용을 놓고 두 개의 진영으로 나뉘어 치열한 논쟁을 전개했다. 하나는 정부 주도의 의료 제도 수립을 강조하는 '정부파(政府派)'이고, 다른 하나는 시장 주도의 의료 제도 수립을 강조하는 '시장파(市場派)'다. 의료개혁을 주도하는 국무원 부서 간에도 분명한 대립이 표출되었다. 쟁점은 크게 세 가지였다.

첫째는 재원 마련과 의료개혁의 접근법이다. 이에 대해 국무원 위생부는 공중 보건위생의 관리와 공공의료 서비스의 공급을 담당하는 주무 부서로서 정부 주도의 의료 제도 수립을 주장했다. 이에 따르면, 정부가 국가 예산으로 병원에 직접 재원을 공급하고, 병원은 국민에게 무료 또는 저가로 질병 예방과 경증 치료 등 기본 의료 서비스를 제공한다. 사회보험(의료보험)은 중병에만 적용한다.

반면 국무원 인력자원사회보장부(인력자원부)―이전의 인사부와 노동사회안전부가 통합한 부서―는 시장 주도의 의료 제도를 주장했다. 즉 정부는 보험 주체로서 병원 등의 의료 공급자로부터 의료 서비스를 구매해서 국민에게 제공한다. 또한 사회보험(의료보험)은 중증 환자뿐만 아니라 경증 환자에도 확대 적용한다. 국무원 재정부와 발개위는 인력자원부의 입장에 섰다. 즉 시장 원리에 따라 정부가 병원으로부터 의료 서비스를 구매하여 환자에게 공급해야 한다.

둘째는 공립병원 개혁 문제다. 국무원 위생부는 '수입 지출 분리(收支兩條線)' 제도에 따라 정부가 공립병원을 운영하고 경비도 지원하며, 병원은 이익금을 정부로 귀속시켜야 한다고 주장했다. 반면 국무원 인력자원부, 재정부, 발개위는 사회보험(의료보험)으로 마련한 재원으로 '총액 할당 제도(總額預付)'를 도입해야 한다고 주장했다. 이렇게 해야만 병원의 의료비 과다 청구를 통제할 수 있다는 것이다. 또한 '정부와 사업단위 분리(政事分開)' 및 '관리와 운영 분리(管辦分開)'의 방침에 따라 정부로부터 독립된 별도의 조직이 공립병원을 관리하고, 위생부는 병원 운영에서 완전히 손을 떼야 한다고 주장했다. 국무원 위생부는 당연히 격렬히 반대했다.

셋째는 도시와 농촌 의료보험 제도의 통합 문제다. 국무원 인력자원부는 도농(都農) 의료보험을 하나로 통합하여 전국적으로 운영해야 하고, 이를 자신이 관리해야 한다고 주장했다. 반면 국무원 위생부는 지금까지 그랬던 것처럼 인력자원부가 아니라 자신이 이를 주도해야 한다고 주장했다.[9]

(3) 세계보건기구·국무원의 공동 연구 보고서와 사스의 충격

이런 상황에서 2005년 7월에 세계보건기구(WHO)와 국무원 발전연구센터(發展硏究中心)가 공동으로 「중국 의료개혁의 평가와 건의」라는 보고서를 출간했다. 결론은 "전체적으로 볼 때, 중국의 의료개혁은 성공하지 못했다"라는 것이다. 그 결과 2000년 세계보건기구의 조사에서 국민 간 의료 불평등은 191개 국가 중 188위였고, 건강 개선 효과 등은 144위였다. 개혁이 실패한 주요 원인은 "공중보건위생 서비스는 공공재인데, 그것을 상업화 및 시장화된 방식에 맡기면서 제대로 공급되지 않았다"라는 것이다.

이 보고서는 의료개혁이 뒤처진 이유도 지적했다. 첫째는 경제발전만 중시하는 경향이다. 즉 의료 서비스 등 공공재 공급에는 주의를 기울이지 않았다. 둘째는 의료위생 사업의 특수성에 대한 인식 부족이다. 즉 상업화 및 시장화 개혁만으로 의료위생 문제를 해결하려고 시도했는데, 이는 잘못된 방향이다. 셋째는 부유한 지역과 빈곤한 지역 간의 재정 차이, 즉 빈곤 지역의 재정 부족이다. 넷째는 기득권 집단의 영향, 즉 이들의 개혁 저항이다.

정부가 당시에 구상 중인 의료개혁 정책의 문제점도 지적했다. 첫째, 2002년 사스 위기 이후 정부 재정이 주로 응급 의료 체계에 집중되는데, 이는 문제다. 이런 방식으로는 국민의 '간병난'과 '간병귀' 문제를 해결할 수 없기 때문이다. 둘째, 의료개혁 중 상업화 및 시장화 경향이 여전히 심각하다. 이는 과거 잘못된 방침의 반복이다. 셋째, 도시 의료보험 제도와 신형 농촌 합작의료 제도의 개혁이 여전히 미흡하다.[10]

이 보고서가 《중국경제시보(中國經濟時報)》와 《중국청년보(中國靑年報)》 같은 주요 신문에 실리면서 의료개혁은 사회적으로 큰 관심을 불러일으켰다. 이를 이어 학계, 의료계, 언론계에서 광범위한 토론이 전개되었고, 그 결과 의료개혁은 더 이상 미룰 수 없다는 사회적 공감대가 형성되었다. 공산당과 정부도 이를 더 이상 외면할 수만은 없었다.

2. 의료개혁 추진과 개혁 방안의 작성

의료개혁의 기본 방침과 전체 목표는 공산당 중앙이 제시했다. 그러나 그것들은 매우 추상적이고 일반적이어서 현장에서 집행할 수 있는 정책이 아니었다. 예를 들어, 2002년 공산당 16차 당대회의 〈정치 보고〉 중 '경제건설과 경제체제 개혁' 항목에는, 도시 노동자의 기본 양로보험과 의료보험 제도, 농촌의 양로보험과 의료보험 제도의 건립 필요성이 언급되었다. 다만 그것을 언제 어떻게 건립할 것인지에 대해서는 아무런 언급이 없었다.[11]

비슷하게 2007년 공산당 17차 당대회의 〈정치 보고〉 중 '민생 개선을 중점으로 하는 사회건설 추진' 항목에는, 기본 의료위생 제도의 건립이 언급되었다. 이때는 특히 "공중 의료위생의 공익 성질을 견지한다"와 "정부 책임과 투입을 강화하고, 국민건강 정책을 개선한다"라는 방침을 강조했다.[12] 이는 이전 것보다는 조금 더 구체적인 방침이지만, 당장 현장에서 집행할 수 있는 정책은 아니었다.

(1) 조정 공작소조의 구성과 연구 용역 의뢰

결국 의료개혁 정책은 국가 관료조직, 즉 국무원이 제정해야만 했다. 이를 위해 국무원은 2006년 6월에 '의약 위생 체제 개혁 심화 부서 조정 공작소조(深化醫藥衛生體制改革部際協調工作小組)'(조정 공작소조)를 설립했다. 앞에서 말했듯이, 조장은 국무원 위생부와 발개위가 맡았고, 나머지 14개 국무원 부서와 전국총공회는 조원으로 참여했다.

　조정 공작소조의 임무는 조사와 연구를 통해 의료개혁에 대한 종합적인 방안과 정책 초안을 작성하여 국무원 지도부에 보고하는 일이다. 이는 결코 쉬운 임무가 아니었다. 앞에서 살펴본 것처럼, 정부 부서 간에 의료개혁을 둘러싼 의견 대립이 매우 심각했기 때문이다. 또한 사회조직 간에도 견해차가 컸으며, 이들은 자신의 이익을 지키기 위해 치열한 로비를 전개했다.

　이 문제를 해결하기 위해 조정 공작소조는 모두 9개의 학술기관, 국제기구, 민간 자문회사에 연구 용역을 의뢰했다. 〈표 4-1〉은 이를 정리한 것이다. 이처럼 외부 기관에 연구 용역을 의뢰한 이유는 세 가지다. 첫째는 정부 부서와 이익집단 간의 의견 차이로 인해 정책 결정이 교착 상태에 빠진 상황을 타개하기 위해서다. 둘째는

〈표 4-1〉 의료개혁 방안의 연구 용역기관

기관 분류	용역 참여 기관
대학교(5개)	초기 참여: 베이징대학, 푸단대학
	추가 참여: 베이징사범대학, 런민대학, 중산대학
정부 연구기관(1개)	국무원 발전연구센터
국제조직(2개)	세계은행(World Bank), 세계보건기구(WHO)
민간 자문회사(1개)	맥킨지(McKinsey & Company)

자료: 王紹光·樊鵬, 『中國式共識型決策: '開門'與'磨合'』(北京: 中國人民大學出版社, 2013), p. 130.

정책에 필요한 여러 가지 정보를 수집하기 위해서다. 셋째는 정책의 정당성을 높이고, 대중의 지지를 얻기 위해서다. 정부 단독으로 만든 방안보다는 이렇게 해서 만든 방안이 정당성이 높고, 대중의 지지를 받기도 쉽다.[13]

(2) 의견 대립의 지속과 〈의료개혁 초안〉의 작성

그런데 문제는 연구 용역기관 간에도 이념적 및 정책적 차이가 그대로 드러나면서 이견(異見)이 해소되지 않았다는 점이다. 예를 들어, 베이징대학 연구팀은 국무원 위생부와 비슷하게 정부 주도의 의료 제도 수립을 주장했다. 즉 환자는 무료 혹은 저가로 정부 재원으로 제공하는 의료 서비스를 받아야 한다는 것이다.

반면 베이징사범대학(北京師範大學)과 런민대학(人民大學) 연구팀은 국무원 인력자원부, 재정부, 발개위와 비슷하게 시장 주도의 의료 제도 수립을 주장했다. 즉 국가에서 독립된 별도의 기관이 보편적인 의료 서비스를 제공해야 하고, 공립병원의 민영화와 민간투자 확대도 필요하다는 것이다.[14]

세계보건기구의 개혁안은 상대적으로 이념 대립에서 벗어나 있었고, 실제로 중국의 의료개혁에 큰 영향을 미쳤다. 내용을 보면, 먼저 시장 기제의 도입을 주장하지만 동시에 사회적 약자를 위한 의료 안전망 구축도 강조했다. 또한 전 국민에게 기본 의료 서비스를 보편적으로 제공해야 하고, 핵심 의약품의 안정적인 공급 체계

도 수립해야 한다고 주장했다.[15]

이런 상황에서, 앞에서 보았듯이 2007년 10월에 개최된 공산당 17차 당대회에서는 "공중 의료위생의 공익 성질을 견지한다"와 "정부 책임과 투입을 강화하고, 국민건강 정책을 개선한다"라는 방침을 강조한 것이다. 이에 따라 국무원 위생부 부장(장관)은 2007년 12월 전국인민대표대회(전국인대) 상무위원회에 대한 업무보고를 통해 정부 입장을 천명했다.

먼저 의료개혁의 전체 목표를 명확히 했다. 즉 "도시와 농촌의 주민을 포괄하는 기본 의료위생 제도를 수립하여, 군중에게 안전하고 효과적이며, 편리하고 저렴한 공중 보건위생과 기본 의료 서비스를 제공한다. 이를 통해 국민이 기본 의료위생 서비스를 향유할 수 있도록 촉진한다." 또한 기본 방침은 "정부 투입은 의료 서비스의 공급측(供方)과 수요측(需方)을 모두 고려한다"로서, '정부파'와 '시장파'의 입장을 절충한 것이다. 따라서 논쟁은 계속될 수밖에 없었다.[16]

우여곡절 끝에 국무원은 2008년 2월에 '의견 청취용 초안(徵求意見稿)'으로 〈의약 위생 체제 개혁 심화 의견(關於深化醫藥衛生體制改革的意見)〉(〈의료개혁 초안〉)을 완성했다. 이는 정부 부서 간 타협의 산물이었다. 문제는 여기서도 의료개혁의 근본 쟁점이 제대로 해결되지 않았다는 점이다.

예를 들어, 지방의 기층 의료기관 확대와 관련하여 국가 재정으로 기반 시설을 확대해야 한다는 국무원 위생부의 입장과 사회보험(의료보험) 재정으로 충당해야 한다는 국무원 인력자원부의 입장이 섞여 있었다. 도농 의료보험 제도를 통합하는 방안도 국무원 위생부가 담당하는지, 아니면 인력자원부가 담당하는지 언급이 없었다. 공립병원 관리 방안도 마찬가지로 구체적인 내용이 빠져서 실행이 쉽지 않았다.[17]

3. 〈의료개혁 초안〉의 내부 심의와 공개 의견 청취

〈의료개혁 초안〉이 완성된 이후, 국무원은 이견을 해소하고 최종 방안을 마련하기 위해 내부 심의와 공개 의견 청취 과정에 들어갔다. 또한 의료개혁이 제대로 추진될 수 있는지를 점검하기 위해 일부 지역을 대상으로 실험(試點)을 시작했다.

(1) 내부 심의와 실험 시작

먼저 국무원 내부의 심의를 살펴보자. 2008년 4월 원자바오(溫家寶) 총리는 의료개혁 좌담회를 두 차례 개최해 22인의 전문가를 초청하여 의견을 직접 청취했다. 또한 국무원은 산하에 있는 72개 부서와 기관, 31개의 전국 성급(省級: 성·자치구·직할시) 정부, 8개의 민주당파(民主黨派: 공산당의 집권을 인정한 상태에서 정치적 조언 등의 활동을 전개하는 8개의 정치단체)의 의견도 청취했다. 그 밖에도 국무원은 2008년 10월과 11월 두 달 동안 10개의 전문 조사조(調査組)를 구성해 세 개의 성급 정부에 파견하여 의견을 청취했다.[18]

마지막으로 이 과정에서는 국무원 각 부서 산하의 국책연구소, 국내외 다양한 기관과 전문가도 참여했다. 〈표 4-2〉와 〈표 4-3〉은

〈표 4-2〉〈의료개혁 초안〉의 내부 심의에 참여한 국책연구소

국무원 부서	소속 연구소
위생부(1개)	위생발전연구센터
재정부(1개)	재정과학연구소
국가발전개혁위원회(2개)	거시경제연구원
	중국경제체제개혁연구회
인력자원사회보장부(3개)	중국인사과학연구원
	노동임금연구소
	중국의료보험연구회
재정부(2개)	정책연구센터
	사회복리·사회진보연구소
국가식품약품감독관리국(1개)	남방(南方)의약연구소
국유자산감독관리위원회(1개)	국자위(國資委)연구센터
국가중의약관리국(1개)	중국중의연구원(중국중의과학원)
보험감독관리위원회(1개)	중국보감회(保監會) 정책연구실

자료: 王紹光·樊鵬, 『中國式共識型決策』, p. 124.

⟨표 4-3⟩ ⟨의료개혁 초안⟩의 내부 심의에 참여한 국내외 기관과 전문가

대학 연구소 (8개)	• 베이징대학 • 베이징사범대학 • 칭화대학 • 중국과학원 생물의학부 • 푸단대학 • 중산대학 • 런민대학 • 중국사회과학원
정부 연구소(1개)	• 국무원 발전연구센터
국제조직(3개)	• 세계보건기구(WHO) • 영국 국제발전부 • 세계은행(World Bank)
민간 자문회사(2개)	• 맥킨지(McKinsey & Company) • 중국 국제금융공사
외국 전문가(5인)	• 맥스웰 그렉 블록(Maxwell Gregg Bloche, 오바마 대통령 의료정책 고문) • 윌리엄 샤오(William Hsiao, 하버드대학 교수) • 레너드 쉐퍼(Leonard D. Schaeffer, 브루킹스연구소 연구원) • 앤 밀스(Anne Mills, 런던대학 교수) • 하나 브릭시(Hana Brixi, 세계보건기구·세계은행 의료위생 고문)

자료: 王紹光·樊鵬, 『中國式共識型決策』, p. 121.

이를 정리한 것이다. 이를 보면 초안의 내부 심의에는 국내외의 수많은 기관과 전문가가 참여했음을 알 수 있다.

국무원은 내부 심의와 함께 ⟨의료개혁 초안⟩이 실제로 어떻게 실행될 수 있는지를 점검하기 위해 실험도 시작했다. 앞에서 말했듯이, 1998년에는 전국적으로 '도시 직공 기본 의료보험 제도'가 실행되었다. 2003년부터는 '신형 농촌 합작의료 제도'가, 2005년에는 '도시 의료구제(醫療救助) 제도'가 일부 지역을 대상으로 실험을 시작했다. 이를 이어 2008년 8월부터 전국적으로 79개 지역에서 '도

시 주민(居民) 기본 의료보험 제도'가 실험을 시작한 것이다.[19]

(2) 공개 의견 청취: 사회세력의 정책 참여

한편 원자바오 총리는 2008년 9월에 〈의료개혁 초안〉을 사회에 공포하여 의견을 청취할 것을 지시했다. 이에 따라 같은 해 10월 14일부터 11월 14일까지 한 달 동안 모두 3만 5,260건의 의견이 접수되었다. 이 중에서 인터넷 의견은 2만 7,892건이었다. 이후 10일간 의견 청취 기간이 연장되면서, 최종적으로는 모두 3만 5,929건의 의견(이 중 인터넷 의견은 3만 1,320건)이 접수되었다.[20]

접수된 의견 규모는 다른 정책에 비해 적은 편이었다. 예를 들어, 2010년에 교육개혁 정책이 발표되었을 때는 모두 21만 건의 의견이 접수되었다. 의료개혁 정책에 대중의 참여율이 상대적으로 낮은 이유는 첫째, 대중이 접근하기 어려운 전문 영역으로 내용과 용어가 모두 어려웠기 때문이다. 둘째, 대중의 적극적인 참여를 독려하는 정부의 노력이 부족했다. 예상하지 못한 결과가 초래될 것을 우려했기 때문이다. 셋째, 언론 매체도 조심스럽게 움직였다. 즉 정보 수집과 의견 반영에 국한하고, 논쟁이 확대되지 않도록 통제했다.[21]

〈의료개혁 초안〉에 대한 인터넷 의견을 분석한 연구에 따르면, 첫째, 의견을 보낸 사람들은 대개 남성으로, 도시에 거주하고, 고학력자로 주로 전문직(주로 의료계)에 종사한다. 이들은 의료개혁에 대해 깊은 우려, 즉 이번에도 용두사미로 끝날 수 있다고 우려한다. 또한 이들은 정부가 시민의 의견에 따라 원래 개혁 방안을 대폭 수정할 것일지에 대해서도 회의적인 태도를 보인다.[22]

둘째, 인구학적 특징과 주관적 동기 중에서 이들의 의견 제시에 더 큰 영향을 미친 요소는 후자다. 즉 내적 효능감(internal efficacy: 정책을 이해할 수 있다는 믿음)이 높고, 민주적인 성향이 강한 시민일수록 의료개혁에 긍정적인 자세를 보이고, 구체적인 정책을 제시한다.[23] 셋째, 의견 제안자 중 55%가 의료 관련 집단, 즉 의사와 병원 관리자, 공중 보건위생 관계자, 의료 장비와 의약품 제작 및 유통 업자들이다. 반면 노동자와 농민은 20%, 기타는 25%였다.[24]

앞에서 말한 2만 7,892개의 인터넷 의견 중에서 2%인 558개를 표본 추출하여 시민의 의견과 실제 개혁 간의 관계를 추적 분석한 연구도 있다. 이에 따르면, 의료개혁의 세부 항목에 대한 의견 규모(숫자)와 실제 개혁 간에는 큰 상관관계가 있다. 즉 의견이 많은 세부 항목일수록 실제 개혁에 큰 영향을 미쳤다. 또한 의견집단과 실제 개혁 간의 관계를 보면, 6개 집단 중에서 현장 의료집단의 의견이 개혁에 가장 큰 영향을 미쳤다.

이런 분석을 통해 우리는 두 가지 사실을 알 수 있다. 첫째, 중국 정부는 다양한 사회집단의 의견을 반영하여 정책을 결정하려고 노력한다. 즉 관료조직만으로 국민 생활에 커다란 영향을 미치는 정책을 결정하지는 않는다. 둘째, 여러 사회계층과 집단 중에서 일선 현장에서 실제로 정책을 집행하는 집단(예를 들어 의사, 교사, 경찰)의 불만과 요구를 해소하는 정책 기제가 작동하고 있다. 이것이 궁극적으로는 공산당 영도 체제의 안정적인 통치에 도움을 준다.[25]

그러나 의료개혁 정책에서 사회세력, 즉 시민·사회단체·이익집단 등의 참여 정도와 실제 영향력을 과대평가해서는 안 된다. 이에는 분명한 한계가 있기 때문이다. 첫째, 정부가 의제, 참여 범위, 최종 정책을 통제하기 때문에 사회세력은 단지 의견을 제시할 수 있을 뿐이지, 정책 결정에 큰 영향을 미칠 수는 없다. 둘째, 사회세력의 의견은 기술적인 문제에만 국한되고, 보다 근본적이고 핵심적인 문제는 정부가 결정한다. 셋째, 정책 결정 과정에서 사회세력과 정부 간의 소통만 허용하고, 사회세력 간의 수평적인 소통은 금지한다.[26]

그러나 어쨌건 정부가 중요한 정책을 결정할 때, 사회세력의 참여를 허용하고, 실제로 적잖은 사회세력이 이에 참여한다는 점은, 중국의 정책 결정 과정이 전과는 다르게 다원화되고 있다는 사실을 보여준다.

| 4. 개혁 방안의 확정과 주요 조직의 역할 |

이후 국무원은 2008년 12월에 '의약 위생 체제 개혁 심화 영도

소조(深化醫藥衛生體制改革領導小組)'(의료개혁 영도소조)를 설립했다. 조장은 공산당 정치국 상무위원이면서 국무원 상무 부총리인 리커창(李克强)이 맡았고, 모두 20개의 국무원 부서와 사회조직(중화총공회)이 조원으로 참여했다.

2006년에 설립된 '조정 공작소조'는 국무원 부서 간의 의견 조정 임무를 맡은 낮은 지위의 영도소조, 즉 '장관급(部級)' 영도소조였다. 이에 비해 2008년에 설립된 '의료개혁 영도소조'는 최종 개혁 방안(초안)을 결정하여 국무원에 제출할 뿐만 아니라, 국무원이 결정한 의료개혁 정책을 관련 조직과 지방이 철저히 집행하도록 촉구하고 감독하는 임무까지 맡은 높은 지위의 영도소조, 즉 '영도집단급(班子級)' 영도소조다. 그래서 조장을 정치국 상무위원(리커창)으로 임명한 것이다.[27] 정책 집행 과정에서 있을지 모르는 국무원 부서와 성급 정부의 저항이나 반대를 통제해야 했기 때문이다.

(1) 의료개혁의 내용: 〈의료개혁 의견〉과 〈실시 방안〉

'의료개혁 영도소조'는 원래 계획대로 내부 심의를 거쳐 의료개혁 방안을 완성하여 국무원에 보고했다. 국무원은 2009년 1~2월에 상무회의와 전체회의를 연속적으로 개최하여 그것을 심의하여 통과시켰다. 이후 같은 해 3월에는 두 개의 정책 문건을 확정 발표했다. 하나는 〈공산당 중앙과 국무원의 의약 위생 체제 개혁 심화 의견(中共中央國務院關於深化醫藥衛生體制改革的意見)〉(〈의료개혁 의견〉)

이고, 다른 하나는 〈의약 위생 체제 개혁 단기 중점 실시 방안(醫藥衛生體制改革近期重點實施方案(2009~2011년)〉(《실시 방안》)이다.

먼저 〈의료개혁 의견〉에는 "사람을 근본으로 여기고, 인민의 건강 권익 옹호를 제일의 위치에 놓는다"와 "공평과 효율의 통일을 견지하고, 정부 주도와 시장 기제를 서로 결합한다" 등 모두 네 개의 기본원칙이 들어 있다. 또한 이에 따르면, 2011년까지는 "간병난과 간병귀의 문제를 해결"하고, 2020년까지는 "도시와 농촌의 주민을 모두 포괄하는 기본 의료위생 제도를 기본적으로 건립"한다. 그밖에도 여기에는 4대 의료보장 제도, 즉 도시 직공 기본 의료보험 제도, 도시 주민 기본 의료보험 제도, 신형 농촌 합작의료 제도, 도농 의료구제 제도가 포함된다.[28]

또한 〈실시 방안〉에는 향후 3년간(2009~2011년) 실시할 5대 중점 개혁 과제가 제시되었다. 첫째는 기본 의료보장 제도의 건설이다. 이를 위해 3년 이내에 주민의 의료보험 가입률이 90%에 도달하도록 노력한다. 또한 2010년에는 신형 농촌 합작의료 제도의 보조금을 1인당 40위안(元, 한화 약 7,700원)에서 120위안(한화 약 2만 3,000원)으로 상향 조정한다. 둘째, 국가 기본 의약 제도를 초보적으로 건립한다. 셋째, 기층 의료위생 서비스 체계를 개선한다. 넷째, 공중 보건위생 서비스를 점차로 균등화한다. 특히 도농 간의 의료 격차를 해소한다. 다섯째, 공립병원 개혁을 실험한다.[29] 이로써 의료개혁 정책이 확정되었고, 이후 3년 동안 전국적으로 집행되었다.

(2) 공산당과 국가기관의 역할

그렇다면 의료개혁 정책의 결정 과정에서 공산당과 국가기관은 구체적으로 어떤 역할을 담당했을까? 〈표 4-4〉는 이를 정리한 것이다. 먼저, 공산당 16차 및 17차 당대회는 의료개혁의 기본 방침과 전체 목표를 제시했다. 또한 공산당 정치국은 이런 방침과 목표에 근거하여 의료개혁의 전체 추진 과정을 파악하고, 좀 더 구체적인 개혁 방침과 목표를 제시했다.

그러나 의료개혁의 실제 정책 방안(초안)을 준비하고 결정한 주체는 국무원이다. 앞에서 살펴본 '조정 공작소조'도 국무원 산하에 있었고, 참여 조직도 대부분 국무원 부서였다. 이후 다시 조직된 '의료개혁 영도소조'는 의료개혁 방안을 확정하여 국무원에 보고

〈표 4-4〉 주요 당정기관이 의료개혁 정책 결정 과정에서 담당한 역할

당정기관		기간/횟수	역할
공산당 16·17차 당대회*		2002·2007년/2회	기본 방침과 전체 목표 제시
공산당 정치국		2003~2012년/7회	정책의 전체 추세 파악과 방침 제시
국무원	상무회의	2003~2012년/16회	의료개혁 각 방면의 구체적인 정책 제정
	전체회의	2003~2012년/1회	의료개혁 방안의 최종 결정
전국인대 상무위원회		2003~2012년/1회	국무원의 의료개혁 보고 청취와 심의
조정 공작소조		2006~2008년/**	의료개혁 정책의 초안 작성
의료개혁 영도소조		2008~2012년/11회	의료개혁 정책의 배치와 집행 감독

해설: • 내용은 필자가 추가; •• 통계 자료 누락.
자료: 王紹光·樊鵬, 『中國式共識型決策』, pp. 219-239.

하고, 그 이후에는 개혁 정책의 집행을 감독했다. 전국인대 상무위원회는 국무원의 업무보고를 청취 및 심의하면서 정책 결정 과정을 감독했다.

5. 의료개혁의 집행: 성과와 한계

마지막으로 의료개혁의 실제 집행 결과, 즉 성과와 한계를 간략히 살펴보자. 이는 정책 결정 과정과는 직접 관련이 없는 내용이다. 그러나 어렵게 결정된 정책이 실제로 어떻게 집행되었는지를 알아볼 필요가 있다. 현실적으로 제대로 집행되지 않는 정책이라면 정책 결정 과정이 어떻든 실제로는 의미가 없기 때문이다.

(1) 성과: 의료보험 가입률의 급증과 통치 정통성의 제고

먼저 의료개혁은 많은 성과를 거두었다. 이를 체계적으로 분석한 왕샤오광(王紹光)과 판펑(樊鵬) 교수는 "실시 상황을 놓고 보면, 매우 성공적"이라고 평가했다. 의료보험 가입률이 이를 증명한다는 것이다. 즉 의료개혁 전인 2003년에는 가입률이 29.7%였는데, 의료개혁의 시험을 시작한 2008년에는 87.5%로 높아졌다. 또한 2009년에 의료개혁의 최종 방안이 확정되어 전면적으로 시행된 지 2년이 지난 2011년에는 95.7%로 더욱 높아졌다. 이는 중국이 양

호한 개혁 정책을 제정한 것으로, '중국 체제의 우월성'을 보여주는 사례다.[30]

다른 학자들도 의료개혁이 큰 성과를 거두었다는 점에 동의한다. 첫째, 2012년을 기준으로 의료보험 가입률이 약 95%에 도달했다. 환자 의료비 환급금도 외래환자는 50%, 입원 환자는 75%로 증가했다. 둘째, 고소득층과 저소득층의 의료 격차가 축소되었다. 셋째, 2,200개의 현급(縣級) 병원과 33만 개의 기층 의료시설이 증설되거나 개선되었고, 의료인 양성 목표도 달성했다. 넷째, 필수 의약품의 공급 체계도 수립되어 가고 있다. 이를 종합할 때, "개혁은 비록 초기고, 집행에는 어려움이 있지만, 대체로 올바른 방향으로 가고 있다"라고 평가할 수 있다.[31]

국제기구도 중국의 의료개혁 성과를 인정했다. 예를 들어, 2013년에 발간된 세계은행(World Bank) 보고서는 중국의 의료개혁 성과를 "인류 역사에서 전대미문의 업적"이라고 칭찬했다. 또한 2016년 11월에는 국제 사회안전망 협회(International Social Security Association: ISSA)가 중국 정부에 '사회안전망 우수상(Award for Outstanding Achievement in Social Security)'을 수여했다. 연금보험, 의료보험, 다른 형태의 사회 보호망의 복개율(coverage)이 전례 없이 증가한 업적을 높이 평가한 결과였다.[32]

의료개혁의 '성공적인' 결과는 공산당 정권의 정통성(legitimacy)을 높이는 데도 도움을 주었다. 2012년 11월부터 2013년 1월까지 전국의 성인 남녀를 대상으로 진행된 설문조사 결과에 따르면, 의료보험 가입률의 증가는 국무원(중앙 정부)에 대한 국민의 신뢰도를 높였고, 의료 서비스 만족은 지방 정부에 대한 국민의 신뢰도를 높였다. 이것이 의미하는 정책적 함의는, 권위주의 정권도 의료보험과 같은 공공재의 공급을 확대함으로써 정권의 내구성(durability)을 높일 수 있다는 사실이다.[33]

(2) 한계: 의료개혁은 현재도 '진행 중'

그렇다고 의료개혁에 문제가 없다는 이야기는 아니다. 한마디로 말해, 의료보험 가입률이 높아지면서 병원에서 치료받기 어려운 문제, 즉 '간병난'은 어느 정도 해소되었다. 그러나 환자가 부담하는 의료비가 급증하는 문제, 즉 '간병귀'는 여전히 해소되지 않았다. 〈표 4-5〉와 〈표 4-6〉은 이를 정리한 것이다.

먼저 〈표 4-5〉에 따르면, 전체 의료비 중에서 개인이 부담하는 비율, 즉 의료비의 상대적 부담 정도는 의료개혁 이후 축소된 것이 분명하다. 즉 최고 59%(2000년)에서 35.5%(2010년)로 많이 낮아졌다. 그리고 이 표에는 없지만, 2013년에는 33.9%까지 떨어졌다. 그러나 이와 함께 개인이 부담하는 의료비의 총액, 즉 의료비의 절대적 부담 정도는 2008년부터 2013년까지 6년 동안 매년 12.8%씩 계속 증가했다.[34] 이런 면에서 의료개혁은 '간병귀' 문제를 해결하지는 못했다.

<표 4-5> 중국 의료 비용과 재원

연도	의료비 비중 (% GDP)	정부(%)*	사회보험(%)*	개인(%)*	총합 (%)
1980	3.15	36.2	42.6	21.2	100
1985	3.09	38.6	33.0	28.5	100
1990	4.00	25.1	39.2	35.7	100
1995	3.54	18.0	35.6	46.4	100
2000	4.62	15.5	25.6	59.0	100
2005	4.68	17.9	29.9	52.2	100
2010	5.01	28.6	35.9	35.5	100

해설: • 전체 의료비에서 차지하는 비중

자료: Arthur Daemmrich, "The Political Economy of Health-care Reform in China: Negotiating Public and Private", *Springer Plus* 2013, Vol. 2, No. 448, p. 4

의약품의 과잉 처방과 오남용 문제도 여전히 남아 있다. 〈표 4-6〉에 따르면, 2010년 기준으로, 전체 의료 비용 중에서 조제약이 차지하는 비중은 41.48%로, OECD 국가의 평균인 14.36%보다

<표 4-6> 국제 의료 비용 비교(1인당/미국 달러/구매력지수)(2010년)

국가		전체	입원	외래	조제약	행정
중국	액수	352	85	82	146	4
	비율(%)	100	24.15	23.29	41.48	1.14
OECD 평균	액수	3,390	1,213	954	487	136
	비율(%)	100	35.78	28.14	14.36	4.01

자료: Daemmrich, "The Political Economy of Health-care Reform in China", p. 13.

여전히 약 세 배가 많다. 이는 병원이 이윤 추구를 위해 의약품을 과대 처방하면서 발생한 결과다. 단적으로 2004년부터 2012년까지 기간에 병원의 총수입 중에서 조제약이 차지하는 비중이 40%에 달했다.

의약품 과잉 처방과 오남용 문제는 한국이나 일본에서 시행되고 있는 의약분업, 즉 병원 진료·처방과 약국 조제·판매 간의 업무 분리가 이루어져야 해결될 수 있다. 문제는 현재까지도 중국에서는 병원의 반대와 관료조직의 비호로 인해 의약분업이 제대로 이루어지지 않고 있다는 점이다.[35] 이는 의료개혁 정책이 추진된 이후에도 마찬가지다.

그 밖에도 정부가 병원을 관리하면서 발생하는 공립병원의 비효율성 문제, 의료개혁을 집행해야 하는 지방 정부의 미온적인 태도 등의 문제는 여전히 해결되지 않고 있다. 이런 면에서 중국의 의료개혁은 현재도 '진행 중'이다.

| 6. 정부의 일상 시기 활동 평가 |

지금까지 우리는 2006년부터 2009년까지 4년 동안 진행된 의료개혁을 사례로 중국 정부가 일상 시기에 관료 방식을 사용하여 어떻게 중요한 정책을 결정하고 집행하는지를 자세히 살펴보았다.

첫째, 관료 방식에서는 중앙의 관료조직, 구체적으로 국무원과 그 부서가 정책 결정에서 중심적인 역할을 담당한다. 이때에는 분절된 권위주의 모델에서 말하는 두 가지 특징, 즉 첫째는 '권위의 분절화(분권화)'와 둘째는 '합의 형성을 위한 정책 결정 과정의 지연' 현상이 나타난다. 이 문제를 해결하기 위해 국무원 산하에 '조정 공작소조'를 설립했지만, 정치적 지위가 낮아서 부서 간 이견을 해소할 수 없었다. 이 문제는 결국 '의료개혁 영도소조'가 설립되면서 해결될 수 있었다.

여기서는 자세히 분석하지 않았지만, 결정된 의료개혁 정책이 지방에서 실제로 집행될 때도 지방 정부의 미온적인 태도와 재정 투입 부족 등으로 인한 '집행난(執行難: 정책이 제대로 집행되지 않음)' 문제가 발생했다. 지방 정부의 관점에서는 의료개혁보다는 세수 확대와 경제성장 같은 간부 인사고과에 직접적으로 영향을 미치는 경제 정책이 더 중요하다. 그래서 의료개혁은 이들의 정책 우선순위에서 밀릴 수밖에 없었다.[36]

둘째, 전체 정책 결정 과정에서 공산당 중앙(당대회와 정치국), 국무원, 전국인대로 대표되는 '중앙'도 매우 중요한 역할을 담당한다. 공산당 중앙은 당대회나 중앙위원회 혹은 정치국 회의나 각종 공작회의를 통해 정책의 기본 방침과 전체 목표를 제시한다. 이런 점에서 정책 결정 과정에서 공산당 중앙의 역할은 무시할 수 없다.

국무원은 중앙 정부의 자격으로 정책 방안을 준비하기 위한 임시 지도조직, 즉 '조정 공작소조'를 구성해서 정부 부서와 사회조직 간의 의견 대립을 조정한다. 또한 '의료개혁 영도소조'를 구성해 국가 관료조직과 지방 정부의 정책 결정 과정을 총괄 조정하고, 그렇게 마련한 정책 방안을 국무원 상무회의와 전체회의를 개최하여 공식 정책으로 결정한다. 반면 전국인대 상무위원회는 국가 권력 기관 및 중앙 의회의 자격으로 국무원의 정책 방안을 보고 받고, 정부의 정책 집행을 감독한다.

셋째, 학술조직, 사회단체, 전문가, 일반 시민(대중) 등 다양한 종류의 사회세력도 관료 방식의 정책 결정 과정에서는 일정한 역할을 담당한다. 국제기구와 국제 자문기관, 저명한 외국 전문가도 마찬가지다. 학술조직과 국제기구는 정책의 초보적인 구상이나 방안을 준비하는 과정에서 정부의 요청을 받아 다양한 방안을 제시한다. 또한 이들은 정책 초안의 내부 심의 과정에 참여하여 각자의 의견을 발표한다. 관료조직과 사회단체도 정책 방안의 작성과 심의 과정에 참여한다. 일반 시민의 참여도 정책 영역에 따라서는 광범위하게 이루어진다.

이상의 내용을 정리하면, 일상 시기에 관료 방식을 사용하여 정책을 결정하고 집행할 때는 공산당 중앙의 역할, 국무원 각 부서와 지방 정부의 역할, 사회세력(국제기구 포함)의 역할이 모두 중요하다. 이는 중요한 시사점을 제공한다.

첫째, 일상 시기에 주요 정책을 결정할 때, 정부는 관료 방식을 사용해 정부 부서와 사회조직 간의 의견 대립을 해소할 수 있다. 또한 사회적 요구와 의견을 반영할 수 있고, 전문가 집단의 지식과 연구도 활용할 수 있다. 결국 이를 통해 공산당 중앙의 통제하에 필요한 정책을 결정하고 집행할 수 있다. 개혁기에 중국이 개혁·개방에 필요한 정책을 성공적으로 결정하고 집행할 수 있었던 것은 결코 우연이 아니었다.

둘째, 이는 공산당의 통치 정통성을 높이는 데 도움을 준다. 국민의 관점에서 보면 반드시 집행해야 하는 정책, 그러나 관료조직 간의 이해가 첨예하게 대립해서 결정할 수 없거나, 결정은 하지만 시간이 지연되고 내용도 왜곡되는 정책도, 최근에는 공산당의 감독과 지도하에 결정 및 집행될 수 있게 바뀌었기 때문이다. 이런 추세가 지속되는 한 공산당 영도 체제는 국민의 지지를 받으면서 계속 유지될 것이다.

셋째, 관료 방식의 정책 결정에는 여전히 많은 문제가 있다. 정책 결정 권한이 종적 및 횡적으로 여러 기관에 분산됨으로 인해 정책 결정 과정에 많은 시간이 소요되고, 이 때문에 필요한 정책이 제때에 결정되지 못하는 문제가 있다. 또한 여러 관료조직과 사회단체의 이해를 조정하는 과정에서 일부 정책은 원래의 취지에 맞지 않게 왜곡될 수 있다. 그 밖에도 관료 방식의 정책 결정에서는 결정된 정책이 집행기관의 이해와 서로 충돌하면서 현실에서 제대로 집행되지 않을 수 있다.

정부의 위기 시기 활동: 코로나19 대응 사례

2002년의 중증 급성 호흡기증후군(SARS)과 2019년의 신종 코로나 바이러스 감염증(COVID-19: 코로나19)에 대한 중국의 대응을 살펴보면, 우리는 하나의 공통된 특징을 발견할 수 있다. 즉 '초기 대응 실패와 신속한 통제 성공'이 바로 그것이다.[1]

2002년 11월에 사스가 발생했을 때, 광둥성 정부가 국무원 위생부에 발병 사례를 보고한 2003년 1월 20일부터 공산당 중앙이 전면 통제를 결정한 4월 20일까지 3개월 동안, 중국은 정보를 은폐하고 언론을 통제함으로써 사스가 전 세계로 확산하는 데 일조했다. '초기 대응 실패'다. 그러나 2003년 4월 20일에 전면 통제를 결정한 이후 불과 3개월 만에 중국은 사스 방역에 성공하여 세계보건기구(WHO)로부터 높은 평가를 받았다.[2] '신속한 통제 성공'이다.

2019년 코로나19 사태에서도 비슷한 현상이 나타났다. 2019년

12월 31일에 후베이성 우한시 정부의 위생건강위원회(위건위)가 코로나19의 발병 사실을 국무원의 국가위생건강위원회(국가위건위)에 보고한 때부터 2020년 1월 20일에 국가위건위가 코로나19를 '을류(乙類: 2급)' 감염병으로 지정하고 '갑류(甲類: 1급)' 수준으로 대응한다는 방침을 결정할 때까지 20일 동안, 중국은 정보를 축소하고 언론을 통제하면서 코로나19의 확산을 방치했다. '초기 대응 실패'다. 그러나 2020년 1월 20일에 공산당 정치국 상무위원회가 코로나19에 대해 전면 통제 방침을 결정하고, 1월 23일에는 우한시를 포함한 후베이성에 대한 봉쇄 정책을 실행한 이후, 중국은 3월 19일에 '국내 발생 확진자 없음'을 기록할 정도로 두 달 만에 감염병을 빠르게 통제했다.[3] '신속한 통제 성공'이다.

그렇다면 중국 정부는 초기 대응 실패 이후에 어떻게 그렇게 신속하게 감염병 통제에 성공할 수 있었을까? 5장은 중국 정부가 '운동 방식'을 사용하여 코로나19에 대응하는 과정과 결과를 자세히 분석하려고 한다. 이를 통해 우리는 위기 시기에 중국 정부가 어떻게 활동하는지를 이해할 수 있다.

1. 코로나19의 발생과 대응 과정 개괄

코로나19의 발생과 우한시 정부의 발표

먼저 코로나19의 발생과 중국 정부의 대응 과정을 간략히 살펴보자. 2019년 11월 중순부터 12월 중순까지 한 달 동안 후베이성 우한시에서는 화난(華南) 수산시장의 상인을 중심으로 원인 불명의 폐렴이 발생했다. 근처 병원의 의사들이 이들을 치료하면서 의료계에서는 사스와 비슷한 폐렴이 발생했다는 소문이 돌기 시작했다.

이런 상황에서 2019년 12월 27일에 한 호흡기 전문의가 우한시에 세 건의 발병 사례를 보고하자, 우한시 질병예방통제센터(疾病豫防控制中心, 질병센터)는 역학조사를 진행했다. 이어서 12월 29일에 다시 네 건의 감염 사례가 보고되자, 우한시 질병센터는 다시 조사팀을 파견해 역학조사를 진행했다. 동시에 의심 환자를 우한시 진인탄병원(金銀潭醫院)에 이송하여 격리 치료했다.

또한 우한시 질병센터는 2019년 12월 30일에 각 병원과 보건 기관에 두 개의 통지를 '대외비(對外秘)'로 하달했다. 하나는 〈원인 불명 폐렴 구제 치료 상황의 긴급 통지〉고, 다른 하나는 〈원인 불명 폐렴 구제 치료 업무의 긴급 통지〉다. 주요 내용은, 각 의료기관은 폐렴 치료에 전력을 다하고, 화난 수산시장 관련 폐렴의 역학조사를 전면적으로 시행하라는 지시였다.[4] 동시에 2020년 1월 1일을 기해 화난 수산시장을 폐쇄했다.

2019년 12월 30일에는 우한시 중심병원(中心醫院)의 응급실 주임 의사인 아이펀(艾芬)이 인터넷을 통해 〈통지〉와 감염 상황을 병원 내 다른 의사에게 전달했다. 그런데 이를 전달받은 안과의사 리원량(李文亮)이 다시 100여 명의 '우한대학 임상 04학번' 동기들에게 SNS(위챗)를 이용하여 자료를 발송하면서 발병 사실이 병원 외부로 알려지게 되었다. 정보가 대외로 알려지면서 우한시 정부도 이를 더 이상 은폐할 수는 없었다.

그래서 우한시 정부는 2019년 12월 31일에 국무원 국가위건위에 관련 사실을 보고했고, 국가위건위는 이를 다시 세계보건기구(WHO) 베이징사무소에 통보했다.[5] 또한 우한시 정부는 같은 날 〈현재 우리 시(市) 폐렴 역학 상황의 통보〉를 발표했다. 이에 따르면, 우한시에 "이미 27건의 발병 사례가 있고", "상술한 사례는 바이러스성 폐렴"이며, "현재까지의 조사에 근거할 때, 사람 간 전염 현상이나 의료인 감염은 발견하지 못했다."[6]

| 국무원의 3차에 걸친 역학조사

한편 국무원 국가위건위는 2019년 12월 31일에 보고를 접수한 즉시 중국 질병예방통제센터(中國疾病豫防控制中心, China CDC, 질병센터)를 통해 역학조사팀을 우한시에 파견했다(제1차 파견). 이들은 며칠 동안 진행한 조사 결과를 2020년 1월 5일에 국가위건위에 보고했고, 국가위건위는 이것을 다시 국무원 총리와 공산당 지도부에 보고했다. 이를 기초로 같은 해 1월 7일에 공산당 정치국 상무위원회 회의에서 시진핑 총서기는 코로나19의 확산 방지를 지시했다.[7]

이후 2020년 1월 8일에 국무원 국가위건위는 다시 조사팀을 파견하여 역학조사를 진행했다(제2차 파견). 그런데 팀원 중 한 명이었던 베이징 의대 교수 왕광파(王廣發)는 1월 10일에 한 국내 언론과의 인터뷰에서 질병은 "예방 및 통제가 가능"하다고 말했다. 이는 잘못된 판단이었지만, 당시 조사팀은 이렇게 결론 내렸다. 실제로 왕광파 본인도 코로나19에 걸려 입원 치료를 받은 이후 1월 30일에야 퇴원할 수 있었다.[8]

제1·2차 역학조사팀의 조사 결과를 확신할 수 없었던 국무원 국가위건위는 2020년 1월 18일에 고위급 전문가로 구성된 역학조사팀을 다시 우한시에 파견했다(제3차 파견). 여기에는 당대 최고의 감염병 전문가들과 한 명의 홍콩 전문가(대학교수)가 포함되었다. 조장은 중난산(鍾南山) 원사(院士)였고, 가오푸(高福) 원사, 리란쥐안(李蘭娟) 원사, 쩡광(曾光) 원사, 홍콩대학 원퀵융(袁國勇) 교수가 조원이었다.

쩡광 원사의 인터뷰에 따르면, 이들이 우한시에 도착했을 때, 후베이성 당서기와 성장, 우한시 당서기와 시장 등 핵심 책임자를 만

나서 이야기를 듣고 정책을 건의하려고 했는데, 그럴 수 없어서 유감이었다고 한다. 이는 실상을 알리고 싶지 않은 지도자들이 고의로 조사팀을 회피한 것으로 볼 수 있다. 이처럼 제3차 역학조사팀도 처음부터 조사가 쉽지는 않았다. 그러나 제3차 역학조사팀은 제1차와 제2차 조사팀과는 달리 자체 현장 조사를 통해 2020년 1월 19일 밤에 감염병의 사람 간 감염 사실을 확인했다.

이후 이들은 2020년 1월 19일 밤에 베이징시(北京市)로 돌아와 조사 내용을 국무원 국가위건위와 과학·교육·위생 담당 부총리인 순춘란(孫春蘭)에게 보고했다. 또한 중난산과 리란쥐안 원사는 1월 20일 오전에 리커창 총리 주재로 열린 국무원 상무회의에 직접 참석하여 조사 내용을 보고했다. 마지막으로 이들은 그날 오후에 기자회견을 개최하여 조사 결과를 대중에게 발표했다. 핵심 내용은, 감염병의 사람 간 감염이 확인되었기 때문에 기존 방역 정책은 근본적으로 바뀌어야 한다는 것이다.[9]

| 우한시 폐쇄와 코로나와의 '인민 전쟁' 선포

이런 제3차 조사팀의 조사 결과에 따라 국무원 국가위건위는 2020년 1월 20일에 '1호 공고'를 발표했다. "코로나19를 〈감염병 예방치료법(防治法)〉에 근거하여 '을류(2급)' 감염병으로 규정하고, '갑류(1급)' 감염병 수준으로 예방 및 통제한다"라는 방침이었다. 또한 제3차 조사팀은 토론을 통해 우한시의 전면 봉쇄가 필요하다는 결론에 도달했고, 이를 공산당 중앙 지도부에 전달했다.

이에 시진핑 총서기는 이 건의를 즉각 수용하여 2020년 1월 22일에 우한시 등 후베이성 일부 도시의 봉쇄를 결정했다. 이 결정은 1월 23일부터 4월 8일까지 76일 동안 시행되었다. 동시에 3월 3일에 예정되었던 13기 전국인민대표대회(전국인대) 3차 연례 회의 등 대규모 정치행사와 활동이 모두 취소되었다. 코로나19를 통제하기 위한 3년간의 '인민 전쟁(人民戰爭)'에 돌입한 것이다.

| 2. 코로나19 중앙 지휘기구의 구성과 활동 |

위기 시기에는 긴급 상황에 대응하기 위해 먼저 지휘기구가 구성된다. 코로나19 대응도 예외는 아니다. 중앙에 설립된 코로나19 방역 지휘기구는 모두 세 종류였다. 첫째는 '중앙 코로나 질병 대응 업무 영도소조(中央應對新型冠狀病毒疫情工作領導小組)'(중앙 코로나19 영도소조)다. 둘째는 후베이성에서 방역 활동을 지도하고 감독하는 '중앙 지도조(中央指導組)'다. 이 두 조직은 모두 공산당 중앙이 직접 지도한다. 셋째는 중앙 코로나19 영도소조의 실무기구로, 방역 실무를 총괄 책임지는 '국무원 코로나19 연합 통제 기제(應對新型冠狀病毒肺炎疫情聯防聯控機制)'(연합 통제 기제)다.

지방에도 이에 대응하여 성급(省級: 성·자치구·직할시) 단위부터

기층인 사구(社區: 도시 지역공동체) 단위에 이르기까지 '코로나19 질
병 대응 통제 지휘부(應對新型冠狀病毒疫情防控指揮部)'('통제 지휘부')가
설치되었다. 어떤 곳은 명칭을 '영도소조'나 '연합 통제 기제'로 불렀
다. 여기에는 공산당 서기와 정부 수장이 조장과 부조장으로 참여
하여 방역 활동을 직접 지휘했다.

이렇게 하여 중앙부터 기층까지 '정치국 상무위원회(시진핑 총서기
주도) → 중앙 코로나19 영도소조(리커창 총리 조장) / 중앙 지도조(순

〈그림 5-1〉 코로나19 방역 통제 지휘체계

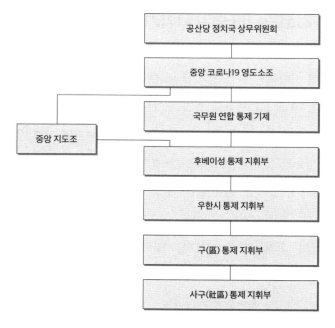

자료: 조영남, 『중국의 위기 대응 정책: 코로나와의 인민 전쟁』(파주: 21세기북스, 2024), p. 157.

춘란 부총리 조장) → 국무원 연합 통제 기제(순춘란 부총리 책임) → 지방 통제 지휘부→기층 통제 지휘부'로 이어지는 지휘체계가 확립되었다. 〈그림 5-1〉은 후베이성을 사례로 정리한 것이다.

(1) 중앙 코로나19 영도소조

중앙 코로나19 영도소조는 2020년 1월 25일에 공산당 정치국 상무위원회 회의에서 설립이 결정되어 당일 구성되었다. 조장은 행정 업무를 총괄하는 국무원 총리 리커창이 직접 맡았다. 영도소조의 역할은 전국의 질병 예방 통제 업무에 대해 "통일적으로 영도

〈표 5-1〉 중앙 코로나19 영도소조 구성

	성 명	소 속
조장	리커창(李克强)	정치국 상무위원, 국무원 총리
부조장	왕후닝(王滬寧)	정치국 상무위원, 중앙 서기처 상무서기
성원	딩쉐샹(丁薛祥)	정치국원, 공산당 중앙판공청 주임
	순춘란(孫春蘭)	정치국원, 국무원 부총리
	황쿤밍(黃坤明)	정치국원, 공산당 중앙 선전부장
	차이치(蔡奇)	정치국원, 베이징시 당서기
	왕이(王毅)	국무원 국무위원 겸 외교부장
	샤오제(肖捷)	국무원 국무위원 겸 비서장(秘書長)
	자오커즈(趙克志)	국무원 국무위원 겸 공안부장

자료: "貫徹習近平總書記重要講話和中央政治局常委會會議精神, 進一步部署疫情防控工作",《人民網》2020년 1월 27일, www.people.com.cn.

(領導)하고 통일적으로 지휘(指揮)"하는 것이다. 또한 이 영도소조는 공산당 정치국 상무위원회에 보고하고, 그것의 지도를 받는다. 이와 관련하여 시진핑(習近平) 총서기는 코로나19 방역과 관련된 일은 "자신이 친히 배치하고 지휘한다"라고 말했다.[10]

중앙 코로나19 영도소조의 구성(〈표 5-1〉)을 보면, 리커창 총리가 조장을 맡은 것 이외에 왕후닝 중앙서기처 상무서기가 부조장을 맡았다. 하나의 영도소조에 정치국 상무위원이 두 명이나 배치되었다는 사실은, 중앙 코로나19 영도소조가 매우 중요한 기구임을 보여준다. 성원도 정치국원이 4인, 국무위원이 3인으로 역시 격이 매우 높다. 구성원을 보면, 공산당 중앙이 3인(왕후닝, 딩쉐샹, 황쿤밍), 국무원이 5인(리커창, 순춘란, 왕이, 샤오제, 자오커즈), 지방이 1인(차이치)으로 비교적 골고루 구성했다.

중앙 코로나19 영도소조의 실제 활동을 보면, 먼저 회의를 개최하여 방역 관련 사항을 보고받고 주요 사항을 결정했다. 또한 정치국 상무위원회가 내린 지시나 자체 회의를 통해 결정한 사항을 국무원 연합 통제 기제에 하달하여 전국적으로 집행하도록 조치했다. 그 밖에도 각 지역에서 요청하는 중요 문제를 신속하게 결정하여 지침이나 방침을 하달했다.[11]

(2) 국무원 연합 통제 기제

중앙에 코로나19 영도소조가 설립되기 5일 전인 2020년 1월

20일에 방역 실무를 총괄 책임지는 국무원 연합 통제 기제가 법률에 근거하여 먼저 설립되었다. 조직 책임자로는 정치국원이면서 국무원 부총리인 순춘란(교육·과학·문화·위생 담당)이 임명되었다. 국무원 연합 통제 기제에는 국가위건위를 필두로 모두 32개의 정부 부서가 참여했고, 산하에는 장·차관급 책임자를 조장으로 하는 9개의 공작조(工作組)가 설치되었다. 이를 정리한 것이 〈표 5-2〉다.

국무원 연합 통제 기제의 실제 활동을 보면, 거의 매일 지시를 하달하고 전국의 방역 활동을 조정 및 관리했다. 예를 들어, 2020년 2월 27일에는 전국 각 지역에 후베이성의 방역을 지원하라

〈표 5-2〉 국무원 코로나19 연합 통제 기제의 9개 공작조

공작조 명칭	국무원 주도 부서
종합조(綜合組)	국무원 국가위생건강위원회(국가위건위)
질병예방통제조(疫情防控組)	국가위건위 질병통제국(疾控局)
의료치료조(醫療救治組)	국가위건위 의정의관국(醫政醫管局)
과학연구조(科研攻關組)	국가과학기술부(國家科技部)
선전조(宣傳組)	국가위건위와 국무원 신문판공청(新聞辦公廳)
외사조(外事組)	외교부
의료문자보장조(醫療物資保障組)	공업정보화부(工業和信息化部)
생활물자보장조(生活物質保障組)	국가발전개혁위원회(國家發改委)
사회안정조(社會穩定組)	공안부(公安部), 민정부(民政部), 사법부(司法部), 교통운수부(交通運輸部)

자료: "國務院應對新型冠狀病毒肺炎疫情聯防聯控機制",《維基百科》, zh.wikipedia.org.

는 〈통지(通知)〉를 하달하고, 어떻게 지원할지에 대한 지침도 지시했다. 또한 3월 1일에는 코로나19의 확산 상황에 맞추어 지역별로 차별화된 방역 전략을 추진하라는 〈통지〉, 3월 21일에는 지역별로 병원들이 코로나19 치료 외에도 정상적인 의료 서비스를 제공하라는 〈통지〉, 4월 9일에는 코로나19의 무증상 감염자도 온라인 경보 체제를 통해 국무원 국가위건위에 보고하라는 〈통지〉를 하달했다. 이처럼 전국의 코로나19 방역은 국무원 연합 통제 기제를 통해 관리되면서 진행되었다.

(3) 중앙 지도조

중앙 지도조는 2020년 1월 25일에 공산당 정치국 상무위원회 회의에서 설립이 결정되었다. 코로나19와의 '인민 전쟁'에서 후베이성이 '주전장(主戰場)'이 되었기 때문에 현장에서 '총력전'을 지휘할 '야전 사령부'가 필요했다. 이처럼 중앙 지도조를 특별히 후베이성에 파견한 것은, 지역 간부들이 코로나19의 실제 상황을 중앙에 정확히 보고하지 않을 뿐만 아니라, 중앙의 결정을 제대로 집행하지 않을 수도 있다는 우려 때문이었다.

중앙 지도조의 임무는 후베이성 방역 활동의 감독·지도·간부 처리 등 세 가지다. 첫째, 우한시와 후베이성 내 각 지역이 중앙의 방역 지시를 철저히 집행하고 있는지를 감독한다. 둘째, 해당 지역의 방역을 지도하고, 방역 역량을 강화하여 중대 당면 문제를 해결한다. 셋째, 방역 업무를 제대로 수행하지 않거나 혼란스럽게 수행하는 간부, 방역 업무를 제대로 감당하지 못하는 간부를 발견하여 법률에 근거하여 처리한다.[12]

중앙 지도조는 이런 직책을 수행하는 데 필요한 인원으로 구성되었다. 〈표 5-3〉은 이를 정리한 것이다. 조장은 순춘란, 부조장은 천이신 중앙 정법위원회 비서장이 맡았다. 이 중에서 천이신 비서장은 시진핑 총서기의 핵심 측근으로, 실질적으로 강력한 권한을

〈표 5-3〉 중앙 지도조 구성

직책	이름	소속 기관
조장	순춘란(孫春蘭)	정치국원, 국무원 부총리
부조장	천이신(陳一新)	공산당 중앙 정법위원회 비서장
성원	딩샹양(丁向陽)	국무원 부비서장(副秘書長)
	가오위(高雨)	국무원 부비서장 겸 국무원 판공청 감찰실(督察室) 주임
	마샤오웨이(馬曉偉)	국무원 국가위건위 주임
	왕허성(王賀勝)	국가위건위 부주임, 후베이성 위건위 주임
	위쉐쥔(于學軍)	국가위원위 부주임
	위옌훙(余艶紅)	국가위건위 중의약국(中醫藥局) 부국장(副局長)
	왕장핑(王江平)	국무원 공업정보부(工業信息部) 부부장(副部長)
	롄웨이량(連維良)	국무원 국가발전개혁위원회(國家發改委) 부주임(副主任)
	순리쥔(孫立軍)	국무원 공안부 부부장(副部長)

자료: "中央指導組首次披露！11位部級幹部在湖北一綫協調指揮",《上觀新聞》2020년 3월 6일, www.jfdaily. com.

행사할 수 있었다. 동시에 그는 우한시에서 2년 동안 공산당 위원회 서기(당서기)로 근무한 경험도 있어서 지역 상황을 누구보다 잘 알고 있었다.

중앙 지도조의 구성원으로는 국무원 국가위건위 외에 공안부, 발개위, 공업정보부의 부주임과 부부장도 참여했다. 중앙 지도조는 2020년 1월 27일에 우한시에 파견되어 4월 27일에 철수할 때까지 약 3개월 동안 활동했다. 이들이 철수한 뒤에는 국무원 연합 통제 기제 '연락조(聯絡組)'가 파견되어 관련 업무를 계승했다.

중앙 지도조가 후베이성에서 수행한 활동을 보면, 첫째, 병원을 방문하여 의료인과 환자를 격려했다. 또한 아파트 단지 등 사구(社區)를 방문하여 지역 주민의 방역 업무를 격려했다. 후베이성과 우한시의 방역 지휘부, 질병 연구소, 교도소, 슈퍼마켓 등 현장을 시찰하여 상황을 파악하기도 했다. 둘째, 회의를 개최하여 중앙의 지시를 전달하고, 정책의 집행 여부를 감독했다. 이를 위해 관련 부서의 보고를 청취했다. 셋째, 3월 초부터는 기업 등 생산 현장을 방문하여 생산 정상화를 점검하며 경제 회복을 독려했다.[13]

필요한 경우 중앙 지도조는 현지의 당정 간부를 비판하면서 문제의 시정을 요구했고, 해임 등 인사권도 행사했다. 업무 태만을 이유로 후베이성 정부 위생건강위원회(위건위)의 주임을 해임하고, 왕허성(王賀勝) 중앙 조사조 성원을 후임에 임명한 것이 대표적인 사례다. 또한 가오위(高雨) 중앙 조사조 성원이 2020년 2월 10일에 우한시 우창구(武昌區) 구청장, 홍산구(洪山區) 구청장, 우한시 부시장을 소환하여 방역 과정에서 나타난 문제점을 지적하고 비판한 것은 또 다른 사례다. 우창구과 홍산구는 코로나19 환자 이송 과정에서 업무 태만과 관료주의 문제가 발생하여 주민과 언론으로부터 비판받았다. 2월 14일에는 같은 지역의 기층 간부를 업무 소홀을 이유로 징계했다.[14]

3. 공산당의 '총동원령'과 감독

위기 시기에는 늘 그랬던 것처럼, 공산당 중앙은 코로나19의 방역을 위해서도 자신이 가진 모든 인력과 자원을 총동원했다. 공산당 조직과 당원, 인민해방군(무장경찰 부대와 민병 포함), 총공회(總工會, 노조연합회)·부녀연합회(婦聯)·공청단(共靑團) 등 인민단체가 바로 그것이다. 또한 공산당은 당원 간부를 감독하여 문제가 있는 간부는 법률에 따라 처리했을 뿐만 아니라, 열성적으로 참여한 당 조직과 당원을 포상했다.

(1) 시진핑 총서기의 '총동원령'

코로나19 방역 지휘체계가 수립된 직후인 2020년 1월 27일에 시진핑은 공산당 총서기의 자격으로 전당과 당원에 '총동원령'을 하달했다. 즉 전국의 공산당 조직과 당원은 코로나19 방역에서 승리할 수 있도록 최전선에 조직적으로 참여하라는 것이다.

| 공산당 총동원령

우선 각급 공산당 위원회는 당원, 특히 영도 간부가 '방역 투쟁'에서 영웅적으로 투쟁하고, 착실히 업무를 수행하도록 격려하고 인도한다. 또한 공산당 지도부는 '방역 투쟁' 중에 당원 간부들이 보여준 정치 소질 등을 잘 살펴서 출중한 간부는 표창하고 대담하게 기용하지만, 반대로 업무를 감당하지 못하고 거짓 보고나 하는 실직(失職) 및 독직(瀆職) 간부는 엄중히 문책한다.

그 밖에 공산당 기층조직은 코로나19 방역의 '전투의 보루' 역할을 담당하고, 공산당원은 '선봉 모범'의 역할을 맡는다. 그래서 구(區)·현(縣)→가도(街道)→사구(社區)로 이어지는 방역망(防護網絡)을 구축하여 '인민 전쟁'에서 승리한다. 각 공산당 위원회는 '방역 투쟁' 중에 기층조직이 수행한 역할을 수시로 당 중앙에 보고한다.[15] 마지막으로 공산당 기율검사위원회(기위)는 간부 감독을 위해 감독조(監督組)를 파견한다.[16]

공산당의 총동원령을 담은 〈통지〉가 하달된 직후, 전국 각지에서 당원들은 '모범적으로' 후베이성과 우한시를 돕기 위해 자원하겠다고 나섰다. 예를 들어, 우한시 셰허병원(協和醫院) 의사 30여 명은 '당원 돌격대'를 구성하여 코로나19 전문 병원인 우한시 적십자

병원에 지원했다. 저장대학(浙江大學) 제1병원의 당원인 400여 명의 의사들도 코로나19 방역 업무에 자원했다. 우한시에서 코로나19 전문 병원인 훠선산(火神山) 병원을 건립하는 건설회사의 당원들도 '건설 돌격대'를 구성하여 24시간 내내 병원 건설에 매진했다.[17]

공산당원의 기부 운동도 전개되었다. 2020년 2월 26일에 개최된 공산당 정치국 상무위원회 회의에서 시진핑 등 상무위원들은 성금 기부를 결의했고, 후베이성 공산당 위원회도 뒤따라 결의했다.[18] 이후 공산당 중앙 조직부는 전 당원이 '자발적으로' 기부금을 낼 것을 촉구하는 〈통지〉를 하달했다. 기부금의 사용처도 밝혔다. 방역 최전선의 의료진, 기층 간부, 경찰, 기층 작업자, 경제적 취약계층, 희생자 가족 등이 그들이다.[19] 이렇게 하여 전 당원의 기부 운동이 시작되었다.

공산당원의 모금 상황을 보면, 2020년 2월 26일부터 29일까지 나흘 동안에만 약 9,000만 명의 당원 중 1,037만 명이 11억 8,000만 위안(한화 약 2,077억 원)을 모금했다. 공산당의 모금 운동은 이후에도 계속되었는데, 최종적으로는 8,971만 6,000명의 당원(전체 당원의 99.7%)이 116억 3,000만 위안(한화 약 2조 300억 원)을 모금하여 관련 기관에 전달했다.[20]

| 군 총동원령

중앙군사위원회(중앙군위) 주석인 시진핑은 군에도 주석 명의로 총동원령을 내렸다. 2002년 사스 방역 때에도 베이징의 샤오탕산 (小湯山) 병원에 군 의료진 1,200여 명이 파견되어 업무를 지원한 적이 있다. 먼저 시진핑은 군이 코로나19 방역의 최전선에 적극적으로 참여할 것을 지시했다.[21] 이에 따라 군은 우한시에 '군대 전방 지휘 협조조(前方指揮協調組)'를 설치하고, 중앙군위 후근보장부(後勤保障部) 부부장(副部長)인 리칭제(李淸傑) 장군을 조장에 임명했다.

또한 군은 2020년 1월 24일부터 1만 명 이상의 인원을 우한시에 파견했다. 구체적으로 2월 4일에는 훠선산 병원에 군 의료진 1,400명을 파견하고, 2월 12일에는 다른 병원에 2,600명을 추가 파견하는 등 3회에 걸쳐 모두 4,000여 명의 군 의료진을 파견했다. 같은 해 3월 1일까지 중부전구(中部戰區)가 트럭 130대와 운전병 260여 명을 우한시에 파견했다. 그 밖에도 전국적으로 군은 매일 민병(民兵) 20만여 명을 동원하여 방역과 물자 수송을 지원했다.[22]

| 인민단체 총동원령

마지막으로 공산당은 총공회·부녀연합회·공청단 등 인민단체, 국가가 승인한 공식 종교단체와 자선단체도 동원했다. 시진핑은 기회가 있을 때마다 코로나19의 방역을 위해서는 도시의 기층 단위인 사구(社區)와 함께 인민단체가 적극적으로 참여해야 한다고 주장했다. 사구와 인민단체가 나서야 이들과 연계된 지역 주민, 노동자·여성·청년을 동원할 수 있기 때문이다. 또한 개신교·천주교·불교·도교·이슬람교 등 국가가 인정한 종교단체는 그들과 연계된 신도들의 방역 참여를 유도할 수 있기에 중요했다.

공산당의 부름에 호응하여 총공회·부녀연합회·공청단은 즉시 움직였다. 먼저 각 지역의 노동조합은 '직공창의서(職工倡議書: 노동자 제안서)'를 발의하고 집단으로 방역에 참여했다. 후베이성을 예로 들면, 후베이성 총공회는 4만여 명의 노동조합 간부를 조직하여 도시의 사구와 농촌의 촌락에 내려가서 질병 통제원, 물자 보급원, 심리 상담원의 역할을 담당했다.

각 지역의 공청단도 '청년 돌격대'를 조직하여 활동에 들어갔다. 그 결과 전국적으로 모두 5만 2,000여 개의 '청년 돌격대'가 조직되어, 모두 112만여 명의 공청단원이 방역 활동에 참여했다. 활동 내용은 환자 진료, 의료용품 생산, 물자 배송, 건설 시공, 응급 의료 지원 등이었다. 공청단은 자원봉사 활동에도 참여하여, 전국적으로 모두 170만 4,000명이 지원해 137만 1,000명이 실제로 활동했다. 각 지역의 부녀연합회도 마찬가지로 여성을 조직하여 구호 물품 전달과 모금 활동을 전개했다.[23]

| 공식 종교단체와 자선단체의 동원

공식 종교단체도 코로나19 방역에 동참했는데, 기부금 납부가 가장 중요한 방식이었다. 예를 들어, 개신교 단체는 7,000만 위안(한화 123억 원), 이슬람 단체는 3,200만 위안(한화 56억 원), 천주교 단

체는 1,000만 위안(한화 18억 원), 도교 단체는 1,300만 위안(한화 23억
원)을 기부했다. 이들 종교단체가 거액을 기부한 것은 공산당의 요
구도 있었지만, 자체 판단에 따른 것이기도 했다. 국가가 위급한 상
황에 직면했을 때, 위기 해결을 위해 적극 나서는 일은 애국심을
증명하는 것이다. 이는 이후에 각 단체가 국가의 지원과 지지를 받
는 데 유리할 수 있다.

공식 자선단체도 기부활동에 참여했다. 중국 적십자사(紅十字
會)와 중국 자선연합회(慈善總聯) 등이 국민과 기업 등으로부터 모
금한 135억 위안(한화 2조 4,000억 원)을 관련 기관에 전달한 것이다.
그러나 이들 단체는 국민과 기업이 기부한 성금을 필요한 곳에 전
달하지 않고 자체로 유용하는 등의 문제를 일으키면서 당국의 조
사를 받기도 했다.[24]

(2) 징계와 포상

공산당 중앙이 '총동원령'을 내린 직후인 2020년 2월 3일에 개최
된 정치국 상무위원회 회의에서 시진핑 총서기는 전국의 당정 간
부에게 강력히 경고했다. "할 일을 하지 않거나 혼란스럽게 하는
간부, 업무에 전력을 다하지 않거나 깊게 하지 않는 간부, 일을 할
줄도 모르고 능력도 없는 간부는 즉시 문책하고, 문제가 엄중하면
면직한다."[25]

| 징계

이후 공산당은 회의를 개최할 때마다 당정 간부의 '형식주의와 관료주의의 엄단'을 강조하고, 이를 위한 조치에 들어갔다. 예를 들어, 국무원 연합 통제 기제는 2020년 2월 3일 전국적으로 30개의 '공작 지도조(指導組)'를 파견했다. 한 개의 지도조가 한 개의 성·자치구·직할시를 담당한 셈이다. 후베이성과 우한시에는 이미 중앙 지도조가 파견되어 활동하고 있었기 때문에 별도로 공작 지도조를 파견하지 않았다. 이들은 20일이 지난 2월 27일과 28일에 각 지역 통제 지휘부에 지도 의견을 전달했다.

감독 결과는 파면 등 인사 징계로 나타났다. 먼저, 후베이성 황강시(黃岡市) 정부 위생건강위원회(위건위) 주임인 탕즈홍(唐志紅)이 2020년 1월 30일에 파면되었다. 그녀는 1월 29일에 있었던 감독조의 감독 과정에서 황강시의 환자 수용 능력, 의심 환자 수, 핵산 검사 능력 등 세 가지 질문에 하나도 답변하지 못했다. 이런 모습이 중국중앙TV(CCTV)에 방영되면서 국민의 분노를 샀다.[26] 2월 10일에는 후베이성 정부 위건위의 책임자 2인이 면직되었다. 정부 위건위 당조 서기 장진(張晉)과 위건위 주임 류잉쯔(劉英姿)가 그들이다. 이들을 대신해서 중앙 지도조 성원으로 활동하던 왕허성이 주임에 임명되었다.

최대의 징계는 2020년 2월 13일에 이루어졌다. 코로나19 방역 실패의 책임을 물어 후베이성 당서기 장차오량(蔣超良)이 면직되고,

대신 상하이 시장 잉융(應勇)이 임명되었다. 또한 우한시 당서기 마귀창(馬國强)을 대신하여 왕중린(王忠林)이 임명되었다.[27] 해외 언론은 공산당 중앙이 코로나19 초기 대응 실패의 책임을 지방에 떠넘기기 위해 이들을 희생양으로 삼았다고 비판했다. 2002년 사스 때, 국민의 분노를 무마하기 위해 국무원 위생부장 장원캉(張文康)과 베이징 시장 멍쉐눙(孟學農)을 해임한 것처럼 말이다.

하급 당정 간부도 징계 처분을 받았다. 그런데 징계 내용을 보면 그렇게 엄중한 징계는 아니었다. 코로나19의 성공적인 방역을 위해서는 일선 간부의 헌신적인 노력이 필요한데, 이들을 심하게 징계하면 사기가 저하되기 때문에 비교적 약하게 징계했던 것 같다.

예를 들어, 2020년 2월 1일까지 후베이성 황강시의 당원 중에서 337명이 공산당 기율, 즉 당기(黨紀) 처분을 받았다. 그중에서 중징계에 해당하는 면직은 현급(縣級) 간부 3명, 향급(鄕級) 간부 3명 등 6명에 불과했다.[28] 또한 2월 15일까지 후베이성 당원 간부 징계 상황을 보면, 모두 7명의 당원만이 중징계 처분을 받았다. 즉 3명의 향급 간부는 면직되었고, 4명의 현급 간부는 당내 엄중 경고를 받았다. 징계 사유는 업무 태만, 허위 보고, 책임 회피, 소극적 대응 등 '형식주의와 관료주의 문제'였다.[29]

| 포상

한편 공산당은 징계 못지않게 우수한 당 조직과 당원에 대한 포상과 표창에도 적극적으로 나섰다. 우선 방역에 큰 공이 있는 의료기관 내의 공산당 조직과 당원을 표창했다. 예를 들어, 2020년 2월 6일에 후베이성 공산당 조직부는 모두 214개의 병원에 있는 공산당 기층조직과 223명의 당원 의료진을 표창했다. 표창 이유는 이들 당 조직과 당원들이 코로나19 방역 활동에서 모범을 보였다는 점이다.[30]

우한시 지역 전체의 방역 과정에서 큰 공을 세운 공산당원이면서 병원 지도부인 두 사람도 표창했다. 코로나19 전문 병원으로 지정된 우한시 진인탄 병원의 원장이면서 공산당 위원회 부서기인 장딩위(張定宇), 중시이제허(中西醫結合) 병원 호흡기과 주임이면서 내과 공산당 지부 서기인 장지셴(張繼先)이 그들이다.[31]

공산당은 입당을 준비하는 '적극분자'와 '예비당원'에도 특혜를 주었다. 공산당 중앙 조직부는 코로나19 방역 일선에서 크게 공헌한 이들에게 특별 입당을 허용하라는 지시를 내린 것이다. 보통 적극분자에서 예비당원으로 가는 데 1~2년, 다시 예비당원에서 정식당원으로 가는 데 1~2년이 걸린다. 이를 뛰어넘어 정식당원으로 입당을 시키라는 지시였다. 실제로 전국적으로 특별 입당식이 열렸고, 이는 언론을 통해 대대적으로 보도되었다.[32]

4. 우한시 봉쇄와 코로나19의 통제

2020년 4월 23일 국무원 연합 통제 기제의 발표에 따르면, 그때까지 전국의 8만 4,302건의 확진 사례 중에서 후베이성이 6만 8,128건으로 전체의 80.8%, 그중에서 우한시가 5만 333건으로 전체의 59.7%를 차지했다(〈그림 5-2〉). 사망자는 전국적으로 4,642명 중에서 후베이성이 4,512명으로 전체의 97.2%, 우한시가 3,869명으로 전체의 83.3%를 차지했다.[33]

이 통계를 통해 코로나19와의 '인민 전쟁'에서 왜 후베이성, 특히 우한시를 '주전장'으로 불렀는지를 알 수 있다. 이런 이유로 중앙과 전국의 재정·인원·물자는 후베이성과 우한시에 집중적으로 지원

〈그림 5-2〉 중국의 코로나19 확진자와 사망자 추이(2020년 1월 20일 ~ 4월 29일)

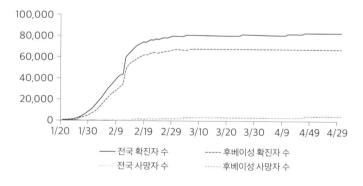

자료: "24時新型冠狀病毒肺炎疫情最新情況", www.nhc.gov.cn; "湖北省新冠肺炎疫情情況", www.hubei.gov.cn.

되었다.

│ 우한시의 방역 상황 변화

우한시의 방역 상황을 간략히 살펴보자. 2020년 1월 23일에 우한시 통제 지휘부는 오전 10시를 기해 〈감염병 예방치료법〉에 따라 우한시를 '갑류(1급) 감염병 구역'으로 지정하고 봉쇄했다. 다른 지역은 '을류(2급) 감염병 구역'으로 지정되었지만, 우한시는 감염병 진원지로 상황이 매우 심각해서 등급을 상향 조정한 것이다. 도시 봉쇄 초기에는 사재기 등 문제가 발생했지만, 정부의 설득과 신속한 조치로 곧 진정되었다.

2020년 1월 25일에는 코로나19 전담 병원으로 휘선산(火神山) 병원과 레이선산(雷神山) 병원을 건립하기 시작했다. 또한 1월 26일의 회견에서 저우셴왕(周先旺) 시장은 춘제(春節, 설날)를 맞아 이미 500만 명이 우한시를 거쳐 갔다고 말했다(우한시 잔여 인원은 1,100만 명). 2월 11일에는 주택단지(小區: 예를 들어, 아파트 단지)를 폐쇄식으로 관리하기 시작했다. 즉 한 주택단지에는 하나의 출입문만 두고, 주민의 출입을 사실상 금지했다. 우한시 등 주요 도시가 완전히 봉쇄된 것이다.

다행히도 한 달 뒤에는 확진자 수가 급감했다. 그 결과 2020년 3월 20일에는 병세가 심하지 않은 지역의 상점과 편의 시설을 다시 개방했다. 3월 22일부터는 휴대전화 앱을 이용하여 주민 중에서

'녹색 표시자'(무감염자)에게는 통행을 허용했다. 드디어 4월 8일에는 우한시의 도로 봉쇄가 해제되었다.[34] 이렇게 해서 76일간의 도시 봉쇄가 끝났다.

(1) 지역 통제 지휘부의 설립

2020년 1월 20일에 중앙에 국무원 연합 통제 기제가 수립된 직후에 각 지방에서도 공식적으로는 현급(縣級) 단위, 실제로는 기층 단위인 사구(社區)에까지 지휘기구가 설립되었다. 후베이성과 우한시도 마찬가지였다.

| 후베이성 코로나19 통제 지휘부

먼저 2020년 1월 22일에 후베이성 공산당 판공실과 성 정부 판공실은 합동으로 〈통지〉를 하달하여 '후베이성 코로나19 통제 지휘부(新型肺炎防控指揮部)'(통제 지휘부)의 설립을 공포했다. 동시에 성 내 각 정부도 통제 지휘부를 설립할 것을 지시했다. 후베이성 통제 지휘부는 당서기와 성장 2인이 공동으로 지휘장(指揮長)을 맡고, 부성장 2인이 부지휘장을 맡았다. 하나의 지휘기구를 당서기와 성장이 공동으로 책임지는 경우는 많지 않다. 이는 코로나19의 방역이 매우 중요한 임무였기 때문에 그렇게 한 것이다.

또한 코로나19 통제 지휘부 산하에는 8개의 공작조를 두었다. 그런데 2020년 2월 16일에는 그것을 간소화하여 5개, 즉 판공실과

종합조, 의료구치와 질병통제조, 물자와 시장보장조, 선전조, 사회
안정조로 재편했다. 이렇게 설립된 후베이성 통제 지휘부는 이후
방역과 생산 회복 등 코로나19와 관련된 중요 정책을 결정하고 관
내 방역을 총괄 지휘했다.[35]

| 우한시 코로나19 통제 지휘부

코로나19의 발원지인 우한시의 통제 지휘부는 이보다 이틀 먼저
설립되었다. 즉 2020년 1월 20일에 중앙이 코로나19에 대한 전면
적인 대응을 결정한 그날, 우한시는 통제 지휘부를 즉각 설립하고,
제1차 회의를 개최했다. 조직 성격은 시의 방역 업무를 통일적으로
영도하고 지휘하는 기구로 규정했다.

구성 상황을 보면, 시장인 저우셴왕이 통제 지휘부 지휘장을
맡았고, 산하에 8개의 공작조를 두었다. 응급보장조, 선전조, 교통
조, 시장조(市場組), 의료구치조(救治組), 질병방역조, 사구조(社區
組), 종합조가 그것이다.[36] 다른 지역과 달리 우한시에서는 공산당
당서기가 통제 지휘부의 수장을 맡지 않았다.

또한 우한시 통제 지휘부가 제1차 회의에서 발표한 내용은 우한
시뿐만 아니라 다른 지역의 방역 활동에서도 기본 방침이 되었다.
여기에는 '네 가지 조기(四個早)' 방침, 즉 '조기 발견, 조기 보고, 조
기 격리, 조기 치료'의 확보, 지도부의 방역 책임제 실행, 각 구역의
속지(屬地) 관리 책임제 실행, 사구의 격자 관리원(網格員)과 의무진

을 동원한 주민 관리와 일일 보고제도의 실행, 애국 위생 운동을 통한 손 씻기, 마스크 착용하기, 옷소매로 가리고 기침하기 등 공중위생 규범의 보급, 정보 공개, 태만하고 무책임한 당정 간부의 엄정한 의법 처리 등이 포함된다.[37]

공식적인 통제 지휘부는 우한시 산하의 구(區) 단위까지 설립되었지만, 실제로는 구 아래의 사구(社區)에도 설치되어 방역 활동을 지휘했다. 그래서 시진핑이 2020년 2월 10일에 베이징시, 3월 10일에 우한시를 시찰했을 때, 코로나19 전문 병원과 함께 사구의 통제 지휘부를 방문하여 일선의 방역 담당자를 격려했다. 리커창이 2020년 1월 27일에 우한시를 시찰할 때도 마찬가지였다.

(2) 중앙의 우한시와 후베이성 지원

2020년 1월 23일의 봉쇄 직후, 중앙은 우한시와 후베이성의 주요 도시를 지원하기 시작했다. 먼저 국무원 재정부와 후베이성 정부는 각각 10억 위안씩 모두 20억 위안(한화 3,500억 원)의 긴급 방역 자금을 투입했다.[38] 또한 환자 치료를 위해 후베이성 전체에는 6만 명,[39] 우한시에는 3만여 명의 민간 의료진과 군 의료진을 파견했다. 한 통계에 따르면, 전국 중증 의료 전문의사 중에서 10%인 1만 1,000여 명의 의사가 우한시에 모였다고 한다.[40] 국무원 국가위건위는 965명의 중국 질병통제센터 전문가를 후베이성에 파견하여 코로나19 검사를 지원했다.[41]

후베이성에 대한 지원은 전국 차원에서도 이루어졌다. 방법은 우한시를 제외한 나머지 주요 도시를 전국의 다른 성 및 직할시가 나누어 지원하는 '일대일 지원(對口支援)' 방식이다. 구체적으로 2020년 2월 7일에 국무원 연합 통제 기제는 16개의 성 및 직할시가 전담 지원할 후베이성의 주요 도시를 발표했다(우한시는 자체 능력을 갖춘 대도시라서 지원 대상에 포함되지 않았다).

예를 들어, 충칭시와 헤이룽장성(黑龍江省)은 샤오간시(孝感市), 산둥성(山東省)과 후난성(湖南省)은 황강시, 장시성(江西省)은 수이저우시(隨州市), 장쑤성(江蘇省)은 황스시(黃石市), 푸젠성(福建省)은 이창시(宜昌市), 톈진시(天津市)는 언스시(恩施市) 등이다. 지원 방식과 내용은, 각 성과 직할시는 의료진을 중심으로 한 지원대를 구성하여 지원 대상 지역(시)에 파견하고, 각 지역이 필요로 하는 방역·의료·생활물자를 공급하는 것이다.[42]

이런 일대일 지원은 개혁기에 보편적으로 사용되던 방식이다. 예를 들어, 연해 지역의 베이징시, 톈진시, 상하이시, 장쑤성, 저장성, 푸젠성, 광둥성은 내륙의 빈곤한 성 및 소수민족 자치구와 일대일로 연계해서 인적 교류, 자금 투자, 기술 제공 등의 지원 활동을 전개했다. 광둥성이 헤이룽장성을 지원한 것이 대표적이다. 티베트 자치구와 신장 자치구는 복수의 성 및 직할시가 지원했다.

(3) 방역 통제와 생활 관리: '바둑판식' 사구 관리 체계

코로나19를 막기 위한 지역 봉쇄는 우한시뿐만 아니라 황강시 등 성내 15개 도시 전체를 대상으로 실시되었다. 그 결과 봉쇄된 주민만 5,700만 명에 달했다. 이들을 대상으로 의심 환자를 검사하고 확진자를 격리 치료하는 일, 그리고 이들의 생존을 위해 생필품을 때에 맞추어 공급하는 일은 결코 쉬운 임무가 아니었다. 세계보건기구(WHO)가 말했듯이, 이는 "공중위생 역사상 일찍이 없었던 일"이었다. 한국 국민 전체를 주택단지 내로 묶어두고, 가구별로 일일이 생필품을 공급한다고 생각해보라!

특히 우한시에서만 1,100만 명이 봉쇄되었는데, 2020년 1월 23일부터 4월 8일까지 76일 동안 이들에게 생필품을 공급하는 일은 쉽지 않았다. 이는 평상시에 기층 단위에 대한 촘촘한 관리 체계가 갖추어져 있지 않으면 결코 할 수 없는 일이다. 중국에는 이런 관리 체계가 이미 갖추어져 있었다.

| '사구 건설'의 실험

중국은 1990년대 말부터 도시의 '사구(社區) 건설' 실험을 여러 지역에서 진행했다. 여기서 사구는 '일정한 지역 내에서 거주하는 주민들로 구성된 사회생활 공동체(community)'를 말한다. 사구의 규모는 지역에 따라 다른데, 대략 천 가구(戶)에서 수천 가구로 구성된다. 한국에서 비교적 규모가 큰 아파트 단지를 사구라고 생각하면 된다.

'사구 건설'은 사구 주민의 역량에 의지하고, 사구의 자원을 이용하며, 사구의 기능을 강화하여, 사구의 문제를 해결하는 정책을 말한다.[43] 한마디로 말해, 사구를 단위로 해서 주민 관리와 복지 문제를 해결하겠다는 정책이다. 구체적으로, 사구는 세 가지의 업무를 맡고 있다. 첫째는 주민의 행정 업무(예를 들어, 전출입 관리)다. 둘째는 주민의 자치 업무(예를 들어, 마을 청소와 분쟁 해결)다. 셋째는 주민에게 간단한 사회복지 서비스(예를 들어, 사회 빈곤층 지원)를 제공하는 업무다.

이와 같은 업무를 담당하기 위해 사구에는 보통 세 개의 기구가 구성된다. 첫째는 공산당 공작위원회(工作委員會)로, 사구 전체를 총괄 지도하고, 각 기관의 업무를 조정한다. 둘째는 사구 거민위원회(居民委員會)로, 주민 자치 업무를 담당한다. 주임과 위원은 보통 주민 투표로 선출되지만, 일부 지역에서는 상급 정부가 임명하기도 한다. 셋째는 사구 서비스센터(服務中心)로, 주민의 행정 및 사회복지 서비스를 제공한다. 경제가 발전하지 않은 지역에서는 별도의 서비스센터를 설치하지 않고 사구 거민위원회가 이를 담당하기도 한다.[44]

| '바둑판식' 관리 체계의 수립

그런데 중국이 2000년대 들어 '안정 유지(維穩)'를 위해 사회 치안과 기층 관리를 강화하면서 사구에 대해 '격자화(網格化)' 관리(한국식으로는 '바둑판식' 관리)를 본격적으로 추진했다. 여기서 '격자화 관리'란, 도시 지역의 공간을 격자(網格, grid) 단위로 잘게 나누고, 격자마다 주민을 관리하는 수명의 격자 관리원(網格員)을 두어 주민의 생활과 활동을 세밀히 관리하고 통제하는 방식을 가리킨다. 지역에 따라 차이는 있지만, 하나의 사구는 보통 4~5개의 격자로 나뉘고, 각 격자에는 150~300가구(戶)가 속해 있다.

격자화 관리의 목표는 '작은 일은 촌 밖으로 내보내지 않고(小事不出村), 큰일은 진 밖으로 내보내지 않으며(大事不出鎭), 모순은 상급 정부로 보내지 않는다(矛盾不上交)'라는 것이다.[45] 격자 관리원은 '크게는 치안과 주택 임대 관리까지, 작게는 주민의 두통과 발열, 하수도 뚫는 일까지 모두 관리한다.' 한마디로 말해, 격자 관리인은 주민에 대한 봉사자이면서 동시에 감시자(관리자)다. 이들은 관할 구역에서 발생하는 모든 상황을 전자 장비를 이용하여 구(區) 정부에 설치된 '격자망 관리센터'에 보고한다. 이렇게 해서 바둑판식 관리가 가능하게 된다.[46]

이렇게 만들어진 사구 관리 체계가 코로나19 방역에 동원된 것이다. 2002년 사스 때에도 베이징시, 상하이시, 광둥성 지역에서 사구를 이용한 질병 통제가 크게 성과를 거둔 경험이 있다. 농촌 지역에서는 촌민위원회가 이 역할을 담당했다.[47] 이런 경험을 기초로 후베이성 통제 지휘부는 2020년 1월 28일에 도시 사구와 농촌 촌락을 코로나19 방역의 '제1 방어선'으로 삼고, '격자화(網格化) 및 양탄자식(地毯式) 관리'를 시행한다고 결정했다.**48**

│ 사구 방역 지침의 하달

이를 위해 후베이성 통제 지휘부는 2020년 2월 5일에 사구에 대한 13개 조항의 세부 지침을 하달했다. 이 중에서 몇 가지를 살펴보면, 첫째, 도시의 사구와 농촌의 촌락마다 '질병 통제 공작대(防控工作隊)'를 설립한다. 각 당정기관과 사업단위, 즉 인민단체·국유기업·학교·박물관 등의 기관과 시설의 당원 간부는 사구와 촌락에 내려가 상주하면서 현지 간부와 함께 공작대를 조직하여 질병을 통제한다.

둘째, 관할 주민의 건강 상태를 모두 점검하고, 각 당정 간부 별로 담당해야 할 가구(戶)를 지정해서 관리한다(즉 호별 할당제를 시행한다). 셋째, 주택단지(小區), 촌락, 기업 단위를 봉쇄하는 방식으로 관리한다. 예를 들어, 주택단지의 출입구는 하나만 유지하고, 촌락과 촌락을 연결하는 통로는 하나만 남기고 모두 폐쇄한다. 넷째, 집단 활동을 엄금한다. 결혼 등 경사는 전면 금지하고, 장례 등 애사는 간단하게 거행하되 반드시 보고한다.

다섯째, '사구·촌락→가도(街道)·향(鄕)·진(鎭)→구(區)·현(縣)'으로 이어지는 질병 관리 체계를 수립한다. 사구·촌락은 초진(初診), 가도·향·진은 집중 격리, 구·현은 집중 수용 치료를 담당한다. 사구·촌락이 발열 환자를 발견하면 즉시 가도·향·진에 보고하고, 가도·향·진은 이를 사구 위생 서비스센터와 향·진의 지정 병원으로 이송하여 격리 관찰한다. 유사 증상 환자가 발생하면 즉시 구·현의 지정 병원으로 이송하여 격리 치료하고, 보통 발열 환자는 가도·향·진의 집중 격리시설에서 관찰한 후에 체온이 정상으로 돌아오면 귀가시킨다.

여섯째, 구·현의 방역 통제 지휘부는 도시의 사구와 농촌의 촌락에 '순회 의료대(醫療隊)'를 파견하여 의료 활동을 지원한다. 일곱째, 각 시(市)·구·현은 관할 구역에 필요한 물자를 공급하고, 사구와 촌락은 생계가 곤란한 가구의 문제를 해결한다. 일곱째, 각급 공산당 위원회는 당원 간부를 방역 일선에 신속하게 투입하고, 당원 간부 중 기율 위반자는 엄정히 법률과 당규에 근거하여 처리한다.[49]

| 사구 방역 지침의 집행

이런 지침은 실제로 집행되었다. 예를 들어, 우한시는 사구 내의 주택단지(小區)를 24시간 봉쇄 관리했다. 이를 위해 각 주택단지에는 하나의 출입문만 남겨두고 나머지 문은 모두 폐쇄했다. 또한 업무상 필요한 인원을 제외하고는 출입을 금지했으며, 업무상 출입자도 매번 발열 검사는 물론 신원 확인과 업무 점검을 거쳐야만 출입할 수 있었다.

이창시 등 다른 도시도 '1+1+n' 관리 방식을 채택했다. 즉 사구마다 '당원+경찰+의료진'으로 구성된 최소한 3인 이상의 소조(小組)를 결성하여, 주민의 등기와 조사, 체온 측정, 주택단지 봉쇄, 자동차 운행 관리를 담당했다. 실제 상황을 보면 사구마다 '1대(隊) 9원(員) 공작대'를 구성하여 관리했다. 당원이 공작대 대장을 맡고(1대), 격자 관리인, 사구 경찰, 의료진, 주택위원회 위원, 생활보조원, 선전선도원, 아파트 단지 동회장, 군중감독원, 환경관리원 등 9인이 구성원(9원)으로 참여했다. 또한 사구 아래의 주택단지(소구)나 자연 촌락은 1인의 의사, 1인의 경찰, 수명의 격자 관리인과 당원 간부로 구성된 소조가 관리했다.[50]

또한 위의 지침에 따라 당정기관과 사업단위는 당원 간부를 사구에 파견하여 기층의 방역 업무를 지원했다. 예를 들어, 2020년 2월 27일에 후베이성 통제 지휘부는 다음과 같은 〈통지〉를 하달했다. 첫째, 성내의 각 단위는 이전에 파견한 인원 이외에 다시 100개의 공작조와 1,000명의 당원 간부를 파견한다. 각 당정기관과 사업단위는 일상 활동을 유지한 상태에서 최소한 2/3의 당원 간부를 사구나 촌락에 파견하여 질병 통제 업무에 전념하도록 배치한다. 이때 각급 공산당 위원회 조직부는 일괄적으로 당원 간부를 지역에 배치한다.

둘째, 배치된 당원 간부는 현지 통제 지휘부의 지도를 받아 활동하고, 해당 지역은 이들 파견된 당정 간부의 생활(즉 주거와 식사)

을 보장한다. 셋째, 공산당 위원회는 파견된 당원 간부의 활동을 평가하고, 그 평가 내용을 이들의 파견기관(예를 들어, 정부에서 파견했으면 정부, 학교에서 파견했으면 학교)에 보고한다. 넷째, 당원 간부의 형식적인 파견이나 요식행위는 엄금한다.[51]

이렇게 파견된 당원 간부는 실제로 도시 사구와 농촌 촌락의 방역 활동에서 결정적인 역할을 담당했다. 예를 들어, 우한시 정부가 파견한 자체 공무원(간부)은 모두 4만 4,500명으로, 이들은 7,000개의 주택단지에 파견되어 1만 2,000명의 기층 작업자를 도와 질병통제 업무를 수행했다. 우한시 관내의 다른 지방 정부와 기층 정부도 마찬가지로, 최소 행정 인원만 남겨두고 모두 현장에 파견되었다. 그 결과 봉쇄 초기에는 다소 혼란스러웠던 방역과 생활이 2020년 2월 중순 무렵부터는 수습되어 자리를 잡아갔다.[52]

| 사구를 통한 생필품의 공급

봉쇄 지역의 생필품 공급과 배급도 사구 체계를 통해 이루어졌다. 후베이성 통제 지휘부에 따르면, 후베이성에는 생필품을 공급하는 몇 가지 모델이 운영되었다. 이는 정부가 지시하여 만든 것이 아니라 사구 주민들이 생존을 모색하는 과정에서 자연스럽게 등장한 것이다. 이런 모델은 사구를 중심으로 이루어진다는 점에서는 같았지만, 구체적인 방식에서는 조금씩 차이가 났다.

첫째는 우한시의 '온라인 주문 배달 서비스' 모델이다. 우한시는 발전한 대도시로 인터넷과 소셜 미디어의 기반이 잘 갖추어져 있었다. 따라서 이를 이용한 생필품 공급이 충분히 가능했다. 이를 위해 우한시 정부는 2020년 2월 10일에 시내의 15개 중대형 온라인 상거래 플랫폼 회사와 계약을 맺고 물품을 전체 사구에 공급했다. 하루 배송량은 수천 건에서 수만 건으로, 매일 총 16만 건의 거래가 이루어졌다.

둘째는 샹양시(襄陽市)의 '이동 장바구니(移動菜籃子)' 모델이다. 이는 샹양시 정부가 사구를 대형 슈퍼마켓, 채소시장, 농산물 도매시장과 연결하면, 이들 공급자가 주민이 주문한 물품을 주택단지(소구)에 배달하는 방식이다. 2020년 2월 10일을 기준으로 샹양시의 6개 구(區), 22개 가도(街道), 196개 사구(社區), 2,136개 주택단지(小區) 모두가 이 방식으로 생필품을 공급받았다.

셋째는 톈먼시(天門市)의 '사구 배송' 모델이다. 톈먼시는 2020년 2월 11일부터 생필품 사구 배송 제도를 실행했다. 방식은 이렇다. 시 정부는 관내의 슈퍼마켓 25개, 대형 상점 11개, 곡물 및 식용유 판매소 12개, 채소 협동조합(合作社) 39개와 물품 공급 계약을 체결했다. 주민들은 위챗(WeChat, 微信)의 '물품 배송 단체방'에 가입하여 필요한 물품을 구매한다. 사구마다 생활물자 배송사무소(配送站)가 지정되고, 사구 간부 1인이 배송사무소의 책임을 맡고, 1인의 사구 거민위원회 위원이 연락을 담당한다. 사구 내 주택단지에도 배송지(配送點)가 정해져, 1인의 정보원(대개는 자원봉사자)이 주민에

게 물품을 전달한다.[53]

5. 정책 선전과 여론 선도

위기 대응 정책에는 선전과 여론 선도가 반드시 포함된다. 특히 2019년 코로나19 때는 2002년 사스 때와 비교할 수 없을 정도로 많은 감염자와 사망자가 발생하면서 정부와 공산당에 대한 국민의 불만과 비판이 어느 때보다 높았다. 이 때문에 선전과 여론 선도가 더욱 중요해졌다.

이런 상황에서 선전은 무엇보다 공산당과 시진핑 총서기의 '무오류(無誤謬)'를 증명하는 데 집중했다. 또한 선전 매체를 동원하여 코로나19의 방역 정책을 적극적으로 홍보하고, 이에 이의를 제기하는 인사들을 비판했다. 그러나 일부 정책 선전과 여론 선도는 실상과 괴리되면서 네티즌과 지식인들로부터 강한 역풍을 맞았다.

(1) '시진핑 구하기'

시진핑 총서기의 탁월하고 정확한 지도력(領導力, leadership)을 강조하기 위한 선전은 몇 가지로 나눌 수 있다.

│ 시진핑 활동의 상세 보도와 선전

첫째, 시진핑 총서기의 영도하에 공산당 중앙이 코로나19 방역을 위해 얼마나 노력했고, 그런 노력이 얼마나 적절하고 효과적이었는지를 적극 선전했다. 이를 위해 먼저 공산당 정치국 회의에 이어 정치국 상무위원회 회의 내용을 공개했다(일상 시기에는 정치국 상무위원회 회의 내용이 공개되지 않는다). 특히 회의 내용을 공개할 때는 시진핑이 각 회의에서 구체적으로 어떤 지시를 내렸는지를 명확히 밝혔다. 더 나아가 시진핑 본인도 자신이 직접 코로나19를 진두지휘하고 있다는 점을 기회가 있을 때마다 강조했고, 언론이 이를 보도했다.

또한 공산당 중앙은 시진핑 총서기가 코로나19 방역과 관련하여 각종 회의에서 한 연설의 전문(全文)을 신속하게 공개했다. 여기에는 정치국과 정치국 상무위원회 회의뿐만 아니라, 2020년 2월 5일에 개최된 중앙 의법치국위원회(依法治國委員會) 3차 회의, 2월 14일에 개최된 중앙 개혁위원회(改革委員會) 12차 회의도 포함된다.[54]

이런 회의 결과를 공개한 이유는 분명하다. 시진핑 총서기가 방역을 직접 지휘하고 있다는 모습을 국민에게 알리기 위해서다. 그리고 이를 통해 국민이 시진핑의 지시를 직접 확인하고, 중앙과 지방의 당정 간부를 감시할 수 있는 근거를 제공하기 위해서이기도 하다. 이처럼 위기 시기에는 최고 지도자가 직접 국민에게 메시지를 전달하고, 이를 통해 전 국민이 정부의 대응 방침을 공유할 수 있도록 하는 조치가 취해진다.

더 나아가 언론 매체들은 코로나19 방역 과정에서 시진핑 총서기가 날짜별로 어떤 장소에서 어떤 지시를 내렸는지를 일지(日誌) 형식으로 정리하여 발표했다. 일지는 수시로 갱신(update)되었다. 예를 들어, 2020년 1월 7일 정치국 상무위원회 회의에서는 코로나19의 통제를 지시했고, 1월 20일에는 코로나19의 전면 통제를 비준하면서 "인민 군중의 생명·안전·건강을 제일의 위치에 놓고, 질병 확산의 흐름을 굳건히 억제하라"고 지시했다. 1월 22일에는 "코로나19가 신속히 확산하고 통제 업무가 엄중한 도전에 직면한 상황에서, 후베이성 주민의 외부 유출을 막기 위해 전면적이고 엄격한 관리 통제를 실행하라"고 지시했다.[55]

│ 시진핑의 이미지 보호

둘째, 코로나19의 '초기 대응 실패'라는 오명과 국민의 분노로부터 시진핑 총서기의 이미지를 보호하기 위해 언론 매체가 총동원되었다. 이를 위해 시진핑을 코로나19 방역이라는 '인민 전쟁을 승리로 이끈 영웅', 세계 각국의 정상과 국제사회로부터 인정받고 칭찬받는 '대국(大國)의 영수(領袖)'로 묘사하기 위해 노력했다. 중국 중앙TV와 《인민일보(人民日報)》 등이 시진핑이 외국 정상들과 통화한 내용을 지루할 정도로 상세하게 보도하고, 외국 정상과 세계보건기구가 중국의 방역 성공을 칭찬하고, 여러 지역과 국가가 방역

물자와 의료 인력을 지원한 중국에 감사하는 내용을 집중적으로 보도하는 것이 대표적인 사례다.[56]

마지막으로 코로나19와 시진핑 총서기가 연상되는 것을 방지하기 위해 코로나19와 관련된 뉴스를 보도할 때는 시진핑의 사진이나 동영상을 최대한 방영하지 않았다.[57] 예를 들어, 중국중앙TV의 간판 뉴스 프로그램인 7시 〈종합뉴스(新聞聯播)〉와 10시 〈한밤뉴스(晩間新聞)〉의 보도를 한 달 반 동안 분석한 홍콩의 《명보(明報)》에 따르면, 공산당 정치국 상무위원회 회의는 모두 6회가 보도되었다.

그런데 오직 첫 번째 정치국 상무위원회 회의에서만 시진핑 총서기가 회의를 주재하는 자료 화면을 함께 내보냈다. 나머지는 모두 자료 화면 없이 아나운서가 회의 결과를 읽는 방식으로 보도했다. 반면 후베이성에서 활동하는 중앙 지도조 보도에서는 매번 순춘란 부총리가 나오는 자료 화면과 함께 활동 내용을 보도했다.[58]

(2) 언론 통제와 비판 세력의 탄압

중국의 〈감염병 예방치료법〉에 따르면, 국무원 국가위건위와 이것의 위임을 받은 성급 정부만이 감염병을 발표할 수 있다. 이를 어길 때는 정치적 및 법률적 제재를 받는다. 2019년 12월 30일에 '원인 불명 폐렴'을 확인하고, 그것을 병원 동료 의사들에게 알렸다가 병원 당국자로부터 규율 위반 혐의로 심한 문책을 당한 우한시 중

심병원 응급실 주임인 아이펀 의사의 사례는 이를 잘 보여준다.[59]

또한 아이펀 주임 의사가 전달한 코로나19 관련 정보를 받아, 같은 날 위챗을 통해 100여 명의 우한시 의과대학 동기생들에게 알리고, 그것이 인터넷에 확산하면서 코로나19가 전 사회적으로 알려지게 된 계기가 된 안과의사 리원량의 사례도 있다. 이후 리원량은 허위 사실 유포 혐의로 병원 당국의 호된 비판을 받았다.[60]

| 리원량 의사의 사망과 지식인의 항의

더 나아가 리원량 의사는 경찰에 소환, 정식으로 입건되어 조사를 받고 '훈계서(訓戒書)'를 작성해야만 했다. 훈계서에는 "2019년 12월 30일 위챗 단체 채팅방에서 사스 확진자 7인이 화난 수산물 도매시장에서 나왔다고 말한 가짜 여론"을 처벌하는 내용이 담겨 있다. 또한 "당신의 행위가 사회질서를 엄중히 훼손했는데, 이는 〈중국 치안 관리 처벌법〉을 위반한 불법행위다"라는 내용도 들어 있다. 경찰은 이와 같은 불법행위를 중단하고, 유사한 내용을 더 이상 유포하지 말 것을 리원량 의사에게 강력히 경고했다.[61]

불행히도 리원량 의사는 2020년 1월 10일에 코로나19 증상이 나타나 치료를 받다가 2월 6일에 끝내 사망했다. 그의 사망 소식은 온라인상에서 많은 네티즌의 추모와 정부 비판의 물결을 불러일으켰다.[62] 이를 계기로 일부 비판적 지식인과 사회 활동가들은 중국 정부의 정보 통제와 표현의 자유 억압을 비판했다.

예를 들어, 수백 명의 지식인이 전국인민대표대회(전국인대)에 5개 요구 사항을 담은 '온라인 청원서'를 제출했다. 첫째, 국민 권리인 표현의 자유 보호, 둘째, 리원량 의사 문제를 전국인대에서 논의할 것, 셋째, 2월 6일 리원량 사망일을 언론 자유 기념일로 지정할 것, 넷째, 누구도 연설·집회·편지 혹은 통신으로 인해 처벌·위협·심문·검열 또는 감금되지 않을 것, 다섯째, 후베이성과 우한시 주민을 공정하게 대우할 것이 요구 사항이다.[63]

또한 리원량 의사의 죽음 이후, 일부 지식인들은 언론의 자유를 요구하는 글을 개별적으로 인터넷과 소셜 미디어에 발표했다. 베이징대학 법학대학원(法學院)의 장첸판(張千帆)과 허웨이팡(賀衛方) 교수, 칭화대학 법학대학원의 쉬장룬(許章潤) 교수, 우한대학(武漢大學) 법학대학원의 친첸훙(秦前紅) 교수, 화중사범대학(華中師範大學) 국학대학원(國學院)의 탕이밍(唐翼明) 교수, 런민대학 충양(重陽) 금융연구소의 자푸징(賈普京) 연구원 등이 대표적이다.[64]

| 공산당의 탄압

공산당이 이와 같은 지식인의 요구와 비판을 허용할 리가 없다. 리원량 의사의 사망 직후인 2020년 2월 10일에 코로나19와 관련된 허위 사실 유포와 유언비어 날조 등과 같은 범죄를 엄격히 처벌하는 통지를 네 개의 부서, 즉 최고법원, 최고검찰원, 국무원 공안부와 사법부 합동으로 발표했다. 실제로는 발표 이전에도 코로나

19와 관련된 각종 범죄로 363건이 적발되어 관련자들이 처벌되었다.[65] 합동 발표에 따라 언론은 이제 오로지 정부가 제공한 자료에 근거하여 보도하거나, 아니면 정부가 하달한 지침에 따라 취재한 내용만 보도할 수 있다.[66]

이를 어긴 사람은 심하게 탄압받았다. 예를 들어, 화위안그룹(華遠集團)의 회장을 지낸 런즈창(任志强)은 공산당과 시진핑 총서기의 코로나19 대응을 비판한 죄로 체포되었다. 언론과 표현의 자유가 없다 보니 코로나19를 조기에 통제하지 못하고 상황은 더욱 나빠졌다고 비판한 것이다.[67] 결국 그에게는 2020년 9월 21일에 개최된 재판에서 '뇌물수수, 공금유용, 직권남용' 등의 죄로 징역 18년과 추징금 420만 위안(한화 약 7억 5,000만 원)이 선고되었다. 진짜 죄목인 국가원수 모독이나 공산당 비판은 언급조차 없었다.

시민운동가 쉬즈융(許志永)도 다시 구속되었다. 2020년 2월 4일에 시진핑 총서기의 퇴진을 요구하는 '권퇴서(勸退書: 퇴진 권고의 글)'를 발표했기 때문이다. 이 글에서 그는 몇 가지 이유를 들면서 시진핑 총서기의 퇴진을 요구했다.

"시진핑 주석은 집권 후 민주·법치·인권을 포기하는 대신, 독재를 강화하고, 탄압을 통해 안정을 유지했다. 신장 위구르 자치구에서는 재교육센터를 세워 위구르족 등 소수민족을 박해했다. 언론과 사상을 억압하면서 '거짓 태평성대'를 조작하고, 사회 갈등과 위기를 더욱 조장했다."[68]

그 밖에도 우한시의 실상에 접근하기 위해 위험을 무릅쓰고 취재해서 소셜 미디어를 통해 널리 알린 천추스(陳秋實)와 팡빈(方斌)과 같은 시민 기자도 체포되었다. 특히 사회적 비극을 기록하고 알리는 것이 작가의 사명이라는 생각에서 『우한일기』를 쓴 팡팡은 정부와 언론으로부터 심하게 비판받았다.[69] 그러나 팡팡 작가는 자신의 임무를 포기하지 않겠다고 다짐했다.

"두 달 넘게 집안에 갇혀 있었던 우한 시민으로서, 우한의 비극적인 날들을 직접 목격한 사람으로서, 우리에게는 억울하게 세상을 떠난 이들을 위해 정의를 세워야 할 책임과 의무가 있다. 잘못과 책임이 있는 사람은 스스로 감당해야 할 것이다. [중략] 나는 한 자(字) 한 자 그들을 역사 속 치욕의 기둥에 새겨넣을 것이다."[70]

6. 정부의 위기 시기 활동 평가

2002년 사스 사태와 마찬가지로 2019년 코로나19 사태에서도 중국은 '초기 대응 실패와 신속한 통제 성공'이라는 다소 역설적인 모습을 보여주었다. 이 중에서 '신속한 통제 성공'은 운동 방식이 사용되면서 가능한 결과였다.

이를 두고 일부 학자들은 중국이 '권위주의 이점(authoritarian advantage)'을 발휘하여 감염병 통제에 성공할 수 있었다고 주장한다. 여기서 이점은 중앙 집중화된 정책 결정, 정부 주도에 대한 대중의 지지와 호응, 대중 매체의 위기 대응 기조를 결정할 수 있는 정부의 통제 능력 등 세 가지를 말한다.[71] 그런데 '권위주의 이점'을 강조하는 것은 타당하지 않다. 수많은 권위주의 국가가 중국처럼 할 수 있는 것이 아니기 때문이다.

그것보다는 중국이 위기 시기에 사용할 수 있는 운동 방식이라는 정책 결정 방식을 제도화했다는 사실에 주목해야 한다. 마오쩌둥 시기는 말할 필요도 없고, 개혁기 40여 년 동안에도 중국은 수많은 위기를 맞았고, 이를 성공적으로 극복한 경험이 있다. 이를 보면, 중국은 수많은 위기를 겪으면서 그에 대응하는 정책 방식을 수립하고 실행했다고 말할 수 있다. 이런 이유로 중국은 코로나19의 통제에도 성공할 수 있었다.

예를 들어, 자연재해로는 2002년의 사스 외에도 2009년과 2013년의 신종 인플루엔자, 2008년의 쓰촨 대지진이 있었다. 경제 위기로는 1997~1998년의 아시아 금융위기와 2007~08년 세계 금융위기가 있었다. 정치 위기로는 1986~1987년의 대학생 민주화 시위, 1989년의 톈안먼(天安門) 민주화 운동, 1990~1991년의 소련을 포함한 사회주의권의 붕괴와 이에 따른 중국의 국제적 고립 위기가 있었다. 2000년대에 들어서도 2008년 티베트 자치구와 2009년 신장 자치구의 소수민족 시위가 있었다.

운동 방식의 심각한 약점

그러나 운동 방식에는 치명적인 약점이 있다는 사실에도 주의 해야 한다. 먼저 운동 방식은 중국이 위기 상황에 직면했음을 공 식적으로 판단하고 나서야 효과적으로 작동할 수 있다. 그런데 중 국과 같은 권위주의 정치체제에서는 위기 상황의 판단 자체가 늦 어지거나 잘못될 수 있다. 언론의 자유도 없고, 시민사회의 정부 감시 활동도 없으며, 지식인의 표현의 자유도 없기 때문이다.

실제로 중국은 2002년의 사스 사태와 2019년의 코로나19 사태 에서 확인했듯이, 그것이 심각한 감염병이라는 사실을 확인하고 전면 통제 방침을 결정하기 전까지 상당한 시간이 걸렸다. 그 결과 '초기 대응 실패'라는 심각한 문제가 나타났다. 운동 방식은 이런 문제를 지금도 해결할 수 없다.

또한 운동 방식은 '관성에 따른 집행'에 머물면서, 새로운 상황 에 대해 능동적이고 적극적으로 대응할 수 없다. 중국은 2020년 3월에 코로나19의 방역에 성공한 이후, 첫째, '전 주민의 PCR 검사' 와 둘째, '감염 지역의 신속한 봉쇄'를 핵심 내용으로 하는 '동태적 제로 코로나(動態淸零, Dynamic Zero-COVID19)' 정책을 2022년 12월 말까지 2년 동안 지속했다. 위기 시기의 동원 방식을 계속 사용한 것이다. 이를 통해 중국은 코로나19의 확산 방지와 경제성장 유지에 '성공'할 수 있었다. 2022년 2월에 계획대로 개최된 베이징 동계 올림픽은 이를 증명하는 행사로 평가되었다.

문제는 2022년 3월부터 오미크론 변이가 우세종이 되면서 '동태적 제로 코로나' 정책으로는 코로나19의 확산을 막을 수 없다는 사실이 분명해졌는데도 중국은 이 정책을 고수했다는 사실이다. 운동 방식에서는 이와 같은 상황 변화를 정확히 파악하고 정책을 변경할 수 없었기 때문에 그렇게 한 것이다.

구체적으로 운동 방식에서 정책 변경은 공산당 중앙만이 시도할 수 있다. 그런데 공산당 중앙이 정책을 변경하려면 누군가가 '충분한 근거'를 제공해야 한다. 문제는 중국과 같은 공산당 영도 체제에서는 공산당을 제외한 그 누구도 '충분한 근거'를 제공할 수 없다는 사실이다. 언론의 자유도 없고, 표현의 자유도 없는 상황, 국가로부터 독립된 시민사회도 없는 상황에서 누가 공산당 중앙과 다른 의견을 말할 수 있을까?

결국 '신속한 통제의 성공'을 이끌었던 운동 방식은, 상황 변화를 파악하지 못하고 기존의 봉쇄 정책을 고집하면서 1년 동안 막대한 물적 및 인적 자원을 낭비하게 만든 주요 원인이 되었다. 이런 점에서도 운동 방식은 치명적인 약점이 있다. 이런 약점으로 인해 2022년 12월에 코로나19에 대한 전면적인 방역 정책은 끝났지만, 그 후유증은 지금까지 이어지고 있다.

1-1 공산당 중앙과 국무원이 위치한 중난하이(中南海)의 정문인 신화먼(新華門)

중국은 미국이나 러시아가 연방제 국가인 것과 달리 단방제 국가다. 국무원의
법적 지위는 이런 단방제 국가의 특성에 의해 규정된다. 즉 국무원은 단순히
'중앙 정부'일 뿐 아니라 '최고 정부'이기도 하다. 구체적으로 〈헌법〉에 따르면,
국무원은 '최고 국가 권력기관(전국인민대표대회)의 집행기관'이면서도 동시에
'최고 국가 행정기관'이다. 이와 비슷하게 각급 지방 정부도 해당 지역의 '국가
권력기관(지방인민대표대회)의 집행기관'이면서 동시에 '국가 행정기관'이다.

1-2 의법치국을 선전하는 만화(「의법치국」, 「사회주의 법치국가 건설」)

중국 〈헌법〉 제1장 제5조는 의법치국(依法治國: 법률에 근거한 국가
통치) 원칙을 규정한다. 이는 1997년 공산당 15차 당대회에서 의
법치국이 공산당의 중요한 통치 방침으로 결정되면서 〈헌법〉에
추가된 것이다. 동시에 이것이 현재의 공산당 영도 체제가 마오쩌
둥 시기의 공산당 영도 체제와 구별되는 근본적인 이유이기도 하
다. 다시 말해, 마오 시기에는 법이 아니라 공산당의 지시와 명령
으로 국가를 통치했는데, 이제는 그렇게 하지 않겠다는 것이다.

1-3 산아제한 벽화("가족계획은 기본 국가 정책이다. 단 하나만 낳는 것은 좋다.")

일상 시기에는 대부분 국가 정책이 관료 방식으로 결정된다. 그러나 공산당 집권과 국가 발전에 중요한 정책은 지금도 운동 방식으로 결정된다. 중국이 1980년대부터 최근까지 중점적으로 추진한 산아제한(計劃生育) 정책이 대표적이다. 2005년부터 추진된 '사회주의 신(新) 농촌 건설' 운동, 강력한 법 집행이 필요한 환경보호 정책, 각종 범죄 소탕 정책(嚴打)도 이 범주에 속한다.

1-4 2008년 쓰촨성 원촨(汶川) 대지진 때 기부금을 내는 시민들
("나는 재난 지역의 재건을 위해 벽돌 한 장과 기와 한 장을 보탠다.")

위기 시기의 정책 결정 방식(즉 운동 방식)에서는 대중이 광범위하고 신속하게 동원된다. 예를 들어, 2008년에 쓰촨성 원촨에서 대지진이 발생했을 때, 공산당 중앙은 재난 극복을 위해 전 국민이 동참할 것을 촉구했다. 이에 호응하여 수많은 사회단체와 시민이 재난 극복에 참여했다. 기부금을 내거나, 복구 활동에 지원한 것이 대표적이다. 2002년에 사스(SARS: 중증 급성 호흡기 증후군)가 발생했을 때나, 2019년에 코로나19(COVID-19)가 발생했을 때도 마찬가지였다.

1-5 의료개혁 홍보 만화

중국에서는 의료 제도의 문제점을 간단히 '간병난(看病難: 진료받기 어려움)'과 '간병귀(看病貴: 진료비 급증)'로 표현한다. '간병난'은 의료보험 가입률이 매우 낮아 병이 나도 병원에 갈 수 없고, 그래서 치료를 제대로 받을 수 없는 상황을 가리킨다. '간병귀'는 의료보험에 가입하지 않아 병이 나서 치료를 받으면 비용이 너무 많이 드는 상황을 가리킨다. 이처럼 간병난과 간병귀는 모두 의료보험 문제와 연관되어 있다.

1-6 병원과 제약사 간의 의약품 가격 담합을 풍자한 만화

중국의 의료 체계에는 몇 가지 심각한 문제가 있었다. 예를 들어, 과잉 진료와 과잉 의약품 처방이 심각했다. 정부가 병원의 의료 가격을 엄격히 통제하는 가운데서 오직 조제 의약품에 대해서만 15%의 이윤을 보장했다. 그 결과 과잉 의약품 처방이 나타났다. 또한 병원과 제약사 간의 담합과 결탁, 즉 부패 문제가 심각했다. 의료비가 증가하는 '간병귀' 현상이 나타난 데는 이런 담합도 한몫했다.

1-7 의료개혁 이전 농촌의 한 보건소 진료 모습

의료개혁 이전에 농촌 지역의 의료 상황은 매우
심각했다. 1990년대에 호별영농이 정착하면서
집단영농을 기반으로 운영되던 '농촌 합작의료
(合作醫療) 제도'가 완전히 무너졌다. 이를 대신해
2002년에 '신형 농촌 합작의료 제도'가 일부 지
역에서 시험적으로 실시되었지만, 실제 가입률
은 10%밖에 되지 않았다. 그 결과 대다수 농민
(약 9억 명)은 의료보험 혜택을 받지 못하는 의료
사각지대에 놓여 있었다.

1-8 의료개혁 좌담회에서 전문가 의견을 청취하는 원자바오 총리와 리커창 부총리

2008년 2월에 의료개혁 초안을 완성한 이후, 국무원은 내부 심의와 공개 의견 청취를 시작했다. 예를 들어, 2008년 4월에 원자바오(溫家寶) 총리는 의료개혁 좌담회를 두 차례 개최해 22인의 전문가를 초청하여 의견을 직접 청취했다. 또한 국무원은 산하에 있는 72개 부서와 기관, 31개의 성·자치구·직할시 정부의 의견도 청취했다. 그 밖에도 국무원은 2008년 10월과 11월 두 달 동안 10개의 전문 조사조를 구성해 세 개의 성 정부에 파견하여 의견을 취했다.

1-9 지방 사구(社區, community)의 의료보험 서비스센터

의료개혁은 큰 성과를 거두었다. 첫째, 2012년을 기준으로 의료보험 가입률이 95%에 도달했다. 둘째, 고소득층과 저소득층의 의료 격차가 축소되었다. 셋째, 2,200개의 현급 병원과 33만 개의 기층 의료시설이 개선되고, 의료인 양성 목표도 달성했다. 넷째, 필수 의약품의 공급 체계도 기본적으로 수립되었다. 그 결과 2013년에 발간된 세계은행 보고서는 이를 "인류 역사에서 전대미문의 업적"이라고 칭찬했고, 2016년 11월에는 국제 사회안전망 협회(ISSA)가 중국 정부에 '사회안전망 우수상'을 수여했다.

1-10 우한시 의료인을 방문한 리커창 총리(2020년 1월)

위기 시기에는 긴급 상황에 대응하기 위해 먼저 지휘기
구가 구성된다. 코로나19 대응도 예외는 아니다. 중앙
코로나19 영도소조는 2020년 1월 25일에 설립되었다.
조장은 행정 업무를 총괄하는 국무원 총리 리커창(李克
强)이 맡았다. 영도소조의 역할은 전국의 코로나19 방
역 업무에 대해 "통일적으로 영도하고 통일적으로 지
휘"하는 것이다. 영도소조는 공산당 정치국 상무위원
회에 보고하고 지도를 받는다.

1-11 우한시를 시찰하는 중앙 지도조 조장 쑨춘란 부총리(2020년 2월)

중앙 지도조는 2020년 1월 25일에 설립되었다. 조장은 과학·교육·위생 담당 국무원 부총리인 쑨춘란(孫春蘭)이 맡았다. 코로나19와의 '인민 전쟁'에서 후베이성이 '주전장(主戰場)'이 되었기 때문에 현장에서 '총력전'을 지휘할 '야전 사령부'가 필요했다. 중앙 지도조를 후베이성에 파견한 것은, 지역 간부들이 코로나19의 실제 상황을 중앙에 정확히 보고하지 않을 뿐 아니라, 중앙의 결정을 제대로 집행하지 않을 수도 있다는 우려 때문이었다. 임무는 후베이성 방역 활동의 감독·지도·간부 처리 세 가지다.

1-12(위) 중난산 원사

1-13(아래) 리란쥐안 원사

제1·2차 역학조사팀의 조사 결과를 확신할 수 없었던 국무원
은 2020년 1월 18일에 역학조사팀을 다시 우한시에 파견했다.
이번에는 당대 최고의 감염병 전문가로 구성했다. 조장은 중난
산(鍾南山) 원사(院士)였고, 조원은 가오푸(高福) 원사, 리란쥐안
(李蘭娟) 원사, 쩡광(曾光) 원사, 홍콩대학 원 융(袁國勇) 교수였
다. 이들은 현장 조사를 통해 감염병이 사람 간에 전파된다는
사실을 확인하고 이를 국무원에 보고했다. 이후 중국은 코로나
19에 대한 전면적인 봉쇄 정책을 결정했다.

现在依法对你在互联网上发表不属实的言论的违法问题提出警示和训诫。你的行为严重扰乱了社会秩序。你的行为已超出了法律所允许的范围，违反了《中华人民共和国治安管理处罚法》的有关规定，是一种违法行为！

公安机关希望你积极配合工作，听从民警的规劝，至此中止违法行为。你能做到吗？

答：能

我们希望你冷静下来好好反思，并郑重告诫你：如果你固执己见，不思悔改，继续进行违法活动，你将会受到法律的制裁！你听明白了吗？

答：明白

被训诫人：李文亮　　　2020 年 1 月 3 日

训诫人：胡桂房 徐锦杭　　工作单位：

1-14(위) 리원량 의사가 서명한 훈계서(2020년 1월)

1-15(아래) 리원량 의사를 추모하는 꽃과 사진(2020년 2월)

우한시 중심병원에 근무한 리원량(李文亮) 안과의사는 코로나19의 발병 사실을 소셜 미디어(SNS)를 통해 외부에 알린 혐의로 경찰에서 조사를 받고 '훈계서(訓戒書)'를 작성해야만 했다. 훈계서에는 "2019년 12월 30일 위챗 단체 채팅방에서 사스 확진자 7인이 화난 수산물 도매시장에서 나왔다고 말한 가짜 여론"을 처벌하는 내용이 담겨 있다. 불행히도 리원량 의사는 코로나19 증상이 나타나 치료를 받다가 2월 6일에 사망했다. 그의 사망 소식은 추모와 정부 비판의 물결을 일으켰다.

1-16 봉쇄 중인 우한시의 한 주택단지(2020년 2월)

코로나19를 막기 위한 지역 봉쇄는 우한시뿐만
아니라 황강시 등 후베이성 내의 15개 도시 전체
를 대상으로 실시되었다. 그 결과 봉쇄된 주민만
5,700만 명에 달했다. 이들을 대상으로 의심 환자
를 검사하고 확진자를 격리 치료하는 일, 이들의
생존을 위해 생필품을 때에 맞추어 공급하는 일은
결코 쉬운 임무가 아니었다. 세계보건기구(WHO)
가 말했듯이, 이는 "공중위생 역사상 일찍이 없었
던 일"이었다.

1-17 신장자치구의 코로나19 격자화 관리(2022년 4월)

중국이 2000년대 들어 사회 안정을 위해 치안과 관리를 강화하면서 사구에 대해 격자화(網格化) 관리 체계를 본격적으로 도입했다. 여기서 격자화 관리란, 도시 지역의 공간을 격자(grid) 단위로 잘게 나누고, 격자마다 여러 명의 관리원을 두어 주민의 생활과 활동을 세밀히 관리하고 통제하는 방식을 가리킨다. 지역에 따라 차이는 있지만, 하나의 사구는 보통 4~5개의 격자로 나뉘고, 각 격자에는 150~300가구(戶)가 속해 있다. 코로나19 방역에서 격자화 관리 체계가 큰 역할을 담당했다.

1-18 후베이성 이창시(宜昌市)를 지원한 푸젠성 의료팀(2020년 2월)

후베이성 지원은 전국적으로 이루어졌다. 방법은 우한시를 제외한 나머지 후베이성의 주요 도시를 전국의 다른 성 및 직할시가 나누어 지원하는 '일대일 지원(對口支援)' 방식이다. 예를 들어, 충칭시와 헤이룽장성은 샤오간시, 산둥성과 후난성은 황강시, 장시성은 수이저우시, 장쑤성은 황스시, 푸젠성은 이창시, 톈진시는 언스시 등이다. 지원 내용은, 각 성과 직할시는 의료진을 중심으로 한 지원대를 구성하여 지원 대상 지역에 파견하고, 각 지역이 필요로 하는 방역·의료·생활물자를 공급하는 것이다.

1-19(위) 코로나19 방역에 참여한 공산당원 의사 (2020년 4월)

1-20(아래) 코로나19 방역 포상대회 (2020년 9월)

코로나19 방역 지휘체계가 수립된 직후인 2020년 1월 27일
에 시진핑은 공산당 총서기의 자격으로 전당과 당원에 '총동
원령'을 하달했다. 즉 전국의 공산당 조직과 당원은 코로나19
방역에서 승리할 수 있도록 최전선에 조직적으로 참여하라는
것이다. 이후 전국 각지에서 당원들은 후베이성과 우한시를 돕
기 위해 자원했다. 또한 공산당은 방역 업무를 제대로 수행하
지 못한 당원 간부는 엄중히 징계했고, 반대로 방역 과정에서
모범을 보인 우수한 당 조직과 당원에 대해서는 포상과 표창
을 아끼지 않았다.

제2부

의회

의회의 구조와 역할

제1부에서 우리는 중국 정부에 대해 자세히 살펴보았다. 이를 이어 제2부에서는 중국 의회에 대해 자세히 살펴보려고 한다. 그런데 정부와 달리 의회는 민주주의 국가와 권위주의 국가 간에 매우 큰 차이가 있다. 예를 들어, 한국 정부나 중국 정부는 모두 비슷한 조직 구조를 가지고 비슷한 절차와 방식으로 행정 기능을 수행한다. 그러나 의회는 다르다. 한국은 민주적인 방식으로 의회가 구성되고 운영되는 데 비해 중국은 그렇지 않기 때문이다. 그래서 의회는 자세히 살펴볼 필요가 있다.

본격적인 논의에 앞서 용어 정리가 필요하다. 우선, 중국 의회의 정식 명칭은 '인민대표대회(人民代表大會, people's congresses)'고, 약칭은 '인대(人大, PC)'다. 그래서 의회 의원을 중국에서는 '인대 대표(人大代表, deputies to PC)'라고 부른다. 그런데 '인대'는 의회라는 기관과 그 기관이 매년 개최하는 회의(연례 회의)를 모두 부르는 이름이다. 혼동을 막기 위해 중국에서는 회의를 '인대회(人代會)'라고 부르기도 한다. 그러나 우리는 이 용법에 따르지 않고 그냥 '인대 연례 회의'라고 부르면 된다.

또한 중국 의회는 한국과 비슷하게 중앙 의회와 지방 의회로 나뉜다. 중앙 의회의 정식 명칭은 '전국인민대표대회(全國人民代表大會, National People's Congress)'고, 약칭은 '전국인대(全國人大, NPC)'다. 이를 '전인대(全人大)'라고 부르는 것은 잘못이다. 이런 호칭은 중국에서 사용되지 않을 뿐 아니라, 이 용법을 확대 적용하면 지방 의회를 '지인대(地人大)'라고 불러야 하는데, 이는 너무 어색한 표현이기 때문이다. 이 때문에 중국의 지방 의회를 '지방의 전인대'라고 부르는 이상한 용법도 등장했다.

한편 지방 의회의 명칭은 '지방인민대표대회(地方人民代表大會, local people's congresses)'고, 약칭은 '지방인대(地方人大, LPCs)'다. 지방인대는 행정등급에 따라 다시 '성급(省級: 성·자치구·직할시)', '시급(市級: 시·자치주)', '현급(縣級: 현·시·구)', '향급(鄉級: 향·진)' 등 네 등급으로 나뉜다. 참고로 도시의 기층 단위인 '가도(街道)'(한국의 동 단위)에는 지방 의회가 없다. 이런 지방 의회 전체를 통틀어서 중국에서는 약칭으로 '각급(各級) 지방인대(LPCs at all levels)'라고 부른다.

이 책은 중국의 용법을 준용하여 중앙 의회와 지방 의회를 대비해서 부를 때는 '전국인대'와 '지방인대'로 부를 것이다. 반면 전국인대와 지방인대를 모두 합해서 부를 때는 '인대' 혹은 '의회'라고 부를 것이다. 마찬가지로 행정등급별 의회는 '성급 인대'나 '현급 인대'로 부를 것이다. 또한 베이징시 의회나 광둥성 의회를 지칭할 때는 '베이징시 인민대표대회'(약칭은 '베이징시 인대')와 '광둥성 인민대표대회'(약칭은 '광둥성 인대')로 부를 것이다. 물론 그냥 '베이징시 의회'나 '광둥성 의회'로 부를 때도 있다.

중국 의회의 구조와 역할은 한국 국회와는 상당히 다르다. 한마디로 말해, 의회 구조에서는 '이중구조(dual structure) 현상', 의회 역할에서는 '선택적 역할 강화(selective strengthening of roles) 현상'이라는 특징이 나타나고 있다. 따라서 우리가 중국 의회를 이해할 때는 이 두 가지 현상에 주목해야 한다. 참고로 이 두 가지 현상은 25년 전에 내가 전국인대에 대한 박사 학위 논문을 작성하면서 제기했던 핵심 개념이자 주장이다.

| 1. 중국 의회의 구조와 운영: 이중구조 현상 |

'이중구조 현상'이란, 전국인대 상무위원회가 전국인대와는 다른 구성·조직·권한을 가지고 있고, 실제 활동 과정에서 전국인대를 폐회 기간에 잠시 대신할 뿐만 아니라 사실상 대체하는 현상을 가리킨다. 간단히 말해, 중국 의회는 사실상 두 개로 구성되어 있

다는 것이다. 이는 전국인대와 지방인대 모두에 해당하는 것인데,
여기서는 전국인대를 중심으로 살펴보려고 한다.

〈헌법〉에 따르면, 전국인대 상무위원회는 전국인대의 폐회 기간
에 활동하는 '상설 권력기구'다. 동시에 전국인대 상무위원회는 전
국인대에 의해 구성되고, 전국인대의 감독을 받는다. 또한 전국인

〈그림 6-1〉 전국인민대표대회 조직도

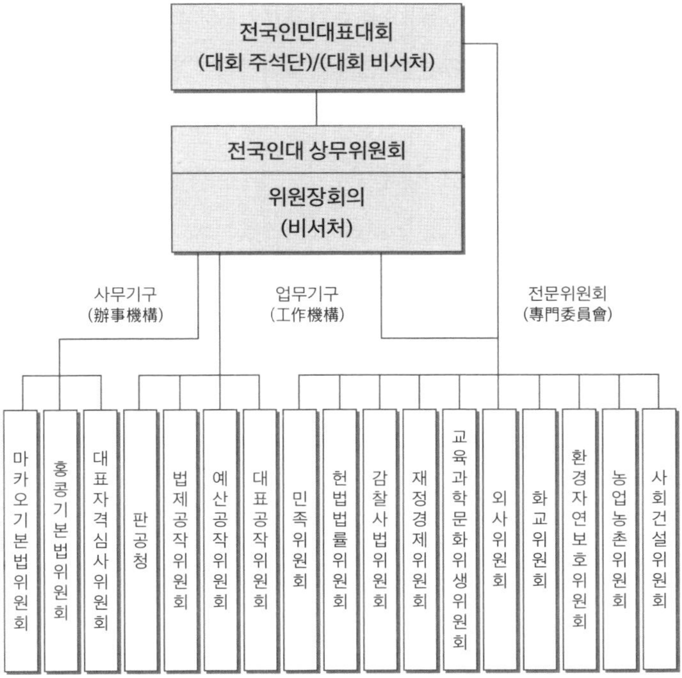

자료: 蔡定劍, 『中國人民代表大會制度』(北京: 法律出版社, 1998), p. 225: "人大機構", 《中國人大網》, www.npc.
gov.cn; 일부 내용은 필자가 변경 및 추가.

대는 전국인대 상무위원회가 내린 부당한 결정을 수정하거나 폐기할 수 있다. 이런 규정에 따르면, 전국인대 상무위원회는 전국인대의 하위 기관일 뿐이다. 그런데 실제 활동 과정을 보면, 전국인대 상무위원회는 전국인대의 폐회 기간에 전국인대를 단순히 대신할 뿐만 아니라 대체하고 있다.

이중구조 현상은 중국의 중앙 의회가 직무를 수행하기 위해 전국인대 그 자체의 역할을 강화한 것이 아니라, 전국인대 상무위원회의 역할을 강화하는 일종의 '편법'을 사용하면서 나타난 독특한 현상이다. 동시에 이 현상은 전국인대의 역할 강화가 공산당의 통제하에 전국인대 대표의 참여를 배제한 상태에서 이루어졌다는 한계를 보여주는 것이기도 하다.

(1) 이중구조 현상의 출현 배경

전국인대가 아니라 그것의 상설기구인 전국인대 상무위원회를 강화하게 된 직접적인 배경은, 전국인대가 짧은 회기(1년에 2주)와 많은 수의 겸직 대표(약 3,000명) 등 여러 가지 한계로 인해 〈헌법〉에 규정된 직권을 제대로 행사하지 못했기 때문이다. 그래서 1982년에 〈헌법〉(이하 〈82헌법〉)을 제정하는 과정에서 전국인대의 이런 문제점을 극복하기 위해 여러 가지 방안이 제기되었다.

세 가지의 의회 강화 방안

첫째는 전국인대 그 자체를 강화하는 방안이다. 이것은 전국인대 대표 수를 현재의 3,000명에서 1,000명 이내로 줄이고, 전국인대 회기도 현재의 2주 정도에서 최소한 수개월로 늘려 전국인대가 일상적으로 활동하도록 만드는 방안이다. 한국 국회나 미국 의회처럼 말이다. 그러나 이 방안에 따를 경우, 전국인대는 위상과 역할이 강화되어 공산당을 견제할 수 있는 강력한 국민의 대표기관이 될 위험성이 있다. 그래서 공산당은 이 방안을 채택하지 않았다.

둘째는 전국인대 상무위원회의 조직과 활동을 강화함으로써 전국인대를 강화하는 방안이다. 이를 위해서는 전국인대 상무위원회의 구성과 운영을 개선하고, 직권을 확대하는 조치가 필요하다. 이 방안은 장점이 있다. 전국인대의 대표성과 상징성을 그대로 유지하면서도 의회 활동의 효율성을 높일 수 있다는 것이다. 또한 이 방안은 전국인대가 공산당의 권위를 위협할 수 있는 국민의 대표기관으로 발전할 가능성도 줄일 수 있다. 그래서 공산당은 이 방안을 채택했다.

셋째는 양원제(兩院制, bicameral system) 방안이다. 이는 주로 '민주당파' 인사와 일부 지식인이 제기한 것으로, 중국도 미국이나 당시 소련처럼 의회를 상원과 하원으로 나누어 구성하자는 방안이다. 구체적으로 전국인대는 지역을 대표하는 하원으로 바꾸고, 인민정치협상회의 전국위원회(전국정협)——통일전선 조직——는 계층과 집단을 대표하는 상원으로 바꾼다. 이렇게 하면 중국 의회도 지역과 계층·집단을 모두 대표할 수 있고, 동시에 일상적으로 활동하는 의회가 될 수 있다. 공산당은 당연히 이 방안을 거부했다.[1]

둘째 방안이 채택된 결과, 전국인대 상무위원회는 전국인대의 폐회 기간에 잠시 그것을 대신할 뿐만 아니라 일상적으로 그것을 대체하는 기관이 되었다. 다시 말해, 전국인대 상무위원회는 이제 전국인대와는 다른 별도의 입법기관으로 변화했고, 전국인대는 전국인대 그 자체(대표·조직·직권·회의)와 전국인대 상무위원회(위원·조직·직권·회의)라는 '이중구조'를 갖게 되었다. 또한 실제 활동 과정에서 전국인대 상무위원회가 전국인대를 대체하면서 이중구조는 하나의 '현상'이 되었다.

(2) 이중구조 현상의 주요 내용

전국인대의 이중구조 현상, 즉 전국인대 상무위원회가 전국인대와는 다른 구성·조직·권한을 가지고 있고, 실제 활동 과정에서 전국인대를 폐회 기간에 잠시 대신할 뿐만 아니라 사실상 대체하는 현상은 구체적으로 다음과 같은 면에서 나타난다.

| 다른 규모와 성격의 구성원

첫째, 구성원의 규모와 성격이 다르다. 〈표 6-1〉이 보여주듯이,

전국인대 상무위원회 위원(상무위원)은 보통 150~200명 정도로, 약 3,000명인 전국인대 대표의 5~6%밖에 되지 않는다. 이 때문에 전국인대 연례 회의가 1년에 1회, 2주 정도의 회기로 개최되는 것에 비해 전국인대 상무위원회 회의는 1주일 이내의 회기로 2개월에 1회, 1년에 6회 정도 개최된다(즉 회의가 자주 개최될 수 있다).

또한 전국인대 대표들이 '겸직 대표(兼職代表, amateur deputies)', 즉 본업을 가지고 있는 상태에서 '부업'으로 대표 직무를 수행하는 것과는 달리, 전국인대 상무위원은 '전임 대표(專業代表, full-time deputies)'가 다수를 차지한다. 특히 이들은 법적으로 정부·법원·검찰원 등 다른 공직을 맡을 수 없다. 다만 군(軍)은 이 규정의 예외

<표 6-1> 역대 전국인대 대표와 상무위원회 위원의 구성원 규모

구분	1기	2기	3기	4기	5기	6기	7기	8기	9기	10기	11기
대표 (명)	1,226	1,226	3,040	2,885	3.497	2,978	2,970	2,978	2,979	2,985	2,987
위원 (명)	79	79	115	167	196	155	155	154	154	177	175
비율 (%)	6.4	6.4	3.8	5.8	5.6	5.2	5.2	5.2	5.2	5.9	5.9

해설: 전국인대 회기: 1기 1954~1959년; 2기 1959~1964년; 3기 1964~1975년, 4기 1975~1978년, 5기 1978~1983년, 6기 1983~1988년, 7기 1988~1993년, 8기 1993~1998년, 9기 1998~2003년, 10기 2003~2008년, 11기 2008~2013년.
자료: 何俊志, 『作爲一種政府形式的中國人大制度』(上海: 上海人民出版社, 2013), p. 84.

로 인정되어, 현역 군인이 전국인대 상무위원을 겸직할 수 있다.

겸직 금지는 이들이 전업으로 입법 등 의회 활동에 종사할 수 있는 조건을 만들어주기 위한 개혁 조치였다. 특히 전국인대 상무위원회가 다른 국가기관에 대한 감독 활동을 전개할 때, 전임 대표가 되어야만 '역할 충돌(角色衝突)'이 일어나지 않아 제대로 감독할 수 있다. 예를 들어, 전국인대 상무위원이 동시에 국무원 부서의 책임자 직위를 가지고 있다면, 정부를 제대로 감독할 수 없다. '감독자'가 동시에 '피감독자'가 되기 때문이다. 전국인대의 입법 활동에서도 이런 문제가 발생할 수 있다.

실제로 전국인대 상무위원의 대다수(약 70% 정도)는 베이징에 거주하고 있고, 전국인대 전문위원회(專門委員會, special committees)—한국 국회의 상임위원회(standing committee)에 해당—에 소속되어 활동한다. 그래서 이들을 전국인대 대표의 '상임 대표(常務代表)'라고 부르기도 한다. 이 표현은 이들의 성격을 잘 드러내는 것으로, 6기 전국인대 시기(1983~1988년)의 위원장이었던 펑전(彭真)이 직접 사용한 말이다.

마지막으로 전국인대 상무위원은 전국인대 대표와 비교해서 전문성이 높고 업무 능력도 뛰어나다. 왜냐하면 이들 중에는 '모범대표(模範代表, role model deputies)', 즉 노동자·농민·지식인·예능인 등 각계각층을 대표하는 유명 인사 출신의 대표가 없기 때문이다. 대신 이들은 정부·학계·지방·인민단체 등에서 능력과 경험을 축적한 전문가들이다. 따라서 전국인대 상무위원은 입법과 감독 등 의정 활동에 필요한 능력과 조건을 갖추고 있다.

│ 다른 조직 구성과 운영: 전국인대 전문위원회

둘째, 조직과 운영 방식이 다르다. 전국인대 상무위원회는 전국인대의 상설조직으로 일상 업무에 필요한 다양한 기구를 갖추고 있다. 지도조직으로는 위원장과 부위원장 및 비서장으로 구성되는 위원장회의(委員長會議)가 있고, 이를 보조하는 비서처(秘書處)가 있다. 실무 업무를 총괄하는 판공청(辦公廳)이 설치되어 전국인대 상무위원회의 일상 활동을 지원한다. 이에 비해 전국인대의 조직인 주석단(主席團)과 대회 비서처(秘書處)는 전국인대 연례 회의가 개최될 때만 구성되는 임시 조직이다.

한편 전국인대 상무위원회가 입법과 감독 활동을 전개할 때 가장 중요한 기구는 전문위원회다. 전문위원회는 개회 중에는 전국인대, 폐회 중에는 전국인대 상무위원회의 지도를 받는다. 그런데 전국인대는 1년에 단지 2주 정도만 개회하기 때문에 전국인대 전문위원회는 전국인대 상무위원회의 지도하에 활동한다. 정확히 말하면, 전국인대 상무위원회와 전문위원회의 구성원이 상당수 겹치기 때문에 이 두 기구는 사실상 한 몸으로 일상적으로 활동한다.

미국의 상·하원과 한국의 국회가 의정 활동을 수행할 때는 본

회의가 아니라 상임위원회가 중심이 된다. 즉 이들이 의정 활동을 주도한다는 것이다. 그리고 국회 상임위원회에는 대개 소관 업무와 관련이 있는 의원들이 소속된다. 중국 의회도 예외가 아니다. 이런 면에서 전국인대 상무위원회가 제대로 활동하려면 전문위원회가 제대로 구성되어야 한다.

〈표 6-2〉전국인대 전문위원회의 구성 상황: 14기 전국인대(2023년 3월 기준)

분류	주임(명)	부주임(명)	위원(명)	소계(명)
민족위원회	1	8	19	28
헌법·법률위원회	1	9	9	19
감찰·사법위원회	1	8	11	20
재정·경제위원회	1	9	9	19
교육·과학·문화·위생위원회	1	9	22	32
외사위원회	1	7	11	19
화교위원회	1	6	12	19
환경·자원보호위원회	1	7	18	26
농업·농촌위원회	1	8	13	22
사회건설위원회	1	9	15	25
총계	10	80	139	229

자료: "中華人民共和國全國人民代表大會公告(第九號)",《人民網》2023年 3月 13日, www.people.com.cn.

〈표 6-2〉, 〈표 6-3〉, 〈표 6-4〉, 〈표 6-5〉는 이들의 구성 상황을 보여준다. 결론적으로 말하면, 전국인대 전문위원회는 전국인대 상무위원회가 입법과 감독 등 의정 활동을 제대로 수행할 수 있도록 구성되어 있다.

먼저 〈표 6-2〉에 따르면, 현재 전문위원회는 모두 열 개다. 각 전문위원회는 주임 위원 1인, 부주임 위원 약간 명, 일반 위원 10여 명으로 구성된다. 또한 전문위원회 위원(전문위원)은 전국인대 연례 회의에서 전국인대 대표 중에서 선출된다. 다시 말해, 전국인대 대표가 되어야 전문위원회 위원으로 선출될 수 있다. 그리고 앞에서 말했듯이, 이들 중 다수는 전국인대 상무위원을 겸직하고 있다.

〈표 6-3〉 전국인대 전문위원회 위원의 출신 배경: 시기별 변화

시기	학계	기업/금융	민주당파/대중조직	인대/사법부	국무원	공산당 기관	지방 지도자	군	총계
9기	44 (21.0%)	9 (4.3%)	39 (18.6%)	6 (2.9%)	53 (25.2%)	8 (3.8%)	26 (12.4%)	25 (11.9%)	210 (100%)
10기	53 (22.6%)	10 (3.4%)	39 (16.6%)	15 (6.4%)	56 (23.8%)	9 (3.8%)	28 (11.9%)	27 (11.5%)	235 (100%)
11기	56 (23.8%)	10 (4.3%)	35 (14.9%)	11 (4.7%)	47 (20.0%)	13 (5.5%)	35 (14.9%)	28 (11.9%)	235 (100%)
총계	153 (22.5%)	27 (4.0%)	113 (16.6%)	32 (4.7%)	156 (22.9%)	30 (4.4%)	89 (13.1%)	80 (11.8%)	680 (100%)

해설: 전국인대 회기: 9기 1998~2003년, 10기 2003~2008년, 11기 2008~2013년.
자료: Chu-chih Chang and Chien-min Chao, "Specialization without Autonomy", *Journal of Contemporary China*, Vol. 28, No. 115 (2019), p. 69.

〈표 6-3〉은 9기 전국인대 시기(1998~2003년)부터 11기 전국인대 시기(2008~2012년)까지 15년 동안 전문위원회 위원의 출신 배경을 시기별로 정리한 것이다. 이에 따르면, 전문위원 중에는 국무원 고위 관료 출신(22.9%)이 가장 많고, 다음이 학자(대학교수와 연구원)(22.5%), 민주당파와 대중조직의 지도자(16.6%), 지방 지도자(13.1%), 군 지도자(11.8%) 순이다. 이를 보면, 이들은 각 분야의 '전문가' 출신이라고 말할 수 있다.

〈표 6-4〉 전국인대 전문위원회 위원의 출신 배경: 9기~11기 전국인대(단위: %)

위원회	군	인대/사법부	지방지도자	국무원	공산당기관	민주당파/대중조직	기업금융	학계
법률	9.0	19.4	3.0	14.9	10.4	17.9	0	25.4
민족	5.3	1.3	60.5	2.6	1.3	11.8	1.3	15.8
내무사법	16.7	11.1	2.8	18.1	15.3	26.4	0	9.7
재정경제	8.7	3.3	7.6	45.7	0	6.5	9.8	18.5
교과문위	8.6	1.0	3.8	24.8	3.8	23.8	1.9	32.4
외사	21.2	3.8	1.9	28.2	5.8	15.4	9.6	13.5
화교	21.2	0	10.6	9.1	3.0	33.3	3.0	19.7
환경자원	13.0	3.9	3.9	26.0	2.6	10.4	5.2	35.1
농업농촌	8.2	1.4	23.3	30.1	0	5.5	5.5	26.0

해설: 전국인대 회기: 9기 1998~2003년, 10기 2003~2008년, 11기 2008~2013년.
자료: Chang and Chao, "Specialization without Autonomy", p. 70.

게다가 〈표 6-4〉에 따르면, 이들의 출신 배경은 전문위원회별로 차이가 난다. 예를 들어 법률위원회, 교육·과학·문화·위생위원회, 환경·자원보호위원회는 학자 출신이 다수를 차지한다. 반면 재정·경제위원회와 외사위원회는 국무원 고위 관료 출신, 내무·사법위원회와 화교위원회는 민주당파와 대중조직 지도자 출신, 민족위원회는 소수민족 지역의 지방 지도자 출신이 다수를 차지한다. 이것도 역시 전문위원회가 각자의 특성에 맞는 전문위원으로 구성되었음을 보여준다.

마지막으로 〈표 6-5〉에 따르면, 전체 전국인대 전문위원회 위원 중에서 평균 64% 정도가 소속 전문위원회의 업무와 연관성이 있다.

〈표 6-5〉 전국인대 전문위원회 위원의 업무 연관성 평가

전국인대 시기	연관성 없음(명)*	연관성 있음(명)*	총계(명)
9기(1998~2003년)	79(37.6%)	131(62.4%)	210(100%)
10기(2003~2008년)	87(37.0%)	148(63.0%)	235(100%)
11기(2008~2013년)	81(34.5%)	154(65.5%)	235(100%)
총계(명)	247(36.3%)	433(63.7%)	680(100%)

해설: • 연관성 없음과 있음: 위원의 경험과 전문 지식으로 볼 때 소관 위원회와 연관성이 있는지를 판단한 것임.
자료: Chang and Chao, "Specialization without Autonomy", p. 71.

| 다른 직권: 상징적·비일상적 직권 대(對) 실제적·일상적 직권

셋째, 가장 중요한 것으로 두 기관의 직권이 다르다. 즉 전국인대의 직권이 상징적이고 비일상적인 성격을 띠고 있다면, 전국인대 상무위원회의 직권은 실제적이고 일상적인 성격을 띠고 있다. 〈표 6-6〉은 이를 정리한 것이다.

예를 들어 입법권의 경우, 전국인대는 헌법·민법(民法)·형법(刑法) 등 '기본법률' 제정권을 갖고 있다. 그런데 이런 법률은 종류가 한정되어 있을 뿐만 아니라, 자주 제정되는 법률도 아니다. 이에 비해 전국인대 상무위원회는 '기타 법률'의 제정권과 기본법률의 수정권을 갖고 있다. 기타 법률은 법률의 대다수를 차지하기 때문에, 또한 전국인대 상무위원회도 전국인대의 위임을 받아 기본법률을 제정하거나 수정할 수 있기 때문에 전국인대 상무위원회의 입법권은 범위가 훨씬 넓다.

이들의 역할도 이와 비슷하다. 즉 전국인대가 상징적인 역할을 주로 수행한다면, 전국인대 상무위원회는 실제적인 역할을 주로 수행한다. 예를 들어, 전국인대는 5년에 한 번 국가기관의 최고 지도자를 선출하거나 결정함으로써 이들에게 합법성을 부여한다. 또한 매년 한 번씩 계층·정당·조직·민족 등을 대표하는 전국인대 대표들이 모여 경제 및 사회발전 계획과 국가예산안을 심의하고 비준하는 행위도 감독보다는 통치의 합법성과 정통성을 부여하는

〈표 6-6〉 전국인대와 전국인대 상무위원회의 직권 비교

직권	전국인대	전국인대 상무위원회
입법권	• 〈헌법〉 제정과 수정 • 기본법률	• 기타 법률 • 기본법률의 부분 수정
법률 해석권	• 없음	• 〈헌법〉 및 법률 해석
중대 사항 결정권	• 성·자치구·직할시의 설치 • 특별행정구 설립 • 전쟁과 평화 문제	• 외국 조약 및 협정의 비준과 폐기 • 군인·외교관의 계급 제도 • 국가 훈장·명예 칭호 부여 • 특별 사면 • 비상시 전쟁 선포 • 전국 전체 혹은 부분 동원령 선포 • 전국 혹은 일부 지역 긴급사태 선포
인사권	• 국가주석과 부주석 선거와 파면 • 국무원 총리와 국무원 구성인원의 인선 결정과 파면 • 중앙군위 주석 선거와 파면 • 중앙 군위 위원 인선 결정과 파면 • 국가 감찰위원회 주임 선거와 파면 • 최고법원장·검찰장 선거와 파면	• 국무원 부총리·구성인원 부분 인선 결정 • 중앙군위 부주석·위원 부분 인선 결정 • 국가감찰위원회 부주임·위원 임면 • 최고법원 부원장·심판원·심판위원 임면 • 최고검찰원 부검찰장/검찰원/검찰위원/성급 검찰원 검찰장 임면 • 해외 전권대사 임면
감독권	• 헌법 감독 • 국민경제와 사회발전 계획 및 집행 상황의 심의 비준 • 예산안과 집행 상황의 심의 비준 • 전국인대 상무위원회의 부당 결정 수정과 폐기	• 헌법 해석과 헌법 감독 • 국민경제와 사회발전 계획 부분 조정 • 국무원·중앙군위·최고법원·최고검찰원의 업무 감독 • 국무원 행정법규의 위헌·위법 심사 • 지방인대 지방성법규의 위헌·위법 심사
직권 총수	16개	22개

자료: 〈중화인민공화국 헌법〉

상징적인 의미가 크다. 이에 비해 전국인대 상무위원회는 다른 국가기관의 업무를 일상적으로 감독하고, 통치 활동에 필요한 법률을 수시로 제정하는 등 실제적인 활동을 전개한다.

(3) '이중구조 현상'의 의미

전국인대의 이중구조 현상은 양면적인 성격을 띠고 있다. 먼저 이 현상은 의회 역할을 강화하는 데 도움을 주었다. 이것은 〈82헌법〉을 제정하면서 등장했지만, 완전한 모습을 갖추게 된 것은 의회 지도부가 전국인대 상무위원회와 전문위원회의 구성·조직·활동을 강화한 이후였다. 앞에서 말했듯이, 〈82헌법〉의 제정 과정에서는 전국인대 그 자체의 역할을 강화하는 방안이 제시되었지만 채택되지 않았다. 이런 상황에서 의회 지도자들은 전국인대 상무위원회와 전문위원회를 개선하고 활발히 활동함으로써 의회 위상을 높이고 역할을 강화할 수밖에 없었다.

그러나 이중구조 현상은 의회 발전에 부정적인 영향을 미쳤다. 우선 이 현상은 의회의 위상 제고와 역할 강화가 전국인대 대표의 참여를 배제한 형태로 이루어졌다는 사실을 보여준다. 즉 이 현상에 의해 의회 활동이 활성화되었어도 대표는 여전히 겸직 대표로서 1년에 2주 정도인 개회 기간에만 의정 활동에 참여할 수 있을 뿐이다(물론 폐회 기간에도 대표 활동을 전개하지만, 그 한계는 분명하다). 이처럼 이 현상으로 인해 전국인대 대표가 '상임 대표'에 의해 대표되고, 이들 상임 대표가 의회 활동을 수행하는 옥상옥의 문제가 생겼다.

또한 이중구조 현상은 의회 활동이 공산당의 강한 통제하에 이루어지도록 만들었다는 한계를 보여준다. 다시 말해, 공산당이 의회를 통제하기 위한 책략의 결과로 이중구조 현상이 등장했다. 공산당 중앙이 전국인대 대표 선거를 주도하지만, 이들 대표가 모두 공산당 중앙이 관리하는 간부직무명칭표(幹部職務名稱表, nomeklatura)에 속하지는 않는다.

그러나 전국인대 상무위원회 위원은 전원 공산당 중앙이 관리하는 간부(黨管幹部)로, 공산당의 엄격한 통제를 받는다. 그리고 이들이 '상임 대표'로서 전국인대의 의정 활동을 주도함으로써 전국인대는 공산당 중앙의 통제를 벗어날 수 없게 되었다. 실제로 지금까지 전국인대(상무위원회)는 공산당 중앙의 강력한 통제하에서 입법과 감독 등 의정 활동을 수행해왔다.

마지막으로 이중구조 현상은 중국 의회를 분석할 때 주의해야 할 사항을 알려준다. 즉 중국의 의회 역할을 분석할 때는 전국인대 그 자체(전국인대 대표·직권·활동)와 함께 전국인대 상무위원회(위원·직권·활동)도 반드시 보아야 한다는 것이다. 오히려 전자보다는 후자에 집중해서 보는 것이 타당하다. 왜냐하면 의회의 실제 활동은 전국인대 상무위원회가 수행하기 때문이다.

따라서 만약 1년 한 번, 2주 회기로 개최되는 전국인대 연례 회의만을 보고 중국 의회는 '고무도장(橡皮圖章, rubber stamps)'이나 '거수기(擧手器, yesmen)'에 지나지 않는다고 평가절하한다면 이는 잘못이다. 일상적으로 활동하는 전국인대 상무위원회와 전문위원회는 전국인대 연례 회의와는 상당히 다르기 때문이다. 개혁기에 전국인대의 지위가 높아지고 역할이 강화되었다는 것은, 전국인대가 아니라 전국인대 상무위원회와 전문위원회의 활동을 두고 하는 말이다.

2. 중국 의회의 역할 강화: 선택적 역할 강화 현상

'선택적 역할 강화 현상'은 중앙 및 지방 의회가 행정단위별(級別)로 비교적 분명한 차이를 보이면서 역할이 강화된 현상을 가리킨다. 즉 전국인대는 입법을 중심으로 역할이 강화되었고, 현급(縣級) 인대는 감독을 중심으로 역할이 강화되었다. 반면 성급(省級) 및 시급(市級) 인대는 입법 활동을 강조한다는 점에서는 전국인대와 비슷하지만, 감독 활동도 비교적 활발히 전개하고 있다는 점에서는 현급 인대와 비슷하다. 이런 면에서 이들은 전국인대와 현급 인대의 중간에 위치한다고 평가할 수 있다.

(1) 전국인대의 입법 역할 강화

개혁기에 전국인대가 보여준 실제 활동을 평가할 때, '가장 특출한 성과'를 거둔 영역은 입법이다.[2] 입법 산출(lawmaking outcomes)과 입법 자율성(lawmaking autonomy)이라는 두 가지 기준에서 평가할 때, 전국인대의 입법 역할은 분명히 강화되었다.

| 입법 산출의 증가

첫째, 전국인대가 제정한 법률과 법률 관련 결정(決定)―법률과 동등한 효력을 가짐―이 급격하게 증가했다. 예를 들어, 전국인대가 마오쩌둥 시기인 1949년 9월부터 1978년 말까지 약 30년 동안 제정한 법률과 결정은 단지 15건, 만약 세 차례(1954년, 1975년, 1978년) 제정된 〈헌법〉을 포함하면 모두 18건에 불과하다. 특히 문화대혁명 10년(1966~1976년) 동안에는 수정이 한 차례 있었을 뿐이다.[3]

이에 비해 〈표 6-7〉에서 알 수 있는 것처럼, 개혁기인 1979년부터 2002년까지 약 23년 동안 전국인대가 제정한 법률과 결정은 모두 440건이다. 또한 〈표 6-8〉에 따르면, 제6기 전국인대 시기(1983~1988년)부터 제13기 전국인대 시기(2018~2023년)까지 40년 동안 전국인대는 모두 776건의 입법 활동을 전개했다. 이는 전국인대의 입법 활동이 개혁기에 들어와서 크게 활성화되고 매우 강화되었다는 사실을 보여준다.

〈표 6-7〉 전국인대와 지방인대가 제정 및 수정한 법률과 지방성법규

시기		법률(건)	지방성법규(건)
제5기 (1978~ 1982)	제1차(1978) 제2차(1979) 제3차(1980) 제4차(1981) 제5차(1982) 소계	- 14 13 12 17 56/11.2(연평균)	- 4 104 152 147 407/81.4(연평균)
제6기 (1983~ 1987)	제1차(1983) 제2차(1984) 제3차(1985) 제4차(1986) 제5차(1987) 소계	15 11 11 15 13 65/13(연평균)	95 117 83 142 193 630/126(연평균)
제7기 (1988~ 1992)	제1차(1988) 제2차(1989) 제3차(1990) 제4차(1991) 제5차(1992) 소계	22 11 20 16 17 86/17.2(연평균)	239 308 363 277 355 1,542/308.4(연평균)
제8기 (1993~ 1997)	제1차(1993) 제2차(1994) 제3차(1995) 제4차(1996) 제5차(1997) 소계	33 19 24 22 23 121/24.2(연평균)	436 841 854 783 1,468 4,382/876.4(연평균)
제9기 (1998~ 2002)	제1차(1998) 제2차(1999) 제3차(2000) 제4차(2001) 제5차(2002) 소계	20 24 16 23 29 112/22.4(연평균)	714 730 430 1,874/624.7(연평균)
총계		440	8,781

해설: 지방성법규의 70% 이상은 성급 인대가 제정한다.

자료: 조영남, 『중국 의회정치의 발전: 지방인민대표대회의 등장·역할·선거』(서울: 폴리테이아, 2006), p. 38.

〈표 6-8〉 전국인대와 전국인대 상무위원회의 입법 통계(1983~2023년)

시기(년)		〈헌법〉 (수정)	법률 (제정·수정)	법률 해석	법률 결정	소계	
6기 (1983~ 1988)	전국인대	0	6	0	6	12	65
	상무위원회	-	36	0	17	53	
7기 (1988~ 1993)	전국인대	1	11	0	15	27	88
	상무위원회	-	38	0	23	61	
8기 (1993~ 1998)	전국인대	1	8	0	17	26	119
	상무위원회	-	70	1	22	93	
9기 (1998~ 2003)	전국인대	1	3	0	9	13	114
	상무위원회	-	72	8	21	101	
10기 (2003~ 2008)	전국인대	1	3	0	8	12	100
	상무위원회	-	69	5	14	88	
11기 (2008~ 2013)	전국인대	0	2	0	6	8	86
	상무위원회	-	63	2	13	78	
12기 (2013~ 2018)	전국인대	0	3	0	6	9	124
	상무위원회	-	69	9	40	115	
13기 (2018~ 2023)*	전국인대	1	75	0	4	80	80
	상무위원회	-					
총계		5	528	25	221	776	776

해설: • 13기 전국인대 시기의 법률 통계 자료는 전국인대와 전국인대 상무위원회를 구분하지 않았다.

자료: 全國人大常委會 法工委立法規劃室 編, 『中華人民共和國立法統計(2018年版)』(北京: 中國民主法制出版社, 2019), p. 327; • "Legislation: 13th National People's Congress", NPC Observer, Feb. 25, 2023, npcobserver.com.

| 입법 자율성의 증가

둘째, 전국인대의 입법 자율성, 즉 '공산당 중앙의 간섭 없이 전국인대가 독자적인 판단하에 법률을 제정할 수 있는 권한'이 크게 확대되었다. 입법 자율성의 증대는 전국인대의 입법 역할이 실제로 얼마나 강화되었나를 판단하는 매우 중요한 기준이 된다. 입법 산출이 아무리 증가했어도 만약 그것이 공산당 중앙과 국무원이 주도권을 쥐고 있는 상태에서 전국인대는 단지 기술적이고 절차적인 역할만 수행한 결과라고 한다면, 전국인대의 입법 역할이 강화되었다고 주장할 수는 없다.

전국인대의 입법 자율성은 〈입법 공작 영도 강화 의견(關於加强立法工作領導的若干意見)〉(1991)(일명 '중앙 8호' 문건)이라는 공산당 중앙의 내부 문건에 의해 공식화되었다(자세한 내용은 뒤에서 검토한다).[4] 이에 따르면, 〈헌법〉 등 일부 중요한 법률을 제외한 나머지 법률은 전국인대가 자율적으로 제정할 수 있다. 모든 법률을 공산당 중앙에 보고했던 이전과 비교할 때, 이는 획기적인 변화다. 그래서 전국인대 지도자들은 〈의견〉을 매우 높게 평가했다. 즉 공산당 중앙이 "전국인대가 헌법에 근거하여 효과적으로 입법권을 행사하도록 충분히 존중하고 지지"한다는 것이다.[5]

그러나 전국인대의 감독은 그렇게 강화되지 않았다. 정부 예산안 심의를 사례로 살펴보자. 전국인대는 정부 예산감독을 강화하기 위해 1990년대 중반 이후 많이 노력했다. 예를 들어, 1998년

12월에는 이를 전담하는 예산공작위원회(豫算工作委員會)를 전국인대 상무위원회의 공작기구로 신설했다. 또한 1999년 12월에는 〈중앙 예산 심사 감독 강화 결정〉이라는 법률 성격의 결정을 통과시켰다.

그렇지만 현재까지 전국인대의 재정감독이 그렇게 힘 있게 전개되고 있다고는 말할 수 없다. 예를 들어, 전국인대 예산공작위원회에는 여전히 10여 명의 인원이 있을 뿐으로, 이들이 정부의 예산과 결산을 제대로 분석하고 평가하기에는 턱없이 부족하다. 또한 예산 심사는 구체적인 항목과 계수(수치)가 아니라 예산 편성의 기본 원칙에 대한 추상적인 심사가 주를 이룬다. 심사 방식도 세목별 심사를 통해 구체적인 액수를 조정(증액 혹은 삭감)하는 한국 국회의 방식이 아니라, 전체 예산을 일괄적으로 심사하여 통과 여부만을 결정하는 총괄 심사 방식으로 진행된다. 이런 이유로 전국인대의 재정감독은 여전히 문제가 많다.[6]

(2) 성급 및 시급 인대의 역할 강화

성급 및 시급 인대의 입법 역할은 전국인대처럼 입법 산출과 입법 자율성 두 가지 면에서 보았을 때 역할이 강화되었고 말할 수 있다.

| 입법 활동

앞의 〈표 6-7〉이 보여주는 것처럼, 31개 성급 인대의 입법 산출
은 급격하게 증가했다. 특히 제8기 전국인대 시기(1993~1997년)에 이
들은 매년 평균 876건의 지방성법규(地方性法規)를 제정하거나 수
정했다. 그 결과 2003년에는 전국적으로 8,000건이 넘는 지방성법
규가 있었다.

성급 인대와 정부가 각각 제정하는 지방성법규와 행정규장(行政
規章)의 증가 규모를 비교해보아도 의회의 입법 역할이 강화되었음
을 알 수 있다. 상하이시를 예로 들면, 〈표 6-9〉가 보여주는 것처
럼 1980년대 이후 상하이시 인대가 제정한 법규는 계속 증가했다.
이에 비해 정부가 제정한 행정규장은 감소했다. 단 정부가 제정하
는 행정규장이 여전히 다수를 차지한다는 점에서 정부의 중요성은
무시할 수 없다.

〈표 6-9〉 상하이시 1980~2000년 지방성법규 및 행정규장 통계표

연도	총수 (건)	지방성법규		행정규장		법규/규장 비율 (%)
		수(건)	비율(%)	수(건)	비율(%)	
1980~1989	451	50	11.08	401	88.92	12.49
1990~1996	408	84	20.58	324	79.42	25.93
1996~2000	183	69	37.71	114	62.29	60.53
총계	1,042	203	19.48	839	80.52	24.20

해설: 지방성법규는 상하이시 인대, 행정규장은 상하이시 정부가 제정.
자료: 應松年·袁曙宏 主編, 『走向法治政府: 依法行政理論硏究與實證調査』(北京: 法律出版社, 2001), p. 506.

성급 인대의 입법 자율성 증가도 전국인대와 대동소이하다. 즉 1990년대 들어 의회는 중요하거나 정치적으로 민감한 법규를 제정할 때 지방 공산당 위원회에 보고하는 것을 제외하고, 일반 법규는 자신의 판단과 권한 하에서 제정할 수 있게 된 것이다. 예를 들어, 상하이시 인대에서는 2000년부터 10년 동안 입법과정에서 공산당 위원회에 사전에 승인을 요청한 개별 법규가 단 한 건도 없었다.

| 감독 활동

한편 성급 인대는 전국인대와는 달리 감독도 적극적으로 전개했고, 일부 지역은 입법뿐만 아니라 감독에서도 적지 않은 성과를 거두었다. 다만 현급 인대와 비교해서는 그렇게 강화되지는 않았다. 그래서 전국인대와 현급 인대의 중간에 있다고 말한 것이다. 이는 시급 인대도 마찬가지다.

첫째, 인사직무평가(述職評議), 업무평가(工作評議), 개별 안건 감독(個案監督) 등 법률에는 없지만 뛰어난 감독 효과를 자랑하는 새로운 감독 수단, 즉 〈헌법〉과 법률에는 규정되어 있지 않은 감독 수단을 채택했다. 예를 들어, 2002년 무렵 전국 31개 성급 인대 중에서 톈진시와 티베트 자치구를 제외한 29개가 업무평가 감독을 도입했다.

둘째, 일부 성급 인대는 질문권(質詢權)과 특별조사위원회(特定問題的調査委員會) 구성 등 비교적 강력한 감독 수단을 동원하여 정부와 법원을 감독했다. 예를 들어, 1996년에는 쓰촨성 인대가 쓰촨성 고등법원을 대상으로, 1999년에는 허난성 인대가 성 정부를 대상으로 질문권을 행사한 것이 대표적인 예다.[7]

셋째, 좌담회 개최, 지방성법규 제정 등의 방식을 통해 관할 내에 있는 하급 지방 인대가 감독 활동을 적극적으로 전개하도록 격려하고 지원했다. 예를 들어, 저장성 및 산시성 인대는 현급 인대가 직무평가 감독을 도입하도록 적극 격려했다. 그 결과 1995년 무렵에 저장성은 약 90%, 산시성은 100%의 현급 인대가 직무평가 감독을 도입했다.[8]

(3) 현급 인대의 역할 강화

1980년대 초부터 의회 지도자와 관계자는 지방 의회의 가장 중요하고 일상적인 활동은 감독이라고 강조했다.[9] 실제로 개혁기에 들어 이들은 감독에 많은 시간과 노력을 투자했고, 적지 않은 성과를 거두었다.[10] 특히 현급 인대는 몇 가지 이유로 감독 활동에 더욱 집중했다.

우선 현급 인대는 성급·시급 인대와 달리 입법권이 없다. 따라서 이들은 감독 활동에 집중할 수밖에 없다. 또한 현급 인대 대표는 성급·시급 인대 대표나 전국인대 대표와는 달리 유권자의 직접 선거로 선출된다. 그래서 이들은 국가기관에 대한 감독과 관련해서 지역 주민의 요구에 민감할 수밖에 없다. 마지막으로 이들은 향급 인대와는 달리 독자적으로 감독 활동을 전개할 수 있는 상설조직, 즉 상무위원회와 전문위원회(공작위원회)를 갖추고 있다.

중국 의회는 국가기관을 감독할 때 다양한 방법을 사용한다. 우선 〈헌법〉과 〈감독법〉(2006년 제정)이 부여한 수단, 소위 '법정 수단(法定手段)'이 있다. 예를 들어, 매년 개최되는 인대 연례 회의와 2개월에 1회 개최되는 인대 상무위원회 회의는 정부 업무보고(工作報告)를 청취하고 심의한다. 또한 필요할 경우 특정 문제와 관련하여 정부 부서에 문제를 제기하고 해명을 듣는 질문권을 행사하거나, 특별조사위원회를 구성하여 조사를 진행하고, 그 결과에 따라 조치를 결정하기도 한다.

그런데 법정 감독 수단은 주로 짧은 개회 기간(지방 의회는 1년에 1주일 정도)에 비교적 까다로운 절차를 거쳐야만 사용할 수 있다. 또한 질문권 행사와 특별조사위원회 구성 등 어렵게 법정 감독 수단을 동원해서 감독 활동을 전개해도 정부 활동을 통제하는 실제 효과가 그렇게 크다고 보장할 수도 없다. 이 때문에 지방 의회는 폐회 기간에 일상적으로 감독 역할을 전개하기 위해 1980년대 초부터 법률에 규정되어 있지 않은 다양한 방법을 개발하여 사용하기 시작했다.

예를 들어, 국가기관의 법률 및 정책 집행 상황을 조사하고 문제점을 찾아내어 시정하도록 강제하는 법률 집행 감독(執法檢査)이 있다. 이것은 일부 지방 의회가 1980년대에 개발하여 1990년대 들어서는 전국적으로 사용된 방법이다. 전국인대도 1980년대 후반부터는 법률 집행 감독을 시행하고 있다.

의회가 국가기관과 공직자를 대상으로 직무 수행 정도를 조사하고 평가하는 직무평가(評議, performance appraisal) 감독도 역시 1980년대에 일부 지역에서 사용되기 시작하여 1990년대는 전국적으로 확대된 감독 방법이다(전국인대는 이 감독 방법을 채택한 적이 없다). 여기에는 부서 책임자를 대상으로 하는 인사직무평가(述職評議)와 부서 전체를 대상으로 하는 업무평가(工作評議) 혹은 대표평가(代表評議)가 있다.[11]

(4) '선택적 역할 강화 현상'을 초래한 원인

이상에서 살펴보았듯이, 중국 의회는 행정등급에 따라 역할 수행 면에서 비교적 분명한 차이를 보인다. 그렇다면 왜 이러한 차이가 발생하는지를 해명해야 한다. 크게 세 가지 원인, 즉 법적·제도적 원인, 현실적인 필요, 실제 권력관계가 있다. 이 중에서 가장 중요한 것은 세 번째 원인이다.

먼저, 법적·제도적 원인을 살펴보자. 현급 인대는 입법권을 갖고 있지 않으므로 감독에 집중할 수밖에 없고, 이 때문에 이들의 역할 강화는 주로 감독을 중심으로 이루어졌다. 이 주장은 타당하지만, 한계 또한 분명하다. 즉 이 관점은, 전국인대와 성급·시급 인대는 입법권뿐만 아니라 감독권도 함께 가지고 있는데 왜 감독 역할은 입법 역할에 비해 그렇게 강화되지 않았는가를 제대로 설명할 수 없다.

이에 비해 중국의 현실적인 필요성 때문에 전국인대와 성급·시급 인대의 입법 역할이 강화되었다는 주장이 설득력이 있어 보인다. 이 설명에 따르면, 중국이 소유제도의 다양화, 시장제도의 도입, 경제적 개방, 분권화(分權化)를 핵심 내용으로 하는 개혁·개방 정책을 실행하면서 이에 필요한 법률 체제를 신속하게 수립해야만 했다. 이 때문에 입법권을 가진 전국인대와 성급·시급 인대는 감독이 아닌 입법에 전념하게 되었다. 그 결과 감독 역할과 비교해서 입법 역할이 강화되었다는 것이다.

그런데 이 주장도 한계가 있다. 즉 지금까지 전국인대와 성급·시급 인대는 감독 역할을 강화하기 위해 많이 노력했지만, 실제로 감독 활동이 크게 강화되지 않았다는 사실을 제대로 설명할 수 없다.[12] 특히 2006년에 〈감독법〉을 제정하여 지방 의회의 감독 활동을 위축시킨 일은 이 관점에서는 제대로 설명할 수 없다.

| 법적 관계와 실제 관계의 괴리

공산당과 다른 국가기관 간의 실제 권력관계 때문에 이런 현상이 발생한다는 주장은 그래서 설득력이 있다. 현재 공산당·의회·정부 간의 법적 관계와 실제 권력관계 간에는 심한 괴리가 있다. 법적으로 전국인대는 중국의 '최고 국가 권력기관'이고, 지방인대는 해당 지역의 '국가 권력기관'이다. 이에 비해 정부는 의회의 집행기관에 불과하다. 이처럼 법적으로 보면 전국인대와 지방인대는 입법뿐만 아니라 감독에서도 권한을 행사할 수 있고, 그 결과 행정등급별로 역할 수행에서 차이가 나는 현상이 나타나지 않아야 한다.

그러나 실제 권력관계는 그렇지 않다. 우선 공산당은 간부 관리(黨管幹部) 원칙에 따라 국가기관과 사회단체의 고위 인사에 대한 추천권, 사실상의 결정권을 행사한다. 이 때문에 의회의 인사 감독은 제약받지 않을 수 없다. 공산당의 인사권을 침해해서는 안 되기 때문이다. 정책 결정권도 마찬가지다. 즉 공산당은 주요 정책에 대한 결정권을 보유한 사회주의 사업의 '영도 핵심(領導核心)'이고, 의회와 정부는 각자 자신의 영역에서 이것을 집행하는 국가기관일 뿐이다. 이 때문에 공산당과 의회 간의 실제 권력관계에서 의회는 절대적인 열세에 있다.

한편 각 국가기관의 실제 관계는 법적 관계와는 달리 이들의 정치적 지위에 따라 결정된다. 이런 면에서 보면 전국인대가 아닌 국무원이, 지방인대가 아닌 지방 정부가 실제 권력 면에서 우월한 위치를 차지하고 있다.[13] 예를 들어, 정부 지도부의 당내 지위가 의회 지도부의 당내 지위보다 높다. 중국에서 "국가에서는 의회가 정부를 감독하지만, 당내에서는 정부가 의회를 감독한다"라는 말이 있는 것은 이 때문이다.

이와 같은 공산당-의회, 정부-의회 간의 실제 권력관계로 인해 전국인대와 성급·시급 인대의 감독은 심한 제약을 받을 수밖에 없다. 왜냐하면 입법과는 달리 감독은 정부·법원·검찰원, 상황에 따라서는 공산당의 권한을 통제하는 활동이고, 이런 이유로 감독 활동에서는 이들 간의 법적 관계가 아니라 실제 권력관계가 문제가 되기 때문이다. 이렇게 되면 실제 권력관계에서 약자인 의회는 정부를 제대로 감독할 수 없다.

예를 들어, 전국인대가 국무원을 감독한 결과에 근거해서 공산당 중앙이 임명한 국무원 부서의 책임자, 즉 부장(部長)이나 주임(主任)을 파면하는 일은 현재로서는 상상하기 어렵다. 국무원 총리나 최고법원장의 파면은 말할 필요도 없다. 이것은 전국인대가 공산당 중앙의 인사권에 도전하는 행동으로 비추어질 수 있기 때문이다. 성급 및 시급 인대도 마찬가지다. 이처럼 공산당·정부·의회 간의 실제 권력관계로 인해 전국인대와 성급·시급 인대의 감독은 지금까지 크게 강화될 수 없었다.

| 현급 인대의 유리한 조건

이에 비해 현급 인대는 최소한 감독과 관련해서는 상급 인대보다 유리한 위치에 있다. 우선 이들은 공산당 중앙의 방침과 지지 속에서 조금 더 과감하게 정부와 소속 공무원을 감독할 수 있다. 1989년 톈안먼 민주화 운동 이후, 공산당은 당정간부의 부정부패가 정권의 생존에 영향을 미치는 중대한 문제라는 판단하에 이를 해결하기 위해 여러 가지 방법을 동원했다. 그중 하나가 바로 의회를 통해 지방 정부와 공무원을 감독하는 것이다. 이 때문에 지방 정부는 자신의 의지나 선호와는 상관없이 공산당 중앙의 정책에 의해 의회 감독을 수용할 수밖에 없다.

이러한 추세는 1990년대 들어 의법치국(依法治國: 법률에 근거한 국가 통치)과 의법집권(依法執政: 법률에 근거한 집권) 방침이 시행되면서 더욱 강화되었다. 그 결과 현급 인대는 비록 동급 단위의 실제 권력 관계에서 공산당이나 정부와 비교해서 열세에 있다는 점에서는 전국인대와 성급·시급 인대와 크게 다르지 않지만, 공산당 중앙의 지지 속에서 활동할 수 있다는 점에서는 큰 차이가 있다. 이런 지지에 힘입어 현급 인대는 조금 더 과감하게 국가기관과 공무원을 감독할 수 있었고, 그 결과로 감독 역할이 강화될 수 있었다.

| '중앙 대 지방'의 대립

또한 우리가 중국 의회의 감독을 이해할 때는 '의회 대 정부'의 대립과 함께 '중앙 대 지방'의 대립이 존재한다는 사실을 기억해야 한다. 의회 조직도 공산당이나 정부 조직처럼 '의회 계통(人大系統)'의 독자적인 이익을 위해 전국인대가 중심이 되어 전체 지방인대가 긴밀히 협조하면서 위상 제고와 역할 강화를 위해 노력한다. 이런 면에서 중앙에서 지방에 이르기까지 상·하급 인대 간에는 강한 연대가 형성되어 있다. 반면 의회와 정부 간에는 일정한 갈등과 대립이 존재한다.

그러나 이와 동시에 '중앙'의 일원인 전국인대는 공산당 중앙 및 국무원과 함께 공산당 정권의 유지와 중앙 권력의 확대라는 동일한 이해관계를 가지고 있다. 이 때문에 전국인대는 종종 '의회의 수장(首長)'이 아니라 '중앙의 일원'으로서 지방 문제에 공산당 중앙 및 국무원과 공동 대응한다. 이는 공산당 중앙과 국무원도 마찬가지다. 공산당 중앙과 국무원이 지방 정부와 공무원의 부정부패를 방지하기 위해 의회 감독을 후원하는 것은 이 때문이다.

이는 지방 의회도 마찬가지이다. 이들은 '지방의 일원'으로 해당 지역의 공산당 위원회 및 정부와 동일한 이해관계를 가지고 있다. 그래서 이들은 자기 지역의 이익을 확대하기 위해 중앙과 다른 지역에 공동 대응한다. 예를 들어, 일부 성급 인대가 자기 지역의 의견을 무시하고 중앙이 추천한 성장(省長)과 부성장 등 국가기관 책임자를 연례 회의에서 낙선시킨 사례,[14] 특정 지역 출신의 전국인대 대표들이 지역 당정 지도자들과 함께 지역 경제발전에 필요한 조례를 제정하기 위해 공동으로 중앙에 지방 입법권을 요청한 사례는 이를 잘 보여준다.

이런 면에서 보면 지방에 만연한 부패 문제를 막고 행정 효율성을 높이기 위해 공산당 중앙, 전국인대, 국무원이 공동으로 현급 인대의 감독 역할을 강화하는 정책을 추진했다고 말할 수 있다. 즉 전국인대뿐만 아니라 공산당 중앙과 국무원의 관점에서 보았을 때도 현급 인대가 지방의 국가기관을 감독하는 것이 자신에게 불리할 이유가 없다는 것이다. 이 때문에 현급 인대의 감독은 전국인대나 성급·시급 인대의 감독보다 더욱 강화될 수 있었다.

3. '중국 특색'의 입법 제도

중국 의회도 다른 국가의 의회처럼 입법(legislation), 감독(supervision), 대의(representation), 체제 유지(system-maintenance) 등 네 가지 역할을 담당한다. 이 중에서 입법은 가장 중요한 역할이고, 실제로 입법이 중앙 및 지방 의회를 통틀어서 개혁기에 가장 강화된 의회 역할이다(입법권이 없는 현급 지방인대는 예외다). 따라서 전국인대를 사례로 입법 제도에 대해 자세히 살펴볼 필요가 있다. 중국 의회를 이해하는 데 매우 중요하기 때문이다.

(1) 중국의 입법 체제

중국의 입법 체제(legislation system)는 중앙과 지방의 '이급(二級)'과 다양한 입법 주체가 관계하는 '다층(多層)'의 체제, 즉 '이급 다층 체제(two-level, multilayer system)'라고 말할 수 있다. 중앙 단위에는 전국인대와 국무원, 지방 단위에는 성급 인대와 정부, 시급 인대와 정부, 전국인대로부터 입법권을 부여받은 경제특구 지역의 인대,

〈표 6-10〉 중국의 입법 체제

층위	입법기관		입법 형식	조건
중앙 입법	전국인대	전국인대	헌법·기본법률	–
		상무위원회	기타 법률 기본법률 수정	• 기본법률 수정 시 법률 기본원칙 준수
	국무원	국무원	행정법규	• 헌법과 법률에 근거할 것 • 전국인대 상무위원회에 등록
		부·위원회	행정규장	• 헌법·법률·행정법규에 근거할 것 • 국무원에 등록
지방 입법	성급 (省級)	성·직할시 인대	지방성법규	• 헌법·법률·행정법규에 저촉되지 않을 것 • 전국인대 상무위원회와 국무원 등록
		자치구 인대	자치법규 단행조례 지방성법규	• 자치법규와 단행조례: 전국인대 비준 • 지방성법규: 성·직할시 인대와 같음
		성·시·자치 구 정부	지방규장	• 헌법·법률·행정법규·지방성법규(성급)에 저촉되지 않을 것
	경제특구 (수권 입법)	인대	지방성법규	• 헌법·법률·행정법규의 기본원칙 준수 • 전국인대 상무위원회, 국무원, 성급 인대 상무위원회 등록
		정부	지방규장	• 헌법·법률·행정법규·지방성법규(성급)에 저촉되지 않을 것
	시급 (市級)	인대	지방성법규	• 헌법·법률·행정규장·지방성법규(성급)에 저촉되지 않을 것 • 성급 인대 상무위원회 비준 • 전국인대 상무위원회와 국무원 등록
		정부	지방규장	• 헌법·법률·행정규장·지방성법규(성급)에 저촉되지 않을 것
	자치주· 자치현	인대	자치조례 단행조례	• 성급 인대 상무위원회 비준 • 전국인대 상무위원회 등록

해설: 수권입법(授權立法): 경제특구는 전국인대로부터 입법권을 받아 지역에 필요한 지방성법규를 제정할 수 있다. 여기에는 선전(深圳), 주하이(珠海), 샤먼(廈門), 산터우(汕頭) 등 네 곳(1979년 지정)과, 하이난성(海南省: 1988년 지정)이 포함된다. 지방성법규 제정권을 가진 시급(市級) 지역은 '구를 설치한 시(設區的市)'로서 현재 235개 지역이다.

자료: 조영남, 『중국 정치개혁과 전국인대』, pp. 268-270; 일부 내용은 필자가 추가.

소수민족 지역인 자치주(自治州)와 자치현(自治縣)의 인대가 입법권을 행사한다. 〈표 6-10〉은 이를 정리한 것이다.

'이급 다층체제'에서 중앙 단위의 입법 주체는 공산당 중앙, 전국인대, 국무원이다. 우선 공산당 중앙은 법률이나 법규를 제정하는 입법기관은 아니지만, 입법과정에서 매우 중요한 역할을 담당한다. 반면 전국인대는 다른 어떤 국가기관도 수행할 수 없는 〈헌법〉과 법률을 제정하는 국가 입법기관이다. 국무원은 전국인대와 상관없이 독자적으로 행정법규를 제정할 수 있는 행정기관이다. 또한 국무원은 전국인대가 제정하는 법률 초안의 80% 정도를 작성(起草)하는 집행기관이기도 하다.

이처럼 중국의 입법 체제는 다양한 주체들로 구성되어 있고, 따라서 어떤 법률이 제정될 때는 이런 다양한 입법 주체가 관여한다. 그래서 법안은 다양한 입법 주체의 상호작용 속에서 변화를 겪으면서 최종적으로 법률이 된다.

(2) 공산당-의회의 관계: 입법 자율성 문제

원론 차원에서 공산당-의회의 관계는 정치적인 '영도 관계'다. 또한 '보고 비준 제도(請示報告制度)'에 따라 의회는 공산당에 '중대 사안'을 사전에 보고하고 비준을 받아야 한다. 이는 전국인대와 지방인대 모두에 해당한다.

첫째, 인대 상무위원회 당조(黨組)는 의회 전체 업무에 대해 매년 한 차례 이상 보고해야 한다. 둘째, 입법 및 감독과 관련된 중대 사안에 대해서는 수시로 보고해야 한다. 셋째, 그 밖에 중대 현안이나 각종 정책에 대한 인대 대표의 중요한 의견이 있는 경우, 이를 보고해야 한다.

한편 중앙 단위에서는 전국인대 상무위원회 위원장(委員長)이 공산당 정치국 상무위원회 위원으로 공산당의 일상 시기 최고 의사결정 기구에 참여한다. 반면 지방 단위에서는 당서기가 직접 인대 주임(主任: 의회 의장)을 겸직하거나, 아니면 공산당 부서기 1인을 의회 업무 전담자로 배정한다. 또한 인대 주임이 공산당 위원회 위원이 아닐 경우도 당 회의에 열석(列席)하여 의견을 말할 수 있다.

이와 같은 공산당—의회 간의 원론적 관계는, 공산당이 의회를 통제 및 관리한다는 측면과, 의회에 대해 공산당이 많은 관심을 보이고 정책 결정에 참여를 허용한다는 두 가지 측면을 동시에 가지고 있다.

│ 전국인대-공산당 관계: '중앙 8호' 문건(1991년)

입법 정치에서 전국인대—공산당 중앙 간의 관계는 기본적으로 이런 원론적 관계에 따른다. 공산당 중앙, 구체적으로 공산당 정치국과 정치국 상무위원회가 입법과정에서 담당하는 역할은 크게 '관리자(manager)'와 '조정자(coordinator)'로 나눌 수 있다. 이는 지방에도 그대로 적용된다.

먼저 '입법 관리자'로서 공산당 중앙은 입법 방침과 원칙을 결정한다. 전국인대의 입법 활동은 공산당 중앙이 확정한 이런 방침과 원칙에 근거하여 이루어진다. 또한 공산당 중앙은 전국인대 상무위원회 당조가 보고한 입법계획을 심의하여 승인(비준)한다. 공산당 중앙은 이런 과정을 통해 전국인대의 입법 활동을 통제할 수 있다. 따라서 전국인대가 입법과정에서 공산당 중앙의 통제를 벗어날 수는 없다.

'입법 관리자'로서 공산당 중앙이 수행하는 역할은 1991년에 발표한 '중앙 8호' 문건', 즉 〈입법 공작 영도 강화 의견〉에 잘 나와 있다.[15] 이에 따르면, 공산당은 '중요한' 법안, 즉 〈헌법〉, '정치 관련 법률', '중대한 경제 및 행정 관련 법률'의 기초와 심의 과정에 직접 개입한다. 그러나 이를 제외한 다른 법률을 제정할 때는 전국인대 상무위원회 당조가 공산당 중앙에 보고할지를 스스로 결정할 수 있다.

우선 〈헌법〉은 공산당 중앙만이 개정안을 발의할 수 있고, 〈헌법〉 개정안의 기초와 심의도 공산당 중앙이 직접 담당한다. 구체적으로 공산당 정치국은 〈헌법〉 개정의 필요성을 제기하고, 개정 여부를 결정한다. 또한 공산당 중앙위원회 혹은 정치국은 〈헌법〉 개정안을 토론하여 확정하고, 이를 공산당 중앙의 명의로 전국인대에 제출한다. 이처럼 〈헌법〉에 대해서는 공산당 중앙만이 입법권을 행사할 수 있다. 물론 법적으로는 전국인대 대표도 〈헌법〉 수정을 요구할 수 있지만, 실제로 그런 경우는 없다.

또한 '정치 관련 법률'은 법안을 기초하기 전에 기초 담당 기관이 법률의 지도 사상과 입법 원칙을 전국인대 상무위원회 당조를 통해 공산당 중앙에 보고하여 승인받아야 한다. 다시 말해, 정치 관련 법률의 제정은 초안 작성 이전에 공산당의 사전 승인이 필수다. 여기에는 전국인대, 국무원, 최고법원·검찰원, 국가감찰위원회, 중앙군사위원회 등 국가기관의 구성과 운영에 관한 법률, 입법·감독·행정 등 국가기관의 직무 및 활동에 관한 법률 등이 포함된다.

마지막으로 '정치 관련 법률'과 '중대한 경제 및 행정 관련 법률'은 초안이 완성되어 전국인대(상무위원회)가 본격적인 심의에 들어가기 전에 전국인대 상무위원회 당조를 통해 공산당 중앙에 초안을 보고하고 승인받아야 한다. 즉 '정치 관련 법률'과 '중대한 경제 및 행정 관련 법률'은 공산당 중앙의 사전심의를 거쳐야만 전국인대(상무위원회)가 법안 심의에 들어갈 수 있다. 이런 이유로 이 범주에 속하는 중요한 법률은 공산당의 방침에 따라 공산당이 요구하는 내용을 담을 수밖에 없다.

반면 이런 범주에 속하지 않는 나머지 법률에 대해서는 전국인대 상무위원회 당조가 그것을 공산당 중앙에 보고할지를 자율적으로 결정할 수 있다. 이런 면에서는 전국인대의 입법 자율성이 크게 높아졌다고 말할 수 있다. 의회 지도부가 '중앙 8호' 문건을 매우 높게 평가한 이유는 바로 이 때문이다.

다만 여기서 주의할 점이 있다. 즉 전국인대 상무위원회 당조도 공산당 중앙의 하부 조직으로서 공산당이 입법 사항을 결정한다는 점에는 아무런 차이가 없다는 사실이다. 다시 말해, 차이는 전국인대 '밖에 있는' 공산당 조직(즉 정치국과 정치국 상무위원회)이냐, 아니면 전국인대 '안에 있는' 공산당 조직(즉 전국인대 상무위원회 당조)이냐의 차이만이 있을 뿐이다. 이런 면에서 중요한 법률뿐만 아니라 일반 법률도 공산당이 철저히 통제하고 있다는 사실은 변함이 없다.

한편 공산당 중앙이 '중앙 8호' 문건을 제정하여 실행한 것처럼, 지방 공산당 위원회도 유사하게 관련 규정을 제정하여 시행하고 있다. 예를 들어, 공산당 저장성 위원회는 1996년에 〈지방 입법 강화 의견〉을 제정하여 공산당이 법규 제정 전에 심사하는 범주를 명시했다. 첫째는 정치, 둘째는 중대한 경제 및 행정, 셋째는 국민 경제 발전 및 거시경제 관리와 관리 체제, 넷째는 국민 권리와 의무, 다섯째는 대만과 화교, 여섯째는 외교 및 군사와 관련된 지방성 법규다.[16]

다음으로 공산당의 '입법 조정자' 역할을 살펴보자. 공산당 중앙은 입법과정에서 전국인대가 독자적으로 해결할 수 없는 문제에 직면하여 전국인대 상무위원회 당조를 통해 해결 방안을 문의할 때, 그에 대한 처리 방침을 결정하여 하달한다. 특히 입법과정에서 국가기관 간에 의견 대립과 갈등이 심각하여 전국인대나 국무원 등 국가기관이 자체적으로 해결할 수 없을 때는 공산당 중앙이 직접 개입하여 이들의 대립과 갈등을 최종적으로 조정한다.

| 지방인대-공산당 관계: 상하이시 사례

지방 의회–공산당 간의 관계가 실제로 어떻게 작동하고 있는지는 상하이시를 사례로 살펴볼 수 있다. 상하이시 인대는 전국인대와 마찬가지로 중요한 사항을 상하이시 공산당 위원회에 보고한다. 우선 5년의 장기 입법계획(規劃)과 1년의 단기 입법계획(計劃)을 공산당에 보고한다. 예를 들어, 상하이시 인대 법제공작위원회(法制工作委員會)는 1998년에 정부 법제판공실(法制辦公室) 등과 함께 5년 입법계획을 작성하여 상하이시 인대 상무위원회 당조를 통해 공산당에 보고하여 승인받았다.[17] 2003년에도 동일한 방식으로 입법계획을 작성하여 보고했다.[18]

또한 상하이시 인대는 개별 입법과정에서도 공산당에 보고한다. 이렇게 보고하는 지방성법규에는 세 가지 종류가 있다. 첫째는 중대사안이다. 1995년에 상하이시 인대가 〈상하이시 노동조합(工會) 조례〉를 제정할 때 공산당에 보고한 것이 대표적인 사례다.[19] 노동조합은 공산당 산하의 인민단체로서, 관련 법규를 제정할 때는 반드시 공산당의 심사와 승인을 받아야 한다.

둘째는 민감한 사안이다. 1995년에 상하이시 인대가 제정한 〈상하이시 종교업무 관리 조례〉가 여기에 해당한다. 우선 이 조례는 종교라는 정치적으로 매우 민감한 사안을 다루고 있다. 또한 이 조례를 제정할 때 정부 부서와 종교단체 간에 의견 대립이 심했다. 즉 전자는 '관리'를 강조한 데 비해 후자는 '보호'를 강조했다. 그래서 이를 공산당에 보고하여 쟁점을 조정한 후 조례를 제정했다.[20] 1994년에 제정된 〈상하이시 징병업무(徵兵工作) 조례〉와 1999년에 제정된 〈상하이시 민방(民防) 조례〉는 모두 군 업무와 관련된 것으로, 공산당의 개입과 조정이 필요한 사안이다.[21]

셋째는 입법과정에서 의견 대립이 심해 의회 차원에서 의견 조정이 불가능한 경우다. 1994년에 제정된 〈상하이시 폭죽(煙花爆竹) 안전관리 조례〉가 여기에 속한다. 명절 때 폭죽을 터트리는 것은 중국의 오랜 풍습이지만, 이 때문에 화재가 발생하여 많은 인명 살상과 재산 피해가 발생했다. 그래서 도심 지역에서 폭죽을 금지하는 법규를 제정하려고 했는데, 그 과정에서 시민들의 반대가 매우 심했다. 결국 이 조례는 공산당이 개입하여 입법을 결정함으로써 제정될 수 있었다.[22]

그런데 개별 입법과정에서 의회가 공산당에 보고하는 경우는 극소수에 불과하다. 예를 들어, 1990년에서 2000년까지 상하이시 인대가 제정한 153건의 법규 중에서 내가 확인한 것으로 공산당에 보고한 법규는 위에서 살펴본 5건뿐이었다. 또한 상하이시 인대 고위 관계자에 따르면, 2000년 이후 10년 동안 의회가 법안 심의 과정에서 공산당에 보고한 개별 법규는 없었다. 다시 말해, 공산당은 최근 들어 더 이상 의회의 입법과정에 개입하지 않는다. 입법은 의회의 고유한 업무고, 의회는 개별 법안을 일일이 보고하여 비준 받을 필요가 없다는 공산당 지도부의 방침에 따른 결과다.[23]

| 의회의 입법 자율성이 높아진 이유

이처럼 의회의 입법 자율성이 증대된 데에는 크게 두 가지 요인이 작용했다. 첫째, 공산당 역량의 한계와 영도 방식의 변화다. 예를 들어, 1990년대 들어 상하이시 인대의 입법 산출은 급격히 증가했다. 1980년에서 1989년까지 10년 동안 총 50건의 지방성법규를 제정한 것에 비해 1990년부터 2000년까지 11년 동안에는 무려 153건의 법규를 제정했다. 따라서 공산당이 개별 법규 제정에 직접 개입하는 일은 현실적으로 불가능하다.

그래서 공산당은 의회와 정부 간의 전체 업무를 총괄하고 조정하는 것으로 영도 방식을 바꾸었다. 1997년 공산당 제15차 당대회에서 장쩌민 총서기가 말한 방침, 즉 '전체 총괄(總攬全局) 및 각 기관 조정(協調各方)' 방침은 이것을 표현한 것이다.[24] 그래서 매우 중요하거나 민감한 사안, 의견 차이가 심해 의회가 결정을 내리기 곤란한 사안에 한정해서 공산당이 직접 개입한다.

둘째, 법규의 성격상 공산당이 개입할 필요가 없거나 개입해도 큰 의미가 없는 것이 많아졌다. 개혁기에 의회가 제정하는 법규 중에서 경제나 행정 관련 법규가 대다수를 차지한다. 예를 들어, 상하이시 인대가 1980년에서 1998년까지 제정한 136건의 지방성법규 중 경제 법규는 59건으로, 전체의 43%를 차지한다.[25] 다른 지역도 이와 비슷하여 최소한 전체 법규의 50% 정도는 경제 법규다.[26]

이런 경우 입법과정에서는 국가기관이나 사회단체 간의 견해 차이를 조정하는 것이 중심 과제로 제기된다. 즉 필요한 것은 현실 상황에 대한 조사와 각 집단의 의견 조정이지 공산당의 개입을 통한 정치적 해결이 아니다. 이런 임무는 의회 차원에서 충분히 해결할 수 있다. 이런 이유로 공산당의 입법 개입 필요성은 크게 줄어들었다. 다만 의회가 '중앙 8호' 문건에 규정된 범주의 법률과 법규를 제정할 때는 공산당이 반드시 개입한다.

(3) 의회-정부 관계: 부서 이기주의 문제

의회의 입법과정에서 나타나는 의회−정부 관계는 의회−공산당 관계와는 성격이 다르다. 의회−공산당 관계에서 핵심은 의회의 입법 자율성 확보 여부다. 이에 비해 의회−정부 관계는 '권력기관 대 집행기관'으로 법적으로는 의회가 정부보다 우위에 있으므로 이런 성격의 문제는 발생하지 않는다.

| 정부의 입법 주도권 행사: '부서 이기주의' 문제

대신 의회−정부 간에는 정치적 지위·조직·인원·재정 등 거의 모든 면에서 월등한 지위에 있는 정부가 입법과정을 주도하면서 문제가 발생한다. 정부의 '부서 이기주의(部門利益傾向, departmentalism)'가 바로 그것이다. 이런 면에서 의회가 당면한 최대 과제는 정부의 입법 주도와 그것에 의해 발생하는 부서 이기주의 문제를 해결하는 일이다.

정부는 의회 내에서 이루어지는 입법과정에서 중요한 역할을 담당한다. 우선 입법 제기와 관련하여 매년 제정되는 법규의 대다수는 정부가 요청한 것이다. 예를 들어, 2000년에서 2002년까지 3년 동안 상하이시 인대의 입법계획에 포함된 총 41건의 법규 중에서 35건(전체의 85.4%)이 정부가 요청한 것이다.[27] 이는 다른 국가에서 나타나고 있는 '90% 규칙(90 percent rule)', 즉 정부가 법안의 90%를 제청하고, 정부가 제청한 법안의 90%는 통과되는 현상이 중국에도 나타나고 있다는 사실을 보여준다.[28]

또한 의회가 제정하는 법규의 대다수는 정부가 초안을 작성한다. 예를 들어, 1998년에서 2002년까지 상하이시 인대가 제정한 40건의 법규 중에서 정부가 기초한 것이 34건(85%)이고, 의회가 기초한 것은 6건(15%)뿐이다.[29] 마지막으로 법률 집행기관으로서 정부는 의회가 제정한 법규의 시행세칙을 제정하고 이에 근거하여 법규를 집행함으로써 의회의 입법권에 영향을 미친다. 의회가 정부를 통제하기 위해 정교한 법규를 제정해도 정부는 시행세칙을 통해 그것을 무력화시킬 수 있다는 것이다.

| 정부 부서 이기주의의 구체적인 사례

입법과정에서 나타나는 정부의 부서 이기주의는 '특정 부서가 법규 초안을 기초하면서 자신의 권한은 확대하고 책임은 회피하는 현상'을 말한다.[30] 부서 이기주의는 전국인대와 지방인대 모두에서 보편적으로 나타나는 것으로, 1990년대 이후 중국 입법에서 가장 심각한 문제로 대두되었다.[31]

정부의 부서 이기주의는 구체적으로 다음과 같은 방식으로 나타난다. 첫째, 법안 기초 부서는 입법을 통해 여러 부서로 분산된 권한을 독점한다. 예를 들어, 수자원 관리는 수리 부서와 농업 부서 등에서 공동으로 맡아왔는데, 법안 기초 부서는 이것을 자신의 권한으로 만든다. 둘째, 법안 기초를 담당한 부서는 입법을 통해 새로운 업무의 관할권을 독점한다. 예를 들어, 사회보장 업무는 조직·노동·인사·재정 관련 부서가 분할 또는 공동으로 관리하는 것이 상례인데, 법안 기초 부서는 그것을 자기 부서의 독점 권한으로 만든다.

셋째, 법안 기초 부서는 인허가권·처벌권·증명서 발급권 등 부서의 이익을 증진할 수 있는 권한은 최대한 확대하고, 반대로 부서가 담당해야 하는 책임과 의무는 최대한 축소하는 방향으로 초안을 작성한다. 넷째, 정부 부서가 입법을 통해 자기 부서에 속한 기업의 이익을 확대하는 일도 많이 있다. 예를 들어, '소방 관리 조례' 제정을 통해 소방 용품은 반드시 정부 소방 부서의 비준을 받은 것만 사용하게 하거나, '건축 시장 관리 조례'를 통해 건축자재와 설비는 반드시 정부 건축 관리 부서가 지정하는 것만 사용하게 만든다.[32]

| 정부 부서 이기주의의 피해

정부의 부서 이기주의는 현실적으로 피해를 초래한다. 우선 사회적으로 시급한 법률이 정부 부서의 이권 다툼으로 인해 지연된다. 예를 들어, 1993년에 국무원 공안부(公安部)가 기초를 시작하여 10년 후인 2003년 10월 전국인대 상무위원회를 통과한 〈도로교통안전법〉이 있다. 이때 농업용 차량에 대한 관할권을 놓고 농업기계 부서와 도로교통 부서가 대립하면서 입법이 지연되었다. 최종적으로 농업용 차량 전체에 대해서는 도로교통 부서가 총괄 관리하고, 트랙터 면허증에 대해서만 농업기계 부서가 관리하는 방식으로 타협이 이루어짐으로써 법이 통과될 수 있었다.[33]

복수의 정부 부서가 동일 대상에 대해 서로 모순된 법규를 제정하여 혼란을 일으키는 사례도 있다. 예를 들어, 국도(國道) 운수사업은 정부 교통관리 부서, 시내(市內) 운수사업은 정부 도시건설 부서가 관련 법규를 제정했는데, 처벌 규정이 서로 모순되어 집행이 제대로 안 되는 경우가 있다. 부동산 개발과 관련하여 정부 토지관리 부서와 도시건설 부서가 서로 모순되는 규정을 제정한 사례도 있다.[34]

이처럼 정부의 부서 이기주의 문제가 심각해지면서 이 문제를 해결해야 한다는 목소리가 높아져 갔다. 이를 위해서는 정부가 나서야 하는데 그것이 쉽지 않다. 결국 이 문제를 해결하는 책임은 의회로 넘겨졌다. 이렇게 되면서 입법과정에서는 의회가 정부의 입법 주도권을 견제하여 부서 이기주의를 막는 것이 최대의 과제가 되었다.[35]

4. 의회 입법 제도의 개선과 발전

현재 중국 의회는 이전과는 다른 유리한 조건 속에서 입법 활동을 전개할 수 있게 되었다. 무엇보다 공산당과의 관계에서 입법 자율성이 확대되었다. 또한 개혁·개방 정책이 전면적으로 시행되면서 입법 수요는 폭발적으로 증가했고, 이것이 의회의 입법 활동을 촉진하는 자극제가 되었다. 이와 같은 조건 속에서 의회는 정부의 부서 이기주의를 막고 고품질의 법률을 제정하기 위해 입법과정의 제도화를 추진했다.

(1) '경험 입법'과 '사전 입법': 입법 지도 이념의 변화

1990년대 들어 입법 지도 이념이 변화했다. 즉 '경험 입법(經驗立法)'에 더해 '사전 입법(超前立法)'이 등장한 것이다. 1980년대에 의회는 전국인대 위원장이었던 평전이 제기한 경험 입법에 근거하여 법률을 제정했다. 법률은 기본적으로 실제 상황과 경험에 근거해야 하고, 법률의 집행 조건이 성숙해야만 관련 법률을 제정할 수 있다는 것이 이 이념의 핵심 내용이다.[36] 이에 따라 입법은 현실의 변화를 선도하는 것이 아니라 추종하게 되고, 조건의 미성숙을 들어 시급한 입법이 지연되는 문제가 발생했다.

또한 경험 입법의 문제로 인해 정부가 입법을 주도하는 일이 발생했다. 정부는 이 이념에 따라 법률 대신에 행정법규를 제정하여 실행하고, 그것에 근거하여 입법 시기와 내용을 결정할 수 있게 된 것이다. 이에 비해 의회는 정부가 입법 필요성을 제기하고 초안을 작성하여 제출하기만을 기다리는 수동적인 존재로 전락했다.

그 밖에도 이에 따른 '법률 도구주의'가 만연한 것도 문제였다. 즉 경험 입법 이념에 따라 법률은 정부가 경제와 사회를 관리하는 도구라는 생각이 지배적이고, 입법을 통해 국민의 권리를 보장하고 정부 행위를 규제한다는 생각은 매우 약했다.[37]

그런데 1990년대에 들어 설사 법률 집행 조건이 성숙하지 않았어도 필요할 경우 입법을 통해 개혁을 선도해야 한다는 사전 입법 개념이 등장했다. 이 이념에 따라 의회는 사회가 필요로 하는 법률 수요를 조사하여 입법계획을 수립하고, 그 계획에 따라 법률을 제정하는 것이 가능하게 되었다.

동시에 의회-정부 간의 관계에도 변화가 발생했다. 즉 의회가 입법계획의 수립 과정에서 수동적인 존재에서 벗어나 능동적인 존재로 바뀐 것이다. 1980년대 말부터 전국인대가 장기(3~5년) 및 단기(1년) 입법계획을 수립한 것과, 1990년대부터 성급 인대가 장단기 입법계획을 수립하기 시작한 것은 이것을 잘 보여준다.

또한 사전 입법 이념이 도입됨에 따라 법률 도구주의에서도 벗어날 수 있었다. 즉 의회가 입법을 통해 국민의 권리를 보호하고 정부 행위를 통제해야 한다는 생각이 확산했다. 〈행정소송법〉(1989년), 〈소비자권익보호법〉(1993년), 〈국가배상법〉(1994년), 〈행정처벌법〉(1996년), 〈형사소송법〉(1997년), 〈행정재심법(復議法)〉(1999년) 등의 제정은 이런 변화를 잘 보여준다.

(2) 입법과정의 제도화: 의회의 주도권 확보

1990년대 들어 입법 이념의 변화와 함께 입법과정의 제도화도 진행되었다. 특히 2000년에 〈입법법(立法法)〉이 제정되면서 입법 제도는 비교적 완전한 체제를 갖출 수 있게 되었다.

| 의회의 입법계획 주도

먼저 의회가 입법계획을 작성하는 과정에서 주도권을 잡기 시작했다. 예를 들어, 상하이시 인대는 1993년에 최초로 3년 입법계획을 제정했고, 1998년과 2003년에는 5년 장기 입법계획과 1년 단기 입법계획을 작성했다.

이처럼 입법계획을 작성하는 과정에서는 의회가 총괄 업무를 맡는다. 또한 여기에 정부 법제판공실, 공산당 정책연구실, 주요 대학교와 국책연구소가 입법 제안서나 의견서를 제출하는 방식으로 참여한다. 이렇게 되면서 정부가 아니라 의회가 입법계획의 주도권을 행사할 수 있게 된 것이다. 이는 다른 지역도 마찬가지다. 전국인대는 말할 필요도 없다.

| 법안 기초 단위의 다원화

또한 정부 부서가 법안 기초(起草, drafting)를 주도하면서 발생했던 부서 이기주의를 예방하는 조치도 취해졌다. 우선 기초 주체를 다원화했다. 의회와 관련된 법규뿐만 아니라 사회 전체에 영향을 미칠 수 있는 중요한 법규는 의회가 직접 기초를 담당했다. 또한 정

〈표 6-11〉 전국인대의 입법계획에 명시된 기초 주도 단위(1993~2008년)

시기	법률 수 (건)	전국인대 (건/%)	국무원(건/%)	기타(건/%)
8기(1993~1998년)	152	46(30.3)	90건(59.2)	16(10.5)
9기(1998~2003년)	89	38(42.7)	45건(50.6)	6(6.7)
10기(2003~2008년)	76	32(42.1)	40건(52.6)	4(5.3)
11기(2008~2013년)	64	18(28.1)	46건(71.9)	0(0)

해설: 전국인대는 전국인대 상무위원회와 전문위원회, 국무원은 부와 위원회를 가리킨다. 기초 주도는 단독으로 기초하거나 다른 단위도 참여하지만 기초를 주도한다는 뜻이다.
자료: 何俊志, 『作爲一種政府形式的中國人大制度』(上海: 上海人民出版社, 2013), p. 121.

부 특정 부서가 초안을 기초할 경우도 관련 단체나 전문가를 참여시켜 정부의 전횡을 막으려는 노력을 기울였다.

예를 들어 〈표 6–11〉에 따르면, 전국인대(상무위원회)가 제정하는 법률의 초안 작성 기관 중에서 전국인대 상무위원회와 전문위원회가 적으면 약 28%(11기 전국인대 시기), 많으면 약 43%(9기 전국인대 시기)를 차지한다. 이는 전국인대의 법안 기초가 증가하고 있음을 보여준다.

물론 가장 많은 법률 초안을 작성하는 기관은 여전히 국무원이다. 즉 〈표 6–11〉에 따르면, 국무원은 적으면 약 51%(9기 전국인대 시기), 많으면 약 72%(11기 전국인대 시기)의 법안 기초를 담당한다. 그러나 타국의 경우 법률의 80~90% 정도를 정부가 기초하는 상황을 놓고 보면, 이는 결코 높은 비율이라고 할 수 없다.

그런데 전국인대의 법안 기초는 주로 전문위원회가 담당한다.

〈표 6-12〉 전국인대 전문위원회와 타 기관의 법안 기초 상황

전국인대 시기	전문위원회(건)	타 기관(건)	총계(건)
9기(1998~2003년)	21(28.0%)	54(72.0%)	75(100%)
10기(2003~2008년)	12(16.7%)	60(83.3%)	72(100%)
11기(2008~2013년)	10(17.2%)	48(82.8%)	58(100%)
총계(건)	43(21.0%)	162(79.0%)	205(100%)

자료: Chu-chih Chang and Chien-min Chao, "Specialization without Autonomy", *Journal of Contemporary China*, Vol. 28, No. 115 (2019), p. 75.

〈표 6-12〉는 이를 잘 보여준다. 이에 따르면, 1998년 9기 전국인대 시작부터 2013년 11기 전국인대 말까지 15년 동안 전국인대 전문위원회는 전체 법률의 평균 21%를 기초했다. 이는 전문위원회의 입법 역량이 그만큼 개선되었다는 사실을 증명한다. 참고로 전문위원회의 또 다른 주요 기능은 법안 심의다. 이처럼 전문위원회의 입법 역량이 증가했기 때문에 전국인대는 입법계획의 수립과 함께 법안 기초도 주도할 수 있다.

또 다른 사례로는 다양한 지방 의회의 입법 활동을 들 수 있다. 예를 들어, 1997년에 〈상하이시 건축시장 관리 조례〉의 기초 과정에서는 정부 건설위원회가 중심이 되었지만, 여기에 정부 법제판공실, 상하이시 도시건설대학(城建學院) 등도 참여했다.[38] 그 밖에 다른 지역에서는 전문가 집단에 위탁하여 법안을 기초하는 경우가 많이 있다. 광둥성 인대의 〈광둥성 중개인 관리 조례〉와 후베이성 인대의 〈후베이성 '노인인권 보장법' 실시 방법〉이 대표적인 사례다.[39]

| '개방 입법'의 확대

한편 정부의 부서 이기주의를 막기 위해 의회는 법안 심의 과정에서 광범위하게 의견을 청취하는 제도, 소위 '개방 입법(開門立法)' 혹은 '민주 입법' 제도를 확대했다. 여기에는 크게 두 가지 방법이 있다. 하나는 입법청문회(立法聽證會, legislative hearings)나 전문가 좌담회의 개최다. 다른 하나는 법률과 법규의 초안을 인터넷과 신문 등 대중 매체를 통해 대중에게 공표하여 의견을 듣는 방법이다.

입법청문회는 1999년에 광둥성 인대가 〈광둥성 건설공정 공개 입찰 관리 조례〉를 제정하면서 최초로 도입했다.[40] 이후 〈입법법〉(2000년)에 이 제도를 명문화하면서 전국적으로 확대되었다. 지금은 의회가 중요한 법률을 제정할 때는 대부분 입법청문회를 개최한다.[41] 전국인대도 2001년에 〈혼인법〉을 수정할 때 전문가 좌담회, 공개 의견 수렴과 함께 입법청문회를 개최했다.[42] 상하이시 인대도 2001년 〈상하이시 중소학교 학생 상해사고 처리 조례〉를 제정할 때 이 제도를 도입한 이후, 주요 법규의 제정 과정에서는 입법청문회를 개최했다.[43]

대중 의견 청취 제도는 1990년대 후반부터 전국적으로 광범위하게 사용되었다. 최근에 국민 생활과 밀접히 연관된 법률이나 법규를 제정할 때는 거의 보편적으로 초안을 공표하여 대중의 의견을 청취한다. 예를 들어, 상하이시 인대는 1998년 이후 2003년까지 모두 10건의 법규 초안을 신문에 공포하여 대중의 의견을 들었다.[44]

또한 중요하거나 의견 차이가 심한 법안의 경우에는 관련 분야 전문가들을 초빙해 좌담회를 개최하여 의견을 조정하기도 한다. 그 밖에 의회가 심의 중인 법안을 각 국가기관과 사회단체, 하급 의회에 보내 의견을 청취하는 제도도 보편적으로 사용되고 있다.

이처럼 의회는 입법청문회, 전문가 좌담회, 대중과 기관의 의견 청취 제도 등을 통해 정부의 부서 이기주의 문제를 일부 해결할 수 있었다.[45]

다단계 법안 심의: 2심3독제와 3심제의 도입

그런데 정부의 부서 이기주의 문제를 해결하는 가장 중요한 방법은 의회의 법안 심의 과정을 더욱 엄격하게 만드는 것이다. 법안 기초 주체의 다원화나 입법과정 공개 등은 한계가 있기 때문이다. 이것은 크게 두 가지 제도 개선을 통해 이루어졌다.

첫째는 다단계 법안 심의 제도의 도입이다. 즉 지방인대는 '2심3독제(兩審三讀制)', 전국인대는 '3심제(三審制)'를 도입했다. 먼저 지방 의회를 살펴보면, 이전에 지방 의회가 법안을 심의할 때는 대개 1차 심의 후 곧바로 법안을 통과시키는 경우가 많았다. 이 때문에 의회의 법안 심의는 형식적이고, 정부 부서가 기초한 대부분 법안은 큰 수정 없이 통과되었다. 그런데 1998년 이후 자구(字句) 수정으로 끝나는 것을 제외한 모든 법안은 의회에서 최소한 두 번 심의하고, 세 번째 심의에서 독회 후 표결하는 2심3독제가 도입되었다.

지방인대 상무위원회는 2개월에 1회 의회를 개최하기 때문에 2심3독제가 도입된 이후 법안 심의에는 최소한 4개월이 소요된다. 우선 초안에 대한 의견 대립이 적을 경우 2차 심의 이후 바로 표결한다. 이러면 4개월 만에 법규를 제정할 수 있다. 그런데 2차 심의 이후에도 이견을 해소하지 못할 경우는 2개월 후에 개최되는 3차 회의 직전까지 심의를 계속한다. 마지막 단계로, 3차 회의에서는 토론 없이 수정된 최종안을 정독한 이후에 표결한다. 이렇게 하면 법안 심의에는 최소한 6개월이 걸린다.[46]

한편 전국인대는 3심제를 운영하고 있다. 〈표 6-13〉에 따르면, 전국인대(상무위원회)가 심의하는 법안의 평균 심의 기간은 약 7개월이다. 이는 전국인대 상무위원회가 2개월에 한 번씩 개최되니까 평균 세 번 정도 법안을 심의한 후에 통과시킨다는 사실을 보여준다. 법안의 평균 심의 빈도가 2.44회인 것도 역시 전국인대가 〈입법법〉의 규정대로 3심제를 운영하고 있다는 점을 보여준다.

참고로 한 연구에 따르면, 전국인대(상무위원회)가 제정한 전체 법률 중에서 제정 기간이 5년 이상인 것이 48%나 되고, 10년 이상

〈표 6-13〉 전국인대(상무위원회) 심의 법안의 평균 심의 기간과 빈도수

시기	법안(건)	평균 심의 기간 (개월)	평균 심의 빈도수 (회)	기간÷빈도수 (개월)
9기	75	7.47	2.65	2.82
10기	72	5.38	2.36	2.28
11기	58	7.97	2.26	3.53
총계/평균	205(총계)	6.87(평균)	2.44(평균)	2.82(평균)

해설: 전국인대 회의: 9기 1998~2003년, 10기 2003~2008년, 11기 2008~2013년.
자료: Chang and Chao, "Specialization without Autonomy", p. 75.

인 것도 12%나 된다.[47] 예를 들어, 2024년 여름에 전국인대 상무위원회가 심의를 시작한 〈에너지법(초안)〉도 기초에만 18년이 걸렸다.[48] 뒤에서 살펴보겠지만, 〈입법법〉도 제정에 7년이 걸렸고, 〈감독법〉은 20년이 걸렸다. 이처럼 중요한 법률은 긴 기간의 기초와 지루한 심의 과정을 통해 제정된다.

| 통일 심의제의 도입

둘째는 '통일 심의제(統一審議制)'를 도입한 것이다. 이는 2000년에 〈입법법〉을 제정하면서 전국인대가 먼저 도입했고, 이후에 지방인대가 뒤를 따랐다. 상하이시 인대를 예로 들면, 전에는 의회의 각 전문위원회가 관련 초안을 심의했다. 이런 경우 법안 심의에서 전문성을 발휘할 수 있다는 장점은 있었지만, 문제도 적지 않았다.

우선 의회 전문위원회와 정부 유관 부서가 밀접히 연관되어 있기 때문에 정부가 기초한 법안에 대해 엄격히 심사하지 못하는 문제가 발생한다. 즉 정부의 부서 이기주의 문제를 해결하지 못한다. 또한 의회 전문위원회는 심의 과정에서 법안의 적법성보다는 내용을 중시함으로써 통과된 법규가 상위법과 충돌하는 문제가 발생한다. 그 밖에도 의회 전문위원회가 심의하여 통과시킨 법규가 서로 모순된 규정을 담고 있어 실제 집행 과정에서 문제가 발생하는 경우가 있다.

이 문제를 해결하기 위해 상하이시 인대는 1998년에 법제공작위원회(法制工作委員會)를 신설하여 모든 법안에 대한 통일 심의를 담당하게 했다. 이후 〈입법법〉(2000)의 규정에 따라 2001년에는 법제위원회(法制委員會)가 전문위원회로 정식 설립되어 법안의 통일 심의를 주도했고, 법제공작위원회는 이것을 보조하는 사무기구로 재편되었다.

의회 법제위원회와 각 전문위원회 간의 입법 관련 임무도 조정되었다. 우선 각 전문위원회는 해당 법안을 사전에 심의하고 그 결과를 의회의 1차 심의에 보고하는 역할을 맡는다. 또한 각 전문위원회는 법제위원회가 법안을 통일적으로 심의할 때 관련 회의에 참석하여 자신들의 의견을 개진할 수 있는 권리가 있다.

반면 의회 법제위원회는 의회의 1차 심의 이후에 심의 내용에 근거하여 법안에 대한 통일 심의를 주도한다. 이때 필요할 경우 입법청문회나 좌담회 등을 개최하여 의견을 청취하기도 한다. 이후 법제위원회는 심의 결과 보고서와 수정안을 의회의 2차 심의에 제출한다. 이처럼 법제위원회가 법안에 대해 통일적으로 심의함으로써 정부의 부서 이기주의를 상당히 방지할 수 있게 되었다.[49]

이상에서 살펴본 것처럼, 의회는 강화된 입법 자율성과 법률 수요 증가를 기반으로 입법과정에서 발생하는 정부의 부서 이기주의를 방지하기 위해 입법과정의 제도화에 주력했다. 법안 기초 주체의 다원화, 입법과정의 공개와 참여 확대, 2심3독제(지방인대)와 3심제(전국인대) 등 다단계 심의 방식의 도입, 법안의 통일 심의제 도입

은 이를 보여준다. 이와 같은 노력을 통해 입법과정은 전보다 더욱
제도화되었고, 의회와 정부 간의 관계에서도 의회가 어느 정도 주
도권을 잡게 되었다.

다음 장부터는 전국인대와 지방인대가 입법 및 감독 활동을 구
체적으로 어떻게 전개하는지를 사례 분석을 통해 자세히 살펴보려
고 한다. 이를 통해 우리는 의회 차원에서 국가 헌정 체제가 어떻
게 작동하는지를 이해할 수 있을 것이다.

중앙 의회의 입법 활동: 〈입법법〉과 〈감독법〉 사례

중국 의회가 수행하는 네 가지 기능 중에서 입법과 감독이 가장 중요하다. 그래서 전국인대는 이를 위해 2000년에는 〈중화인민공화국 입법법〉(이하 〈입법법〉)을 제정했고, 2006년에는 〈중화인민공화국 각급(各級) 인민대표대회 상무위원회 감독법〉(이하 〈감독법〉)을 제정했다. 〈입법법(立法法, Legislation Law)〉은 기초에서 통과까지 7년이 걸렸고, 〈감독법(監督法, Supervision Law)〉은 20년이 걸렸다.

그런데 법률이 제정된 이후, 두 법률이 현실에서 발휘한 실제 효과는 크게 달랐다. 〈입법법〉은 입법 취지에 맞게 입법 절차를 표준화(規範化, standardizing)했을 뿐만 아니라, 의회의 입법 역할을 강화하는 데에도 큰 도움을 주었다. 예를 들어, 전국인대는 〈입법법〉을 통해 고유한 입법 영역을 확보했고, 국무원과 성급 인대의 입법 활동을 감독할 수 있는 법적 근거도 마련했다. 또한 〈입법법〉은 전문가와 대중의 참여를 보장하는 입법청문회를 도입함으로써 입법과정이 전보다 더욱 개방적으로 바뀌었다.[1] 2011년부터 2014년까지 4년 동안 진행된 〈환경보호법〉의 수정 과정은 〈입법법〉의 이런 성과를 잘 보여준다.[2]

반면 〈감독법〉은 의회의 감독 활동을 전국적으로 표준화하는 데는 도움을 주었을지 모르지만,[3] 의회의 감독 역할을 강화하는 데는 실패했다. 오히려 〈감독법〉 제정 이후 의회의 감독 활동은 위축되었다.[4] 그래서 지방 의회 관계자들은 〈감독법〉이 "역사의 수레바퀴를 뒤로 돌렸다", "의회 업무의 혁신을 방해했다"라고 혹평했다. 반면 정부 공무원과 공산당 간부는 〈감독법〉이 '의회의 감독을 규제하는 법률'이기 때문에 자기들과는 아무런 관련이 없다는 반응을 보였다. 이처럼 이들은 〈감독법〉 제정 이후에 의회 감독에 대해 더욱 냉대하고 무시하는 태도를 보인 것이다.[5]

그런데 이는 〈감독법〉 제정 직전까지 활발하게 전개되던 지방 의회의 감독 활동과는 크게 다른 모습이다. 지방 의회는 1980년대 중반부터 법률 집행 감독(執法檢查), 인사직무평가(述職評議), 업무 평가(工作評議), 개별 안건 감독(個案監督) 등 새로운 감독 방법을 개척했고, 이런 방법은 1990년대 중반 무렵에 전국적으로 확대되었다. 그 결과 〈감독법〉 제정 직전까지 중국의 지방 의회는 '고무도장(橡皮圖章)'에서 '철도장(鐵圖章)'으로 서서히 변하고 있다는 평가가 제기되었다.[6]

그렇다면 왜 〈입법법〉과 〈감독법〉은 이런 상반된 결과를 초래했을까? 이 장은 바로 이를 분석하려는 것이다. 이를 통해 전국인대의 입법과정에서 공산당, 국무원(중앙 정부), 전국인대가 구체적으로 어떤 역할을 담당하고 있고, 법안은 어떤 단계를 거쳐 어떻게 제정되는지를 이해할 수 있다. 먼저 〈입법법〉과 〈감독법〉의 제정과정을 분석할 것이다. 이어서 두 법률의 쟁점 사항과 최종 입법 결과를 살펴볼 것이다. 마지막으로 두 법률의 차이를 초래한 주요 요인을 분석할 것이다.

이런 분석을 통해 우리는 다음과 같은 사실을 알 수 있다. 〈입법법〉과 〈감독법〉은 전국인대 대표와 의회 지도자의 노력으로 시작되었지만, 초안의 작성과 심의 과정에서는 다른 문제에 직면했다. 즉 〈입법법〉은 중앙-지방, 전국인대-국무원, 전국인대-최고법원·검찰원 간의 입법 권한을 조정하는 문제가 주요 쟁점이었지만, 〈감독법〉은 공산당 영도 원칙과 충돌하는 문제가 발생했다. 이 때문에 〈감독법〉은 정부·법원·검찰원의 반대 외에도 공산당의 견제도 받아야만 했다. 그 결과 〈입법법〉과는 달리 〈감독법〉은 의회 감독을 강화한다는 원래의 취지와는 반대로 그것을 제약하고 약화하는 방향으로 제정되었다.

1. 〈입법법〉의 제정 과정과 주요 쟁점

먼저 〈입법법〉 초안이 만들어지고 전국인대가 그것을 심의하는 과정을 살펴보자. 〈감독법〉과 비교했을 때, 〈입법법〉의 기초와 심의는 비교적 쉽게 진행되었다. 여러 가지 쟁점은 있었지만, 공산당과 관련된 매우 심각한 문제는 아니었기 때문이다.

(1) 〈입법법〉의 기초와 심의 과정

〈입법법〉의 초안 작성은 1993년에 전국인대 상무위원회 법제공작위원회가 시작했다. 당시 과제는 법률 제정의 권한·절차·감독 등 세 가지 문제를 명확히 규정하고, 이를 통해 '입법 업무의 표준화(規範化, standardization)'를 달성하는 것이었다.[7] 법제공작위원회는 조사 연구를 시작하는 한편, 국무원 관련 부서와 성급 인대를 방문하여 다양한 의견을 청취했다. 이런 과정을 거쳐 1994년 12월 초에 '토론용 초고(討論稿)'를 완성했다.

한편 같은 시기에 전국인대 법제공작위원회는 사회과학원의 리부윈(李步雲) 교수 등 일부 법률 전문가들에게 별도의 초고 작성을 의뢰했다. 이들은 조사와 연구를 거쳐 1996년 10월에 '전문가 초고(專家稿)'를 완성했다. 이후 전국인대 법제공작위원회는 이 두 개의 초고를 합쳐서 1997년 상반기에 '의견 청취용(徵求意見稿)' 초안을 완성했다.[8]

이후 전국인대 법률위원회와 법제공작위원회는 1999년까지 2년 동안 초안에 대한 내부 토론과 검토를 진행했다. 동시에 공산당 중앙, 국무원, 성급 인대와 정부 등에 공문을 발송하여 초안에 대한 의견 제시를 요청했다. 그 밖에도 이들은 전국인대 산하의 다른 전문위원회와 연합으로 좌담회를 개최하여 초안을 수정 보완했다. 이런 과정을 거쳐 1999년 상반기에 전국인대 상무위원회의 심의를 위한 〈입법법〉 '제1차 심의고(審議稿)'가 완성되었다.

〈입법법〉 초안의 제1차 심의는 1999년 10월에 개최된 9기 전국인대 상무위원회 12차 회의에서 진행되었다. 이때에는 초안에 대한 다양한 수정 및 보완 의견이 제기되었다. 이때 제기된 문제를 해결하기 위해 전국인대 법률위원회와 법제공작위원회는 다시 전문가를 초청하여 좌담회를 개최하고, 광둥성·랴오닝성·간쑤성(甘肅省)·칭하이성(青海省)·닝샤(寧夏) 자치구를 방문하여 의견 청취와 조사 연구를 진행했다. 이렇게 해서 수정 보완한 초안을 다시 공산당 중앙과 지방의 관련 부서, 국무원 법제판공실, 최고법원·검찰원의 관련 부서에 발송하여 의견 제시를 요청했다.

이후 전국인대 법률위원회는 몇 차례 회의를 개최하여 2차 심의를 위한 초안 작성에 들어갔다. 이때에는 국무원 관련 부서, 중앙군사위원회(중앙군위) 법제국, 최고법원·검찰원의 관계자가 참석하여 의견을 제시했다. 그 밖에도 법률위원회는 전국인대 상무위원회 위원과 대표들의 의견도 들었다. 이런 과정을 거쳐 〈입법법〉

'제2차 심의고'가 완성되었다.

〈입법법〉 초안의 2차 심의는 1999년 12월에 개최된 9기 전국인대 상무위원회 13차 회의에서 진행되었다. 이때에는 주로 사소한 자구의 수정과 보완이 이루어졌다. 전국인대 법제공작위원회는 제2차 심의 결과를 취합하여 전국인대에 상정할 최종 초안을 작성했다. 이렇게 작성된 〈입법법〉의 최종 초안은 2000년 3월에 개최된 9기 전국인대 3차 연례 회의에 상정되었다. 전국인대 대표의 심의 이후 〈입법법〉은 찬성 2,560명, 반대 89명, 기권 129명으로 통과되었다.[9]

(2) 〈입법법〉의 주요 쟁점

〈입법법〉이 제정되기까지 7년이 걸린 것은 쟁점이 많았기 때문이다. 이를 자세히 분석한 중국 연구자와 의회 관계자에 따르면, 주요 쟁점은 모두 아홉 가지였다. 여기에는 〈헌법〉 감독기관의 설치 문제가 빠졌기 때문에, 이것까지 합하면 모두 열 가지다. 구체적으로 ① 행정규장(規章)과 군사 법규, ② '공산당 영도'의 입법 원칙, ③ 입법 권한의 분할과 감독, ④ 행정법규의 제정 절차, ⑤ 지방성 법규의 비준 절차, ⑥ 법안의 통일 심의, ⑦ 법률 해석 권한, ⑧ 법규의 적용 규칙, ⑨ 위헌 및 위법 심사를 위한 법규 등록(備案)과 심사가 그것이다.[10] 이 중에서 가장 중요한 쟁점 몇 가지를 순서대로 살펴보면 다음과 같다.

| 헌법 감독 문제

첫째는 헌법 감독과 이를 위한 별도의 헌법 감독기관의 설치 문제다. 이 문제는 역대로 매우 '뜨거운 감자'였다. 예를 들어, 1982년에 〈헌법〉(《82헌법》)을 제정하는 과정에서 이 문제가 중요한 쟁점으로 등장했다.

당시에는 크게 세 가지 주장이 제기되었다. 첫째는 문화대혁명(1966~1976년)과 같은 헌법 파괴 사건의 재발을 방지하기 위해 독립적인 헌법위원회를 설립하자는 주장이다. 둘째는 이에 반대하는 주장이다. 헌법위원회는 전국인대 중심의 현행 정치체제와는 맞지 않는다는 이유에서였다. 셋째는 절충안으로서, 전국인대 상무위원회에 헌법 감독 기능을 부여하자는 주장이다. 결국 세 번째 주장이 채택되어 독립된 헌법 감독기구를 설립하려는 최초의 시도는 실패했다.[11]

그런데 2000년에 〈입법법〉이 제정될 때, 이 문제가 다시 제기되었다. 즉 〈헌법〉의 권위를 수호하기 위해서는 헌법위원회 같은 별도의 독립기구를 설립해야 하고, 이를 〈입법법〉에 규정해야 한다는 것이다. 그 결과 〈입법법〉의 1994년 토론용 초고에는 이에 대한 규정이 포함되었다. 그러나 객관적인 상황을 놓고 볼 때, 전국인대가 위헌 심사를 담당하는 것은 현실적으로 매우 어렵다는 비판이 제기되었다. 또한 정치적 문제도 제기면서 1997년 초안에는 이 규정이 삭제되었다. 단 〈감독법〉을 제정할 때 이 문제를 다시 논의하

자는 암묵적인 공감대가 형성되었다.[12]

│ 입법 권한 조정 문제

둘째는 국가기관 간의 입법 권한 조정인데, 이것이 실질적인 최대 쟁점이다. 여기에는 모두 세 가지 문제가 걸려 있다. 하나는 중앙–지방 간의 입법권 분할이다. 핵심은 전국인대(상무위원회)가 독점적으로 행사하는 입법권의 범위를 어디까지로 할 것인가였다. 지방은 가급적 많은 입법권을 요구했고, 반대로 중앙은 법제 통일을 위해 전국인대(상무위원회)의 입법권을 확대하려고 노력했다.

최종적으로 전국인대(상무위원회)는 모두 9개 분야의 독점적 입법권을 확보할 수 있었다. ① 국가 주권, ② 국가기구, ③ 민족자치구, 특별행정구, 군중 기층 자치제도, ④ 범죄와 형벌 규정, ⑤ 국민의 정치 권리, 인신 자유의 구속과 처벌, ⑥ 비(非) 국유자산의 징발, ⑦ 민사 기본제도, ⑧ 기본 경제 제도와 재정·세수·해관(海關)·금융·무역의 기본제도, ⑨ 소송과 중재 제도가 그것이다. 이처럼 전국인대(상무위원회)의 독점적 입법권을 분명히 규정했다는 점에서 〈입법법〉은 전국인대와 중앙 모두에게 일종의 '승리'였다.[13]

다른 하나는 전국인대–국무원 간의 입법권 분할이다. 〈입법법〉 제정 직전인 1998년 11월의 통계에 따르면, 전국인대(상무위원회)가 337건의 법률(결정)을 제정할 때, 국무원은 700여 개의 행정법규, 국무원 각 부서(부·위원회)는 4,600여 개의 행정규장(規章)을 제정했다. 참고로 지방인대는 6,000여 개의 지방성법규, 지방 정부는 1만 여 개의 지방규장을 제정했다.[14]

이런 통계를 보면, 국무원과 그 산하 부서가 모두 5,300개가 넘는 행정법규와 행정규장을 제정함으로써 사실상 입법을 주도했다. 따라서 전국인대가 국무원의 입법권을 어떻게 통제하는가는 매우 중요한 문제였다. 이것이 가능해야 전국적으로 통일적이고 표준화된 법률 체제가 수립될 수 있기 때문이다.

결론적으로 말하면, 국무원이 원래 가지고 있었던 두 가지 입법권, 즉 첫째, 법률 집행에 필요한 시행세칙 제정권과 둘째, 행정 업무 추진에 필요한 전문성 법규 제정권을 확보할 수 있었다. 여기에 더해 국무원은 법률이 아직 제정되지 않은 상황에서 전국인대 상무위원회의 승인하에 행정법규를 제정할 수 있는 권한, 즉 수권(授權) 입법권도 확보했다.

단 국무원이 제정하는 행정법규는 모두 전국인대 상무위원회에 보고하여 위헌 및 위법 심사를 받아야만 한다. 또한 국무원의 수권 입법도 까다로운 절차와 조건에 따라 행사해야 한다. 이 때문에 국무원은 전처럼 마음대로 입법권을 행사할 수는 없게 되었다. 이런 점에서 전국인대-국무원 간의 입법권 분할은 현상 유지, 즉 '타협'이라고 할 수 있다.[15]

입법권 분할의 마지막은 전국인대(상무위원회)가 지방 의회와 경제특구에 어느 정도의 입법권을 허용하는가의 문제다. 우선 수권 입법권은 지방 중에서는 유일하게 경제특구에만 부여했다(앞에서 말했듯이, 국무원에도 수권 입법권이 부여되었다). 경제특구는 1979년에 지정된 네 곳, 즉 광둥성의 선전(深圳), 주하이(珠海), 산터우(汕頭)와 푸젠성의 샤먼(廈門) 외에 1988년에 하이난성(海南省)이 추가되었다.

또한 국무원이 인정한 '비교적 큰 시(比較大的城市)'인 49개 지역에도 지방성법규 제정권이 부여되었다. 이것은 2015년에 〈입법법〉 수정을 통해 '구를 설치한 시(設區的市)' 전체, 즉 시급(市級) 대도시 전체로 확대되면서 235개 지역이 추가로 지방 입법권을 행사할 수 있게 되었다.[16] 이렇게 지방 입법권이 확대되면서 전국 주요 대도시의 지방 의회는 지역의 필요성에 따라 조례를 비교적 자유롭게 제정할 수 있는 권한을 확보하게 되었다. 다만 시급 인대가 제정한 지방성법규는 성급 인대 상무위원회의 비준을 받아야 하고, 동시에 성급 인대 상무위원회를 통해 전국인대 상무위원회와 국무원에 등록해야 한다.

| 법률 해석과 위헌 심사 문제

셋째는 법률 해석 권한이다. 이것은 다시 '입법 해석'과 '사법 해석' 두 가지로 구분된다. 먼저 입법 해석권은 지금까지의 관례대로 전국인대 상무위원회에 부여되었다. 즉 전국인대(상무위원회)가 제정한 법률의 해석은 전국인대 상무위원회가 최종적으로 결정하고,

그 결정은 법률과 동등한 효력을 갖는다.

그러나 사법 해석권에 대해서는 결론을 내리지 못했다. 이는 당시까지 최고법원과 최고검찰원이 사법 해석권을 행사한 관행을 묵인해준 것이다. 이후 2015년에 〈입법법〉을 수정하면서 최고법원·검찰원에 사법 해석 권한이 공식적으로 부여되었다. 단 이때도 최고법원·검찰원은 전국인대 상무위원회에 사법 해석 내용을 보고하고 심사를 받아야 한다. 또한 그것이 전국인대 상무위원회의 해석과 충돌하면 전국인대 상무위원회의 해석이 우선한다.

넷째는 위헌(違憲) 및 위법(違法) 심사를 위한 법규 등록(備案)과 심사다. 전국인대(상무위원회)를 제외한 다른 국가기관이 제정하는 법규가 〈헌법〉과 다른 법률에 어긋나지 않도록 하기 위해서는 이에 대한 체계적인 보고와 심사 제도가 필요하다. 〈입법법〉을 제정하면서 최초로 이에 대한 체계적인 제도를 만들었다.

예를 들어, 국무원의 행정법규와 성급 인대(상무위원회)의 지방성 법규는 전국인대 상무위원회에 보고하고 심사받아야 한다. 전국인대 상무위원회와 법률위원회는 이런 법규가 〈헌법〉과 법률에 어긋나지 않는지를 심사하여 그 결과를 회신해야 한다. 또한 만약 이들이 〈헌법〉 및 법률과 어긋날 경우는 그것의 수정 및 폐지를 지시할 수 있다. 이런 제도는 2015년과 2023년에 〈입법법〉을 수정함으로써 더욱 강화되었다.[17]

2. 〈감독법〉의 제정 과정

이제 〈감독법〉 제정 과정과 주요 쟁점을 살펴보자. 이것은 〈입법법〉에 비해 매우 복잡하고 험난한 길을 밟았다. 이 때문에 〈감독법〉의 제정 과정과 주요 쟁점을 구분하여 살펴보려고 한다.

〈감독법〉 제정 과정은 준비 단계 5년(1986~1990년)을 제외하면 모두 세 단계로 나눌 수 있다. 첫째는 제1차와 제2차 초안이 완성된 시기(1990~1998년)다. 둘째는 제3차 초안이 완성되고, 전국인대 상무위원회가 두 번 심의한 시기(1999~2003년)다. 셋째는 제4차 초안이 완성되어 전국인대 상무위원회가 두 번 심의하여 통과시킨 시기(2004~2006년)다.

(1) 〈감독법〉 제1차 초안의 작성과 특징

1980년대 중반부터 전국인대 대표들은 매년 〈감독법〉 제정을 요구하는 의안(議案, agenda)을 전국인대 지도부에 제출했다. 예를 들어, 1987년 3월에 개최된 6기 전국인대 5차 회의부터 2006년 3월에 개최된 10기 전국인대 4차 회의까지 20년 동안에 연인원 4,044명의 전국인대 대표가 〈감독법〉 제정을 요구하는 의안을 222건이나 제출했다.[18] 이는 20년 동안 매년 평균 202명의 전국인대 대표가 11건의 〈감독법〉 의안을 제출한 셈이다.

특히 제8기 전국인대 3차 회의(1995년)부터 5차 회의(1997년)까지

3년 동안에는 매년 약 300명의 대표가 관련 의안을 제출했다. 이는 전체 3,000명의 대표 중에서 약 10%가 감독법 제정을 요청하는 의안을 제출했다는 것을 의미한다.[19] 전국인대 역사상 이렇게 많은 대표가 특정 의안을 20년 동안 계속해서 제출한 적은 없었다.

또한 공무원의 부패 문제를 완화하려는 공산당 중앙도 전국인대에 〈감독법〉 제정을 요구했다. 구체적으로 1990년 3월에 개최된 공산당 13기 중앙위원회 6차 전체회의(13기 6중전회)는 〈당과 인민 군중의 연계 강화 결정〉을 채택했다. 여기에는 '전국인대 상무위원회가 업무 감독과 법률 감독에 대한 감독법을 임시로 제정할 것'을 요구하는 내용이 들어 있다.[20] 장쩌민 총서기도 전국인대 지도부에게 〈감독법〉 제정을 요구했다. 이처럼 1990년에 전국인대가 〈감독법〉 초안을 작성하게 된 직접적인 계기는 공산당 중앙과 장쩌민의 요구 때문이었다.[21]

이에 따라 1990년 5월에 전국인대 상무위원회 판공청 연구실은 장칭푸(張慶福)와 가오밍쉬안(高銘暄) 등 저명한 법학자를 중심으로 하는 제1차 초안의 기초조(起草組)를 구성하여 초안 작성에 돌입했다. 약 5개월간의 노력 끝에 그해 10월 27일에는 6장 89조로 구성된 〈전국인대와 전국인대 상무위원회 감독법〉(이하 제1차 초안)이 완성되었다. 제1차 초안이 이렇게 빨리 작성될 수 있었던 것은 1986년부터 약 5년 동안 진행한 기초 조사와 연구가 축적되었기 때문이다.

| 제1차 초안의 특징

제1차 초안은 몇 가지 특징을 가지고 있다. 첫째, 〈감독법〉의 적용 범위가 전국인대(상무위원회)에 한정되었다. 다시 말해, 지방인대(상무위원회)는 이 법의 적용 범위에서 제외되었다. 이는 전국인대(상무위원회)만의 〈감독법〉을 먼저 제정하고, 성급 및 시급 인대는 이런 〈감독법〉을 기초로 각자의 조건과 상황에 맞는 지방성법규를 제정하여 실행한다는 방침에 따른 것이다. 이는 지방인대 관계자가 요구하는 방향이 아니었지만, 제1차 초안은 이렇게 작성되었다.

둘째, 〈감독법〉의 적용 대상에는 국무원, 최고법원·검찰원뿐만 아니라 중앙군사위원회(중앙군위)도 포함되었다. 중앙군위가 전국인대의 감독 대상에 포함된 것은 매우 이례적이다. 중앙군위는 법적으로는 몰라도 실제로는 국가기구가 아니라 공산당 기구이기 때문이다. 중국 역사에서 중앙군위가 전국인대의 감독을 받은 적은 한 번도 없었고, 이는 지금도 마찬가지다. 이런 상황에서 전국인대가 중앙군위를 감독할 수 있도록 법률 초안을 작성한 것이다. 이것은 대단한 '돌파(突破)'였다.

셋째, 제1차 초안에는 헌법 감독(즉 위헌 심사)을 전담할 기구로 헌법감찰위원회(憲法監察委員會)가 설치되고, 이에 필요한 세부 절차가 독립된 장(章)으로 규정되었다. 넷째는 탄핵(彈劾), 즉 전국인대가 선출한 공직자를 전국인대가 파면(罷免)하는 인사 감독과, 철직(撤職: 파면), 즉 전국인대가 임명한 공직자를 전국인대 상무위원회가 파면하는 인사 감독 조항이 들어 있다. 철직 대상에는 국가 주석과 부주석, 국무원 총리와 부총리 및 국무원 조성인원(즉 부장과 주임), 중앙군위 주석과 부주석이 포함되었다. 탄핵과 철직 규정이 제1차 초안에 포함된 것도 역시 대단한 '돌파'였다.

이처럼 〈감독법〉 제1차 초안은 공산당 영도 체제라는 정치 현실을 놓고 볼 때, 매우 '이상화된(理想化)' 내용을 담고 있었다. 이는 의회 감독을 강화해서 중국에도 '사회주의 민주주의'를 실현해야 한다는 7기 전국인대 시기(1988~1993년)의 위원장인 완리(萬里)의 의지가 강하게 반영된 것이었다.

그러나 불행히도 바로 이런 이유로 인해 제1차 초안은 전국인대의 심의도 받지 못하고 폐기되는 운명을 맞았다. 즉 법안 초안을 공산당 중앙에 보고하기 전에 전국인대 상무위원회 당조가 심의했는데, 심의 결과 공산당 중앙에 보고하지 않는다고 최종적으로 결정한 것이다. 이를 보고해보았자 공산당 중앙에 의해 거부될 것이 분명해 보였기 때문이다.

먼저 탄핵은 〈헌법〉 규정에도 없는 조항으로, 서양식 의회제도를 도입한 것으로 비판받았다. 또한 제1차 초안에는 '의회 무시죄(蔑視罪)'가 들어 있었는데, 이는 정부를 비롯한 국가기관이 의회 감독을 무시하거나 거부하면 형사 범죄로 처벌하는 조항이다. 이것도 역시 공산당은 물론 정부와 다른 국가기관의 반발을 초래할 것이 분명했다.

마지막으로 정부·법원·검찰원의 업무보고가 전국인대의 심의를 두 번 이상 통과하지 못할 경우, 국무원 총리와 최고법원장·검찰장은 이에 법적인 책임을 지고 사직한다는 '자동 사직' 규정도 들어 있었다.[22] 이것도 공산당과 다른 국가기관이 수용할 수 없는 내용이다. 왜냐하면 국가기관의 수장에 대한 인사권은 공산당 중앙의 고유한 권한인데, 전국인대가 이를 침해한 것이기 때문이다. 또한 국가기관의 업무보고는 공산당 중앙의 사전심의와 비준을 거쳐 전국인대에 상정되는데, 전국인대가 이를 부결하면 공산당 중앙의 권위가 심각하게 손상되기 때문이다.

(2) 〈감독법〉 제2차 초안의 작성과 특징

〈감독법〉 제2차 초안 작성은 그로부터 4년이 지난 후에야 다시 시작될 수 있었다. 즉 8기 전국인대 시기(1993~1998년)의 위원장인 차오스(喬石)가 1994년에 〈감독법〉 제정을 전국인대 입법계획에 다시 포함한 것이다. 또한 1996년에는 전국인대 상무위원회 당조(黨組)를 통해 공산당 중앙에 〈감독법〉 제정 승인을 요청했고, 그해 10월에 승인받았다.

이후 '감독법 기초 영도소조'와 담당 실무 조직인 '기초조'가 구성되어 초안 작성에 들어갔다. 이때는 제1차 초안 작성과는 달리 전국인대 밖의 전문가(교수와 연구원)가 참여하지 않았다. 약 1년의 노력 끝에 10장 116조로 구성된 〈전국인대와 지방인대 감독법〉(이하 제2차 초안)이 1997년 11월에 완성되었다.

제2차 초안은 제1차 초안을 계승 발전시켰다. 첫째, 〈감독법〉의 적용 범위가 확대되었다. 즉 제1차 초안은 전국인대(상무위원회)만을 위한 것이었는데, 이번에는 전국인대(상무위원회)와 지방인대(상무위원회)를 모두 포함했다. 이 때문에 법률 조항이 6장 89조에서 10장 116조로 대폭 늘어났다.

둘째, 제1차 초안과 마찬가지로 헌법 감독을 위한 전문 기구, 즉 헌법감독위원회(憲法監督委員會)가 별도의 장(章)으로 규정되었다(기구의 명칭은 '감찰'에서 '감독'으로 한 글자가 변경되었다). 셋째, 제2차 초안에는 지방인대가 개척한 새로운 감독 방법, 즉 기존 〈헌법〉과 법률에는 없는 감독 방법이 모두 포함되었다. 이는 〈감독법〉 제정에 적극적이었던 차오스 위원장의 의지가 반영된 것이다.

그런데 문제가 있었다. 즉 1998년에 전국인대 위원장이 차오스에서 리펑(李鵬: 1998~2003년)으로 바뀌면서 제2차 초안도 제1차 초안과 같은 운명을 맞을 가능성이 매우 커졌다는 사실이다. 먼저 헌법감독위원회에 대해 리펑과 공산당 중앙은 매우 비판적이었다. 또한 의회가 새롭게 개척한 감독 방법, 특히 인사직무평가와 개별 안건 감독을 〈감독법〉에 포함하는 것에 대해서도 마찬가지로 회의적이었다. 결국 제2차 초안도 전국인대의 심의에 들어가지도 못하고 폐기되는 운명을 맞았다.[23] 전국인대 상무위원회 당조가 역시 이런 결정을 내린 것이다.

대신 리펑 위원장은 개별 감독에 대한 단일 법규를 제정하는 방향으로 입법 방침을 변경했다. 『입법과 감독: 리펑 인대 일기』(이하 『리펑 인대 일기』)에 따르면, 1999년 1월 25일에 리펑은 장쩌민 총서기에게 〈감독법〉 제정 상황을 보고했다. 이때 장쩌민은 전국인대가 〈헌법〉과 법률의 규정에 따라 감독을 전개하는 것은 좋은데, 구체적인 감독 방법에는 주의할 것을 요구했다. 이에 리펑은 〈감독법〉 대신에 네 개의 단일 법규, 즉 사법감독, 예산감독, 인사직무평가, 경제감독의 규정을 각각 제정할 것이라고 보고했다.[24] 이처럼 리펑 시기에 들어 〈감독법〉 제정이 다시 중단되었다.

(3) 〈감독법〉 제3차 초안의 작성과 심의

전국인대가 다시 〈감독법〉 제정에 나선 것은 이번에도 전국인대 대표들의 강력한 입법 청원이 있었기 때문이다. 즉 전국인대 대표의 〈감독법〉 제정 요구는 1999년 3월에 개최된 9기 전국인대 2차 회의와 2000년 3월에 개최된 9기 전국인대 3차 회의에서도 식을 줄을 몰랐다.[25]

그 결과 리펑 위원장은 1999년 7월에 〈감독법〉 제3차 기초조를 다시 구성해야만 했다. 기초조는 약 1년여의 노력 끝에 2002년 봄에 7장 73조로 구성된 〈전국인대와 지방인대 감독법〉(이하 제3차 초안)을 완성했다. 또한 제3차 초안은 제1차 및 제2차 초안과는 달리 전국인대 상무위원회의 심의에는 들어갈 수 있었다. 다만 이것도 법률로 확정되지는 못했다.

▎제3차 초안의 특징

제3차 초안이 전국인대 상무위원회의 심의에 들어갈 수 있었던 것은 제1차 및 제2차 초안과는 다른 몇 가지 중대한 변화를 겪었기 때문이다. 첫째, 〈감독법〉의 심의 주체가 전국인대에서 전국인대 상무위원회로 변경되었다. 〈감독법〉은 의회 활동을 규정한 매우 중요한 법률이다. 따라서 〈헌법〉의 분류법에 따르면, 〈감독법〉은 '기본법률'로서 〈입법법〉이 그랬듯이 전국인대의 심의를 거쳐야만 했다. 실제로 2001년 3월 20일에 개최된 전국인대 지도부 회의(아마 전국인대 당조 회의일 것이다)에서는 이런 방침을 결정했다.

그런데 그로부터 3개월이 지난 2001년 6월 12일의 전국인대 지도부 회의에서는 〈감독법〉의 심의 주체가 전국인대가 아니라 전국인대 상무위원회가 될 수 있다고 바꾸었다.[26] 그 이유는 분명했다. 제3차 초안의 내용이 전국인대 대표의 요구를 충족하지 못할 것이 분명했고, 이를 전국인대에서 심의할 경우는 대표의 심한 반대에 직면해 통과할 수 없을 것이기 때문이다.

둘째, 제1차 및 제2차 초안에는 있었던 헌법 감독기관, 즉 헌법 감찰위원회(제1차 초안)와 헌법감독위원회(제2차 초안)의 규정이 제3차 초안에서는 삭제되었다. 이로써 〈감독법〉은 〈입법법〉과 마찬가지로 헌법 감독을 전담하는 독립기구를 설립하는 데 또다시 실패했다.

셋째, 인사직무평가가 제3차 초안에서는 처음부터 배제되었다. 『리펑 인대 일기』에 따르면, 2001년 7월 6일에 리펑은 공산당 중앙 조직부 부장과 면담했는데, 이때 조직부 부장이 인사직무평가에 대한 공산당의 반대 의견을 전달했다. 즉 "차관급(副省級, 부성급) 간부는 공산당 중앙이 관리하는 간부(中管幹部)인데, 이들을 대상 으로 성급 인대 상무위원회가 인사직무평가를 시행하는 것은 타 당하지 않다"라는 것이다. 리펑 위원장은 이 주장을 수용했고, 그 결과 인사직무평가는 〈감독법〉에서 제외되었다.[27]

(4) 〈감독법〉 제4차 초안의 작성과 심의

그런데 제3차 초안의 심의는 2004년에 전국인대 상무위원회 가 2차 심의를 진행한 이후에 다시 중단되었다. 그 이유는 리펑 의 뒤를 이어 전국인대 위원장(2003~2013년)이 된 우방궈(吳邦國)가 2004년 8월에 개최된 10기 전국인대 상무위원회 11차 회의에서 발 표한 〈감독법 제정 보고〉를 통해 알 수 있다. 한마디로 말해, 현재 는 〈감독법〉을 제정할 조건이 성숙하지 않았고, 따라서 〈감독법〉 을 당장 제정할 필요가 없다는 것이다.

우방궈 위원장의 보고에 따르면, 현재까지 전국인대와 지방인 대는 개별 감독에 대한 단일 규정을 제정하여 감독 활동을 문제없 이 잘 진행해왔다. 또한 의회 감독은 이미 상당히 제도화되었다.

예를 들어, 매년 일정한 시기에 국무원은 전국인대 상무위원회에 경제 계획 추진 상황과 예산안 집행 상황을 보고하고, 전국인대 상무위원회는 이를 심의하여 비준한다. 지방인대와 지방 정부도 마찬가지다. 이처럼 우방궈 위원장은 의회 감독이 상당히 잘되고 있다고 판단했다. 이런 상황에서 〈감독법〉을 급하게 제정할 필요가 없다는 것이다.[28]

| 수정 원칙과 방침의 결정

이런 우방궈 위원장의 보고 이후 〈감독법〉 심의는 중단되었다. 대신 제3차 초안을 전면적으로 수정 보완하기 위한 제4차 기초조가 2004년 12월에 다시 구성되었다. 그리고 이때 제3차 초안의 수정 원칙과 방침(思路)이 확정되었다.

먼저 수정 원칙은 세 가지였다. 첫째, 감독 방식 중에서 실천 경험이 비교적 무르익은 것은 〈감독법〉에 구체적으로 규정한다. 둘째, 실천 경험이 아직 충분하지 않지만, 반드시 규정해야 하는 감독 방식은 〈감독법〉에 규정은 하되 원칙적으로만 규정하여 이후 개정할 여지를 남겨둔다. 셋째, 실천 경험이 매우 부족하고, 관련 기관의 의견이 일치하지 않는 감독 방식은 〈감독법〉에 규정하지 않고, 조건이 성숙할 때를 기다렸다가 보완하여 규정한다.

또한 이때 결정된 수정 방침도 세 가지였다. 첫째, 〈감독법〉의 적용 범위는 전국인대 상무위원회와 지방인대 상무위원회가 수행

하는 감독으로 한정한다. 다시 말해, 전국인대와 지방인대의 감독
은 〈감독법〉의 적용 범위에서 제외한다. 이는 매우 중요한 변경이
다(이에 대해서는 뒤에서 자세히 살펴볼 것이다). 둘째, 전국인대 상무위
원회와 지방인대 상무위원회가 정부·법원·검찰원에 대해 진행하
는 '전문(專項) 업무보고 청취와 심의'는 그 형식과 절차를 완전하게
규정한다. 셋째, 〈감독법〉과 현행 〈헌법〉 및 다른 법률 간의 관계를
잘 조정한다. 즉 〈감독법〉을 기존 법률체계에 맞추어 제정한다.[29]

　이후 〈감독법〉 제4차 기초조는 약 1년여의 노력 끝에 2006년 봄
무렵에 9장 48조로 구성된 〈전국인대 상무위원회와 지방인대 상무
위원회 감독법〉(이하 제4차 초안)을 완성했다. 제4차 초안이 제3차 초

〈표 7-1〉〈감독법〉의 변화 과정

시기	활동	명칭과 구성	특징
1990년	기초	〈전국인대와 상무위원회 감독법〉 6장 81조	• 전국인대로 한정 • '이상적인 내용' 포함
1997년	기초	〈전국인대와 지방인대 감독법〉 10장 116조	• 전체 의회로 확대 • 지방 감독 경험 포괄
2002년	기초/ 1심	〈전국인대와 지방인대 감독법〉 7장 73조	• 전체 의회로 확대 • 헌법 감독기구 미포함 • 인사직무평가 미포함
2004년	2심	〈전국인대와 지방인대 감독법〉 7장 77조	• 상동
2006년	수정/ 3심	〈전국인대 상무위원회와 현급(縣級) 이상 지방인대 상무위원회 감독법〉 9장 48조	• 인대 상무위원회로 한정 • 개별 안건 감독도 미포함
2006년	4심	〈각급 인대 상무위원회 감독법〉 9장 48조	• 상동 • 명칭 변경

자료: 필자 작성

안과 다른 가장 큰 차이점은, 이 법률의 적용 범위가 인대 상무위원회의 감독으로 한정되었다는 사실이다. 이 때문에 제3차 초안에서는 7장 73조였던 조문(條文)이 제4차 초안에서는 9장 48조로 거의 반 정도나 줄어들었다. 또한 제4차 초안에는 인사직무평가뿐만 아니라 개별 안건 감독도 제외되었다.

이후 제4차 초안은 2006년 6월과 8월에 전국인대 상무위원회에서 두 번의 심의를 거쳐 통과되었다.[30] 리펑 위원장이 결정했던 것처럼, 〈감독법〉은 전국인대의 심의를 거치지 않고 법률로 확정된 것이다.

〈표 7-1〉은 지금까지 살펴본 〈감독법〉의 기초와 심의 과정을 정리한 것이다. 이를 통해 우리는 〈감독법〉의 내용과 형식이 어떻게 변해왔는지를 파악할 수 있다.

3. 〈감독법〉의 주요 쟁점

〈감독법〉 제정을 설명하는 중국 전문가와 언론 매체는 주로 세 개의 개별 쟁점, 즉 인사직무평가, 업무평가, 개별 안건 감독만을 언급한다. 이 세 개의 쟁점을 둘러싸고 공산당·의회·정부·법원·검찰원의 관점이 달랐고, 이 때문에 〈감독법〉을 제정하는 데 20년씩이나 걸렸다는 것이다.

그런데 〈감독법〉 제정 과정에는 이런 세 개의 개별 쟁점보다 더 중요한 두 개의 근본적이고 포괄적인 쟁점이 있었다. 이는 겉으로 명확하게 드러나지 않았지만, 다시 말해 이를 둘러싸고 논쟁이 공개적으로 전개되지는 않았지만 〈감독법〉의 성격과 특징을 결정하는 매우 중요한 쟁점이다. 또한 〈감독법〉을 제정하는 데 20년이나 걸린 주된 이유는 이 두 가지 쟁정 때문이다.

첫째는 〈감독법〉의 적용 범위를 둘러싼 쟁점이다. 이는 흔히 '대(大)' 감독법 대 '소(小)' 감독법의 대립으로 표현되었다. 둘째는 〈감독법〉의 성격 혹은 중점에 대한 쟁점이다. 이는 '실질성(實質性)' 감독법 대 '절차성(程序性)' 감독법의 대립으로 표현할 수 있다.

(1) '대' 감독법과 '소' 감독법: 〈감독법〉의 적용 범위 문제

의회가 수행하는 모든 감독 활동을 포괄한 〈감독법〉을 '대' 감독법이라고 부른다. 반면 인대 상무위원회의 일부 감독 활동만을 포괄한 〈감독법〉을 '소' 감독법이라고 부른다.[31] 〈감독법〉은 제정 과정에서 적용 범위와 관련하여 중대한 변화를 겪었다. 앞에서 보았듯이, 제3차 초안(2002년)은 인대 상무위원회의 감독뿐만 아니라 인대 전체의 감독도 적용 범위에 포함했다. 그런데 제4차 초안(2006년)에서는 적용 범위를 전자로 한정하고, 후자는 배제했다. 그 결과 〈감독법〉은 '대' 감독법에서 '소' 감독법으로 바뀌었다.

'대' 감독법인가, 아니면 '소' 감독법인가 하는 문제는 매우 중요하다. 현실적으로 큰 의미가 있기 때문이다. 첫째, '대' 감독법은 의회가 정부·법원·검찰원에 대해 전면적인 감독 활동을 전개할 수 있도록 주요 감독 방식을 모두 법률로 보장한다. 여기에는 인대 상무위원회뿐만 아니라 인대 연례 회의, 전문위원회, 대표가 수행하는 모든 감독 방식이 포함된다. 따라서 '대' 감독법이 '소' 감독법보다 의회 감독을 강화하는 데 훨씬 유리하다. 전국인대 대표와 지방인대 관계자가 '대' 감독법의 제정을 요청한 것은 이 때문이었다.

둘째, '대' 감독법은 정부·법원·검찰원의 최고 책임자를 감독 대상에 포함한다. 예를 들어, 매년 개최되는 전국인대 연례 회의는 국무원·최고법원·최고검찰원의 업무보고를 청취하고 심의한다. 이때 업무보고는 국무원 총리, 최고법원 원장, 최고검찰원 검찰장이 직접 보고한다. 또한 논리상 업무보고가 전국인대 연례 회의에서 부결될 경우, 총리·법원장·검찰장은 법적인 책임을 져야 한다. '대' 감독법은 당연히 이에 대한 규정, 예를 들어 총리·법원장·검찰장의 사직 규정을 포함한다. 실제로 제1차 초안(1990년)에는 이런 '자동 사직' 규정이 들어 있었다(앞에서 살펴보았다).

셋째, '대' 감독법은 입법과정에서 반드시 전국인대의 심의를 거쳐야 한다. 왜냐하면 전국인대의 감독 활동을 규정하기 때문이다. 따라서 법리상 전국인대의 하부 기구인 전국인대 상무위원회가 '대' 감독법을 심의할 수는 없다. 그러나 '소' 감독법은 인대 '상무위원회'의 감독 활동을 규정하기 때문에 전국인대 상무위원회가 심의할 수 있다. 최소한 논리상으로는 이렇다. 이처럼 전국인대 상무위원회가 '소' 감독법을 심의하면, 전국인대 대표의 반대나 항의를 받을 일도 없다.

이처럼 〈감독법〉의 심의 과정에서 '대' 감독법이 '소' 감독법으로 바뀐 것은 위에서 말한 세 가지 이유 때문이었다. 결국 〈감독법〉이 '소' 감독법으로 귀결되었다는 것은, 공산당이 전면적인 의회 감독을 허용하지 않겠다는 의도가 반영된 것이다. 또한 의회 감독에서 국가기관의 최고 책임자를 배제함으로써 의회가 공산당의 인사권에 도전하는 일을 절대로 허용할 수 없다는 의지가 반영된 것이기도 하다. 그 밖에도 여기에는 법안 심의 과정에서 전국인대 대표를 완전히 배제함으로써 공산당과 그에 동조하는 전국인대 지도자들의 의도대로 〈감독법〉을 제정하겠다는 책략도 들어 있다.

(2) '실질성' 감독법과 '절차성' 감독법: 〈감독법〉의 성격 문제

이 쟁점도 〈감독법〉 제정 과정에서는 명시적으로 드러나지 않았다. 그러나 법안 기초와 심의 과정에서 개별 쟁점을 둘러싸고 논쟁이 벌어질 때마다 그 근원을 파고들어 가면 결국 이 문제로 귀결된다. 이런 면에서 우리는 '실질성' 감독법 대 '절차성' 감독법의 대립이 가장 중요한 쟁점이라고 말할 수 있다.

여기서 '실질성' 감독법은 업무 감독, 법률 감독, 인사 감독 등 의회가 수행하는 주요 감독 내용을 모두 포괄하여 의회 감독을 강화하는 〈감독법〉을 가리킨다. 이 경우 〈감독법〉은 그동안 지방인대가 탐색한 다양한 감독 활동, 예를 들어 인사직무평가, 업무평가, 개별 안건 감독을 모두 포함함으로써 의회 감독을 대폭 강화할 수 있다. 헌법 감독도 마찬가지다. 전국인대 대표와 지방인대 관계자가 〈감독법〉 제정에서 요구한 것은 바로 이와 같은 '실질성' 감독법이다.

반면 '절차성' 감독법은 현행 〈헌법〉과 법률이 규정하고 있는 의회의 감독 방식을 대상으로 실행 절차와 과정을 표준화(規範化)함으로써 의회가 전국적으로 통일된 방식으로 감독 활동을 전개할 수 있도록 만드는 〈감독법〉을 가리킨다. 이 경우 〈감독법〉은 의회가 탐색한 다양한 감독 방식 중에서 현행 〈헌법〉과 법률로 규정할 수 있는 것만 흡수한다.

결국 '절차성' 감독법으로서의 〈감독법〉은 의회 감독을 강화하는 것보다는 의회의 감독 활동을 표준화하는 데 초점을 맞추게 된다. 따라서 이런 방식으로 〈감독법〉이 제정될 경우, 의회 감독은 강화되기는커녕 오히려 약해지는 결과를 초래할 수 있다. 지방 의회가 개척한 새로운 감독 방식이 대부분 〈감독법〉에 포함되지 않을 것이기 때문이다.

〈감독법〉의 제정 과정을 보면, '실질성' 감독법에서 '절차성' 감독법으로 그 성격이 변화되었다. 먼저 『리펑 인대 일기』에 따르면, 전국인대 대표가 제출한 〈감독법〉 제정 요청 안건은 주로 '실질성의 감독' 강화를 요구하고 있다. 그런데 그의 판단에 따르면, 이는 중국의 정치 상황(즉 공산당 영도 체제)을 놓고 볼 때, '현재 시점에서는 도달할 수 없는 것'이다. 이처럼 리펑은 처음부터 '실질성' 감독법의 제정에 회의적이었다(즉 반대했다).

그렇지만 전국인대 대표의 요구가 워낙 강력했기 때문에 리펑 위원장도 이들의 요구에 따라 〈감독법〉을 기초할 수밖에 없었다. 2001년 3월 20일에 있었던 전국인대 지도부의 〈감독법〉 기초 논의에서 합의한 여섯 가지의 입법 방침 중에서 네 번째가 바로 이에 대한 것이다. 즉 "감독법은 감독의 내용·형식·절차를 구체적으로 규정하여, 실행할 수 있어야 한다."[32]

여기서 알 수 있듯이, 이때까지만 해도 〈감독법〉은 형식과 절차뿐만 아니라 내용에도 주목하여 제정한다는 방침에 따르고 있었다. 그리고 이런 방침에 따라 〈감독법〉은 의회가 탐색한 새로운 감독 방식, 즉 인사직무평가, 업무평가, 개별 안건 감독을 모두 포함할 예정이었다. 이런 감독 방식은 현실에서 효과가 검증되었을 뿐만 아니라 1990년대 중반 무렵에는 대다수 인대가 사용하고 있었기 때문이다. 그리고 전국인대 대표와 지방인대 관계자가 바로 이것을 요구했기 때문이다.

그러나 시간이 가면서 〈감독법〉의 기초 방침이 변화하기 시작했다. 즉 아무리 감독 효과가 좋은 새로운 방식일지라도 공산당과 정부·법원·검찰원이 반대하면 〈감독법〉에 수용될 수 없다는 것이다. 이렇게 되면 〈감독법〉은 의회가 개척한 새로운 감독 방식을 규정하는 것이 아니라, 현행 〈헌법〉과 법률에 규정된 기존의 감독 방식을 현실에서 충실히 실행할 수 있도록 절차와 과정을 구체적으로 다듬고 표준화하는 것이 된다. 이런 변경은 2002년 7월 30일에 리펑 위원장이 장쩌민 총서기에게 〈감독법〉의 제정 상황을 보고할 때 분명하게 드러났다.[33]

이처럼 〈감독법〉이 '실질성' 감독법에서 '절차성' 감독법으로 변해가는 상황을 지켜보면서, 톈지윈(田紀雲) 전국인대 부위원장(1993~2003년)은 리펑의 지도하에 작성된 제3차 초안(2002년)에 대해 "새로운 것이 없다"라고 신랄하게 비판했다. 즉 "〈감독법〉은 실질성 문제를 담아야 하고, 그렇지 않으면 없느니만 못하다"라는 것이다. 또한 절차성 문제는 다른 법규가 이미 다루고 있으므로 현재 필요한 것은 지방 의회의 감독 경험을 총괄하여 법률로 규정하는 일이다. 그렇게 해야만 의회가 감독 활동을 더욱 활발히 전개할 수 있다.[34] 그러나 톈지윈의 비판은 끝내 수용되지 않았다. 리펑과 우방궈 위원장이 반대했기 때문이다.

(3) 네 가지의 개별 쟁점 사항

이제 〈감독법〉 제정 과정에서 제기되었던 네 개의 개별 쟁점 사항을 살펴보자.

| 헌법 감독

첫째는 헌법 감독과 이를 위한 독립적인 헌법 감독기관의 설립 문제다. 이 문제는 〈감독법〉 제정 초기의 최대 쟁점 중 하나였다. 완리와 차오스 위원장은 〈감독법〉에 독립된 헌법 감독기구를 규정해야 한다고 주장했다.[35] 그 결과 제1차 초안(1990년)과 제2차 초안(1997년)에는 각각 헌법감찰위원회와 헌법감독위원회를 규정한 별도의 장이 들어 있었다. 그러나 제3차 초안(2002년)에서는 이것이 배제되었다. 리펑 위원장이 반대했기 때문이다. 이에 대해서는 앞에서 자세히 살펴보았다.

단 완리와 차오스 위원장 때에도 논쟁은 계속되었다. 예를 들어, 헌법 감독기구를 전국인대 상무위원회와 동급의 독립기구로 설립할 것인지, 아니면 전국인대 산하의 여러 전문위원회 중 하나로 설립할 것인지를 두고 논쟁이 벌어졌다. 이것을 전국인대 상무위원회와 동급의 독립기구로 설립하면 전국인대−전국인대 상무위원회로 이어지는 최고 국가 권력기관의 기본 구조에 혼란이 발생한다. 반면 전문위원회의 하나로 설립하면 권위가 떨어지는 문제가 발생한다.

참고로 헌법 감독기구 문제는 이후에 다시 논의되었다. 구체적으로 2018년 3월에 개최된 13기 전국인대 1차 연례 회의에서 〈헌법〉 수정안이 통과되었다. 이때 전국인대의 전문위원회 중 하나인 '법률위원회'가 '헌법·법률위원회(憲法和法律委員會)'로 명칭이 변경되었다. 동시에 이 전문위원회가 법안의 통일 심의 기능 이외에 헌법 감독 기능을 추가로 맡게 되었다.[36]

결과를 놓고 보면, 헌법 감독기구를 전국인대 전문위원회의 하나로 설립하는 방안이 채택된 것이다. 이렇게 등장한 헌법 감독기구가 제대로 기능할지에 대해서는 비판적인 시각이 지배적이다. 그런데 지금까지의 실제 활동 과정을 보면, 헌법·법률위원회가 점차로 헌법 감독 기능을 수행하고 있다는 평가가 제기되었다.[37] 그러나 이 경우도 공산당의 정책과 활동은 전국인대의 헌법 감독 대상에 포함되지 않는다는 근본적인 문제가 남아 있다.

| 인사직무평가

둘째는 인사직무평가다. 이 감독은 정부 부서 책임자의 업무 수행을 평가하는 인사 감독의 성격을 띠고 있다. 그래서 공산당의 간부 관리 원칙과 충돌할 가능성이 있다. 의회 관계자는 〈감독법〉이 인사직무평가를 반드시 포함해야 한다고 주장했다. 또한 완리와 차오스 위원장도 이를 지지하고, 실제로 이들이 만든 제1차(1990년)와 제2차(1997년) 초안에는 인사직무평가가 들어 있었다.

반면 공산당 조직부와 정부는 이에 강력히 반대했다. 앞에서 보았듯이, 〈감독법〉 심의 과정에서 공산당 중앙 조직부 부장은 리펑 위원장을 찾아와 인사직무평가가 공산당의 간부 관리 원칙과 충돌한다는 이유로 반대한다는 의사를 분명히 전달했다. 리펑 위원장이 이를 수용하여 이 감독 방법은 〈감독법〉에서 최종적으로 제외되었다.

그런데 여기서 주의할 점이 있다. 〈감독법〉이 인사직무평가를 배제했다고 해서 지방 의회가 이 감독을 실행할 수 없는 것은 아니다. 리펑 위원장도 이를 직접 확인했다. 즉 "인사직무평가가 〈감독법〉에 포함되지 않았다고 해서 (이 감독의) 법적 지위가 없다는 것은 아니다." 왜냐하면 전국인대가 1995년에 전국인대 상무위원회의 업무보고를 심의하고 관련 〈결의(決議)〉를 채택했을 때, "인대는 인사직무평가를 계속 탐색한다"라고 결정했기 때문이다. 이처럼 인사직무평가 감독은 전국인대의 〈결의〉라는 법적 근거를 이미 가지고 있다. 다만 〈감독법〉에 이것이 포함되지 않음으로써 지방 의회가 인사직무평가 감독을 전개할 때는 사전에 지방 공산당 위원회의 승인을 받아야 한다.[38]

실제로 〈감독법〉 제정 이후의 상황을 보면, 여러 의회가 변형된 형태로 인사직무평가 감독을 계속 실행하고 있다. 예를 들어, 일부 지방 의회는 자신이 임명한 정부 부서 책임자와 주요 법관 및 검찰관을 대상으로 정기적으로 '직무수행평가(履職評議)' 감독을 시행하고 있다. 이 감독은 정부 부서 책임자보다는 '양관(兩官)', 즉 법관과 검찰관을 주요 대상으로 실시되고 있다.

그런데 이런 '직무수행평가'는 절차와 내용 면에서 이전의 인사직무평가와 매우 비슷하다. 즉 인대 상무위원회의 사전 조사, 평가 대상자의 업무 수행 결과 보고(述職), 인대 상무위원의 평가(評議)와 개선 사항의 전달, 평가 대상자의 개선 결과 보고가 바로 그것이다.[39] 정부 부서와 하급 공직자를 대상으로 진행되는 업무평가 감독도 마찬가지로 여전히 실행되고 있다.[40] 다만 전에 비해서 인사직무평가를 시행하는 의회의 숫자가 많이 감소했고, 활력도 크게 떨어졌다는 변화가 있다. 이런 면에서 〈감독법〉은 지방 의회의 감독 활동에 부정적인 영향을 미친 것이 분명하다.

| 업무평가

셋째는 업무평가다. 이 감독은 다른 방식으로 절충이 이루어졌다. 우선 이를 반대하는 정부의 주장을 보자. 이에 따르면, 정부가 매년 인대 연례 회의에서 정부 업무 계획, 경제발전 계획, 국가예산안을 보고하고 심의를 받을 뿐만 아니라 인대 상무위원회 회의에서도 정기적으로 경제발전 계획 추진 상황, 예산안 집행 상황 등을 보고하고 심의받는다. 따라서 별도의 업무평가 감독을 다시 규정할 필요가 없다. 반면 의회 관계자는 이것만으로는 정부의 방대한 업무 수행을 제대로 감독할 수 없다고 주장했다. 따라서 업무평가를 반드시 〈감독법〉에 포함해야 한다.

최종 결과는 절충이었는데, 이는 리펑 위원장이 주도했다. 첫째, 감독 주체를 인대 대표에서 인대 상무위원회로 바꾸었다. 그때까지 많은 지역에서는 인대 상무위원회가 아니라 인대 대표가 업무평가의 주체가 되어 활발히 활동했다. 그래서 업무평가는 다른 말로 '대표평가(代表評議)'라고도 불렀다. 그러나 이제는 그렇지 않다는 것이다. 물론 이후에도 인대 대표가 업무평가 감독에 참여할 수는 있지만, 감독 주체는 이제 인대 상무위원회다.

또한 감독 명칭을 업무평가에서 '전문(專項) 업무보고의 청취와 심의'로 바꾸었다. 사실 이는 여러 지방 의회가 이미 실시하고 있던 '전문 업무 감독', 즉 인대 상무위원회가 정부의 특정 업무에 대한 보고를 청취하고 심의하는 감독에 업무평가의 일부 내용을 추가한 것에 불과하다. 이런 면에서 보면, 이는 엄격한 의미의 업무평가 감독이 아니다. 우방궈 위원장은 이런 절충조차도 필요 없다고 반대했지만,[41] 최종적으로 이 방식으로 합의가 이루어졌다.

| 개별 안건 감독

개별 안건 감독은 〈감독법〉 심의 과정에서 맨 마지막에 제외되었다. 1999년에 전국인대 상무위원회가 '개별 안건 감독 결정'이라는 단일 법규를 심의할 때, 최고법원은 국무원 사법부를 통해 이에 반대한다는 뜻을 전달했다. 또한 이 문제를 논의하기 위해 관계 기관 회의가 개최되었을 때도 최고법원과 최고검찰원은 반대 의견을 직접 발표했다. 이 때문에 '개별 안건 감독 결정'은 제정되지 못했다 (반면 재정감독에 대한 단일 법규는 제정되었다).

그러나 지방 의회는 개별 안건 감독이 법원과 검찰원에 대한 감독에서 효과가 큰 감독 방식이라는 판단하에 끝까지 이를 〈감독법〉에 포함할 것을 요구했다.[42] 또한 정부와 비교했을 때, 법원과 검찰원은 정치적 지위가 낮아서 이들의 반대는 그렇게 위력적이지 않았다. 그 결과 개별 안건 감독은 2006년 6월에 전국인대 상무위원회 회의가 개최되어 〈감독법〉을 심의하여 통과시키기 직전에서야 최종적으로 제외되었다.

그런데 여기서도 주의할 점이 있다. 개별 안건 감독이 〈감독법〉에 포함되지 않았다고 해서 지방 의회가 이를 시행할 수 없는 것은 아니다. 1995년에서 2003년까지 16개의 성급 인대는 감독 조례를 제정해서 개별 안건 감독에 법적 근거를 제공했다. 그런데 2006년에 〈감독법〉이 제정된 이후의 상황을 보면, 이 중에서 10개 지역은 관련 규정을 폐기했지만, 나머지 3개 지역은 그것을 수정해서, 나머지 3개 지역은 과거 규정을 그대로 사용하고 있다.[43]

이처럼 개별 안건 감독은 실행 지역이 전보다 많이 줄고 활력도 떨어졌지만, 지금도 여전히 일부 지방 의회가 사용하는 중요한 감독 방식 중 하나다. 이 때문에 개별 안건 감독의 타당성과 법적 정당성을 둘러싼 논쟁은 현재까지도 계속되고 있다(이 논쟁에 대해서는 의회의 감독 활동을 검토하는 장에서 다시 논의할 것이다).[44]

|4. 〈입법법〉과 〈감독법〉의 차이를 초래한 요인|

지금까지 우리는 〈입법법〉과 〈감독법〉의 초안 작성과 심의, 이를 둘러싼 주요 쟁점에 대해 자세히 살펴보았다. 이제 두 법률의 차이를 초래한 주요 요인을 살펴보자. 크게 세 가지 요인을 들 수 있다. 첫째는 공산당의 태도 변화고, 둘째는 정부·법원·검찰원의 반대이며, 셋째는 전국인대 지도자의 의지와 활동이다.

(1) 공산당의 태도 변화

〈입법법〉과 〈감독법〉에 대한 공산당의 태도는 크게 달랐다. 〈입법법〉은 공산당 영도 원칙, 특히 간부 관리 원칙과 충돌할 일이 거의 없었다. 그럴 가능성이 있는 규정은 헌법 감독과 관련된 것인데, 이 사안은 〈입법법〉의 기초 단계에서 이미 배제되었다. 이 때문에 공산당이 이 법의 제정에 반대할 이유가 없었다. 따라서 〈입법법〉은 관련 기관 간의 이해 상충과 기술적인 문제로 인해 입법이 늦어진 것이지, 공산당의 반대로 늦어진 것은 아니었다.

| 공산당 영도 원칙과의 충돌 가능성

반면 〈감독법〉은 의회 관계자가 요구하는 내용으로 제정된다면 공산당 영도 원칙과 충돌할 가능성이 있었다. 먼저 공산당의 정책 결정권과 '대' 감독법의 충돌 가능성이다. 정부가 제출하고 의회가 심의하는 대부분 정책은 공산당이 사전에 심의하여 승인한 것이다. 경제 계획, 업무보고, 예산안, 중대 건설 항목 등이 그렇다. 이는 법원·검찰원도 마찬가지다. 이런 정책은 의회의 승인을 거쳐 국가 정책으로 확정되어야 법적 효력을 가진다.

그런데 만약 의회가 이를 승인하지 않으면 정부·법원·검찰원뿐만 아니라 공산당의 정책 결정권도 심각한 타격을 입게 된다. 실제로 일부 지방에서는 이런 일이 벌어졌다. 2001년 2월에 발생한 '선양(瀋陽) 사건'과 2000년대 초에 몇 년 동안 연속해서 발생했던 '광둥(廣東) 현상'이 이를 보여주는 대표적인 사례다(이에 대해서는 뒤의 장에서 자세히 살펴볼 것이다). 따라서 공산당의 관점에서 볼 때, 〈감독법〉이 '대' 감독법이 아니라 '소' 감독법으로 제정되는 것이 자신의 영도 원칙을 지키는 데 유리하다.

또한 의회의 인사직무평가는 공산당의 간부 관리 원칙과 충돌할 가능성이 있고, 실제로 일부 지방에서는 그런 일이 벌어졌다.[45] 우리가 잘 알고 있듯이, 공산당의 인사권 독점은 공산당 영도 체제를 유지하는 가장 강력한 수단이다. 따라서 이 문제는 공산당에게 매우 민감하다. 그래서 공산당 중앙 조직부 부장이 이에 대한 반대 의사를 분명히 전달했고, 그 결과 제3차 초안(2002년)에서는 인사직무평가가 아예 배제된 것이다.

| 헌법 감독: 공산당도 법률 감독 대상?

그 밖에도 의회의 헌법 감독(즉 위헌 심사)과 공산당의 의법치국 및 의법집권 방침이 충돌할 가능성이 있다. 〈헌법〉과 〈당장(黨章)〉에 따르면, 공산당은 중국에서 유일한 집권당(執政黨)이자 영도당(領導黨)이지만, 동시에 〈헌법〉과 법률의 범위 내에서 활동해야 하는 정치조직이다.[46] 이는 리펑 위원장이 〈감독법〉 제정 과정에서 의회-공산당 간의 관계에 대한 원칙을 결정할 때 확인했던 사실이다. 즉 "공산당은 인대 감독을 영도하지만, 동시에 법률의 범위 내에서 활동해야 한다"라는 것이다.[47]

그런데 전국인대는 법률 감독을 담당하고 있고, 이 논리에 따르면 공산당도 전국인대의 법률 감독을 받아야 한다. 헌법감독위원회는 바로 이를 위한 전문 감독기관이다. 따라서 헌법감독위원회가 설치될 경우, '공산당의 정책과 활동도 위헌 심사를 받아야 하는가?'라는 난처한 문제가 제기될 수 있다. 실제로 헌법감독위원회가 설치되면, 사회단체나 지식인 중에서 공산당의 정책과 활동에 대해 '위헌 심사'를 청구하는 사례가 나올 가능성이 충분히 있다.

공산당의 관점에서 볼 때, 이는 쉽게 수용할 수 있는 문제가 아니다. 그래서 〈82헌법〉이 제정될 때, 2000년에 〈입법법〉이 제정될 때 독립적인 헌법 감독기관을 설립하자는 주장이 제기되었지만 끝내 거부된 것이다. 〈감독법〉 제정 과정에서도 헌법 감독기구 규정이 끝내 배제된 것은 같은 이유 때문이었다. 또한 2018년에 〈헌법〉

이 개정되면서 전국인대 헌법·법률위원회가 위헌 심사 권한을 갖게 되었지만, 공산당의 정책과 활동은 심사 대상에서 제외된 것도 같은 이유 때문이다.

(2) 정부·법원·검찰원의 반대

또한 정부·법원·검찰원의 〈입법법〉과 〈감독법〉에 대한 태도도 크게 달랐다. 먼저 〈입법법〉은 전국인대의 요구대로 제정되어도 다른 국가기관의 권한이 대폭 축소되거나 활동이 심하게 위축되는 일은 없다. 또한 입법권은 처음부터 의회의 고유한 권한이고, 공산당과 다른 국가기관도 이를 인정한다. 따라서 〈입법법〉에서 이를 명시적으로 규정한다고 해서 상황이 이전과 크게 달라지지는 않는다는 것이다.

또한 〈입법법〉이 어떻게 제정되어도 정부·법원·검찰원은 '최소한의 권한'을 인정받을 수 있다. 예를 들어, 국무원은 이전부터 두 가지의 고유한 입법권, 즉 첫째, 법률 시행세칙 제정권과 둘째, 행정 관련 전문법규 제정권을 보유하고 있었다. 이는 〈입법법〉이 제정되어도 바뀔 수 없는 국무원의 고유한 입법권이다. 따라서 이것만 보장받는다면 국무원이 〈입법법〉에 대해 크게 반대할 이유는 없다.

법원·검찰원도 지금까지 사법 해석권을 행사했다. 이는 당연한 일이고, 〈입법법〉이 제정되어도 크게 바뀔 수 있는 일이 아니다. 중국에서 사법권, 즉 법원의 심판권과 검찰원의 수사권은 의회가 행사할 수 있는 권한이 아니기 때문이다. 따라서 법원·검찰원도 이것만 보장된다면 〈입법법〉에 대해 크게 반대할 이유가 없다.

| 〈감독법〉에 대한 반대

그러나 〈감독법〉은 다르다. 이는 〈감독법〉이 정부·법원·검찰원의 권한과 활동을 통제할 목적으로 제정되는 법률이기 때문이다. 따라서 이들 국가기관이 '강력한' 〈감독법〉 대신에 '약한' 〈감독법〉의 제정을 원하는 것은 당연할 일이었다. 다만 〈감독법〉의 기초와 심의 과정에서 이를 명시적으로 반대할 수는 없었다. 〈헌법〉과 다른 법률에서 국가기관은 의회에 의해 구성되고, 의회의 감독을 받는다고 명시하고 있기 때문이다. 대신 이들은 〈감독법〉이 공산당 영도 원칙이나 간부 관리 원칙과 충돌한다는 명분을 내세웠다.

우선 정부는 '대' 감독법보다 '소' 감독법을 선호했다. 〈감독법〉이 '대' 감독법으로 제정되어 감독 규정이 전면적으로 강화된다면, 정부에게는 난처한 일이 발생할 수 있다. 만약 정부 업무보고나 예산안이 인대 연례 회의의 심의를 통과하지 못하면, 국무원 총리나 성장(省長)과 시장(市長)은 법적 책임을 져야만 했기 때문이다. 제1차 초안(1990년)에 정부 업무보고가 두 차례 부결되면 정부 수장은 책임지고 사직한다는 '자동 사직' 규정이 들어 있었던 것은 이런 위험성을 잘 보여준다.

정부 부서 책임자가 의회의 인사직무평가 감독을 반대한 것도 마찬가지다. 인사직무평가의 결과 고위 공직자가 파면당하는 일은 실제로 많지 않다. 그러나 만약 이 감독에서 낮은 평가를 받으면 당장 권위가 손상되고, 미래의 승진도 위협받을 수 있다. 평가 결과가 공산당에 보고되어 인사고과 자료로 활용되기 때문이다. 정부 부서와 하위직 공무원을 대상으로 시행되는 업무평가는 그만큼은 아니지만, 정부 관점에서 보면 자신의 활동을 제약하고 통제하는 족쇄이기 때문에 반대할 수밖에 없다.

법원·검찰원도 정부와 마찬가지로 '대' 감독법이나 '실질성' 감독법은 반대한다. 특히 개별 법관과 검찰관을 대상으로 실시되는 개별 안건 감독에 대해서는 반대 정도가 더욱 심하다. 명분은 법관의 '독립 심판'과 검찰관의 '독립 수사' 권한을 침해한다는 것이지만, 실제는 감독 결과에 따라 파면 등 심각한 인사 조치를 당하는 경우가 많기 때문이다. 그래서 최고법원과 최고검찰원은 전국인대 상무위원회가 개별 안건 감독에 대한 단일 법규를 심의할 때, 그것이 통과되지 않도록 최선의 노력을 다했다. 〈감독법〉 제정 과정에서도 마찬가지였다. 그 결과 개별 안건 감독도 최종적으로 〈감독법〉에서 제외되었다.

(3) 전국인대 지도자의 소극적인 태도

〈입법법〉과 〈감독법〉에 대한 전국인대 지도자들의 태도도 크게 달랐다. 우선 〈입법법〉은 앞에서 보았듯이 공산당 영도 원칙과 충돌할 가능성이 거의 없었기 때문에, 또한 정부·법원·검찰원과도 적절한 선에서 타협할 수 있었으므로 전국인대 지도자의 강한 의지와 적극적인 추진이 필요하지 않았다.

이런 사실은 리펑 위원장의 『리펑 인대 일기』를 통해 확인할 수 있다.[48] 즉 이를 보면, 〈입법법〉의 초안 작성과 심의 과정에서는 공산당이나 다른 국가기관과의 심각한 대립이나 갈등이 없었다. 단지 관련 기관의 이해조정과 기술적인 차원에서 몇 가지 쟁점을 원만히 처리하고, 이를 토대로 법률 초안을 수정 및 보완하면 문제를 해결할 수 있었다. 따라서 리펑 위원장의 역할이 특별히 중요하지 않았다.

반면 〈감독법〉은 달랐다. 이 법이 최종적으로 의회 감독을 강화한 것이 아니라 그 반대가 되도록 제정된 데에는 전국인대 지도자의 태도와 관련이 있다. 앞에서 보았듯이, 완리와 차오스 위원장, 톈지윈 부위원장은 〈감독법〉이 '대' 감독법과 '실질성' 감독법이 되도록 열심히 노력했다. 또한 주요 쟁점에 대해서는 의회 관계자의 요구를 수용하여 타협하지 않았다. 이들이 주도해서 제정한 제1차(1990년)와 제2차(1997년) 초안은 이를 잘 보여준다. 따라서 이들이 전국인대 위원장으로 재직할 때 〈감독법〉이 제정되었다면, 지금과는 상당히 다른 법률이 탄생했을 것이다.

| 리펑과 우방귀의 소극적인 태도

그러나 현실은 그렇지 않았다. 즉 리펑과 우방귀가 전국인대 위원장으로 재직할 때 〈감독법〉의 초안이 만들어지고 최종적으로 통과되면서 원래의 입법 취지와 기초 내용은 상당히 훼손되었다.

리펑 위원장은 『리펑 인대 일기』에서 〈감독법〉 제정 과정에 대해 자세히 기록하고 있다. 이를 보면, 그는 중립적인 입장에서 법안의 기초와 심의를 관리하려는 것처럼 보인다. 그러나 이는 사실이 아니다. 리펑은 전임 지도자가 제정한 제2차 초안(1997년)에 대해 반대했고, 실제로 공산당 중앙과 국무원의 입장에 맞추어 그것을 '순화(順化)'하려고 노력했다.

『리펑 인대 일기』에는 이것이 분명하게 드러나 있다. 예를 들어, 2002년 8월에 9기 전국인대 상무위원회 29차 회의가 개최되었고, 이때 제3차 초안(2002년)에 대한 1차 심의가 진행되었다. 이때 전국인대 상무위원회 위원 간에 격론이 벌어졌다. 이런 논의를 지켜보던 리펑은 전국인대와 공산당 간의 관계를 설명하면서 다음과 같이 주장했다.

"방금 어떤 동지가 전국인대는 최고 국가 권력기관이기 때문에 최고 감독기관이라고 말했는데, 이는 실제에 부합하지 않는다. 전국인대는 비록 최고 국가 권력기관이지만 공산당 영도하에서 활동해야 한다. 이는 우리 정치의 특징이다. 이 원칙에서 벗어나면 공산당과 전국인대 간의 관계가 잘못 처리되고, 잘못된 위치에 놓이게 되며, 각 방면의 업무가 잘 처리될 수 없다. 만약 인대 업무가 공산당 영도를 강화하는 것이 아니라 약화하는 것이라면, 인대 업무는 우리의 국가 체제에 어긋나는 것이다. [중략] 따라서 나는 전국인대가 최고의 감독기관이라고 생각하지 않는다."[49]

또한 리펑 위원장은 〈감독법〉 기초와 심의 경험을 총괄적으로 평가한 2002년 8월 28일의 일기에서 다음과 같이 주장했다. 우선 의회 감독의 목적은 '정부의 의법행정(依法行政)과 법원·검찰원의 공정사법(公正司法)을 촉구하여, 인민의 근본적인 이익과 합법적인 이익을 보호하는 것'이다. 즉 그에 따르면, 의회 감독의 목적은 국가권력의 감시와 통제가 아니다.

또한 의회 감독의 두 가지 형식은 '법률 집행 감독과 업무보고 청취 및 심의'다. 즉 그에 따르면, 이를 제외한 나머지 감독 활동은 부수적일 뿐이다. 그가 헌법 감독, 인사직무평가, 업무평가, 개별 안건 감독에 회의적인 태도를 보인 것은 이 때문이다. 마지막으로 의회는 감독 활동을 전개하면서 "월권(越權)하면 안 된다." 왜냐하면 의회 감독은 정부·법원·검찰원에 대해 "시범(示範)과 경고(警告)의 역할을 담당해야 하기" 때문이다.[50]

이처럼 리펑 위원장은 〈감독법〉의 초안을 작성하고 심의할 때, 의회의 감독 기능을 강화해서 국가기관의 권력 남용을 제약하고 통제해야 한다는 생각, 이를 통해 국민의 권리와 이익을 철저히 보호해야 한다는 생각이 처음부터 아예 없었다. 결국 리펑의 이런 관점에 따르면, 〈감독법〉은 '대' 감독법과 '실질성' 감독법이 되어서는 절대로 안 된다. 또한 인사직무평가나 개별 안건 감독 등 의회의 새로운 감독 방식도 〈감독법〉에 포함되어서는 안 된다.

리펑의 뒤를 이은 우방궈 위원장은 리펑처럼 〈감독법〉에 대한 상세한 기록을 남기지 않았다. 이 때문에 그의 태도와 실제 역할을 분명하게 단정 짓기는 어렵다. 그러나 2004년 8월에 열린 전국인대 10기 상무위원회 11차 회의에서 그가 발표한 〈감독법 제정 보고〉(앞에서 검토)와 그 이후의 〈감독법〉 제정 및 심의 과정을 살펴보면,[51] 우방궈는 리펑보다도 더욱 보수적인 관점에서 소극적으로 입법에 임했다고 평가할 수 있다. 〈감독법〉이 '대' 감독법에서 '소' 감독법으로 축소된 것은 그의 입장을 잘 보여준다.

그렇다면 왜 완리와 차오스 위원장은 의회의 역할 강화(특히 감독 강화)를 주장한 반면에, 리펑과 우방궈 위원장은 그것에 반대했는가? 첫 번째 원인은 이들의 정치적 성향이 달랐다는 점이다. 즉 완리와 차오스는 개혁파로서 정치개혁의 하나로 공산당 일당 체제의 문제점을 해결하기 위해 정부·의회·법원 등의 역할을 강화해야 한다고 주장했다(단 이들이 공산당 영도 체제를 반대하지는 않았다). 반면 리펑과 우방궈는 보수파로서 공산당의 압도적 지위와 역할이 필요하다는 관점에서 국가기구의 기능적 역할 강화에 반대했다.

두 번째 원인은 이들의 권력 기반이 달랐다는 점이다. 즉 완리와 차오스에게 전국인대는 정치적 영향력을 행사하는 중요한 기반이자 통로였다. 따라서 전국인대의 역할 강화를 통해 자신의 권력 기반도 강화하려는 의도를 가지고 있었다. 반면 리펑과 우방궈는 그렇지 않았다. 리펑은 국무원 부총리와 총리로서 오랫동안 정부에서 활동한 '정부 계통'의 지도자였다. 우방궈도 상하이시 당서기 등 '공산당 계통'에서 활동하다가 전국인대 위원장을 맡은 지도자로, 전국인대가 권력 기반은 아니었다.

5. 공산당의 입법 통제 평가

〈입법법〉과 〈감독법〉은 중국 의회의 가장 중요한 기능인 입법과 감독을 위해 제정된 것이다. 그런데 두 법률은 제정과 심의 과정이 달랐고, 실제 효과도 역시 달랐다. 국가기관의 주요 활동을 규정한 '기본법률'로서, 두 법률은 모두 사전에 공산당 중앙의 승인을 받아 기초를 시작했다. 또한 초안이 완성되어 전국인대가 심의에 들어가기 전에 다시 공산당 중앙에 관련 내용을 보고하고 승인받았다. 이처럼 〈입법법〉과 〈감독법〉은 성격이 비슷하므로 초안 작성과 심의도 비슷할 것으로 예상되었다. 그러나 실제로는 그렇지 않았다.

우선 〈입법법〉은 기초 과정에서 헌법 감독을 제외하고는 공산당 영도 원칙과 충돌할 쟁점이 없었다. 따라서 공산당은 이 법률의 기초와 심의에 깊숙이 개입하여 통제하거나 반대하지 않았다. 정부·법원·검찰원도 〈입법법〉의 제정 과정에서 심각한 방해 활동을 전개하지 않았다. 〈입법법〉이 제정된다고 해서 이들의 권한과 활동이 크게 침해받거나 위축되는 것은 아니기 때문이다. 대신 이들은 전국인대의 권한을 인정하는 대가로 자신의 권한도 보장받는 '타협'을 선택했다. 또한 이 때문에 〈입법법〉을 제정하는 데는 전국인대 지도자의 강력한 의지와 활동도 필요하지 않았다.

반면 〈감독법〉은 그렇지 않았다. 이 법의 제정은 의회 관계자의 강력한 요구와 의회 감독을 강화해야 한다는 완리, 차오스, 톈지윈 같은 지도자의 노력으로 추동될 수 있었다. 특히 1990년에 〈감독법〉 초안이 만들어진 것은 공산당 중앙의 요청 때문이었다. 그런데 〈감독법〉이 공산당 영도 원칙과 충돌할 가능성이 제기되면서, 공산당은 〈감독법〉에 대해 회의적인 태도로 바뀌었다. 또한 정부·법원·검찰원도 자신의 권한과 활동을 통제할 수 있는 강력한 〈감독법〉이 제정되는 것에 반대했다.

이런 공산당 및 다른 국가기관의 저항과 반대를 막기 위해서는 전국인대 지도자의 강한 의지와 활동이 있어야 했다. 완리, 차오스, 톈지윈은 그랬다. 그러나 리펑과 우방궈는 그 반대로 행동했다. 그 결과 〈감독법〉은 지방 의회의 다양한 감독 활동을 법적으로 보장하고, 궁극적으로는 이를 통해 의회의 감독 역할을 강화한다는 원래의 취지와는 반대로 그것을 제약하고 약화하는 방향으로 제정되었다.

| 의회의 '선택적 역할 강화' 현상의 대표적인 사례

〈입법법〉과 〈감독법〉의 제정 과정과 결과는 우리에게 몇 가지 시사점을 준다. 첫째, 개혁기에 의회의 입법 역할은 강화되었지만, 감독 역할은 그렇지 않았다는 '선택적 역할 강화 현상'을 다시 한번 확인시켜 준다.[52] 입법 역할은 자율성이 높아지고 산출이 증가했다는 점에서 전보다 강화되었다. 그러나 감독 역할은 그렇지 않다. 원래 전국인대와 성급·시급 인대의 감독 역할은 개혁기에도 그렇게 강화되지 않았고, 주로 현급 인대의 감독 역할만이 강화되었다. 그런데 이런 감독마저도 2006년에 〈감독법〉이 제정되면서 활력을 잃게 되었다.

이것은 중국의 의회 발전이 매우 복잡한 양상을 띤다는 사실을 보여준다. 따라서 의회의 영역별 및 행정 단위별 활동 차이를 구분하지 않고 그냥 전국인대와 지방인대의 지위가 높아지고 역할이 강화되었다고 주장한다면, 이는 타당하지 않다. 다시 말해, 중국 의회의 역할은 강화되었지만, 그것은 특정한 영역과 특정한 행정 등급별로 분명한 차이를 보이면서 강화되었다고 주장해야 한다.

또한 공산당 영도 체제가 변화하지 않으면, 의회 자체만의 역할 강화는 한계가 명확하다는 사실도 보여준다. 따라서 중국 의회의 역할 강화를 통해 중국 정치체제 전체의 변화 가능성을 파악하려는 일부 학자들의 관점은 과거와 현재 상황을 분석하는 데 타당하지 않을 뿐만 아니라, 미래의 정치발전을 전망하는 데도 적절하지 않다.[53] 다시 말해, 공산당 영도 체제가 바뀌지 않는 한 의회 발전은 제한적이고, 그런 상황에서 의회가 아무리 발전해도 정치 민주화나 근본적인 정치변화를 초래할 수는 없다.[54]

| 의회의 입법 자율성 재평가: 공산당의 여전한 통제

둘째, 의회의 입법 역할 강화에 대해서도 신중한 재평가가 필요하다. 1991년에 제정된 공산당 중앙의 〈입법 공작 영도 강화 의견〉(소위 '중앙 8호' 문건)은 전국인대의 입법 자율성을 높이는 데 중요한 역할을 담당했다. 이에 따르면, 전국인대가 〈헌법〉, 정치 관련 법률, 중요한 경제 및 행정 관련 법률을 제정할 때는 공산당 중앙에 입법 방침과 초안을 보고하고 승인받아야 한다. 반대로 말하면, 이를 제외한 나머지 법률, 즉 전체 법률의 대다수에 대해서는 전국인대 상무위원회 당조가 자체 판단에 따라 결정할 수 있다.[55] 이런 면에서 전국인대의 입법 자율성은 크게 확대되었다.[56] 이는 지방인대도 마찬가지다.

그런데 〈감독법〉과 같은 중요한 정치 법률의 제정 과정을 보면, 공산당 중앙은 '중앙 8호' 문건이 규정하고 있는 것보다 훨씬 치밀하고 엄격하게 전국인대의 입법과정에 개입하여 통제했다. 이는 공산당 중앙의 두 가지 통로(channel)를 통해 진행되었다.

하나는 전국인대 상무위원회 당조와 공산당 중앙(즉 정치국과 정치국 상무위원회) 간의 통로다. '중앙 8호' 문건은 주로 이에 대해 규정하고 있다. 〈감독법〉 입법과정을 보면, 전국인대 상무위원회 당조는 〈감독법〉 초안을 작성하고 심의에 들어갈 때마다 최소한 세 번은 공산당 중앙에 보고했다. 첫째는 〈감독법〉을 전국인대 입법계획에 포함할 때고, 둘째는 〈감독법〉의 기초 원칙과 방침을 확정할 때며, 셋째는 〈감독법〉 초안을 심의하기 전이다. 〈감독법〉은 네 차례 초안이 작성되었고, 법안 심의도 네 차례 진행되었다. 이를 모두 합하면, 전국인대 상무위원회 당조는 공산당 중앙에 최소한 10여 차례 관련 사항을 보고하고 승인받았다고 추론할 수 있다.

다른 하나는 전국인대 상무위원회 당조를 통해 이루어지는 공산당의 통제와 개입이다. 그런데 이에 대해서는 기존 연구가 거의 주목하지 않았다. 예를 들어 〈감독법〉 제정 과정을 보면, 전국인대의 공식 영도기구, 즉 전국인대 위원장회의나 상무위원회가 〈감독법〉 초안을 심의한 경우는 그렇게 많지 않다. 대신 그것보다 훨씬 많이 전국인대 상무위원회 당조가 관련 사항을 심의하고 결정했다. 또한 전국인대 위원장회의와 상무위원회는 그런 당조의 결정 이후에나 일부 개입할 수 있었다.

이처럼 개혁기에 의회 역할 중에서 가장 강화되었다는 입법에 서조차 공산당의 개입과 통제는 전보다 약해지지 않았다. 최소한 중요한 정치 법률을 보면 그렇다. 만약 우리가 '중앙 8호' 문건의 규정을 근거로 전국인대 상무위원회 당조와 공산당 중앙 간의 통로에만 주목하면 이런 사실을 제대로 파악할 수 없다. 다시 말해, 공산당의 개입과 통제는 전국인대 내부의 공산당 조직인 당조를 통해서 일상적으로 이루어진다. 이런 사실을 근거로 평가하면, 입법 영역에서조차 공산당 영도 체제가 결코 약해지거나 후퇴하지 않았다.

| 공산당 영도 체제의 굳건함: 시진핑 시기와 이전 시기의 연속성

마지막으로 최근 학계에서는 시진핑 시기(2012년~현재)를 기준으로 중국 정치를 단절적으로 보는 관점이 등장했다. 즉 시진핑이 집권한 2012년 공산당 18차 당대회 이후 권력 집중, 특히 공산당 중앙과 총서기 개인으로 정치권력이 집중되는 현상이 나타났고, 그것은 시간이 가면서 더욱 강화되었다는 것이다. 반면 장쩌민 시기(1992~2002년)와 후진타오 시기(2002~2012년)에는 엘리트 정치에서 집단지도 체제가 유지되면서 권력 집중 현상이 그렇게 심각하지 않았다. 또한 공산당 통제로부터도 국가와 사회의 자율성이 높았고, 중앙의 통제에 대한 지방의 자율성도 역시 마찬가지로 높았다는 것이다.[57]

시진핑 시기의 권력 집중 현상은 크게 네 가지 영역에서 확인할 수 있다. 첫째는 당서기와 다른 지도자 간의 관계로, 정치권력은 당서기(중앙의 경우 총서기)로 집중되었다. 그 결과 중앙 엘리트 정치에서 시진핑 일인 지배 체제가 서서히 등장하기 시작했다. 지방에서도 마찬가지다. 둘째는 공산당과 국가 간의 관계로, 정치권력은 국가에서 공산당으로 집중되었다. '공산당 전면 영도' 방침은 이것을 표현한 것이다.

셋째는 당-국가와 사회 간의 관계로, 정치권력은 당-국가로 집중되었다. 경제에서도 같은 현상이 나타났다. 공산당 19기 3중전회(2018년)와 20기 3중전회(2024년)에서 강조된 '정치안전(政治安全)이 (단기적인) 경제성장보다 우선한다'라는 방침은 이를 표현한 것이다. 넷째는 중앙과 지방 간의 관계로, 정치권력은 중앙으로 집중되었다. 이는 개혁·개방의 중요한 요소인 분권화(分權化) 정책이 크게 후퇴된 것이다. 시진핑 시기에 강조되는 '공산당 중앙의 권위와 집중 통일 영도의 확립' 방침은 이를 잘 보여준다.[58]

그런데 〈입법법〉과 〈감독법〉의 제정 과정을 보면, 시진핑 시기와 이전 시기를 명확하게 구분하여 보는 관점은 타당하지 않다. 최소한 공산당-의회 간의 관계에서는 단절성보다는 연속성이 더 강하게 나타난다. 즉 장쩌민 시기와 후진타오 시기에도 공산당은 의회의 입법 활동에 깊이 개입하여 통제했다. 이처럼 공산당-국가 간의 관계를 놓고 볼 때, 시진핑 시기와 이전 시기를 단절적으로 보아서는 안 된다.

지방 의회의 입법 활동:
상하이시 의회 사례

중앙 의회(전국인대)의 입법 활동에 이어, 이번에는 지방 의회의 입법 활동을 살펴보자. 여기서는 입법과정에서 공산당·정부·의회 등 주요 입법 주체가 실제로 어떤 역할을 담당하는지를 자세히 분석할 것이다. 이를 통해 중앙뿐만 아니라 지방에서도 중국 의회가 법률을 제정하기 위해 어떻게 활동하는지, 그 과정에서 다른 정치 주체들은 어떤 역할을 담당하는지를 생생하게 엿볼 수 있을 것이다. 이는 국가 헌정 체제가 실제로 작동하는 한 단면을 살펴보는 것이다.

　이런 분석을 통해 우리는 두 가지 사실을 확인할 수 있다. 첫째, 지방에서도 의회를 중심으로 하는 '입법 정치(legislative politics)'라는 새로운 정치 공간이 형성되었고, 여기에는 다양한 정치 주체가 참여한다. 기존에는 공산당과 정부를 중심으로 한 정치 공간밖에 없었고, 그 공간은 공산당과 정부가 주도했다. 그러나 이제는 의회가 중심이 된 입법 정치라는 새로운 정치 공간이 형성되었다는 것이다.

이런 입법 정치에서는 공산당과 정부라는 기존의 정치 주체 이외에 의회와 사회단체라는 새로운 정치 주체가 참여하여 중요한 역할을 담당한다. 법안의 종류에 따라서는 일반 시민도 입법 정치에 참여할 수 있다. 이렇게 되면서 지방의 정치 지형은 더욱 확대되고, 정치 주체도 그에 맞추어 더욱 다양해졌다. 이는 의회의 입법 과정에서 나타나는 다양한 세력의 경쟁과 협력 관계, 즉 '철의 삼각형(iron triangle)' 현상을 통해 확인할 수 있다.

둘째, 입법 정치에서 의회는 사회집단 혹은 계층 간에 나타나는 이익 갈등을 조정하고 다양한 견해를 반영하는 '이익 조정자'와 '대변자' 역할을 담당한다. 이는 의회가 공산당 및 정부와는 다른 독자적인 역할을 확보하기 시작했음을 보여준다. 이런 면에서도 의회의 입법 역할은 전보다 더욱 강화되었고, 중국의 지방 정치는 더욱 다양한 모습으로 바뀌었다.

한편 이 장에서도 사례 분석 방법을 사용하여 지방 의회의 입법 활동을 살펴볼 것이다. 이는 앞 장에서 전국인대의 입법 활동을 사례 분석을 통해 살펴본 것과 대비되도록 하기 위해서다. 이를 위해 상하이시 인민대표대회(인대)를 선택했다. 상하이시 인대는 일찍부터 입법 활동이 활발히 전개되었다. 이에 대한 분석을 통해 우리는 지방의 입법 정치를 잘 이해할 수 있다.

특히 상하이시 인대는 전국인대가 아직 법률을 제정하지 않은 상황에서 경제발전에 필요한 '창조성(創造性) 법규'를 많이 제정하여 입법 분야에서 '시험지역(試驗田)' 역할을 담당했다. 마치 광둥성 선전시(深圳市)가 경제특구로서 개혁 정책의 '시험지역' 역할을 담당한 것처럼 말이다. 예를 들어, 2003년에 상하이시에서 유효한 106건의 지방성법규 중에서 '창조성 법규'는 86건으로 전체의 약 78%를 차지했다. 이들 조례 중 일부는 이후 전국인대나 다른 지역의 의회가 관련 법률과 법규를 제정하는 데 중요한 참고 자료가 되었다.[1]

| '철의 삼각형' 현상

정도의 차이는 있지만 민주주의 국가의 의회정치에서는 '철의 삼각형' 현상이 나타난다. 이는 정부 부서, 의회 상임위원회(standing committee), 이익단체(interest group)가 각자의 이익을 증진할 목적으로 특정 정책이나 법안을 관철하기 위해 서로 협력하고 경쟁하는 현상을 가리킨다. 이들 간의 이런 협력과 경쟁 관계, 즉 '철의 삼각형'은 상호 간의 빈번한 인적교류와 장기간의 업무 교류를 통해 형성된다.

예를 들어, 의회 상임위원회는 특정 정책(법안)을 통과시킴으로써 정부 해당 부서에 더 많은 예산과 권한을 부여한다. 이에 대한 답례로, 정부 해당 부서는 그 상임위원회 소속 의원들의 재선(再選)에 필요한 여러 가지 자원, 예를 들어 특정 선거구나 지지집단에 대한 국가 예산을 지원한다. 유관 사회단체는 특혜 정책이나 각종 지원을 받기 위해 정부 해당 부서와 의회의 관련 상임위원회와 밀접한 협조 관계를 구축한다. 대신 사회단체는 관련 의원들에게 정치헌금을 제공하고 선거 지지를 동원하는 등 재선에 도움을 준다.[2]

중국 의회의 입법 정치에서도 비록 성격은 조금 다르지만 이와 유사한 '철의 삼각형' 현상이 나타나고 있다. 다만 의회가 제정하는 법규의 성격에 따라 입법 주체의 참여 범위와 활동, 각 사회집단 간의 협력과 경쟁 양상이 다르다. 우리는 이를 개별적인 몇 개의 입법 사례를 분석함으로써 확인할 수 있다.

| 1. 〈상하이시 노동조합 조례〉 수정 사례 |

〈상하이시 노동조합 조례〉(2002년, 이하 〈노동조합 조례〉)는 노동자의 권익과 노동조합의 합법적인 활동을 보호하기 위해 제정된 노동조합 관련 전문 지방성법규다. 따라서 이 법규의 제정과 수정 과정에서는 상하이시 총공회(總工會, 노조연합회)가 적극적으로 참여하여 주도적인 역할을 담당했다. 동시에 이 법규는 다른 정부 부서나 기타 사회단체의 이익과는 큰 관련이 없다. 그래서 이들이 〈노동조합 조례〉의 수정 과정에 적극적으로 참여할 필요가 없었고, 실제로 참여하지도 않았다.

마지막으로 〈노동조합 조례〉는 상위법인 〈노동조합법(工會法)〉을 상하이시에서 집행하는 데 필요한 구체적인 방법과 절차를 규정한 '실시성(實施性) 법규'다. 그래서 〈조례〉가 담고 있는 내용은 〈노동조합법〉에 규정되어 있고, 이것은 중앙에서 조정을 거쳐 확정된 것이기 때문에 상하이시 인대에서 이에 대해 재론할 필요는 없었다. 이상과 같은 이유로, 2002년에 상하이시 인대 상무위원회가 〈조례〉를 수정할 때는 큰 논란이 없었다.

우선 상하이시 총공회는 2002년 3월에 개최된 11기 상하이시 인대 5차 연례 회의에서 12명의 노동조합 간부 출신의 인대 대표 명의로 〈노동조합 조례〉의 수정을 요구하는 의안(議案)을 제출했다.[3] 이에 앞서 전국인대 상무위원회는 1994년에 제정되고 1997년에 1차로 수정된 〈노동조합법〉이 변화된 노동조건을 제대로 반영하지 못하는 문제점을 개선하기 위해 약 2년에 걸친 조사와 심의 끝에 2001년 10월에 〈노동조합법〉을 대폭 수정했다.

전국인대가 수정한 〈노동조합법〉의 주요 내용을 보면, 첫째, 노동조합의 직책에 대해 조금 더 명확히 규정했다. 이에 따르면, '직공(職工)의 합법적인 권익을 보호하는 것이 노동조합의 직책'이다. 둘째, 노조 간부의 활동을 보장했다. 즉 직원 250인 이상인 사업장에는 전임 노조 주석(主席, 조합장)을 두고, 노조 주석과 부주석은

조합원대회나 대표대회에서만 파면이 가능하다. 셋째, 기업별·산업별 노조 외에 25인 이상이면 기층 노조위원회(基層工會委員會)를 구성할 수 있도록 규정했다. 마지막으로, 〈노동조합법〉의 규정을 어긴 기업이나 개인에 대한 처벌 규정을 신설했다.[4]

상하이시 인대는 의안을 접수한 후에 심의를 거쳐 원래 입법계획에 없던 〈노동조합 조례〉 수정을 2002년도 입법계획에 포함했다. 이처럼 상하이시 인대가 외부의 요구를 수용하여 갑자기 입법계획을 수정한 사례는 많지 않다. 이후 상하이시 인대 내무사법위원회(內務司法委員會), 법제공작위원회, 상하이시 총공회를 중심으로 '기초 공작소조(起草工作小組)'가 구성되어 조사와 초안 마련을 위한 준비에 들어갔다. 이 과정에서 상하이시 총공회가 중심적인 역할을 담당했다.

〈노동조합 조례〉의 주요 수정 내용은 위에서 살펴본 〈노동조합법〉의 수정 사항을 거의 그대로 반영하는 것이었다. 이후 상하이시 인대 상무위원회는 2002년 7월과 9월 두 차례에 걸쳐 법안을 심의했다. 이때에는 다른 정부 부서, 사회단체, 전문위원회 위원들이 이의를 제기하지 않아 이 법안은 비교적 순조롭게 통과되었다.[5]

이상에서 보았듯이, 〈노동조합 조례〉처럼 특정 사회단체와 관련된 전문법규는 해당 사회단체가 의안 제출, 법안 기초, 법안 심의 등 전체 입법과정에서 주도적인 역할을 담당한다. 이는 중국의 입법 정치에서 사회단체가 주요한 입법 주체로 등장했음을 의미한다.

2. 〈상하이시 노동계약 조례〉 제정 사례

〈노동조합 조례〉와는 달리 〈상하이시 노동계약(勞動合同) 조례〉 (2001년, 이하 〈노동계약 조례〉)의 제정 과정에서는 정부 부서, 의회 전문위원회, 노조, 기업가단체 간에 심각한 의견 대립과 갈등이 있었다. 이것은 기본적으로 이 조례가 〈노동조합 조례〉와는 다른 성격을 갖고 있기 때문이다.

(1) 〈노동계약 조례〉의 성격과 입법 배경

〈노동계약 조례〉는 기업과 노동자 간의 노동계약 체결을 법률로 규정한 것으로 노동자뿐만 아니라 기업의 이해와도 밀접히 연관되어 있다. 이에 따라 노동자의 이익을 대변하는 상하이시 총공회는 입법과정에 적극적으로 참여하여 노동자에게 유리한 규정을 담기 위해 노력했다. 반대로 공상업연합회(공상련)와 사영기업가협회와 같은 기업가단체, 업종협회(行業協會)―업종별 직능단체―와 정부 경제위원회(經濟委員會) 같은 관방단체와 정부 부서는 기업의 이익을 대변하기 위해 노력했다.

한편 상하이시 인대 재정경제위원회(財政經濟委員會, 재경위원회)와 법제위원회 같은 전문위원회는 법안의 심의 과정에서 한편에서는 특정 집단의 이익을 대변하기 위해, 다른 한편에서는 법규를 조금 더 공정하게 만들기 위해 노력했다. 이처럼 〈노동계약 조례〉를 놓고 관련 집단 간에 이해가 상충하면서 입법과정에서는 이들 집단 간에 대립과 갈등이 발생했다.

노동계약을 규정하는 상위법인 〈노동법(勞動法)〉은 1994년에 제정되었다. 상하이시 정부는 이에 기초하여 1994년에 〈상하이시 노동계약 규정(規定)〉이라는 지방규장(地方規章)을 제정했다. 이후 상하이시에서는 노동 계약제(勞動合同制)가 보편화되었고, 2000년 말 무렵에는 300여 만 명의 노동자가 기업과 노동계약을 체결하여, 노동계약 체결 비율이 98%에 달했다.

그런데 〈상하이시 노동계약 규정〉은 변화된 현실을 제대로 반영하지 못함으로써 여러 가지 사회 문제가 발생했다. 예를 들어, 기업이 파산한 후에 노동계약 관계는 어떻게 되는지에 대한 명확한 규정이 없었다. 이런 규정의 미비로 인해 노동계약 관련 노동쟁의 건수가 급증했다. 예를 들어, 2000년에 상하이시 노동쟁의 중재위원회에 접수된 중재 신청 건수가 1만 1,046건으로 전년에 비해 40.7%가 증가했다. 이에 따라 상하이시 인대는 〈노동계약 조례〉를 2001년도 입법계획에 포함해 법규 제정을 추진했다.[6]

(2) 〈노동계약 조례〉의 기초와 주요 쟁점

법규의 초안 작성(起草)은 정부 노동사회보장국(勞動和社會保障局, 노동국)과 경제위원회, 상하이시 총공회가 맡았다. 또한 정부 법제판공실, 상하이시 인대 재경위원회와 법제공작위원회도 참여했다. 실제 법안의 기초 과정을 보면, 정부 노동국이 기초소조(起草小組) 조장, 총공회가 부조장을 맡아 기초를 주도했다. 나머지 정부 부서와 의회 전문위원회는 내부 토론용 초고에 대해 의견을 제시하는 정도였다.

또한 법규 초안 작성 과정에서는 정부 노동국이 정부 대표로서 정부의 경제 방침에 따라 기업 요구와 노동자 요구를 모두 수용하려는 자세를 보였다. 이에 비해 총공회는 노동자 이익을 대변하려고 노력했다. 그래서 초안 작성 과정에서는 주요 쟁점을 놓고 정부 노동국과 총공회가 첨예하게 맞섰다.[7] 이렇게 해서 만들어진 법규 초안은 기업과 정부 경제 관련 부서의 요구를 대폭 수용한 것이었다. 이에 대해 상하이시 총공회가 불만을 가진 것은 당연한 일이었다.[8]

| 세 가지 쟁점

〈노동계약 조례〉의 제정 과정에서는 세 가지 쟁점이 있었다. 첫째는 입법목적이다. 〈노동계약 조례〉의 상위법인 〈노동법〉 제1조에는 "노동자의 합법적 권익을 보호하고, 노동관계를 조정하여 사회주의 시장경제에 부응하는 노동계약 제도를 수립 및 유지하기 위해 법을 제정한다"라고 밝히고 있다.[9]

상하이시 총공회는 이에 근거하여 만약 입법목적을 명시해야 한다면 '노동자의 합법적인 권익 보호'가 〈노동계약 조례〉의 제1조에 들어가야 한다고 주장했다. 이에 대해 기업가단체와 정부 경제 관련 부서는 노동계약 당사자의 하나인 기업의 합법적인 권익도 중요하다고 주장했다. 그러면서 '노동계약 쌍방 당사자의 합법적 권익 보호'를 입법목적으로 〈조례〉에 포함할 것을 제기했다.

둘째는 '10+3 규정'의 존폐다. 1994년의 〈상하이시 노동계약 규정〉에는 노동자가 한 기업에서 10년 이상 근무한 경우, 퇴직 직전 3년 동안에는 노동계약을 해지할 수 없다는 조항이 있었다. 이것이 '10+3 규정'이다. 상하이시 총공회는 이 조항이 노동자의 이익을 보호하는 데 필요하다는 근거로 조항의 존속을 주장했다. 반면 기업가단체와 정부 부서는 이것이 시대에 뒤떨어진 낡은 규정임을 들어 폐지를 주장했다.

셋째는 노동계약에 대한 노조의 권한을 강화하는 규정이다. 상하이시 총공회는 약자인 노동자를 보호하기 위해서는 노조가 노동계약에 개입해야 한다고 주장했다. 그래서 "기업 단독으로 노동계약을 해지할 때는 반드시 노동조합의 의견을 청취해야 하고, 만약 그렇지 않으면 계약 해지는 무효다"라는 규정을 〈노동계약 조례〉에 포함할 것을 주장했다. 이에 대해 정부 부서와 기업가단체는 반대했다. 계약 당사자는 기업과 노동자이지 노조는 아니라는 이유에서였다.[10]

(3) 의회 전문위원회 간의 대립: '철의 삼각형' 현상

세 가지 쟁점에 대해 상하이시 인대 전문위원회 간에도 의견 대립이 있었다. 그리고 이것은 상하이시 인대 법제위원회의 조정을 거쳐서 해결될 수 있었다.

| 의회 전문위원회 간의 의견 대립

우선 의회 재경위원회는 철저하게 총공회의 입장에 섰다. 재경위원회는 상하이시 인대 상무위원회가 1차로 법안을 심의할 때 제출한 〈심의 의견 보고〉에서 〈노동계약 조례〉는 약자인 노동자를 보호해야 하며, 이를 위해서는 초안에서 빠진 '노동자의 합법적 권익 보호'라는 입법목적을 추가해야 한다고 주장했다.

또한 의회 재경위원회는 초안에서 '10+3 규정'을 폐지한 것은 경제적 효율성만을 중시한 기업의 입장에 치우친 것으로, 이 규정도 반드시 유지해야 한다고 주장했다. 마지막으로 재경위원회는 노동계약에 대한 노조의 권한을 강화하는 규정, 즉 노동계약의 체결과 해지에 노조가 개입할 수 있는 권한을 보장하는 것도 타당한 조항으로 반드시 포함해야 한다고 주장했다.[11]

그러나 상하이시 인대 법제위원회는 재경위원회의 심의 의견을 대부분 수용하지 않았다. 물론 이것은 법제위원회가 단독으로 결정한 것은 아니었다. 법제위원회는 상하이시 인대 상무위원회의 1차 심의에서 제기된 다른 위원들의 의견을 참고했고, 입법청문회

(1회 개최)와 유관 단체 좌담회(7회 개최)에서 제기된 의견, 신문에 법안을 공표한 후 접수된 총 1,264건의 시민 의견도 종합적으로 고려해서 수정안을 작성했다.[12]

우선 의회 법제위원회는 입법목적에 대한 의회 재경위원회의 의견을 수용하지 않았다. 그 결과 최종 제정된 〈노동계약 조례〉 제1조에는 "노동관계를 조정하고, 사회주의 시장경제에 부응하는 노동계약 제도를 건립 및 유지하기 위해 법규를 제정한다"라고 규정했다.[13]

또한 의회 법제위원회는 '10+3 규정'을 유지해야 한다는 의회 재경위원회의 주장도 거부했다. 이 규정은 외국기업에는 적용되지 않고 중국 기업에만 적용되는데, 중국이 2001년에 세계무역기구(WTO)에 가입한 이후 이 같은 차별 규정을 두는 것은 합리적이지 않다는 이유에서였다. 게다가 이 규정을 그대로 두면 기업들이 나이 많은 노동자를 고용하기를 꺼리게 되고, 그렇게 되면 노동자에게도 해가 된다는 이유도 제시했다. 다만 노동계약에 대한 노동조합의 권한을 강화하는 규정은 수용했다.[14]

| 전문위원회 간에 의견 차이가 발생한 이유

그렇다면 법안 심의 과정에서 상하이시 인대 재경위원회와 법제위원회 간에 이처럼 큰 의견 차이가 발생한 이유는 무엇 때문인가? 여기에는 몇 가지 이유가 있다. 우선 법안 심의에서 무엇에 중점을 두는가에서 차이가 난다. 각 전문위원회는 기본적으로 법규의 내용에 신경을 쓰지만, 법제위원회는 법규의 논리적 타당성과 적법성, 상위법 및 다른 법규와의 충돌 여부에 중점을 둔다.

또한 법안 심의 방식이 다르다. 각 전문위원회는 주로 자신의 독립된 의견에 기초하여 법안을 심의한다. 다시 말해, 각 전문위원회가 법안을 심의할 때는 다른 전문위원회나 전문가 혹은 시민의 의견에 크게 신경을 쓸 필요 없이 자체적으로 실시한 조사와 연구에 기초하여 자신들의 독자적인 심의 의견을 제출하면 된다.

이에 비해 의회 법제위원회는 무엇보다 법안 심의 과정에서 제기된 다른 인대 상무위원회 위원과 대표의 의견, 입법청문회·좌담회·언론 매체 공고 등을 통해 청취한 대중의 의견에 근거하여 법안을 심의해야 한다. 즉 법제위원회는 독자적인 목소리를 내기보다는 제기된 다양한 의견을 종합하고 정리하는 데 더 큰 비중을 둔다.[15]

그런데 보다 직접적인 원인은, 각 전문위원회는 정부 부서 및 사회단체와 밀접히 연관되어 있는 데 비해 법제위원회는 그렇지 않다는 사실이다. 이는 전국인대와 지방인대 모두에 해당한다. 일반적으로 의회 전문위원회, 정부 관련 부서, 사회단체는 매우 밀접한 관계를 유지하고 있다. 이들 전문위원회는 정부 특정 부서나 사회단체와 유사한 '계통(系統)'의 업무를 추진하면서 장기간에 걸쳐 협조 관계를 유지해왔기 때문이다.

또한 의회 전문위원회, 정부 관련 부서, 사회단체 간에는 인적 구성 면에서도 밀접한 관계가 있다. 예를 들어, 의회 재경위원회 주임(主任)과 소속 위원의 상당수는 정부 관련 부서나 노조 같은 사회단체의 고위 간부 출신이다. 내무·사법위원회, 교육·과학·문화·위생위원회, 도시건설·환경보호위원회도 마찬가지다. 이런 이유로 이들 전문위원회는 소관 법안을 심의할 때, 정부 관련 부서나 사회단체의 이익을 대변하려는 경향이 있다.

　　이에 비해 의회 법제위원회는 법안의 통일 심의를 담당하기 때문에 정부 특정 부서나 사회단체와 일상적으로 업무를 교류하는 경우가 많지 않다. 또한 법제위원회는 정부 특정 부서나 사회단체 출신의 위원이 다수를 차지하는 경우도 거의 없다. 한마디로 말해, 법제위원회는 정부의 특정 부서나 사회단체와 '밀접한 관계'를 맺고 있지 않다.

　　의회 법제위원회가 이처럼 특정 부문의 이익을 초월하여 법 논리에 충실하게 법안을 심의할 수 있는 것은 바로 이 때문이다. 특히 법제위원회는 다른 전문위원회가 정부 특정 부서나 사회단체의 견해를 일방적으로 대변하려고 할 때, 그것을 견제하는 역할을 담당한다. 이런 이유로 법제위원회가 법안에 대한 통일 심의를 시작한 이후 입법과정에서 발생했던 정부의 부서 이기주의 문제는 상당 부분 해소될 수 있었다.[16]

| '철의 삼각형' 현상과 법제위원회의 중재

〈노동계약 조례〉 입법과정에도 이런 현상이 나타났다. 법규 초안의 작성 과정에서는 정부 노동국이 주로 정부의 경제 관련 부서와 기업가단체의 입장에서 이들에게 유리한 방향으로 법안을 기초했다. 즉 기초 과정에서는 기업 연합 세력(정부 노동국+경제위원회+기업가단체) 대 노동조합(상하이시 총공회)이라는 대립 구도가 형성되었다.

상하이시 인대 상무위원회의 법안 심의 과정에서는 의회 재경위원회가 총공회의 입장에서 기업에 유리하게 만들어진 법규 초안을 수정하려고 노력했다. 이에 대해 정부 관련 부서와 기업가단체는 원래의 초안을 유지하려고 노력했다. 즉 법안 심의 과정에서는 기업 연합 세력(정부 관련 부서 + 업종협회) 대 노동조합 연합 세력(의회 재경위원회 + 총공회)의 대립 구도가 형성된 것이다.

반면 상하이시 인대 법제위원회는 법안의 통일 심의에서 기본적으로는 기업 연합 세력의 입장에 섰지만 동시에 대립하는 두 집단의 견해를 절충하려고 노력했다. 그 결과 세 가지의 쟁점 중에서 입법목적과 '10+3 규정' 등 두 가지는 기업에 유리하게 결정되었다. 반면 노동조합의 권한 강화, 즉 노동계약 체결에 노조가 개입할 수 있는 권한을 부여하는 문제는 노조에 유리하게 결정되었다.

3. 〈상하이시 소비자 보호 조례〉 수정 사례

〈상하이시 소비자 보호 조례〉(이하 〈소비자 보호 조례〉)(2002년)는 입법과정에서 〈노동계약 조례〉만큼이나 논란이 많았다. 〈소비자 보호 조례〉에서 규정하고 있는 내용이 단순히 소비자와 기업뿐만 아니라 정부 관련 부서와 상하이시 소비자협회(消費者協會)의 이해와도 밀접히 연관되어 있기 때문이다. 이 조례의 입법과정은 〈노동계약 조례〉에서처럼 '철의 삼각형' 현상과 의회의 '이익 조정자' 및 '대변자' 역할이 전형적으로 나타난 사례다.

(1) 입법 배경과 초안의 작성 과정

상하이시는 시장경제가 발전한 지역으로 소비자 보호 문제가 비교적 일찍부터 사회적 관심사가 되었다. 상하이시 인대는 이 문제에 대응하기 위해 1988년에 〈상하이시 소비자 합법 권익 보호 조례〉를 제정했다. 이후 전국인대 상무위원회는 여러 지역에서 실행되었던 관련 조례를 참고로 1993년에 〈소비자 권익보호법〉을 제정했다. 상하이시 인대도 이 법률에 근거하여 1994년에 〈소비자 보호 조례〉를 1차로 수정했다.

그런데 이후 시장경제가 확대되면서 〈소비자 보호 조례〉는 변화된 현실을 제대로 반영하지 못하는 문제가 발생했다. 예를 들어, 주택·자동차·의료·교육 등 대형 내구성 상품과 서비스 재화와 관련된 소비가 확대되었다. 그러나 이에 대한 법규가 제대로 갖추어지지 않음으로써 소비자 권익 침해 사례가 빈번하게 발생했다.

또한 방문판매나 통신판매(인터넷 판매) 등 이전에 없었던 새로운 소비 형태에 대해 기존 〈소비자 보호 조례〉는 아무런 언급이 없었다. 그 밖에도 중국이 2001년에 세계무역기구(WTO)에 가입하면서 소비자 권익을 조금 더 철저하게 보호해야 할 필요성이 제기되었다. 그래서 상하이시 인대는 〈소비자 보호 조례〉 수정을 2001년도 입법계획에 포함했다.[17]

법규 제정을 위한 준비 작업은 2000년 말부터 시작되었다. 초안 작성은 정부 공상행정관리국(工商行政管理局, 공상국)과 상하이시 인대 법제공작위원회가 참여한 기초소조가 맡았다. 대외적으로는 이렇지만 실제로 기초를 전담한 것은 상하이시 소비자협회였다. 상하이시 인대 법제공작위원회는 기초 과정에서 이 법규의 적법성에 대한 검토만을 맡았다.[18]

〈소비자 보호 조례〉는 시민의 소비 및 기업의 생산활동과 밀접히 관련된 중요한 문제를 다루고 있기 때문에 기초 과정에서부터 논란이 많았다. 그래서 정부 관련 부서와 사회단체에 내부 토론용 초고를 돌려 의견을 청취한 것 이외에도 정부 법제판공실 주최로 입법청문회가 열렸다. 이후 〈소비자 보호 조례〉는 상하이시 인대 상무위원회의 심의를 거쳐 2002년 10월에 통과되었다.[19]

(2) 세 가지의 쟁점

〈소비자 보호 조례〉의 수정 과정에서 쟁점은 세 가지였다. 첫째는 소비자협회의 조정 범위다. 상하이시 소비자협회는 소비자의 불만이 많았던 세 가지 항목, 즉 ① 의료, ② 학원 등의 영리성 교육(營利性培訓), ③ 상품용 주택(商品房)을 소비자협회의 조정 범위에 포함해야 한다고 주장했다.

이에 대해 정부 관련 부서(즉 교육위원회와 위생국), 교육 및 의료 관련 사회단체는 의료와 교육은 정부가 제공하는 공공재(public goods)로 일반 소비재와는 다르다고 주장했다. 따라서 이를 소비자협회의 조정 범위에 포함하는 것은 타당하지 않다는 것이다. 특히 의료분쟁은 전문법규가 이미 제정되었으므로 〈소비자 보호 조례〉에 이에 대한 별도의 규정을 둘 필요는 없다고 주장했다.

둘째는 상하이시 소비자협회의 권한을 강화하는 '세 가지 제도'의 신설이다. 소비자협회는 소비자 권익 보호를 위해서는 협회의 권한을 강화해야 한다고 주장했다. 또한 이를 위해서는 ① 소비 정보의 공포 제도, ② 연말 감독 평가제도, ③ 소비자 투서 공포 제도를 신설해야 한다고 강조했다. 이에 대해 정부 관련 부서, 업종협회, 기업가단체는 아무런 견제 장치도 없이 소비자협회의 권한만 일방적으로 강화하는 규정은 문제라는 근거로 이 제도의 도입을 반대했다.

셋째는 리콜(검回, recall) 제도의 도입이다. 상하이시 소비자협회는 자동차나 가전제품 등 내구성 소비재에 대한 소비자의 불만을 해소하기 위해서는 리콜 제도를 반드시 도입해야 한다고 주장했다. 특히 문제가 있는 동일한 제품에 대해 선진국에서는 리콜 제도가 있어서 소비자가 보상받을 수 있는 데 비해 중국에는 리콜 제도가 없어서 손해를 보고 있다는 사실을 지적했다.

리콜 제도의 도입에 대해 정부 관련 부서와 기업가단체는 시기상조임을 들어 반대했다. 상위법인 〈소비자 권익보호법〉에도 리콜 제도 규정이 없을 뿐만 아니라 전국적으로 리콜 제도를 도입하고 있는 지역은 하나도 없다는 것이다. 이런 상황에서 상하이시에서만 리콜 제도를 도입하면 기업만 손해라고 이들은 주장했다.[20]

법안의 기초 과정에서 정부 공상국은 상하이시 소비자협회의 주장을 비교적 충실히 수용했다. 사실 소비자협회는 공상국의 한 부서인 소비자권익보호처(消費者權益保護處)가 관리하는 산하단체였다. 인적 구성 면에서도 공상국과 소비자협회는 밀접히 연결되어 있다. 즉 소비자협회 회장을 제외한 주요 간부와 직원 대부분은 정부 공상국에서 옮겨온 사람들이다. 따라서 법안 기초 과정에서 공상국이 소비자협회의 주장을 수용한 것은 당연했다.[21]

구체적으로 법안 초안은 소비자협회의 조정 범위와 관련하여 교육과 주택을 조정 범위에 포함했다. 단 의료 서비스는 제외했다. 또한 소비자협회가 주장한 '세 가지 제도'와 리콜 제도도 모두 수용했다. 이것은 정부 공상국과 소비자협회가 연합하여 자신의 이익을 극대화하는 방향으로 법안을 기초했다는 사실을 의미한다. 즉 정부의 부서 이기주의가 기초 과정에서 나타난 것이다.

(3) 법안 심의와 '철의 삼각형' 현상

〈소비자 보호 조례〉수정안이 상하이시 인대 상무위원회에 상정되어 심의에 들어갈 때, 정부 부서, 의회 전문위원회, 사회단체 간에 심한 대립과 갈등이 있었다.

| 정부 부서와 사회단체 간의 대립

우선 정부 교육위원회와 교육 관련 사회단체는 학교 교육뿐만 아니라 영리성 교육(즉 학원 교육)도 소비자협회의 조정 범위에 포함해서는 안 된다고 주장했다. 또한 정부 위생국과 의료 관련 사회단체는 의료 서비스를 조정 범위에서 제외한 초안을 유지해야 한다고 주장했다. 비슷하게 주택 건설과 관련된 기업가단체와 정부 관련 부서도 이 규정을 완화하기 위해 노력했다.

이처럼 정부 관련 부서와 유관 사회단체의 반대에 직면하여 정부 공상국과 소비자협회는 자신들의 주장을 일부 철회할 수밖에 없었다. 우선 의료와 교육 서비스가 소비자협회의 조정 범위에서 완전히 제외되었다. 이것은 광둥성 인대가 1999년에 〈광둥성 '소비자 권익보호법' 실시 방법〉을 제정할 때 의료 서비스를 소비자협회의 조정 범위에 포함한 것과는 좋은 대조를 이룬다.[22] 반면 주택 규정은 원안대로 확정되었다.

　이처럼 교육 및 의료 서비스가 소비자협회의 조정 범위에서 제외된 것에 비해 주택은 포함된 것은, 정부 관련 부서와 사회단체의 교섭력(권위)에서 차이가 났기 때문이라고 한다. 즉 교육 및 의료와 관련된 정부 부서와 사회단체의 힘은 막강한 데 비해 주택건설 관련 정부 부서와 사회단체의 힘은 그에 미치지 못했다는 것이다.[23]

　상하이시 소비자협회의 권한 강화를 위한 '세 가지 제도'와 리콜 제도의 도입도 정부 관련 부서와 기업가단체의 반대에 직면했다. 소비자협회에서 주장하는 '세 가지 제도'가 그대로 시행되면 소비자협회의 권한을 강화하고 동시에 소비자에게도 어느 정도 이익이 되겠지만 기업에는 불리한 측면이 많기 때문이다. 리콜 제도도 마찬가지다. 중국의 다른 지역에서는 리콜 제도를 실시하지 않는데 상하이시가 이것을 실시하면 결국 상하이시 기업만 불리해진다는 것이다. 그래서 기업가단체가 이 제도의 도입을 반대했다.

　이와 같은 반대에 직면하자 법안 기초 과정에서는 '세 가지 제도'의 도입에 동의했던 정부 공상국도 법안 심의 과정에서는 지지를 철회했다. 대신 리콜 제도에 대해서는 상하이시가 중국에서 모범 역할을 담당해야 한다는 소비자협회의 끈질긴 주장에 동의하여 계속 지지했다.

　이렇게 되면서 법안 심의 과정에서 소비자협회가 주장한 '세 가지 제도'의 핵심 내용은 모두 삭제되었다. 대신 소비자협회에는 소비자 문제에 대한 조사 권한만이 허용되었다. 동시에 소비자협회의 월권이나 과도한 행위를 제약하기 위한 새로운 조항이 추가되었다. 즉 소비자협회가 소비 정보를 공개하고 조사를 진행할 때는 "마땅히 법에 합당해야 하고, 객관적이고 공정해야 한다"라는 규정이 추가된 것이다.[24]

| 의회 전문위원회 간의 대립

또한 법안 심의 과정에서는 상하이시 인대 전문위원회 간에도 대립과 갈등이 있었다. 우선 법안의 사전심의를 담당한 의회 재경위원회는 〈심의 의견 보고〉에서 정부 공상국과 소비자협회의 주장을 적극 지지했다. 소비자협회의 조정 범위에 주택뿐만 아니라 교육과 의료도 포함한 것이다.[25] 이에 대해 교육과 위생 분야를 담당하는 전문위원회인 교·과·문·위(敎科文衛)위원회는 의료계와 교육계를 대변하면서 재경위원회의 주장에 반대했다.

한편 법안의 통일 심의를 담당했던 의회 법제위원회는 기본적으로 정부 공상국, 소비자협회, 의회 재경위원회의 주장에 반대했다. 먼저 법제위원회가 제출한 〈심의 의견 보고〉에는 교육과 의료서비스가 소비자협회의 조정 범위에서 제외되었다. 또한 소비자협회가 강력히 주장했던 '세 가지 제도'도 받아들여지지 않았다. 대신 앞에서 말한 대로, 소비자협회의 행위를 제약하는 새로운 조항이 추가되었다. 다만 판매용 주택을 조정 범위에 포함했고, 리콜 제도

의 도입도 수용했다.[26]

이상에서 보았듯이, 〈소비자 보호 조례〉의 수정 과정은 의회의 입법 정치에서 나타나는 특징을 전형적으로 보여주고 있다. 우선 법규 제정 과정에서 정부 공상국과 함께 소비자협회가 중요한 역할을 담당했다. 또한 자신의 권한과 이익을 확대하기 위해 정부 관련 부서, 의회 전문위원회, 사회단체가 서로 연합하고 경쟁하는 '철의 삼각형' 현상이 나타났다.

구체적으로 이 조례의 경우 소비자 연합 세력(정부 공상국 + 소비자협회 + 의회 재경위원회)을 한편으로 하고, 이에 반대하는 기업 연합 세력(정부 경제 관련 부서 + 기업가단체 + 의사·교육 관련 사회단체 + 의회 교·과·문·위위원회)을 다른 한편으로 하는 대립 구도가 형성되었다. 상하이시 인대 법제위원회는 이런 대립 구도에서 기본적으로 후자의 관점에서 이들의 의견 대립과 갈등을 조정하는 역할을 담당했다. 최종 통과된 〈소비자 보호 조례〉는 이런 의회 법제위원회의 조정 결과를 반영한 것이었다.

4. 지방 의회의 입법 활동 평가

의회의 입법 정치가 지방에서 새로운 정치 공간으로 등장한 데에는 사회경제적 환경 변화가 중요한 배경이 되었다. 시장제도가 자리 잡고 법치가 확대되면서 법률은 공산당의 지시 및 정부의 행정명령과 함께 사회를 통치하는 중요한 수단이 되었다. 이에 따라 정부 부서와 사회단체는 의회의 입법 활동에 적극적으로 참여하여 원천적으로 자신의 이익을 확대하려고 노력했다. 특히 입법과정의 공개와 참여 확대는 정부 부서뿐만 아니라 사회단체와 일반 시민도 입법 활동에 참여할 수 있는 기회를 제공했다.

이렇게 되면서 중앙뿐만 아니라 지방에서도 공산당과 정부를 중심으로 한 기존의 정치 공간 이외에 의회를 중심으로 한 입법 정치라는 새로운 정치 공간이 형성된 것이다. 동시에 입법 정치는 정부 부서와 사회단체 간의 이익 대립과 갈등을 조정하고 통제하는 의미 있는 정치과정이 되었다. 앞에서 살펴본 상하이시 인대의 몇 가지 입법 사례는 이를 잘 보여준다.

지방의 입법 정치에서 의회는 지금까지 공산당과 정부가 수행한 역할과는 다른 역할을 담당한다. 의회는 무엇보다도 정부 부서와 사회세력 간에 나타나는 이익 갈등을 조정하는 '조정자' 역할을 담당한다. 이런 역할은 이전에는 주로 공산당이 담당했던 것인데, 이제는 의회가 담당한다. 또한 의회는 사회의 다양한 목소리를 수렴하는 '대변자' 역할을 담당한다. 의회의 이런 역할로 인해 사회적 약자가 입법과정에서 소외되는 현상은 일부 완화될 수 있다.

1990년대 이후 의회의 주된 과제는 시민, 기업, 사회단체 등에 비해 절대적인 힘의 우위에 있는 정부의 부서 이기주의를 막는 것이었다. 의회가 입법과정에서 조정자와 대변자 역할을 담당함으로써 이 과제를 어느 정도 해결할 수 있게 되었다. 또한 의회의 이런 역할은 의회의 입법 자율성이 높아지고 입법과정이 제도화되면서 가능해진 일이다. 동시에 이것은 의회가 공산당 및 정부와는 다른 독자적인 활동 영역을 확보하기 시작했음을 보여준다.

이런 사실은 중국 정치를 이해하는 데 새로운 시각을 제공해준다. 우선 공산당 영도 체제가 유지된 상태에서도 의회는 권한을 확대하고 조직 능력을 강화하면서 서서히 의미 있는 정치조직으로 발전할 수 있다는 가능성을 보여준다. 또한 중국의 정치발전, 특히 민주화를 위해서는 당-국가 체제의 개혁이 필요하지만, 그것이 전부는 아니라는 사실도 보여준다. 국가 헌정 체제가 작동하면서 의회의 입법 자율성(의회-공산당 관계)이 높아지고, 입법 주도권(의회-정부 관계)이 강화된 점은 이를 입증한다.

마지막으로 중국 정치를 이해하기 위해서는 의회 활동에도 많은 주의를 기울여야 한다는 사실을 보여준다. 이제 중국에서도 의회는 공산당 및 정부와 함께 무시할 수 없는 새로운 정치세력으로 등장했기 때문이다. 동시에 사회단체나 일반 국민이 의회 활동에 참여하면서 발생하는 다양한 정치 현상을 조금 더 세밀히 분석할 필요도 증가하고 있다. 중국은 '공산당이 명령하고 정부가 집행하면, 인민은 복종하는' 그런 단조로운 사회가 더 이상 아니다.

5. 의회 입법 활동의 한계

한편 지방 의회의 입법 정치가 중요하다고 해서 이것이 갖는 명백한 한계를 무시해서는 안 된다. 중국은 민주주의 국가가 아니라 공산당 영도 체제의 권위주의 국가이기 때문이다.

우선 중국의 실제 정치과정에서 법률이 갖는 의미는 여전히 제한적이다. 공산당이 의법치국과 의법집권 방침을 결정하고 추진하고 있어도 이런 객관적인 상황은 쉽게 바뀌지 않는다. 단적으로 법률 이외에도 공산당의 지시나 정부의 행정명령이 중요한 역할을 담당한다. 결국 민주주의 체제에서와는 달리 공산당 영도 체제에서는 의회의 입법 정치가 결코 정치의 중심이 될 수 없다. 대신 공산당이 정치의 중심이고, 정부가 그다음이며, 의회는 맨 마지막일 뿐이다.

또한 입법 정치에서 공산당과 정부가 수행하는 역할은 여전히 중요하다. 공산당은 입법계획을 승인할 뿐만 아니라 입법과정에서 중요하고 민감한 사안에 대해서는 여전히 최종 결정권을 행사한다. 정부는 입법 제기와 법안의 초안 작성 과정에서 중요한 역할을 담당한다. 단적으로 대부분의 입법 제청과 초안 작성은 여전히 정부가 담당한다. 이는 앞으로도 마찬가지일 것이다.

동시에 법규의 성격상, 또한 의회와 사회단체가 가지는 능력의 한계상 의회와 사회단체가 주도하거나 주도적으로 참여할 수 있는 법규는 여전히 소수다. 예를 들어, 경제와 사회 문제를 다루는 법규에서는 의회와 사회단체가 영향력을 행사할 수 있다. 그러나 공산당 통치와 관련된 정치 문제를 다루는 법규, 국가 안위와 관련된 외교 안보 문제를 다루는 법규의 제정 과정에서는 그렇지 않다. 결국 의회와 사회단체는 공산당이 허용하는 범위 내에서만 입법 정치에 주체로 참여할 수 있다.

마지막으로 법률 제정과 법률 집행 간에는 여전히 커다란 괴리가 존재한다는 사실도 기억해야 한다. 이 때문에 의회와 사회단체가 주도적으로 제정한 법규가 현실에서 그대로 집행된다는 보장은 없다. 정부가 시행세칙을 자신에게 유리한 방향으로 제정하면서 법규의 입법 취지를 희석화할 수 있기 때문이다. 중국에서 법치(法治)가 튼튼하게 자리를 잡아야만 이런 문제는 해결될 수 있다. 또한 그렇게 되어야만 의회가 주도하는 입법 정치가 비로소 정치의 중심이 될 수 있다. 이는 공산당 영도 체제 아래에서는 실현될 수 없는 '꿈'일 뿐이다.

지방 의회의 감독 활동

선양 사건

2001년 2월에 랴오닝성 선양시(瀋陽市)에서는 중국 의회정치 역사에서 매우 중요한 사건이 발생했다. 선양시 인민대표대회(人民代表大會, 인대)가 연례 회의에서 선양시 중급법원의 업무보고를 부결시킨 것이다. 이전에도 현급(縣級) 인대에서 정부나 법원의 특정 사안에 대한 업무보고가 부결된 적은 있었으나, 선양시처럼 부성급(副省級) 인대 연례 회의에서 시(市) 공산당 위원회가 사전에 비준한 국가기관의 업무보고가 부결된 경우는 처음이었다.

사실 선양시 인대 연례 회의가 개최되기 전날에 '당원 대표 회의'가 열려 공산당 위원회의 방침이 전달되었다. 참고로 당원 대표 회의에는 전체 인대 대표의 약 70%를 차지하는 당원 대표만이 참석한다. 이때 당원 대표들은 '두 가지 반드시 보장(兩個必保)'이라는 당 방침을 준수한다고 결의했다. 즉 "공산당이 추천한 후보는 반드시 당선시키고, 공산당이 비준한 정부·법원·검찰원의 업무보고는 반드시 통과시킨다." 그런데 결과는 부결로 나온 것이다.

선양시 인대 연례 회의 이후 중급법원 지도부는 이에 책임을 지고 총괄 사퇴했다. 또한 사태 수습을 위해 중앙에서 파견한 신임 법원장(대리)의 지도하에 인대 대표들이 지적한 문제를 수용하여 개혁에 착수했다. 6개월간의 시정 노력을 거쳐 선양시 중급법원은 업무보고를 다시 작성했다. 이후 2001년 8월 9일에 개최된 선양시 인대 임시 회의에서 중급법원의 업무보고가 89.3%의 찬성률로 통과되었다. 이것이 '중국 민주정치의 기념비적인 사건'으로 평가받는 '선양 사건'이다.[1]

| 광둥 현상

2000년에는 광둥성에서 이와 유사한 일이 연속해서 발생했다. 우선 1월에 광둥성 인대 연례 회의가 개최되었을 때, 일부 대표들은 환경오염 문제를 제대로 처리하지 못한 성 정부 환경국장에 대해 질문안(質詢案)을 제출했다. 만족스러운 답변을 얻지 못하자 대표들은 다시 환경국장의 파면을 요구하는 인사안(人事案)을 제출했다. 결국 정부 부성장이 사과하고, 환경국장은 다른 부서로 전출(사실상 경질)되면서 사건은 일단락되었다.

같은 해 2월에는 광둥성 인대 상무위원회가 성(省) 공산당 위원회가 추천한 두 명의 성 정부 국장(局長)의 임명안을 부결시켰다. 또한 7월에는 "광둥성 내의 중대한 사항에 대해서는 광둥성 인대가 최종적으로 결정한다"라는 규정을 담은 지방성법규를 통과시켰다. 이는 지역 공산당 위원회의 정책 결정권에 '도전'하는 모습으로 보일 수도 있는 민감한 문제였다.

광둥성의 성도(省會)인 광저우시(廣州市) 인대도 그해 4월에 개최된 연례 회의에서 일부 정부 부서의 문제점에 대해 8회에 걸쳐 질문권을 행사하는 방법으로 매우 강도 높게 비판했다. 또한 이때 광저우시 정부가 제출한 수도 요금 인상안도 철회시켰다. 이 같은 광둥성과 광저우시 의회의 강력한 감독 활동은 이후에도 몇 년간 계속되었다. 중국에서는 이를 '광둥 현상(廣東現象)'이라고 부른다.[2]

이처럼 2006년에 〈감독법〉이 제정될 무렵까지 지방 의회는 감독 활동을 매우 활발히 전개했다. 특히 전국인대와 성급 및 시급 인대가 주로 입법 활동에 집중한 것에 비해 현급 인대는 감독 활동에 집중했다. 그 결과 의회의 감독 역할은 전보다 더욱 강화될 수 있었다.

이 장에서 우리는 현급(縣級) 인대에 초점을 맞추어 지방 의회의 감독 활동을 살펴보려고 한다. 우리가 현급 인대의 감독에 주목하는 이유는, 그것이 이들이 일상적으로 수행하는 활동이면서 동시에 가장 중요한 활동이기 때문이다.[3] 또한 현급 인대의 감독은 공산당의 지지, 정부의 저항, 의회의 대응을 수반하므로, 이에 대한 분석을 통해 우리는 의회가 사용하는 활동 전략과 실제 활동을 잘 이해할 수 있다.

이런 검토를 통해 우리는 중요한 사실을 알 수 있다. 우선 의회 감독은 분명한 한계가 있지만, 전체적으로 볼 때는 국가기관과 공직자의 부패를 방지하고, 그들이 국가 법률과 정책을 충실히 집행하게 만드는 데 일정한 역할을 담당한다. 공산당의 관점에서 보면, 의회 감독은 공산당을 대신해서 국가기관과 공직자를 통제하는 공산당의 '법적·제도적 회초리'라고 말할 수 있다.[4] 또한 감독은 입법에 이어 지방 의회의 강화된 역할을 보여주는 또 다른 사례이기도 하다.

1. 의회의 감독 전략

〈헌법〉에 따르면, 전국인대는 '최고 국가권력 기관'이고, 지방인대는 해당 지역의 '국가 권력기관'이다. 그러나 의회가 실제로 이런 규정에 맞게 활동할 수 있는 것은 아니다. 대신 의회 활동, 특히 감독은 이들이 처한 객관적 조건과 주체적 역량에 의해 크게 영향받는다.

그래서 지방 의회가 국가기관을 제대로 감독하기 위해서는 이러한 객관적 조건과 주체적 역량을 최대한 자신에게 유리하게 활용할 수 있는 활동 전략을 구사해야 한다. 특히 감독 활동은 종종 정부의 저항과 방해에 직면하므로 이것을 극복하기 위해서는 지혜로운 의회의 전략이 필요하다.

지방 의회는 공통으로 몇 가지 전략을 사용하고 있다. 첫째, 공산당에 대해서는 지지 획득 전략을 사용한다. 둘째, 정부에 대해서는 최대 협력 전략을 사용한다. 반면 자기보다 정치적 지위가 낮은 법원 같은 국가기관에 대해서는 압박 전략을 사용한다. 셋째, 상·하급 의회가 협력하고 연합하는 전략을 사용한다. 마지막으로, 국민에게는 '인민의 대표기관'이라는 인상을 심어주고, 부족한 조직 능력을 보완하기 위해 주민 지지 극대화 전략을 사용한다.

(1) 공산당 지지 획득 전략: 공산당을 향한 '충성 경쟁'

공산당 영도 체제라는 중국 정치체제의 특성상 의회는 공산당의 지지와 협조 없이는 의미 있는 감독 활동을 전개할 수 없다. 이는 정부 감독에서 특히 그렇다. 크게 두 가지 이유 때문이다.

| 의회의 낮은 정치적 지위

우선 의회가 정부의 방해와 저항을 막기 위해서는 공산당의 지지가 절대적으로 필요하다. 정부는 의회 감독을 결코 순순히 수용하지 않기 때문이다. 극단적인 사례이기는 하지만, 의회 연례 회의에서 시장(市長)에 대한 파면안(罷免案)을 제출했던 대표들이 그 시장에 의해 연례 회의가 끝난 후에 체포되어 200여 일 동안 구금되는 일도 있었다.[5]

그런데 정부가 의회 감독에 대해 이처럼 저항할 수 있는 것은, 정부의 정치적 지위가 의회의 정치적 지위보다 높기 때문이다. 예를 들어, 1994년의 조사 결과에 따르면, 61개 조사 대상 지역 중에서 현급 인대 주임(의회 의장)이 공산당 위원회의 서기(書記)나 부서기(副書記)를 겸직한 경우는 17곳(조사 대상의 약 28%)에 불과했다. 이것은 의회 지도자의 당내 지위를 높이기 위한 정책이 실행된 이후의 상황으로, 이전에는 상황이 더욱 좋지 않았다. 즉 같은 조사에 의하면, 이전 시기에 인대 주임이 당서기나 부서기를 겸직하는 지역은 8곳(조사 대상의 약 13%)에 지나지 않았다.[6]

이에 비해 정부 수장, 즉 현장(縣長)·시장(市長)·구장(區長)은 모두 공산당 위원회의 부서기 직책을 겸직한다. 상황이 이렇기에 "국가 활동 중에는 의회가 정부를 감독하지만, 공산당 내에서는 정부가 의회를 감독한다"라는 말이 나온다.[7] 또한 이 때문에 의회가 감독 활동을 제대로 전개하기 위해서는 의회 지도자의 당내 지위를 높여야 한다는 주장이 제기되었고, 일부 지역에서는 이런 주장이 실행되었다.[8]

구체적으로 2002년 공산당 16차 당대회 이후, 공산당 중앙은 지역 공산당 위원회 서기(당서기)가 인대 주임을 겸직하라는 '권고'를 하달했다. 이후 당서기의 인대 주임 겸직은 점차로 확대되었다. 예를 들어 2023년 12월을 기준으로 살펴보면, 전체 31개 성급 단위 중에서 24개 지역(전체의 77.4%)에서 당서기가 인대 주임을 겸직했다. 이는 2002년 공산당 16차 당대회 이후부터 지속된 현상이다. 즉 그때부터 지금까지 성급 단위에서는 평균 75% 이상의 당서기가 인대 주임을 겸직한다.

참고로 2023년 12월 기준으로 당서기가 인대 주임을 겸직하지 않은 7개 성급 지역은 모두 특별한 이유가 있어서 겸직하지 않는 것이다. 우선 4대 직할시(베이징·톈진·상하이·충칭), 광둥성, 신장 자치구 등 6개 지역의 당서기는 공산당 정치국 위원을 겸직하고 있다. 이 때문에 이들은 너무 바빠서 인대 주임을 겸직할 수 없다. 또한 티베트 자치구 인대 주임은 전국인대 상무위원회 부위원장을 겸직하고 있어서 당서기를 맡을 수 없다. 이렇게 보면, 특별한 일이 없으면 성급 지역의 당서기는 인대 주임을 겸직한다고 볼 수 있다. 시급이나 현급 지역은 편차가 큰데, 겸직 비율은 30~50% 정도다.

| 보고 비준 제도

다음으로 의회가 중요한 감독 활동을 전개할 때는 반드시 공산당의 사전 승인(批准)을 받아야 한다. 따라서 공산당의 지지와 협조는 필수적이다. 공산당이 의회의 활동을 지도 및 통제하는 방식은, 공산당 중앙이 전국인대의 활동을 지도 및 통제하는 방식과 동일하다.[9] 즉 공산당은 인대 상무위원회 당조(黨組)의 '보고 비준 제도(請示報告制度)'를 통해 의회 활동을 지도하고 통제할 수 있다.

특히 의회가 공산당의 인사권 행사와 관련된 인사직무평가, 그리고 강력한 법정 감독 수단인 질문권 행사, 특별조사위원회 구성, 정부 행동을 촉구하는 결의나 결정을 채택할 때는 사전에 지역 공산당 위원회의 승인을 받아야 한다. 따라서 "의회가 어느 정도의 역할을 수행할 수 있는지는 공산당이 의회 업무를 얼마나 중시하고 영도하느냐에 달려 있다"라는 말이 나온다.[10]

실제로 일부 지역에서는 의회가 공산당의 지지와 협조를 얻지 못해 특별조사위원회의 구성을 결의하고도 제대로 활동하지 못한 경우가 있었다. 더욱 심한 경우로, 인대 상무위원회가 인사직무평가 감독을 통해 면직시킨 정부의 부서 책임자를 공산당이 다른 직위로 발령해 의회의 결정을 무시한 사례도 있었다.[11]

이러한 이유로 의회는 감독 활동을 전개할 때 공산당의 지지와 협조를 얻기 위해 적극적으로 노력한다. 그래서 실제 감독 활동을 보면, 의회와 공산당 간의 관계에서는 공산당의 의회에 대한 '통제' 보다는 의회의 공산당에 대한 자발적인 '영도 요청'이 중심을 이룬다. 즉 의회가 먼저 공산당의 지지와 협조를 요청한다는 것이다. 이런 면에서 의회는 공산당을 향해 끝없는 '충성 경쟁'을 펼친다고 말할 수 있다.

| 공산당 지지 획득 전략의 내용

한편 의회는 공산당의 지지와 협조를 얻기 위해 다양한 노력을 기울인다. 첫째, 공산당의 주요 정책에 맞추어 감독 활동을 전개한다. 예를 들어, 지금까지 의회 활동이 주로 경제 분야에 집중된 것은 공산당의 개혁·개방 정책에 맞추어 활동을 전개했기 때문이다. 즉 성급 인대가 제정한 법규 중에서 재정·경제 관련 법규가 차지하는 비중은 30~50%에 이른다. 또한 인대 상무위원회가 심의하는 안건 중에서 재정·경제 관련 안건은 40~60%에 달한다.[12]

의회의 감독 활동도 예외가 아니다. 예를 들어, 공산당이 정부의 경제 관련 법률과 중앙 경제 정책의 준수를 촉구하면, 의회는 이와 관련된 법률과 정책을 감독 대상으로 선정하여 법률 집행 감독을 실행한다. 또한 의회는 정부의 경제 관련 부서와 그 책임자를 대상으로 인사직무평가 감독을 전개한다. 그것도 성급 인대부터 현급 인대까지 거의 모든 의회가 동시에 참여하여 동일한 정책과 부서를 대상으로 감독 활동을 전개한다.[13]

둘째, 의회는 감독 과정에 공산당 지도자를 참여시키려고 노력한다. 각 의회는 인사직무평가 회의나 법률 집행 감독 보고 회의에 공산당 지도부를 최대한 참여시키려고 노력한다. 실제로 이런 회의에는 대개 정부 지도자뿐만 아니라 지방 공산당 위원회 지도자(당서기나 부서기)도 참석한다. 또한 일부 의회는 인사직무평가 감독을 전개할 때, 일부러 '평가 업무 영도소조(評議工作領導小組)'라

는 영도조직을 만들고, 당서기나 부서기를 조장으로 참여시키기
도 한다.[14]

셋째, 의회는 감독 과정에서 정부의 저항과 협조 거부 같은 어려
움에 직면하면 스스로 결정하여 대응하는 것이 아니라, 항상 지방
공산당 위원회에 보고하고, 공산당의 지침과 승인에 따라 대응한
다. 이렇게 함으로써 공산당의 '체면'을 살려줄 수 있고, 동시에 정
부와 직접 충돌함으로써 발생할 수 있는 불필요한 갈등과 대립을
사전에 방지할 수도 있다.[15]

(2) 정부와의 최대 협력 전략: 정부는 버거운 감독 대상

한편 의회는 정부에 대해서도 1990년대 초기까지는 최대 협력
전략을 구사했다. 의회는 법적으로는 해당 지역의 '국가 권력기관'
이지만, 실제 권력관계와 조직 능력 등 여러 가지 면에서 볼 때, 정
부에 비해 분명한 열세에 있기 때문이다. 게다가 현재까지 의회 예
산의 편성권과 집행권은 의회가 아니라 정부가 행사한다. 이와 같
은 이유로 의회가 정부와의 관계 악화를 감수하면서까지 감독 활
동을 강력히 전개하기는 쉽지 않다.

여기에 더해 의회가 새롭게 개척한 감독 방식은 〈헌법〉과 법
률의 규정에 없는 것이라 더욱 신중할 수밖에 없다. 예를 들어,
2006년에 제정된 〈감독법〉에는 인사직무평가와 업무평가를 규정
하는 내용이 없다(이에 대해서는 앞 장에서 자세히 살펴보았다). 그래서

의회는 정부와 대립하거나 경쟁하기보다는 정부 업무에 최대한 협조하면서 감독하는 전략을 구사한다. "정부를 지지하면서 감독하고, 감독하면서 정부를 지지한다(寓支持于監督之中, 寓監督于支持之中)"라는 말은 이런 방침을 표현한 것이다.[16]

구체적으로 의회는 정부 감독과 관련하여 다음과 같은 방식을 사용한다. 첫째, 의회가 법률 집행 감독이나 인사직무평가 감독을 시행할 때는 반드시 정부와 사전에 협의한다. 즉 의회가 일방적으로 감독 대상·시기·일정을 결정하지 않는다. 이렇게 함으로써 최대한 정부의 편의를 봐주고, 동시에 정부의 협조를 끌어내려고 노력한다.

둘째, 예산 편성 및 집행에 대한 감독(일명 재정감독)에서는 공개적인 문제 제기보다는 '사전 개입(提前介入)'을 통한 물밑에서의 문제 제기와 조용한 해결을 선호한다. 예를 들어, 인대 연례 회의에서 정부 예산안을 공개적으로 비판하기보다는, 의회 관계자(대개 전문위원회 위원)가 정부의 예산 편성 과정에 참여하여 문제를 제기하고 조율한다.

셋째, 일부 법률 집행 감독의 경우는 의회가 정부와 함께 감독을 진행하기도 한다. 이는 감독 대상인 정부가 동시에 감독 주체가 되어 자기를 감독하는 행위로 매우 불합리하다. 이 때문에 전국인대와 성급 인대는 이 같은 관행에 반대하지만, 현실적인 감독 효과를 고려하여 지방 의회는 종종 이런 방식을 사용한다. 정부 책임자와 합동으로 감독하면 사소한 문제는 현장에서 해결할 수 있고, 지역 주민들은 이런 빠른 감독 효과를 좋아하기 때문이다.[17]

그런데 1990년대 중반을 넘어서면서 의회와 정부 간의 관계에서 변화가 발생하기 시작했다. 의법치국 방침의 전면적인 실시와 공산당 중앙의 의회 감독 지지, 지난 활동을 통한 감독 경험의 축적, 의회 자체의 조직 능력의 증대, 대표들의 책임 의식 강화, 지역 주민의 강력한 감독 요구 등을 기반으로 의회가 정부에 대해 한편으로는 협력하지만, 다른 한편으로는 경쟁하고 대립하는 구도가 형성되기 시작한 것이다.

또한 현급 인대뿐만 아니라 성급·시급 인대도 1990년대 중반 무렵부터는 감독 활동에 과감히 나서는 현상이 나타났다. 이 장의 도입부에 소개한 '선양 사건'과 '광둥 현상', 그리고 쓰촨성과 허난성 인대의 감독은 이것을 보여주는 대표적인 사례다. 따라서 우리는 1990년대 중반 이후 의회의 정부 전략이 최대 협력 전략에서 대립과 경쟁을 동시에 사용하는 '복합 전략'으로 변화했다고 말할 수 있다.

(3) 법원에 대한 강한 압박 전략: 법원은 '쉬운 먹이(easy target)'?

1980년대에는 의회가 법원에 대해 거의 감독 활동을 전개하지 않았다. 매년 개최되는 인대 연례 회의에서 법원의 업무보고를 청취하고 심의하거나, 지역 주민들이 법원의 잘못된 판결이나 비리를 제보하면 법원에 문제해결을 촉구하는 정도가 다였다. 이런 면에서 법원 감독은 '공백'이었다.

그런데 1990년대에 들어와서는 상황이 바뀌었다. 즉 정부에 대한 감독과 함께 법원에 대한 감독이 의회 감독의 주된 활동이 된 것이다. 동시에 의회는 정부와는 달리 법원에 대해서는 강한 압박을 구사하는 전략을 사용하기 시작했다. 법원은 정부와 다르게 의회가 우월한 위치에서 감독할 수 있기 때문이다.

첫째, 법원은 정부와 비교해서 정치적 지위가 낮다. 이 때문에 의회가 법원을 감독 대상으로 삼기가 훨씬 수월하다. 공산당 내에서 의회와 법원이 차지하는 지위가 이를 잘 보여준다. 단적으로 법원은 공산당 부서의 하나인 정법위원회의 영도하에 활동한다. 또한 법원장은 시장(市長)이나 현장(縣長)과 같은 등급이 아니라 그 아래인 부시장이나 부현장 등급이다. 실제로는 정부의 부서 책임자인 공안국장(한국의 경찰국장)이 법원장보다 정치적 지위가 높고, 권한도 더욱 막강하다(대개 공안국장은 부시장이나 부현장을 겸직한다).

반면 의회는 정부와 마찬가지로 공산당 위원회의 영도하에 활동한다. 또한 의회 의장, 즉 인대 주임은 시장이나 현장과 똑같은 등급이다. 특히 공산당 서기가 인대 주임을 겸직하는 경우는 의회의 정치적 지위가 더욱 높아진다. 따라서 의회는 정부를 감독할 때와는 달리 법원을 감독할 때는 '심리적으로 편안한 상태'에서 감독할 수 있다.

둘째, 중국에서 법원의 잘못된 판결이나 법관의 업무와 관련된 비리는 비교적 많고, 이 때문에 지역 주민들은 의회가 법원에 대해 적극적으로 감독해주기를 요청한다. 이는 의회에 대한 주민의 편지와 방문을 통한 청원, 즉 '신방(信訪)'이 급격히 증가한 것을 통해 알 수 있다. 이런 신방의 다수를 차지하는 것이 바로 법원 비리다. 이 때문에 의회는 지역 주민의 요구를 근거로 법원에 대해 강력한 감독 활동을 전개할 수 있다.

마지막으로, 의회는 법원 감독을 통해 비교적 쉽게 '성과', 즉 문제를 해결함으로써 기대했던 감독 효과를 달성할 수 있다. 또한 이런 감독 효과를 얻으면, 지역 주민은 의회를 더욱 신뢰하고 지지한다. 법원 감독은 주로 개별 판결에 초점을 맞춘다. 그것도 많은 경우 주민의 제보를 받아 문제가 있는 판결, 혹은 의회의 자체 조사를 통해 문제가 있다고 추정되는 판결을 대상으로 집중적으로 감독한다. 그래서 문제를 지적하고 시정을 요구하기가 쉽다는 것이다.

반면 의회의 정부 감독은 법률 집행이나 정책 집행에 초점을 맞추기 때문에 쉽게 문제를 지적할 수 없고, 설사 문제를 지적해도 정부가 그것을 시정하게 만들기는 더욱 쉽지 않다. 대개 공산당이 사전에 결정한 정책이기 때문이다. 의회의 정부 부서 책임자에 대한 인사 감독이나 인사직무평가 감독도 마찬가지다. 이 경우에는 공산당의 인사권이 걸려 있기 때문이다. 이런 이유로 의회는 법원에 대해서는 강하게 압박하는 감독 전략을 사용할 수 있지만, 정부에 대해서는 그렇게 할 수 없다.[18]

(4) 상·하급 의회의 협력 전략: 의회 역량의 총동원

1979년에 〈지방인대와 지방 정부 조직법〉이 제정된 이후, 현급 인대에도 상무위원회와 전문위원회 등의 상설기구가 설치되었다. 따라서 현급 인대도 일상적으로 감독 활동을 전개할 수 있는 조건을 갖추게 되었다. 이후 인대 상무위원회 위원과 상근 사무직원이 계속 증가하면서, 지방 의회의 조직력과 활동력은 더욱 강화되었다.[19] 그러나 전체적으로 보면 지방 의회의 역량은 아직 미약하다.

우선 현급 인대 상무위원회 위원 중에는 공산당과 정부의 고위직에서 퇴임 직전에 의회로 자리를 옮긴 사람이 많다. 이 때문에 이들 중에는 고령자가 많고, 그래서 활동 능력이 떨어진다. 더욱이 이들 중에서 전임(專職) 위원(full-time members)은 많아야 전체의 1/3 정도라서 대다수 위원은 의회 활동에만 집중할 수 없다.[20] 예를 들어, 2013~2014년에 전국 현급 인대 대표를 표본 추출하여 조사한 자료에 따르면, 인대 대표 중 전임 대표의 비율은 20.7%인데, 이들이 바로 인대 상무위원회 위원을 맡고 있다.[21] 참고로 전국인대 상무위원회의 전임 위원 비율은 70% 정도, 성급·시급 인대 상무위원회의 비율은 50% 정도다.

또한 현급 인대의 사무기구와 상근직원의 규모도 정부 활동을 일상적으로 감독하기에는 매우 부족하다. 대개 현급 인대는 1~3개의 판공실(辦公室)과 3~5개의 공작위원회(工作委員會) 혹은 전문위원회(專門委員會)로 구성되어 있고, 상근직원은 평균 15~30명 사이다. 그런데 이 정도 기구와 인원으로는 평균 50~60개의 부서에 700~1,000명 정도의 상근직원을 갖추고 있는 현급 정부의 활동을 감독하는 것은 무리다.[22]

이처럼 부족한 조직 역량을 보완하기 위해 지방 의회는 상·하급 의회가 협력하여 합동으로 감독 활동을 전개하는 전략을 사용한다. 즉 성급·시급 인대의 계획과 지휘 아래 현급 및 향급 인대가 함께 참여하여, 같은 법률과 정책, 같은 정부 부서를 대상으로 동시에 법률 집행 감독이나 직무평가 감독을 전개한다. 그리고 여기에 참여할 수 있는 각급 인대 대표를 최대한 동원한다. 이것은 적은 역량을 모아 특정 목표에 집중함으로써 감독 효과를 극대화하려는 전략이다.

이러한 합동 전략은 현재 거의 모든 지방 의회가 사용하고 있다. 2006년에 제정되고 2024년에 수정된 〈감독법〉도 이를 법적으로 보장하고 있다. 예를 들어, 1992년에 허난성 각급(各級) 인대는 농민 부담 경감이라는 목표를 달성하기 위해 정부 감독 활동을 동시에 전개했다. 이때에는 관할구역 내의 158개 현급 인대 중에서 122개(전체의 77%), 2,100개 향급 인대 중에서 1,902개(전체의 91%)

가 법률 집행 감독을 전개했다. 또한 모두 98개의 현급 인대(전체의 62%)와 1,628개의 향급 인대(전체의 78%)가 정부 관련 부서와 공직자에 대한 직무평가 감독을 전개했다.[23] 그리고 여기에는 모두 7만 명의 각급 인대 대표가 참여했다. 다른 지역도 이와 비슷하다.[24]

(5) 주민 지지 극대화 전략: 인민의 지지는 보검(寶劍)

지방 의회가 정부의 저항에 맞서 감독 활동을 전개하기 위해서는 공산당의 지지를 얻는 것 이외에도 지역 주민의 지지를 얻는 것이 매우 중요하다. 정부 지도부가 다수를 차지하는 공산당 위원회를 설득하기 위해서는 지역 주민의 지지가 매우 중요하기 때문이다. 그래서 지방 의회가 감독 활동을 전개할 때는 지역 주민의 지지를 극대화하는 전략을 사용한다.

그런데 현급 인대는 전국인대나 성급·시급 인대와는 달리 이러한 전략을 사용할 기본 조건을 갖추고 있다. 우선 인대 대표는 지역 주민의 직접선거로 선출되기 때문에 이들 사이에는 직접적인 '대표–유권자 관계'가 형성된다. 반면 전국인대와 성급·시급 인대 대표는 하급 인대 대표가 선출함으로써 이런 직접적인 관계가 없다. 또한 현급 인대의 감독 결과는 지역 주민의 일상생활에 직접적인 영향을 미친다. 이 때문에 지역 주민의 관심은 그만큼 크고, 감독 결과에 대해서도 매우 민감하게 반응한다.[25]

의회의 지역 주민 지지 극대화 전략은 구체적으로 주민의 이해가 걸린 사항이나 주민의 관심이 높은 사회 문제를 중심으로 감독 활동을 전개하는 방식으로 나타난다. 예를 들어, 지금까지 법률 집행 감독에서 가장 많이 선정된 법률이나 정책은 정부의 자의적인 준조세 징수 현상, 소위 '삼란풍(三亂風: 세금·할당금·벌금의 자의적 징수)'과 관련된 것이다. 이것이 지역 주민, 특히 농민의 부담을 증가시켜 사회 불안정을 불러일으키는 심각한 사회 문제이기 때문이다.

또한 의회의 인사직무평가나 업무평가 감독을 보면, 정부 부서 중에서는 재경(財經) 부서가 감독 대상으로 자주 선정된다. 여기에는 교통·재무·계획·공상·토지관리·도시건설 등의 정부 부서가 포함된다. 그 이유는 분명하다. 이들이 정부 부서 중에서도 부정부패가 가장 심한 곳(즉 돈이 가장 많이 생기는 곳)이고, 그래서 지역 주민의 불만이 가장 많은 부서이기 때문이다.[26]

이처럼 의회는 지역 주민의 이해와 밀접히 관련되고 사회적으로 문제가 많은 사항을 중심으로 감독 활동을 전개하기 때문에 지역 주민의 지지를 비교적 쉽게 얻을 수가 있다. 또한 지역 주민이 지지하는 감독에 대해서는 정부도 무조건 저항할 수 없다. 동시에 지역 공산당 위원회도 그러한 의회 감독을 지지하지 않을 수 없다.

2. 법정 감독 방식과 의회 간의 활동 차이

《헌법》과 관련 법률에 따르면, 지방 의회는 관할 지방의 '국가 권력기관'으로서 정부와 법원 등 국가기관을 대상으로 법률·업무·재정·인사 방면의 감독 활동을 수행할 수 있다.[27] 또한 지방 의회는 다양한 감독 방식을 사용할 수 있다. 《헌법》과 《감독법》 등이 부여한 전문(專項) 업무보고의 청취와 심의, 질의권(詢問權, question: 단순한 소개나 설명을 요청하는 권한)과 질문권(質詢權, interpellation: 비판과 촉구의 의미로 중대 문제에 대한 해명 혹은 답변을 요구하는 권한) 행사, 특별조사위원회(特定問題的調査委員會) 구성과 활동, 법률 집행 감독(執法檢査), 시찰(視察, inspection) 등은 의회가 설치된 이후 지금까지 사용되고 있는 법정 감독 방식이다.

(1) 전국인대와 성급 인대: '연성' 감독 방식의 사용

《표 9-1》은 전국인대와 베이징시 인대의 감독 활동을 정리한 것이다. 이에 따르면, 전국인대는 2018년부터 2023년까지 5년 동안 모두 261회(매년 평균 52.2회)의 감독 활동을 전개했다. 그런데 이 중에서 가장 큰 비중을 차지한 것이 바로 각종 업무보고의 청취와 심의다. 구체적으로 감독 업무보고의 청취와 심의가 109회(42.6%)고, 기타 보고의 청취와 심의가 73회(28.5%)로, 이 둘을 합하면 모두 182회(71.9%)에 달한다.

<表 9-1> 전국인대와 베이징시 인대의 감독 활동 비교

전국인대(2018~2023년)		베이징시 인대(2007~2017년)	
감독 방식	빈도수(%)	감독 방식	빈도수(%)
법률 집행 감독	30(11.5)	법률 집행 감독	92(18.4)
감독 업무보고 청취와 심의	109(41.8)	시찰	94(18.8)
특정 문제 조사와 연구	33(12.6)	조사와 연구	191(38.2)
특정 문제 질의	11(4.2)	보고 청취와 심의	11(2.2)
결의 채택	5(1.9)	예결산 감독	12(2.4)
기타 보고 청취와 심의	73(28)	기타	100(20)
총계	261(100)		500(100)

자료: 張寶山, "守正創新, 人大監督邁出堅實步伐: 十三屆全國人大常委會監督工作綜述", 《中國人大》 2023년 2月 5日, pp. 6-11; 陳文博, "行政—立法關係視角下的地方人大監督研究: 以北京市人大常委會監督工作爲例", 《人大研究》 2017년 11期, pp. 41-48.

베이징시 인대 상황도 이와 크게 다르지 않다. 〈표 9-1〉에 따르면, 2007년부터 2017년까지 10년 동안 전개한 감독 활동은 모두 500회(매년 평균 50회)로 전국인대의 빈도수(매년 평균 52.2회)와 비슷하다. 이 중에서 조사와 연구가 191회(38.2%), 시찰이 94회(18.8%), 법률 집행 감독이 92회(18.4%)로 이를 합하면 모두 75%나 된다. 이처럼 베이징시 인대도 전국인대처럼 〈헌법〉과 〈감독법〉이 규정한 '연성(soft)' 수단을 이용하여 국가기관을 감독하고 있다.

(2) 현급 인대: '강성' 감독 방식의 사용

그런데 2006년에 〈감독법〉이 제정되기 이전의 상황을 보면, 현급 인대의 감독은 전국인대나 성급 인대와는 달랐다. 첫째, 전국인대가 사용하기 꺼리는 감독 방식을 종종 사용한다. 예를 들어, 전국인대가 1982년 이후 지금까지 국무원 구성원을 상대로 질문권을 행사하거나 특별조사위원회를 구성한 적이 없었다(1981년에 딱 한 번 있었다). 이에 비해 일부 현급 인대는 그러한 방식을 비교적 자주 사용했다.

예를 들어, 1994년에 전국 61개 현급 인대를 대상으로 실시된 설문조사 자료(이하 '94년 조사' 자료)에 의하면, 1991년에서 1993년 사이에 12개(조사 대상의 20%) 지역의 의회가 모두 25차례에 걸쳐 질문권을 행사했다. 또한 같은 기간 동안 7개(조사 대상의 12%) 지역의 의회가 모두 67차례에 걸쳐 특별조사위원회를 구성하여 조사 활동을 전개했다.[28]

둘째, 전국인대가 사용하지 않는 '강성(hard)' 조치를 사용함으로써 감독 효과를 높였다. 예를 들어, 전국인대가 지금까지 국가기관의 활동을 감독하고 문제가 있는 책임자를 파면한 적이 한 번도 없는 것에 비해 현급 인대는 그런 경우가 종종 있었다. 예를 들어, 위의 '94년 조사' 자료에 의하면, 1991년에서 1993년 사이에 16개(조사 대상의 약 26%) 지역의 의회가 감독 과정에서 문제가 있는 19명의 정부·법원·검찰원의 구성원을 파면 또는 면직했다.[29]

마지막으로, 전국인대가 연례 회의에서 국무원이 제출한 예산안과 사회 및 경제발전 계획안을 심의한 이후 모두 통과시킨 것과는 달리, 일부 현급 인대는 비준을 거부하고 재작성을 지시한 적이 있었다.[30] 이 밖에도 현급 인대는 대표 시찰이나 중대 사항 결정권 행사를 통해 정부의 문제점을 지적하고 해결한 경우가 적지 않았다.[31]

(3) 〈감독법〉(2006년) 제정 이후의 변화

그런데 2006년에 〈감독법〉이 제정된 이후에는 상황이 조금 바뀌었다. 즉 현급 인대도 전국인대와 성급·시급 인대처럼 '연성' 감독 방법을 주로 사용하는 방식으로 활동이 변화했다는 것이다.

〈표 9-2〉는 〈감독법〉(2006년) 제정 이후인 2008년부터 2012년까지 5년 동안 후난성에 있는 122개 현급 인대 상무위원회의 감독 활

〈표 9-2〉 후난성 122개 현급 인대 상무위원회의 감독 상황(2008~2012년)

감독 방식	빈도수(건)(%)	의회당 5년 평균 빈도수(건)	의회당 1년 평균 빈도수(건)
특별 업무보고 청취	10,248(43.4)	84	16.8
법률 집행 감독	2,669(11.3)	21.9	4.4
규범성 문건 등록	10,520(44.6)	86.2	17.2
질의와 질문	100(0.4)	0.82	0.16
특별조사위원회	16(0.07)	0.13	0.03
철직(파면)	56(0.2)	0.46	0.09
총계	23,609(100)	-	-

자료: 劉永學·戴志華, "十年審視: 監督法貫徹實施的通與痛-以湖南省爲例", 《人大研究》 2016年 11期, pp. 17-19.

동을 정리한 것이다. 이에 따르면, 의회는 〈감독법〉에 규정된 법정 감독 수단 중에서 '연성' 수단, 즉 전문(專項) 업무보고의 청취와 심의, 법률 집행 감독, 규범성 문건 등록(備案)을 주로 사용한다. 이것이 전체 감독 활동의 99.3%를 차지한다. 이에 비해 법이 정한 '강성' 수단, 즉 질의권(詢問權)과 질문권(質詢權)의 행사, 특별조사위원회의 구성과 활동, 철직(撤職: 파면) 결정은 다 합쳐도 겨우 0.7%에 불과하다. 이것을 다시 인대별 및 연도별로 계산하면 거의 의미가 없

〈표 9-3〉 지방 의회의 정부 보고 부결 사례

시기	지역	부결 내용
1984년	안후이성 퉁링현(銅陵縣) 인대	결산 보고
1995년	허베이성 라오양현(饒陽縣) 인대	예산 초안 보고
2000년	후난성 즈장동족(芷江侗族) 자치현 인대	2000년 예산 조정 보고
2001년	광시자치구 허츠시(河池市) 인대	인터넷카페 정리 보고
2002년	후난성 위안링현(沅陵縣) 인대	2001년 예산 집행 상황 보고 및 2002년 예산 초안 보고
2004년	신장자치구 창지시(昌吉市) 인대	2004년 결산 및 2005년 상반기 예산 집행 상황 보고
2006년	간쑤성 진창시(金昌市) 인대	공안국 교통 업무보고
2006년	라오닝성 판진시(盤錦市) 인대	식품 관리 상황 보고 및 〈정부 구매법〉 집행 상황 보고
2008년	광시자치구 베이하이시(北海市) 인대	도시환경 정리 전문 업무보고

자료: 王春英, "人大監督與責任政府構建的地方實踐", 《社會科學戰線》 2022年 2期, pp. 189-196.

는 수치가 나온다. 다시 말해, 현급 인대조차도 이런 '강성' 수단은 거의 사용하지 않는다. 이는 〈감독법〉이 불러온 부정적인 결과라고 평가할 수 있다(이에 대해서는 앞의 장에서 자세히 살펴보았다).

〈표 9-4〉 성급 인대의 질문안 제출 사례

시간	지역	대상 기관과 내용
1981년	장쑤성 인대	정부에 예산·계획·화학비료 생산·수질 오염 개선 등
1985년	후베이성 인대	정부 전기국에 전기요금 관련 문제
1988년	장쑤성 인대(상위회)	정부 전력공업국에 관련 기업 오염수 방류 문제
1989년	후난성 인대	정부에 국유기업 청산 문제
1994년	광둥성 인대(상위회)	정부 교통국에 도로 건설 지연 문제
1994년	하이난성 인대	정부 교통청과 재정청에 기업 연료부가세 반환 문제
1995년	광둥성 인대	정부 국토청에 부동산 등기 조례 관련 문제
1998년	후난성 인대(상위회)	정부 이민국에 이주민 이사 비용 전용 문제
1999년	허난성 인대	정부 건설청에 부동산 구매 기금 전용 문제
1999년	쓰촨성 인대	정부 사회보장국에 양로 기금의 부동산 투자 문제
2000년	광둥성 인대	정부 환경보호국에 수력발전소 건설 문제
2002년	구이저우성 인대	정부 교통국에 자의적 통행료 징수 문제
2004년	헤이룽장성 인대	정부 교통국에 고속도로 요금소 건설 문제
2005년	산시성 인대	정부 교통청에 고속도로 사건 처리 문제
2007년	상하이시 인대	정부 교통국에 택시 승강장 관리 문제
2016년	허베이성 인대(상위회)	정부 문화청에 문물 보호 문제

자료: 王春英, "人大監督與責任政府構建的地方實踐",《社會科學戰線》2022年 2期, pp 189-196.

또한 〈표 9-3〉은 지방 의회의 강력한 감독 활동도 〈감독법〉(2006년) 제정 이후에는 크게 줄었다는 사실을 보여준다. 구체적으로 〈감독법〉 제정 이전에는 지방 의회가 종종 정부의 업무보고를 부결시킨 사례가 있었다. 그러나 〈감독법〉 제정 이후에는 단지 한 건, 즉 2008년 광시자치구 베이하이시 인대의 사례밖에는 없다.

또한 〈표 9-4〉에 따르면, 성급 인대도 〈감독법〉(2006년) 제정 이전에는 종종 질문권을 행사했는데, 제정 이후에는 단지 두 건, 즉 2007년의 상하이시 인대와 2016년의 허베이성(河北省) 인대 상무위원회의 사례만이 확인될 뿐이다. 이는 모두 지방 의회가 〈감독법〉 제정 이후에 매우 신중하게 감독 활동을 전개한다는 사실을 보여준다.

3. 지방 의회의 주요 감독 방식

이제 지방 의회가 현재 수행하고 있는 세 가지의 대표적인 감독 방식, 즉 법률 집행 감독, 직무평가 감독(즉 인사직무평가와 업무평가), 개별 안건 감독을 자세히 살펴보자. 이를 통해 우리는 지방 의회가 실제로 어떻게 감독 활동을 전개하는지를 이해할 수 있다.

지방 의회는 1980년대 중반부터 법정 감독 방식의 한계를 극복하고 감독 효과를 더욱 높이기 위해 폐회 기간에 일상적으로 시행할 수 있는 새로운 감독 방식을 탐색했다. 법률 집행 감독, 인사직무평가, 업무평가, 개별 안건 감독은 그중에서 가장 대표적인 방법이다. 이런 방법은 1990년대 중반 무렵에는 전국적으로 사용되었다. 그 밖에도 법률 집행 책임제(部門執法責任制), 오심 책임추궁제(錯案責任追究制), 법률감독서(法律監督書) 제도 등은 일부 지역에서 사용되었다.[32]

(1) 법률 집행 감독

법률 집행 감독의 공식 명칭은 '법률 실시 상황에 대한 검사 감독(對法律實施狀況的檢查監督)'이고, 약칭은 '집법검사(執法檢查, supervisory inspection of law enforcement)'다. 이 감독은 주로 정부가 국가기관의 법률과 중앙의 정책을 제대로 집행하고 있는지를 조사하고 감독하는 활동을 말한다. 의회가 이것을 실행하는 이유는, 이를 통해 국가기관이 법률과 정책을 집행하는 과정에서 존재하는 문제점을 찾아내고, 그것을 해결하도록 촉구하기 위해서다.[33]

법률 집행 감독은 1980년대 중반부터 일부 지역에서 시행되었다. 예를 들어, 1985년에는 안후이성(安徽省)과 저장성에서, 1986년에는 장쑤성, 허난성, 상하이시에서, 1988년에는 산시성과 후난성 일부 지역에서 시행되었다. 전국인대도 1986년부터 법률 집행 감독을 시행했다.[34] 1990년대 들어 법률 집행 감독은 전국의 거의 모든 의회로 확대되었고, 동시에 의회의 가장 중요한 감독 방식으로 자리 잡았다.

예를 들어, 앞에서 언급한 '94년 조사' 자료에 의하면, 1991년부터 1993년까지 3년 동안 조사 대상인 61개의 모든 현급 인대가 1,174회의 법률 집행 감독을 시행했다. 여기에는 모두 3만 963명의 각급 인대 대표가 참여했다. 이것은 매년 각 현급 인대가 평균 6.4회의 법률 집행 감독을 시행하고, 여기에 평균 169명의 대표가 참여한 셈이다.[35]

이처럼 법률 집행 감독이 광범위하게 실행된 것은, 1989년 톈안먼 민주화 운동 이후에 공산당 중앙의 정책이 변화했기 때문이다. 톈안먼 민주화 운동은 공직자의 부정부패 문제가 매우 심각한 정치적 위기를 초래할 수 있음을 보여준 사건이었다. 이후 공산당 중앙은 공산당과 전 국가기관이 감독을 강화해야 한다는 〈당과 인민 군중의 연계 강화 결정〉을 채택했다. 동시에 공산당은 주기적으로 대대적인 반부패운동을 전개했다.[36]

공산당 중앙의 이런 방침에 맞추어 전국인대와 지방인대도 국가기관의 부정부패를 예방하고 통제하기 위한 감독 활동에 적극적으로 나섰다. 예를 들어, 1991년에 당시 전국인대 상무위원회 위원장(한국의 국회의장)이었던 완리(萬里)는 앞으로 법률 집행 감독을 입법과 동등한 비중으로 시행한다는 방침을 결정했다. 지방 의회도 법률 집행 감독을 자신의 가장 중요한 의정 활동으로 삼기 시작했다.[37]

| 내용과 절차

지방 의회가 수행하는 법률 집행 감독의 내용과 절차는 전국적으로 비슷하다. 우선 인대 연례 회의가 끝난 직후에 인대 상무위원회는 감독 계획을 수립한다. 여기에는 감독 대상인 법률과 정책, 감독 대상인 국가기관(부서), 참여 인원(인대 상무위원회 위원과 대표), 감독 일정이 포함된다. 감독 대상 법률과 정책은 대개 공산당 중앙의 방침에 따라 선택된다.

다음으로 인대 상무위원회 위원과 일반 대표로 구성된 '법률 집행 감독조(執法檢查組)'가 구성되고 예비조사가 시작된다. 예비조사는 국가기관으로부터의 종합 보고 청취, 관련 자료의 수집과 분석이 중심이 된다. 이후 감독조는 짧게는 1개월, 길게는 수개월에 걸친 현장 조사를 진행한다. 이때는 기관 방문과 자료 수집, 관련자 면담, 각종 좌담회 개최, 설문조사의 실시와 분석, 주민 신고센터의 설치와 신고 접수 등 다양한 방식이 사용된다.

이렇게 해서 조사 활동이 끝나면 법률 집행 감독조는 결과 보고서를 작성하여 인대 상무위원회에 제출한다. 이후 인대 상무위원회는 그것을 심의한 후에 문제점을 정리하여 해당 국가기관에 통보한다(법률 집행 감독 보고회의를 개최하기도 한다). 여기에는 발견한 문제점, 시정 요구 사항, 시정 및 결과 제출 기한이 명시되어 있다. 이후 해당 국가기관은 기한 내에 지적된 문제점의 처리 결과를 인대 상무위원회에 보고해야 한다. 필요할 경우 인대 상무위원회는 정부의

처리 결과를 재조사한다. 이를 '추적검사(跟蹤檢査)'라고 한다.[38]

| 효과와 문제점: 뇌성은 크지만 비는 적게 내린다

그렇다면 이처럼 의회가 대대적으로 전개하고 있는 법률 집행 감독은 어느 정도의 감독 효과가 있을까? 감독 효과는 '간접 효과'와 '직접 효과' 두 가지로 나누어 검토할 수 있다.

우선 법률 집행 감독은 간접적인 감독 효과를 거둘 수 있다. 1990년대 이후 공산당 중앙은 정부가 두 가지의 방침을 충실히 집행할 것을 강조한다. 첫째는 '의법행정(依法行政)'의 충실한 집행이다. 둘째는 국가 법률과 중앙 정책의 충실한 집행이다. 의회의 법률 집행 감독은 정부가 이런 공산당 중앙의 방침을 제대로 추진하도록 촉진하는 데 일정한 역할을 담당한다는 것이다.

대개 법률 집행 감독은 동일한 법률을 대상으로 성급 인대의 지휘 아래 관할 지방의 모든 인대가 참여하는 방식으로 집중적으로 진행된다. 또한 같은 국가 법률과 중앙 정책이 몇 년 동안 연속적으로 감독 대상으로 선정된다. 예를 들어, 베이징시 각급 인대는 〈의무교육법〉을 대상으로 1986년부터 8년 연속으로 법률 집행 감독을 시행했다.[39] 이처럼 법률 집행 감독은 집중적이고 연속적으로 시행되기 때문에 기대했던 감독 효과, 즉 의법행정과 국가 법률 및 중앙 정책의 충실한 집행 촉구라는 성과를 거둘 수 있다.

그런데 법률 집행 감독의 직접 효과, 즉 정부가 발견된 문제점을 해결하도록 강제하는 효과는 기대만큼 크지 않다. 이는 의회 자체 조사에서도 확인된다. 예를 들어, 1990년대 중반에 안후이성 각급 인대의 감독을 조사한 보고에 의하면, 법률 집행 감독을 통해 지적된 문제점에 대해 해당 집행기관(주로 지방 정부)이 진지하게 해결하는 경우는 15%였고, 비교적 양호하게 해결한 경우를 합해도 30%를 넘지 않았다. 그래서 이 보고서는 "현재 법률 집행 감독의 감독 효과가 좋지 않다(不佳)"라고 평가했다.[40] 정도의 차이는 있지만 다른 지역 상황도 다르지 않았다.[41]

이처럼 법률 집행 감독이 기대만큼의 직접적인 감독 효과를 거두지 못하는 이유는, 이것이 정부로 하여금 문제를 해결하도록 강제하는 감독 방식이 아니었기 때문이다. 의회는 정부에 어떤 문제점을 제기하고 그것의 해결을 '건의(建議, proposal)'할 수 있다. 그러나 건의는 법적 강제력이 없는 '권고(suggestion)'이며, 따라서 정부가 그것을 받아들이지 않아도 의회는 강제할 수 없었다. 그 결과 '뇌성은 크지만 비는 적게 내리는(雷聲大而雨點小)' 일이 발생한 것이다.[42]

그 밖에도 법률 집행 감독 그 자체의 문제점도 있다. 예를 들어, 매년 의회는 5~10개의 법률과 정책을 대상으로 법률 집행 감독을 진행했다. 그런데 현급 인대가 갖고 있는 조직 역량과 동원할 수 있는 인력을 놓고 볼 때, 이는 너무 많은 법률과 정책을 선정한 것이다. 그래서 법률 집행 감독은 종종 '형식적인 활동(走過場)'으로 전

락하는 경우가 있었다.[43]

│ 법률 집행 감독의 개선

이처럼 1990년대 중반까지는 법률 집행 감독이 의회가 투자하는 시간과 노력에 비해 정부와 공직자의 문제점을 직접적으로 해결하는 데에는 많은 한계가 있었다. 그래서 이후에 의회는 이런 문제점을 보완하기 위해 많이 노력했고, 그 결과 법률 집행 감독의 감독 효과는 향상되었다.

우선 의회는 1년에 많게는 10여 개의 법률 및 정책을 대상으로 전개했던 감독 방식을 바꾸어 한두 개, 많아야 서너 개의 법률과 정책을 선택하여 집중하는 감독 방식을 채택한다. 이렇게 함으로써 구체적이고 정확한 조사와 문제 제기가 가능하고, 정부가 문제해결을 위해 어떤 조치를 어떻게 취하는지도 자세히 파악할 수 있다.[44]

또한 법률 집행 감독의 효과를 높이기 위해 이를 다른 감독 방식과 결합하여 진행하는 방식을 모색한다. 예를 들어, 광둥성 지역에서는 법률 집행 감독 후 정부가 시정해야 할 구체적인 문제점과 기한을 명시한 감독서(監督書)를 발급하고, 만약 정부가 그것을 이행하지 않으면 관련 책임자를 징계하는 '법률 감독서 제도'를 사용한 적이 있다.

허난성과 톈진시 지역에서는 법률 집행 감독을 직무평가 감독과 연계시켜, 만약 정부가 법률 집행 감독에서 제기된 문제점을 제대로 해결하지 않으면, 직무평가 감독에서 이 문제를 다시 집중적으로 제기하여 시정하게 만드는 방법을 사용했다.[45] 이는 다른 지역에서도 마찬가지다(이에 대해서는 뒤에서 살펴볼 것이다). 이런 방식을 통해 법률 집행 감독은 직접적인 감독 효과를 높일 수 있다.

(2) 직무평가 감독: 인사직무평가와 업무평가

직무평가 감독은 의회가 국가기관과 그 구성원을 대상으로 직무 수행 정도를 조사하고 평가하는 감독을 가리킨다. 각 지방에 따라 명칭과 구체적인 집행 방식에는 차이가 있는데, 일반적으로 직무평가 감독은 크게 두 가지로 나눌 수 있다.

하나는 인대 상무위원회가 국가기관의 책임자나 부서 책임자를 대상으로 시행하는 인사직무평가(述職評議, self-reporting of performance appraisal) 감독이다. 이는 주로 고위 공직자를 대상으로 시행하는 인사 감독의 성격이 강하다. 다른 하나는 인대 대표들이 국가기관의 부서와 소속 공직자를 대상으로 실행하는 업무평가(工作評議, work appraisal) 혹은 대표평가(代表評議, deputies appraisal) 감독이다.[46] 이는 정부 전체 부서와 하위직 공직자를 대상으로 시행하는 업무 감독의 성격이 강하다.

직무평가 감독은 1980년대 초중반에 일부 지역에서 시작되었다. 예를 들어, 1982년에는 헤이룽장성, 1984년에는 상하이시, 그리고 1986년에는 허난성의 일부 의회가 직무평가 감독을 실행했다. 이후 이 감독은 정부를 감독하는 데 효과가 매우 크다는 사실이 입증되면서 다른 지역으로 확대되어, 1990년대 중반에는 전국 대부분의 의회가 실행했다.[47] 예를 들어, 1995년에는 허베이성과 산시성의 모든 현급 인대가 직무평가 감독을 실행했고, 저장성에서는 88%의 현급 인대가 이를 실행했다.[48]

이처럼 직무평가 감독이 전국으로 급속히 확산한 데에는 전국인대 지도부의 인정과 지지가 큰 역할을 담당했다. 예를 들어, 1992년에는 전국인대 상무위원회 부위원장이었던 펑충(彭沖)이 직무평가를 높게 평가하면서 그것의 전국적 확산을 공개적으로 지지했다. 또한 1995년에 전국인대 연례 회의가 〈전국인대 상무위원회 업무보고〉를 심의할 때, 지방 의회의 인사직무평가 감독을 높이 평가했다.[49] 이렇게 되면서 각급 의회는 '정치적으로 안전하게' 직무평가 감독을 시행할 수 있게 되었다.

│ 직무평가 감독의 세 가지 내용

지방 의회가 수행하는 직무평가 감독은 크게 세 가지의 내용에 집중된다. 첫째, 정부 부서와 공직자가 국가 법률과 중앙 정책을 얼마나 충실하게 집행했는지를 평가한다. 이는 법률 집행 감독과 같다. 둘째, 공직자의 근무 실태(勤政), 즉 얼마나 열심히 자신의 업무를 추진하는지와 청렴도(廉政), 즉 업무 추진 과정에서 부정부패는 없었는지를 평가한다.

셋째, 정부 부서와 공직자가 의회의 결정이나 건의를 얼마나 충실히 집행하는지를 평가한다.[50] 그래서 정부 부서 책임자가 법률 집행 감독을 통해 지적된 문제점을 성실히 해결하지 않으면, 의회는 직무평가 감독을 통해 그 책임자를 징계할 수 있다. 그 결과 법률 집행 감독의 직접 감독 효과(즉 문제해결 효과)가 전보다 향상되었다고 말한 것이다.

이러한 평가 내용은 직무평가 감독이 어떤 특정한 목적을 갖고 시행되고 있다는 사실을 보여준다. 우선 직무평가 감독은 1990년대 들어 공산당 중앙이 관료제 문제점을 해결하기 위해 강력하게 추진하고 있는 의법치국 방침과 부패 척결 정책을 실현하려고 한다. 위에서 살펴본 첫째와 둘째 내용이 이에 해당한다. 또한 직무평가 감독은 의회 자신의 권위를 확립하고 감독 효과를 높이려는 목적을 가지고 있다. 위에서 살펴본 셋째 내용이 이에 해당한다.

이처럼 정부와 공직자를 대상으로 전개되는 의회의 직무평가 감독은 공산당의 이익과 의회의 이익을 동시에 만족시키는 내용으로 채워져 있다. 공산당이 한편에서는 직무평가 감독이 공산당 간부 관리 원칙과 충돌할 가능성을 경계하면서도, 다른 한편에서는 의회의 직무평가 감독을 계속 허용하는 이유는 바로 이 때문이다.

직무평가 감독의 절차

직무평가 감독의 진행 방식은 지역에 따라 조금씩 다르지만, 대체로 준비─조사─평가─정리(整改)의 네 단계를 거쳐 진행된다. 먼저 준비 단계에서 인대 상무위원회는 평가 대상 기관(부서)과 공직자, 평가 내용과 감독 기간 등에 대한 상세한 계획을 작성한다. 이렇게 작성된 계획은 인대 상무위원회 당조(黨組)를 통해 지방 공산당 위원회에 보고하고 승인받는다.

다음으로 조사 단계에서는 인대 상무위원회 위원과 일반 대표들로 구성된 '평가조(評議小組)'가 구성된다. 평가조는 감독 대상 기관과 공직자에 대한 현장 조사를 진행한다. 여기에는 해당 기관 방문과 관련자 면담, 자료 수집과 분석, 설문조사의 실시와 분석, 주민 제보의 접수와 확인 등이 포함된다. 현장 조사가 완료되면 평가조는 직무평가서를 작성하여 인대 상무위원회에 보고한다.

셋째로 평가 단계에서는 인대 상무위원회가 평가 회의를 개최해서 감독 대상 기관과 공직자의 직무 수행 정도를 평가한다. 이때는 공산당과 정부의 주요 책임자도 참석한다. 평가 회의는 감독 대상 기관과 공직자의 자체 평가 보고(述職), 이에 대한 참석자의 질의와 보고자의 응답, 인대 상무위원회 위원과 대표의 평가 발언, 투표(우수·합격·불합격), 투표 결과의 발표 등의 순서로 진행된다.

마지막 단계로, 평가 회의 이후 인대 상무위원회는 평가 결과에 따라 일정한 제재 수위를 결정하고, 그 결과를 공산당에 보고하여 승인받는다. 특히 파면 같은 인사 결정이 포함된 경우는 반드시 공산당의 사전 승인을 얻어야 한다. 구체적으로 불합격 판정을 받은 공직자 중에서 문제가 심각한 경우는 즉각 파면한다. 반면 문제가 작은 경우는 일정한 기간 내에 문제를 해결하기 위한 계획을 수립하고, 그 계획에 따라 문제를 해결한 결과를 보고하도록 조치한다.[51]

| 직무평가 감독의 효과

그렇다면 직무평가 감독의 실제 효과는 어떤가? 이에 대한 조사 보고와 의회 관계자의 말에 의하면, 직무평가 감독은 법률 집행 감독과는 달리 정부와 공직자를 감독하는 데 매우 효과적이다. 즉 직무평가 감독은 정부의 '의법행정' 방침과 지역 주민에 대한 책임 의식을 강화하는 데 도움을 줄 뿐만 아니라, 부패 방지에도 효과가 있다는 것이다. 또한 직무평가 감독은 공산당의 간부 선발에도 도움을 준다. 마지막으로 이 감독은 의회의 권위를 확립하는 데도 커다란 효과가 있다.[52]

실제 진행되는 의회의 직무평가 감독을 볼 때, 이런 평가는 타당하다. 우선 직무평가 감독은 공산당의 인사관리와 직접 연계되어 진행된다. 즉 대부분 지역에서 직무평가 감독의 결과는 지방 공산당 위원회에 보고되고, 일부 지역에서는 그것이 평가 대상자 개인의 인사카드(檔案)에도 기록된다.[53] 특히 인사직무평가 감독의 경우는 대개 인사카드에 기록된다.

'공산당 간부 관리' 원칙이 철저히 지켜지는 중국에서, 직무평가 결과가 공산당에 보고되어 인사고과 자료로 활용된다는 사실은 공직자에게 매우 중요한 의미가 있다. 직무평가에서 낮은 점수를 받으면 권위가 떨어지는 것은 물론, 장래에 높은 자리로 승진할 가능성이 사라지기 때문이다. 이처럼 직무평가 감독은 의회 그 자체의 권위 때문이 아니라 공산당의 권위 때문에 직접적이고 실제적인 감독 효과가 있다.

또한 법률 집행 감독과는 달리 직무평가는 구체적인 개인(대개 부서 책임자)과 정부 부서를 감독 대상으로 삼음으로써 대상 개인과 부서는 책임을 회피할 수 없다. 특히 법률과 정책 집행의 결과가 명확히 문제가 있다고 판명될 경우, 이들은 법적·정치적 책임을 피할 수 없다. 이에 비해 법률 집행 감독은 전체 기관을 대상으로 법률과 정책의 집행 상황을 감독하기 때문에 정부 부서와 공직자는 책임을 회피할 수 있다.

그 밖에도 직무평가 감독은 정부의 모든 부서와 책임자를 대상으로 시행된다. 의회는 대개 5년 임기의 정부 부서와 그 책임자를 임기 내에 모두 감독하기 위해 매년 순서를 정해 직무평가 감독을 진행한다. 이 때문에 전체 정부 부서와 책임자는 설사 올해에 감독을 받지 않아도 임기 중에는 최소한 한 번은 감독을 받아야 한다.

한편 실제 감독 활동의 결과를 보면, 직무평가 결과에 따라 적지 않은 공직자가 파면과 같은 중징계를 받았다.[54] 이런 사실은, 법률 집행 감독이 구속력 있는 제재를 동반하지 않는 감독인 것에 비해 직무평가 감독은 그렇지 않다는 사실을 보여준다.

(3) 개별 안건 감독

개별 안건 감독은 '정법기관(政法機關)', 즉 정부 공안 부서, 법원·검찰원을 대상으로 실행되는 감독이다. 이 중에서 중점 감독 대상은 법원이다. 명칭에서 알 수 있듯이, 이 감독은 특정 부서나 개인(책임자)이 아니라 사건(案件)이나 판결을 대상으로 시행한다는 점에서 다른 감독과 구별되는 특징이 있다. 그래서 개별 안건 감독은 인사 감독, 즉 법관과 검찰관에 대한 감독이라는 성격과 업무 감독, 즉 법원 판결과 검찰원 수사 등 업무(활동)에 대한 감독이라는 성격을 동시에 가지고 있다.

개별 안건 감독은 처음에는 지역 주민의 편지와 방문을 통해 제기된 문제를 의회가 조사하는 과정에서 시작되었다. 그런데 1990년대 중반 이후에는 의회가 법원과 검찰원을 감독하는 가장 효과적인 수단이라는 사실이 증명되면서 이 감독은 전국적으로 널리 퍼져나갔다. 그 결과 1990년대 후반에는 대부분의 지방 의회가 개별 안건 감독을 시행했다.

| 개별 안건 감독의 절차와 실제

개별 안건 감독도 직무평가 감독과 비슷한 절차로 진행된다. 먼저 인대 상무위원회는 감독 대상, 즉 문제가 있는 사건이나 판결을 선정한다. 주로 주민의 편지와 방문을 통해 제기된 사건이나 판결, 언론 매체나 인터넷 등에 보도되어 사회적 파장이 큰 사건이나 판결, 의회의 자체 조사를 통해 파악한 비리 사건이나 판결이 감독 대상으로 선정된다.

이후 인대 내무사법위원회(內務司法委員會)가 조사에 착수한다. 특별히 중요한 사건이나 판결의 경우, 인대 상무위원회 위원이 참여하는 별도의 조사조가 구성되기도 한다. 조사 기간은 짧게는 한두 달에서 길게는 수개월이 걸릴 수 있다. 조사 방법은 관련 자료의 검토, 관련자 면담, 법원 등 관련 기관의 방문과 보고 청취 등 다양한 방법이 동원된다.

조사가 완료되면 내무사법위원회나 조사조는 결과 보고서를 작성하여 인대 상무위원회에 보고한다. 인대 상무위원회는 이를 심의한 이후에, 관련 내용을 해당 기관에 전달하여 기한 내에 지적된 문제점을 시정할 것을 요구한다. 사안이 심각한 경우는 법관이나 검찰관에 대한 파면 등 중징계를 결정하기도 한다. 이때는 당연히 지방 공산당 위원회에 보고하여 승인받아야 한다.

〈표 9-5〉는 1998년에 허난성 지역의 지방 의회가 수행한 개별 안건 감독을 정리한 것이다. 이해에는 성급 인대부터 현급 인대까

〈표 9-5〉1999년 허난성 의회의 개별 안건 감독 사례

법원 등급별 조사 사건의 건수와 비율	평가 및 시정 사건의 건수와 비율
고등법원: 109건(0.4%) 중급법원: 2,058건(7.6%) 기층법원: 25,797건(92%)	완전 시정: 1,440건(47%) 부분 시정: 562건(19%) 원심 유지: 1,053건(34%)
총계 27,964건(100%)	총계 3,055건(100%)

징계받은 법관 수: 39명

자료: Young Nam Cho, *Local People's Congresses in China: Development and Transition* (New York: Cambridge University Press, 2009), p. 71.

지 관할구역 내의 대부분 의회가 개별 안건 감독에 참여했다. 감독 대상 판결의 규모는, 고등법원(성급 단위)이 109건, 중급법원(시급 단위)이 2,058건, 기층법원(현급 단위)이 2만 5,797건으로, 기층법원의 판결이 주요 감독 대상임을 알 수 있다. 이는 법원의 잘못된 판결이나 판사 비리가 주로 기층법원에서 발생하기 때문이다.

개별 안건 감독의 과정과 결과를 보면, 전체 2만 7,964건의 감독 대상 판결 중에서 3,055건의 판결(감독 대상 판결의 10.9%)이 집중적인 조사를 받았다. 또한 감독 결과 39명의 법관이 파면 등 중징계를 받았다. 마지막으로 잘못된 판결은 시정되었다. 즉 집중 조사 대상인 3,055건의 판결 중에서 47%에 해당하는 1,440건이 완전히 시정되었고, 19%에 해당하는 562건이 부분적으로 시정되었다(34%는 원심 유지).

| 개별 안건 감독의 논쟁

그런데 개별 안건 감독은 다른 어떤 감독보다 많은 논쟁을 불러일으켰다. 단적으로 법원과 법학자, 일부 의회 전문가조차 이 감독 방식에 반대한다. 직접 감독 대상이 되는 법관이나 검찰관이 반대하는 것은 말할 필요도 없다.

첫째, 개별 안건 감독은 개별적인 법원의 판결과 검찰원의 수사를 직접 조사하고 평가하는 감독이다. 이 때문에 이 감독은 법률에 보장된 법원의 '독립 심판'과 검찰원의 '독립 수사'를 저해할 수 있다. 그 결과 법관들이 사건을 판결할 때, 지금까지는 공산당과 정부의 눈치만 보았는데, 이제는 의회의 눈치까지 볼 수밖에 없게 되었다고 불만을 표출한다.

둘째, 개별 안건 감독을 시행하는 인대 대표가 법관이나 검찰관보다 법률 지식이 더 많아서 정확히 판결하고 수사한다는 보장이 없다. 또한 인대 대표가 법관과 검찰관보다 더 청렴하다는 보장도 없다. 실제로 일부 인대 대표는 지인의 요청으로 법원 판결에 개입하여 '의회 부패(人大腐敗)'가 등장했다는 비판을 받기도 했다.

셋째, 법원과 검찰원의 비리와 부패 문제는 법원·검찰원 자체의 노력이나, 공산당을 포함하는 전체 정치체제의 개혁을 통해 해결해야지, 의회와 같은 외부 감독으로는 해결할 수 없다. 그 밖에도 의회가 개별 안건 감독을 통해 법원의 권위를 훼손하면서 자신의 권위를 높이려는 '조직 이기주의'의 모습을 보인다는 비판도 있다.[55]

4. 의회 감독 활동의 평가

지금까지 우리는 법률 집행 감독, 직무평가 감독, 개별 안건 감독을 중심으로 의회의 감독 전략, 감독 내용, 실제 감독 효과를 살펴보았다. 지금까지의 사실을 종합하면, 우선 의회는 새로운 감독 방식을 도입하여 국가기관과 공직자의 활동을 감독하려고 노력해 왔다. 그런 노력의 결과, 일부 감독에는 문제가 있지만 국가기관과 공직자의 활동을 견제하고 통제하는 데 일정한 역할을 담당했다고 평가할 수 있다.

또한 지금까지의 감독은 의회가 공산당의 지지와 협조를 동원하여 국가기관의 활동을 견제하고 통제하려는 특징을 가지고 있다. 다시 말해, 의회 감독은 공산당을 대신하여 의회가 국가기관과 공직자를 통제하는 성격이 강하다는 것이다. 이것은 공산당 영도 체제에서 의회가 생존을 위해 선택한 전략이다. 국가기관과 공직자의 저항을 막기 위해서는 공산당의 지지가 절대적으로 필요하고, 의회 감독을 포함한 모든 중요한 활동은 공산당의 지도 및 통제하에서만 가능하기 때문이다.

한편 의회는 정부에 대해서도 1990년대 초까지는 최대 협력 전략을 주로 사용했다. 그러나 1990년대 중반 이후에는 이와 함께 정부와 대립하고 경쟁하는 '복합 전략'을 구사하기 시작했다. 이는 의회가 국가 헌정 체제에서 하나의 독립된 국가기관으로 정착했음을 의미한다. 마지막으로 의회는 자신보다 정치적 지위가 낮은 법원에 대해서는 예나 지금이나 강하게 압박하는 감독 전략을 사용하고 있다.

그런데 의회의 감독 활동은 공산당의 이익만을 위한 것이 아니다. 다시 말해, 이는 공산당뿐만 아니라 의회 자신의 이익도 동시에 만족시켜 줄 수 있다. 우선 의회 감독은, 공산당이 계속 추진해온 관료주의와 공직자의 부패 문제를 해결하는 데 도움을 준다. 특히 부패 문제가 정치 문제로 등장하면서, 공산당의 관점에서 볼 때 의회 감독은 더욱 중요한 의미를 갖게 되었다.

또한 의회는 감독 활동을 통해 자신의 정치적 지위와 권위를 확보할 수 있다. 모든 '신생 조직'이 그렇듯이, 의회도 조직의 생존과 발전을 위해 노력했는데, 감독 활동은 바로 이런 노력 중 하나다. 특히 감독은 입법과 달리 국민의 일상생활에 직접적인 영향을 미칠 수 있는 활동이고, 성과가 있을 경우는 언론 매체의 더 큰 관심을 받을 수 있다. 이 때문에 의회 감독은 국민의 지지를 획득하는 데에도 좋은 수단이 된다.

5. 중국 의회의 발전과 정치발전

지금까지 우리가 살펴본 지방 의회의 감독 활동은 중국의 정치

발전을 이해하는 데 몇 가지 시사점을 준다. 우선 의회와 같은 신생 정치조직이 공산당 영도 체제 아래에서 어떻게 성장하여 발전할 수 있는지를 엿볼 수 있다. 또한 이를 통해 신생 정치조직의 발전경로는 민주화 이론에서 말하는 것보다 훨씬 다양할 수 있다는 사실을 알 수 있다.

(1) 신생 정치조직의 발전경로: '경쟁의 길'과 '연계의 길'

모든 정치조직이 하나의 독립된 기관으로 발전하기 위해서는 두 가지 조건을 확보해야 한다. 하나는 자신의 업무와 관련된 독자적인 권한을 확보해야 한다. 이는 자율적인 정책 결정권과 고유한 업무 영역을 인정받는다는 사실을 의미한다. 즉 '자율성'이 필요하다. 다른 하나는 자신의 권한을 행사하고 주어진 업무를 수행할 수 있는 조직 체계와 능력을 갖추어야 한다. 즉 '조직 능력'이 필요하다.

그런데 이런 두 가지 전제 조건을 확보하는 방법과 경로는 상황과 조건에 따라 여러 가지가 있을 수 있다. 예를 들어, 신생 정치조직은 기성 정치조직과 대립하거나 경쟁하면서 자율성과 조직 능력을 확보할 수 있다. 우리는 이를 '경쟁(competition)의 길'이라고 부를 수 있다. 아니면 신생 조직은 기성 정치조직과 협력하거나 연계하면서 자율성과 조직 능력을 확보할 수 있다. 우리는 이를 '연계(embeddedness)의 길'이라고 부를 수 있다.

그런데 신생 조직이 '경쟁의 길'을 선택하려면 일정한 전제 조건이 필요하다. 일반적으로 의회가 정당이나 정부와 비교하여 우위를 가질 수 있는 최대의 무기는 국민의 지지다. 구체적으로 국민에 의해 선출된 대표로 구성되는 의회는 국민에 도움이 되는 법률을 제정하고, 부당한 정부 활동을 감독해서 국민의 어려움을 해결한다. 그러면 국민은 의회를 지지하고, 의회는 이를 기반으로 다시 자신의 권위를 높이면서 자율성을 확보한다. 의회의 조직 및 활동 능력도 마찬가지 방식으로 키울 수 있다.

그런데 현재 중국 의회는 이런 전제 조건을 갖출 수 없다. 첫째, 다당제가 허용되지 않는 공산당 영도 체제에서는 의회 구성원(대표)이 별도의 정치조직을 만들어 공산당과 맞서 싸우면서 국민의 지지를 얻는 일은 거의 불가능하다. 또한 국민의 직접선거가 공산당의 강력한 통제하에 아주 제한적으로만, 즉 현급 인대와 향급 인대의 대표 선거에만 적용되는 상황에서는 의회가 유권자의 지지를 확보하여 공산당 및 정부와 맞서는 일은 가능하지 않다. 결국 의회가 국민의 지지를 배경으로 공산당과 정부에 맞서면서 자율성과 조직 능력을 확보하는 길, 즉 '경쟁의 길'은 현실성이 없는 방안이다.

결국 중국 의회는 이런 제약조건 때문에 '연계의 길'을 선택할 수밖에 없다. 앞에서 살펴본 의회의 감독 전략이 이를 잘 보여준다. 또한 지금까지의 상황을 놓고 보면, 의회는 비교적 성공적으로 자신의 권한을 확대하고 조직 능력을 강화했다고 평가할 수 있다. 다만 앞으로 이것이 어디까지 가능하고, 또한 이것이 공산당 영도 체제에 어떤 영향을 줄지는 조금 더 지켜보아야 한다. 현재 상황에서 볼 때, 의회가 아무리 발전해도 공산당 영도 체제에는 큰 영향을 줄 수 있을 것 같지 않다.

(2) 공산당-의회-정부 간의 관계 재정립: 두 가지 방식의 시도

한편 중국 의회의 발전은 공산당 영도 체제에 새로운 과제를 제기한다. 즉 공산당-의회-정부 간의 관계를 어떻게 재정립할 것인가가 중요한 문제로 등장했다는 것이다. 이는 공산당 통치의 정통성이 '업적(performance)'에서 '절차(procedure)'로 서서히 바뀌어가고 있는 상황에서 반드시 해결해야 하는 매우 중요한 과제다.

│ 절차적 정통성과 의회의 역할 강화 필요성

현행 정치체제는 첫째, 공산당이 국가기관에 대한 인사권과 정책권을 장악하고 권력구조의 정점에 서서 전체 업무를 총괄한다. 둘째, 의회와 정부는 공산당 영도하에 별도의 독립된 국가기관으로서 각각 입법(의회)과 행정(정부) 업무를 담당한다. 이를 종합하면, 공산당 영도 체제는 일종의 '집중(공산당)과 분업(의회와 정부)이 결합한 정치체제'라고 말할 수 있다.

이런 정치체제에서 의회-정부 간의 관계는 법적 관계와 실제 권력관계가 다르다. 전체적으로 보면, 의회-정부 관계는 〈헌법〉과 법률의 규정과는 상관없이 정부가 우월한 정치적 지위와 막강한 조직 역량을 기반으로 우세를 점하는 정부 우위의 관계다. 이런 상황에서 정부와 의회는 한편에서는 서로 협력하고, 다른 한편에서는 서로 경쟁하는 복잡한 상호작용의 관계를 유지하고 있다.

그런데 의법치국 방침의 전면적인 실시와 함께 의회의 역할은 더욱 강화되었고, 앞으로도 마찬가지일 것이다. 동시에 최근 들어 공산당 통치의 정통성을 뒷받침하는 근거가 업적 정통성 (performance legitimacy)에서 절차적 정통성(procedural legitimacy)으로 서서히 변화하고 있다. 높은 경제성장과 국민 생활 수준의 향상에 기댄 업적 정통성은 경제성장률의 하락과 함께 이제 더 이상 유효하지 않기 때문이다. 이를 위해서도 의회의 역할이 더욱 강화되어야 한다.

이처럼 앞으로도 의회의 역할이 더욱 강화되려면 공산당-정부-의회 간의 관계가 다시 조정되어야 한다. 이와 관련하여 공산당은 지금까지 두 가지 방식을 통해 공산당-의회-정부 간의 관계를 재정립하려고 시도했다.

│ 방식 1: 공산당 서기의 인대 주임 겸직

하나는 현행 공산당 영도 체제를 그대로 유지한 상태에서, 공산당-정부-의회 지도부의 인사를 재배치함으로써 의회의 정치적 지위를 높여주려는 방식이다. 지방 공산당 위원회 서기(당서기)가 인

대 주임(의회 의장)을 겸직하게 하거나, 혹은 인대 주임을 공산당 부
서기로 임명하여 공산당 내에서 의회의 정치적 지위를 정부보다 높
게 만들어주는 방식이 대표적이다.

구체적으로 공산당은 후진타오 시기(2002~2012년)에 들어 이런
방식을 본격적으로 추진하기 시작했다. 예를 들어, 2002년 11월 공
산당 16차 당대회를 전후해 전국 31개 성급 단위 중에서 23개 지
역(전체의 74.1%)에서 공산당 서기가 인대 주임을 겸직했다.[56] 이런
방식은 지금까지 이어지고 있다. 공산당 20차 당대회(2022년) 이후
31개 성급 당서기 중에서 24명(전체의 77.4%)이 인대 주임을 겸직한
것이 이를 잘 보여준다.

그런데 이런 인사 재배치 방식은 의회의 지위와 역할을 강화하
는 단기적인 대책, 그것도 실제 효과를 장담할 수 없는 대책일 뿐
이다. 실제 상황을 보면, 공산당이 이를 통해 무엇을 얻으려고 하
는지를 파악할 수 있다. 즉 이 방식을 사용한 결과, 의회의 정치적
권위가 높아지고 역할이 강화되는 대신, 의회에 대한 공산당의 통
제만 더욱 강화하는 역효과가 나타났다.

이유는 두 가지 때문이다. 첫째, 인대 주임을 겸직하는 당서기
가 너무 바빠서 의회 업무를 사실상 내팽개치기 때문이다. 이렇게
되면 의회는 누구도 책임지지 않는 '주인 없는 조직'으로 전락하고,
그 결과 의회 역할은 강화되는 것이 아니라 매우 약해질 수밖에 없
다. 둘째, 인대 주임을 겸직하는 당서기가 의회의 지위를 높이고 역

할을 강화하는 데 주력하는 대신, 의회가 공산당의 통제에서 벗어나지 않도록 관리하고 통제하는 데 더 큰 관심을 쏟고 있기 때문이다. 이들에게는 여전히 공산당이 최우선이고, 정부가 그다음이며, 의회는 맨 꼴찌인 존재다.

| 방식 2: 공산당의 의회를 통한 국가통치

다른 하나는 일부 의회 관계자와 학자들이 주장하는 방식으로, '공산당의 의회를 통한 국가통치' 방식이다. 이는 공산당 서기뿐만 아니라 다른 공산당 지도자(예를 들어, 조직부장과 선전부장)도 인대 상무위원회에 들어가 의회 지도자로 활동하는 방식이다. 그래서 이를 '공산당이 인대를 통해 국가 사무를 관리하는 방식(黨通過人大管理國家事務)'이라고 부른다. 이렇게 되면, 공산당 지도부는 인대 지도부와 사실상 한 몸이 되어 국가를 통치하게 된다.

실제로 중국에서 이런 방식을 실험한 적이 있다. 예를 들어, 간쑤성 바이인시(白銀市)에서는 1991년에 당서기가 인대 주임을 맡고, 공산당 조직부·선전부·통전부 부장이 인대 상무위원회 위원으로 임명됨으로써 부서기인 시장(市長)을 제외한 당 지도부 전원이 의회 지도부가 되었다. 즉 '공산당 지도부가 의회 지도부에 진입'하여 한 몸이 된 것이다.

이런 상황에서 주요 정책은 '정부와 의회(실제는 공산당)의 제출 → 의회(실제는 공산당과 의회)의 심의와 결정 → 정부의 집행' 방식으로 결정되고 집행되었다. 즉 의회 의장(즉 당서기)이나 정부 시장이 주요 정책을 의회에 제출하면, 의회(즉 공산당 지도부와 의회 지도부)는 이를 심의하여 국가 정책으로 공식 결정한다. 그러면 정부는 이렇게 결정된 국가 정책을 집행한다. 이렇게 해서 공산당이 의회를 통해 국가를 통치하는 모양새가 만들어졌다.

이 방식은 장단점이 있었다. 장점으로는 먼저 공산당의 정책 결정 과정이 조금 더 민주적인 방식으로 바뀌었다는 점이다. 즉 공산당이 정책을 결정하면 정부가 집행하는 이전의 방식에서, 정부와 의회가 정책을 제안하고 의회가 심의하여 결정하면 정부가 그것을 집행하는 '민주적인 방식'으로 변화되었다. 또한 의회의 정치적 지위도 높아지고, 정부에 대한 감독도 더욱 강화되었다. 의회 지도부가 곧 공산당 지도부였기 때문이다.

단점으로는 공산당 지도부가 의회 업무를 함께 맡으면서 시간과 능력의 부족으로 인해 당 업무와 의회 업무를 제대로 처리하지 못하는 현상이 나타났다. 그 결과 지방 공산당 위원회가 해당 지역의 전체 업무를 영도하는 데 문제가 생길 가능성이 있었다. 또한 지역의 정치권력이 당서기 1인에게 집중됨으로써 '개인 독재'가 출현할 가능성도 제기되었다. 마지막으로 공산당의 권위를 빌려 의회의 정치적 지위를 높이는 방식이 장기적인 관점에서 보았을 때 바람직한가에 대한 의문도 제기되었다.[57]

종합하면, 이 실험에서는 장점이 단점보다 많은 것으로 평가되었다. 그러나 이 실험은 이후 전국적으로 확대되지 않고 중단되었다. 대신 앞에서 살펴본 첫 번째 방식이 현재까지 시행되고 있다. 그러나 이와 같은 인사 재배치 방식으로는 공산당−의회−정부 간의 관계를 재정립할 수 없다. 이런 면에서 이 과제는 여전히 해결되지 않았다고 평가할 수 있다.

◆◆◆◆
인대 대표의 대의 활동

지금까지 우리는 전국인대와 지방인대의 입법 및 감독 활동에 대해 자세히 살펴보았다. 이를 이어 이 장에서는 인대 대표―중국에서는 이들을 '인민 대표'라고도 부른다―가 수행하는 대의(代議, representation) 활동에 대해 살펴보려고 한다. 대의란 '국민의 목소리·의견·관점을 공공 정책 결정 과정에 반영하는 활동'을 가리킨다.

따라서 의회가 대의 역할을 제대로 수행하기 위해서는 다당제와 직선제 등 민주적인 방식으로 의회가 구성되고, 그렇게 구성된 의회 구성원(즉 의원)이 유권자인 국민의 이익을 대변하기 위해 활동할 수 있어야 한다. 반면 중국은 공산당 영도 체제로서 의회가 아니라 공산당이 인민을 대표한다. 그래서 중국 의회의 대의 역할은 진정한 의미의 대의가 아니라, 공산당에 의한 동원(mobilization)

에 불과하다는 주장이 제기된다.[1]

실제로 1990년대 초까지 학자들은 인대 대표의 대의 활동을 부정적으로 평가했다. 예를 들어, 미국의 한 중국 전문가는 1990년대 초에 자신이 인터뷰한 인대 대표는 모두 대표가 되고 싶지 않았다고 주장했다. 인대 대표가 되고 싶지 않은 대표가 대의 활동을 제대로 전개할 리는 만무하다.[2] 다른 학자는, 인대 대표는 주로 '정권의 대리인(agents)'으로 활동하며, 그래서 국민의 대표라기보다는 잘해야 공산당에 충고하는 '간언자(諫言者, remonstrators)'라고 주장했다.[3]

| 인대 대표의 역할 변화와 달라진 평가

그러나 1990년대 중반을 넘어서면서 인대 대표의 대의 활동은 전과 다르게 변화하기 시작했다. 한마디로 말해, 이들은 더 이상 '정권의 대리인'이나 '간언자'가 아니라는 것이다. 대신 이들은 국가기관과 공직자가 법률과 정책을 제대로 집행하고 있는지를 감독하는 '공공 감독관(public supervisor)', 소속 지역이나 계층·집단의 요구를 국가 정책에 반영하려고 노력하는 '요구 반영자(request reflector)'다.[4]

이에 따라 학계의 평가도 바뀌었다. 즉 중국 의회에도 대의 역할이 존재하며, 이것은 정책 과정에 의미 있는 영향을 미친다는 것이다.[5] 예를 들어, 전국인대 대표는 의안(議案, agenda) 제출을 통해 각

〈표 10-1〉 전국인대 대표의 의안과 건의 제출 상황

전국인대 시기	대표 수(명)	5년 총수(건)	1년 평균(건)	1인당 1년 평균(건)
6기(1983~1988년)	2,978	14,215	2,843	0.95
10기(2003~2008년)	2,985	29,323	5,865	1.96
11기(2008~2013년)	2,987	37,527	7,505	2.51

자료: Rory Truex, *Making Autocracy Work: Representation and Responsiveness in Modern China* (New York: Cambridge University Press, 2016), p. 169.

지역의 상황을 공산당 중앙에 전달하고, 공산당 중앙은 이를 국가 정책에 반영한다. 〈표 10-1〉이 보여주듯이, 전국인대 대표의 의안 과 건의(建議) 제출 건수는 해마다 증가하여, 2010년대에는 매년 평 균 9,000건을 넘고 있다. 이런 면에서 전국인대 대표의 대의 역할은 무시할 수 없다.[6]

또한 지방인대 대표는 소속 지역의 이익을 대변하는 활동을 활 발히 전개하며, 그 결과 미국 의회나 한국의 국회에서처럼 '나눠 먹 기 정치(pork barrel politics)'가 나타나고 있다. 게다가 공산당 중앙이 지방의 당정 간부를 통제하고 사회 안정을 유지하는 데에는 인대 대표가 의안이나 건의 형식으로 전달하는 정보가 매우 요긴하다. 이처럼 '정보 전달자'의 측면에서도 인대 대표의 대의 활동은 의의 가 있다.[7]

이런 변화는 민영기업가 출신의 인대 대표에게도 나타난다. 우 선 이들은 다른 어떤 계층보다도 소유권(재산권)을 보호하기 위해 인대 대표가 되려고 열심히 노력한다. 이들에게 인대 대표 직위는 낮은 사회적 지위를 높이고 재산 및 경제 권리를 보호하는 소중한 '정치 자산(political capital)'이기 때문이다. 동시에 이들은 인대 대표로서 다양한 정책 활동에도 참여한다. 이런 점에서 민영기업가 출신 대표의 대의 활동도 의미가 있다.[8]

중국 내에서도 인대 대표의 대의 활동에 대한 인식이 바뀌었다. 인대 대표가 되고 싶다는 사람이 증가한 것은 이를 잘 보여준다. 예를 들어, 1993년 후난성 샹향시(湘鄕市)에서 실시된 설문조사 결과에 따르면, 응답자의 26%는 인대 대표가 되고 싶어 했으며, 34%는 선출되면 대표직을 맡겠다고 응답했다(40%는 대표가 되고 싶지 않다고 응답했다).[9] 또한 점점 더 많은 영향력 있는 지역 인사들, 특히 민영기업가와 정부 고위 관료들은 의회 지도자에게 대표가 될 수 있도록 도와달라고 요청했다.[10]

특히 지방인대 선거에서 나타난 '베이징 현상(北京現象)'과 '선전 현상(深圳現象)'은 인대 대표에 대한 사회 인식이 크게 바뀌었다는 사실을 극명하게 보여준다. 인대 대표 후보는 공산당이 추천하거나 지역 유권자 10인 이상이 연명으로 추천하는 것이 일반적이다. 그런데 2003년에 베이징시와 선전시에서 실시된 구(區)와 현(縣)의 인대 대표 선거에서는 자천(自薦: 스스로 출마)한 수십 명의 후보들이 〈선거법〉을 교묘히 피하면서 활발한 선거운동을 전개했다. 그 결과 세 명이 최종적으로 인대 대표로 선출되었다. 전에도 자천 후보가 있었지만 이렇게 대규모로 출마해 당선된 사례는 없었다.[11] 이후 공산당 중앙과 전국인대는 이와 같은 자유로운 선거 활동을 금지했다.

| 인대 대표: '공공 감독관'과 '요구 반영자'

이 장의 검토를 통해 우리는 인대 대표의 대의 역할에 대해 몇 가지 중요한 사실을 알게 될 것이다. 먼저 인대 대표들은 '감독(監督, supervision)', '반영(反映, reflection)', '정책 제공(policy-providing)', '선전(propaganda)과 모범 선도(role model)' 등 네 가지 역할을 담당한다. 이 중에서 '감독'과 '반영'이 가장 중요한 대의 역할이다. 물론 일부 인대 대표는 여전히 '선전과 모범 선도' 역할을 수행하지만, 이 것이 주된 대의 역할은 아니다. 따라서 인대 대표는 더 이상 '정권의 대리인'이나 '간언자'가 아니라 '공공 감독관'과 '요구 반영자'라고 말할 수 있다.

또한 인대 대표의 대의 활동은 그들의 출신 배경에 따라 달라진다. 노동자와 농민 출신 대표는 주로 '반영'과 '감독' 역할에 집중하고, 지식인 출신 대표는 '정책 제공' 역할에 초점을 맞춘다. 반면 민영기업가 출신 대표는 '모범 선도' 역할, 당정 간부 출신 대표는 아예 대의 활동을 전개하지 않는 경향을 보인다. 전체적으로 보면, 1990년대 이후 인대 대표들은 이전보다 활발한 대의 활동을 수행한다. 이는 중국 정치체제에서 의회가 자리를 잡으면서 나타난 새로운 현상이다.

1. '활발한' 인대 대표의 역할 수행 분석

이 장에서는 인대 대표들이 수행하는 대의 역할을 이해하기 위해 '활발한(active)' 대표에 초점을 맞출 것이다. 인대 대표는 두 극단 사이의 어딘가에 놓여 있다. 한쪽 끝에는 최소한의 의정 활동만 수행하는 대표가 있다. 이들은 인대 연례 회의나 시찰(視察, inspection)과 같은 집단적인 의정 활동에만 참석한다. 이들이 '활발하지 않은(inactive)' 대표다. 다른 한쪽 끝에는 이런 집단 활동 이외에도 개인적으로 혹은 다른 인대 대표들과 함께 대의 활동에 대부분 시간을 보내는 대표가 있다. 이들이 '활발한' 대표다.

| '활발한' 대표의 규모와 파악 방법

우리는 '활발한' 인대 대표를 통해 이들이 어떤 대의 역할을 수행하는지 파악할 수 있다. 다만 전체 인대 대표 중에서 이들의 비율이 얼마나 되는지는 정확히 알 수 없다. 중국 자료에 따르면, '활발한' 대표는 예상대로 소수다. 예를 들어, 1999년 1월에 실시된 장쑤성 양저우시(揚州市) 인대 대표의 설문조사 결과를 보면, 약 31%의 대표는 자신을 "역할을 잘 수행한 대표"라고 평가했다. 반면 약 65%는 "역할을 일반적으로 수행한 대표", 4%는 "어떠한 역할도 하지 않는 대표"라고 답했다. 다른 조사 결과도 이와 비슷하다.[12] 이를 보면, 전체의 30% 정도는 '활발한' 대표, 5% 정도는 '활발하지 않은' 대표로 볼 수 있다. 나머지는 그럭저럭 활동하는 대표다.

그렇다면 '활발한' 대표의 대의 활동은 어떻게 파악할 수 있을까? 우리는 전국인대와 성급 인대가 발간하는 기관지를 통해 이들을 파악할 수 있다. 전국인대는 두 개(하나는 월 1회, 다른 하나는 월 2회), 31개 성급 인대는 각자 하나(월 1회)의 기관지를 발행한다. 이런 기관지의 각호에는 '활발한' 대표에 대한 두서 편의 기사가 실린다. 이 중에서 나는 10개 지역의 인대가 발간하는 기관지를 선정해 여기에 실린 대표의 대의 활동을 분석했다. 이렇게 모두 600여 명의 '활발한' 대표의 대의 활동을 살펴볼 수 있었다.[13]

한편 '활발한' 대표의 대의 역할을 분석할 때는 이들이 어디 소속인가는 구분하지 않았다. 두 가지 이유 때문이다. 첫째, 〈표 10-2〉에서 알 수 있듯이, 현급·향급 인대 대표가 전체 대표의 약 95%

〈표 10-2〉 전국인대와 각급 지방인대 대표의 규모(2013년)

	구분	평균 인구(명)	의석수(%)	평균 의석수
전국인대			2,987(0.11)	2,987
지방인대	성급(31)	43,570,000	20,263(0.76)	654
	시급(322)	4,070,000	118,765(4.47)	369
	현급(2,853)	474,000	554,472(20.88)	194
	향급(33,272)	33,000	1,960,594(73.79)	59
총계	36,488	13억 6,300만	2,657,081(100)	-

자료: Yue Hou, *The Private Sector in Public Office: Selective Property Rights in China* (New York: Cambridge University Press, 2019), p. 45; Melanie Manion, *Information for Autocrats: Representation in Chinese Local Congresses* (New York: Cambridge University Press, 2015), p. 32.

를 차지한다. 즉 전국인대, 성급·시급 인대 대표는 전체의 5% 정도
밖에 되지 않아서 이들을 따로 구분해보았자 큰 의미가 없다.

둘째, 인대 연례 회의가 끝난 기간(즉 폐회 기간)의 대표 활동을 보
면, 전국인대 대표와 지방인대 대표 간에 큰 차이가 없다. 오히려
현급·향급 인대 대표가 전국인대와 성급·시급 인대 대표보다 더
열심히 대의 활동을 전개하는 경향이 있다. 왜 그런지에 대해서는
뒤에서 설명할 것이다.

| 인대 대표의 규모 감소와 '겸임 대표'

전국인대 대표 수는 3,000명 정도를 유지하고 있지만, 지방인
대 대표 수는 계속 줄고 있다. 구체적으로 1980년대에는 전체 지
방인대 대표가 400만 명을 넘었는데, 1994년에는 약 350만 명으
로 줄었고,[14] 2013년에는 다시 266만 명으로 줄었다(《표 10-2》). 가
장 최근의 통계(즉 14기 전국인대 시기의 인대 대표)에 따르면, 2022년
3월 기준으로 전체 인대 대표는 약 262만 명이다. 이 중에서 현급
및 향급 인대 대표는 약 247.8만 명으로, 전체 대표의 94.5%를 차
지한다.[15]

여기서 주의할 점이 있다. 민주주의 국가의 지방 의원 중에서 시
(市) 의원과 주(州) 의원을 겸임하는 의원이 많은 것처럼, 중국의 인
대 대표도 현급 인대 대표와 시급 인대 대표 혹은 현급 인대 대표
와 향급 인대 대표를 겸임하는 대표가 많다는 것이다. 중국이 공

식 통계를 발표하지 않기 때문에 이들의 정확한 규모는 단정적으로 말할 수 없다. 다만 일부 지역을 조사한 연구에 따르면, 시급 및 현급 인대 대표 중에서 약 50% 정도가 두 개의 대표 직위를 겸임하고 있다.[16]

| 2. 인대 대표의 객관적인 조건과 상황 |

인대 대표의 대의 활동을 자세히 살펴보기에 앞서 이들이 처한 객관적인 조건과 상황을 살펴보자. 한국의 국회의원이나 지방 의회 의원과는 매우 다르기 때문이다.

(1) 겸직 대표

인대 대표의 가장 큰 특징은 대부분 '겸직 대표(兼職代表)' 혹은 '아마추어 대표(amateur deputies)'라는 사실이다. 이는 중국 정치체제의 구성 원리에 따른 결과다. 〈헌법〉에 따르면, 주권은 인민에게 있고, 인민은 전국인대와 지방인대를 통해 주권을 행사한다. 그런데 인민주권 원칙을 실현하려면 인대 대표는 직업 정치가가 아니라 일반 인민이어야 한다. 그렇지 않으면, 인대는 '인민의 대표기구'가 아니라 '정치가의 대표기구'로 전락한다. 그 결과 주권 행사와 국가 관리는 인민이 아니라 정치가가 담당하게 된다. 이것이 공산당의 논리다.

│ 시간 부족 문제

그런데 겸직 대표는 몇 가지 측면에서 이들의 대의 활동에서 가장 큰 걸림돌이 된다. 첫째, 시간이 부족하다. 지방 의회의 자체 규정에 따르면, 현급 인대 대표는 1년에 20일 정도, 향급 인대 대표는 1년에 10일 정도 연례 회의와 시찰 활동 등 공식 의정 활동에 참여한다. 전국인대 대표는 연례 회의 20일(회기 15일, 이동 기간 5일)과 시찰 활동 10일 등 1년에 30일 정도 의정 활동에 참여한다. 그런데 겸직 대표는 이런 공식 의정 활동 이외에 대의 활동을 수행하기 위해 추가로 시간을 내기가 쉽지 않다는 것이다.

우선 인대 대표 대다수는 매우 바쁜 사람들이다. 노동자와 농민 대표, 지식인 대표, 민영기업가 대표는 모두 자기 분야에서 상당한 업적을 낸 인물이며, 동시에 자기 분야의 업무를 주도하는 인물이다. 이런 상황에서 1년에 보름에서 한 달 정도의 공식 의정 활동 시간을 확보하는 것도 쉽지 않다. 여기에 더해 폐회 기간에 본직에 충실하면서 별도의 시간을 내어 대의 활동을 수행하기는 더욱 쉽지 않다. 이 때문에 이들은 늘 과중한 업무 부담에 시달리고 있다.

또한 이런 이유로 열심히 활동하는 인대 대표가 경제적으로 불이익을 당하는 사례도 있다. 1992년에 제정된 〈대표법〉에 따르면,

의정 활동에 참여하는 시간은 본직에 종사하는 시간으로 간주하여 대표에게 어떠한 경제적 불이익도 없어야 한다. 그러나 시장경제가 도입된 이후 임금 중 상당수는 성과급이다. 이 때문에 인대 대표는 법적으로 보장된 공식 의정 활동은 보상받지만, 그 외의 대의 활동에 대해서는 희생을 감수해야 한다.

예를 들어, 베이징시 인대 대표에 대한 설문조사 결과에 따르면, 전체 인대 대표 중에서 33.4%가 대의 활동 때문에 경제적으로 손해를 본다고 응답했다. 대의 활동 때문에 보충수업을 제대로 하지 못한 교사는 보너스가 다른 교사보다 적었다. 노동자 대표 중에서는 대의 활동 때문에 잔업에 자주 빠진 결과 월말과 연말 보너스에서 손해를 보았다.[17]

| 역할 충돌 문제

둘째, '역할 충돌(角色衝突)' 문제가 있다. 인대 대표가 대의 활동을 전개할 때는 종종 본직과 충돌한다. 그리고 이것이 인대 대표의 대의 활동을 방해하는 두 번째 중요한 원인이 되고 있다.

전국인대 대표 중에서는 최소한 20~30%, 지방인대 대표 중에서는 50~60% 정도가 '관원대표(官員代表)', 즉 공산당 영도 간부와 국가기관 고위 공무원 출신의 대표다.[18] 이들은 대의 활동을 열심히 수행하면 본직과 충돌하는 문제가 발생한다. 예를 들어, 민원을 해결하려면 국가기관의 문제점을 지적하고 시정을 요구해야 한다. 그런데 관원대표에게는 이런 문제 제기와 비판이 곧 소속 기관의 직무에 대한 문제 제기와 비판이 될 수 있다. 이 때문에 관원대표는 대의 활동에 적극적으로 나서지 않는다.[19]

민영기업가 대표도 상황은 마찬가지다. 이들의 기업활동은 정부의 통제하에 이루어진다. 아무리 시장경제가 발전했어도 경제에 대한 정부의 영향력은 여전히 막강하다. 이런 상황에서 이들이 정부 활동을 적극적으로 비판하거나 감독하는 일은 쉽지 않다. 왜냐하면 그렇게 할 경우, 정부 관료들과의 '관시(關係)'를 악화시킬 수 있고, 그것은 곧바로 그들의 기업 활동에 불이익이 될 수 있기 때문이다.[20] 이들이 감독 활동에 소극적인 것은 이 때문이다.

노동자와 농민 출신 대표도 이와는 성격이 다르지만, 다른 의미에서 '역할 충돌' 문제가 발생한다. 이들 대표 중에서 자기 사업을 경영하는 자영업자(個體戶)가 아닌 이상 모두 기업이나 '단위(單位)'에 소속되어 있다. 따라서 이들이 대표 직무를 수행하기 위해서는 '단위' 지도자의 지지와 협조를 얻는 것이 매우 중요하다. 그런데 대표 활동을 수행하다 보면 종종 동료나 지역 주민을 대변해서 문제를 제기하고 시정을 요구할 수밖에 없다. 이런 경우 단위 지도자와 충돌하는 문제가 발생한다. 이 때문에 기층 대표는 대개 소속 단위의 이익을 대변하는 활동에 집중하는 경향이 있다.[21]

| 공산당원인 인대 대표의 딜레마

한편 공산당원이면서 인대 대표인 경우에도 '역할 충돌' 문제가 발생한다. 인대 대표 중에서 공산당원 비율은 전국인대가 평균 70%, 성급 인대가 60%, 시급·현급·향급 인대가 80% 정도다. 그런데 이들은 한편에서는 인대 대표로서 지역 주민과 계층의 이익을 대변해야 하지만, 다른 한편에서는 공산당원으로서 공산당을 옹호해야 한다. 따라서 인대 연례 회의에서 의안을 심의할 때나 폐회기간에 대의 활동을 수행할 때, 이들은 공산당원의 책임을 다하면서 대표 역할을 담당해야 하는 문제가 발생한다.[22]

예를 들어, 인대 연례 회의가 개최될 때마다 공산당원 신분의 인대 대표들은 대표단—이를테면, 전국인대는 베이징시 대표단과 인민해방군 대표단—별로 '당원 대표 회의'를 개최한다. 이때 공산당의 방침이 전달되고, 대표들은 그 방침의 철저한 준수를 결의한다. 즉 공산당원인 대표는 "공산당이 추천한 후보는 당선시키고, 공산당이 심의하여 상정한 의안은 통과시킨다." 이런 상황에서 이들이 정부 업무보고나 기타 의안에 대해 반대표를 던지기는 쉽지 않다.

이런 상황은 실제 조사 결과를 통해서도 확인된다. 예를 들어, 2013~14년에 전국의 현급 인대 대표 중에서 1,050명을 표본 추출하여 조사한 결과를 보면, 인대 연례 회의에서 의안에 대해 반대표나 기권표를 던진 대표 비율은 공산당원이 아닌 대표 비율과 대체

<표 10-3> 현급 인대 대표의 반대와 기권 표결 상황

		반대표			기권표		
		총수	비율(%)	유효 비율(%)	총수	비율(%)	유효 비율(%)
유효치	없다	535	50.9	77.6	471	44.8	68.4
	있다	154	14.7	22.4	218	20.7	31.6
	소계	689	65.6	100	688	65.6	100
무효치		361	34.5			34.4	
총계		1,050	100			100	

자료: 黃冬婭, "縣級人大代表履職: 誰更積極?",《社會學硏究》2015年 4期, pp. 169-193.

로 비슷하다. 구체적으로 〈표 10-3〉에 따르면, 인대 대표 중에서 반대표 경험자는 14.7%(유효치 중에서는 22.4%), 기권표 경험자는 20.7%(유효치 중에서는 31.6%)인데, 이 수치가 비(非) 공산당원 대표 비율과 유사하다는 것이다.

이상에서 살펴본 것처럼, 겸직 대표 문제는 인대 대표의 활동에서 커다란 걸림돌이 되고 있다. 이 때문에 겸직 대표를 축소 내지는 폐지해야 한다는 주장이 이전부터 현재까지 계속 제기되어왔다.[23] 그러나 이런 주장은 전국적으로 인대 대표가 250만 명이 넘는 현실, 중국 정치체제의 구성 원리를 준수해야 한다는 공산당의 논리 때문에 쉽게 받아들여질 수 없다.

(2) 참여 제도의 부족과 '인대 대표 연계 제도'

한편 인대 대표에게는 참여 제도가 부족하다는 어려움도 있다. 전국인대 연례 회의의 회기는 2주 정도고, 지방인대는 그보다 짧아서 1주 정도다. 또한 전국인대 상무위원회와 지방인대 상무위원회에 소속된 '전임 대표'는 소수이다. 이 때문에 전체 대표의 80~95%를 차지하는 대다수 대표는 연례 회의가 끝나면 집단적인 공식 의정 활동이 사실상 끝난다.

따라서 인대 대표가 폐회 기간에 일상적으로 대의 활동에 참여할 수 있는 제도를 마련하는 것이 매우 중요한 과제가 되었다. 이 문제를 해결하기 위해 마련된 제도가 바로 '인대 대표 연계 제도(聯係制度)'다. 이에 따르면, 인대 대표가 일상적으로 활동할 수 있도록 인대 상무위원회는 '대표연락소(代表聯絡站)'나 '대표의 집(代表之家)' 같은 대표 지원 사무실을 설치해야 한다. 실제로 현재 전국적으로 약 20만 개의 대표연락소가 있다.[24]

또한 인대 상무위원회는 인대 대표와 연계해야 할 책임이 있다. 연계 방법에는 여러 가지가 있다. 예를 들어, 인대 대표를 인대 상무위원회 회의에 열석(列席)하도록 초청한다. 여기서 대표들은 의안에 대한 자신의 의견을 개진할 수 있다. 또한 인대 상무위원회는 인대 대표와의 좌담회를 개최하여 의안에 대한 대표의 의견을 듣는다. 그 밖에도 자료 전달, 시찰 활동, 대표소조(代表小組, deputy group) 조직과 활동이 있다. 이 중에서 제일 중요한 것이 대표 시찰

과 대표소조 활동이다.[25]

이와 같은 인대 대표 연계 제도는 인대 대표와 지역 주민 간에
도 적용된다. 즉 대표연락소는 인대 상무위원회가 인대 대표를 지
원하는 사무실이면서 동시에 인대 대표가 지역 주민을 상시로 만
나 민원을 듣고 문제를 해결해주는 소통 장소이기도 하다. 이런 면
에서 인대 대표 연계 제도는 '인대 상무위원회 → 인대 대표 → 지
역 주민'으로 이어지고 있다. 실제로 이들은 연계 제도를 이용하여
지역 주민을 상시로 만나서 이들의 문제를 해결해주는 등 대의 활
동을 전개한다.[26]

우리는 지역 사례를 통해 대표 연계 제도의 실제 운영 상황을

〈표 10-4〉 현급 인대 대표 연계 제도의 운영 사례(광둥성 지역, 2022년)

지역 구분	인대 상무 위원회 위원 의 개별 연계 (명)	인대 상무위 원회 회의의 열석(명)	인대 지도하 에 조사와 감독 참여(명)	인대 전문위 원회의 연계 (명)	미(未) 참여 (명)
도시 지역	465(56.23%)	519(62.76%)	623(75.33%)	451(54.53%)	105(12.70%)
경제 발전구	126(44.37%)	194(68.31%)	209(73.59%)	130(45.77%)	47(16.55%)
농촌 지역	572(55.05%)	662(63.72%)	795(76.52%)	525(50.53%)	122(14.74%)

해설: 2022년 5~6월 광둥성 일부 현급 인대 조사 자료.
자료: 李翔宇, "關於縣鄉人大代表在發展全過程人民民主的重要作用及其實踐探討",《人大研究》2023年 9期, pp.
26-34.

파악할 수 있다. 광둥성 지역의 현급·향급 인대 대표는 현급이 3만 4,638명, 향급이 9만 1,229명으로, 모두 12만 5,867명이다. 이들에 대한 조사 자료(《표 10-4》)에 따르면, 연례 회의 참석 이외에도 시찰과 조사 등 집단으로 수행하는 의정 활동에는 약 75%의 대표가 참여한다. 특히 중요한 것은 이들 중 대다수(약 83~87%)가 다양한 연계 제도에 참여하고 있고, 그렇지 않은 대표는 소수(약 13~17%)에 불과하다는 점이다. 이처럼 인대 대표 연계 제도는 실제로 시행되고 있다.

(3) 지원 부족

인대 대표는 전국인대나 지방인대를 막론하고 별도의 개인 비서나 사무실을 두지 않는다. 대신 이들은 앞에서 말한 대표연락소를 이용하여 대의 활동을 전개한다. 또한 이들은 전국인대 상무위원회가 월 2회 발간하는 《인대공작통신(人大工作通訊)》과 월 1회 발간하는 《중국인대(中國人大)》, 소속 지역의 인대가 매월 1회 발간하는 기관지, 그리고 그 밖의 각종 자료와 정보를 제공받는다.

그러나 전체적으로 보면 인대 대표가 대의 활동에 필요한 자료나 정보를 충분히 제공받고 있다고는 말할 수 없다. 예를 들어, 전국인대 연례 회의나 성급 인대 연례 회의에서 심의하는 법안, 예산안, 국가기관의 업무보고, 경제·사회 발전 계획안 등은 매우 복잡하고 어려운 내용을 담고 있다. 따라서 이를 제대로 심의하려면 많은 자료와 정보가 필요하다. 또한 대표 자신의 부족한 능력과 시간을 보충하기 위해서는 전문가 집단의 도움이 필요하다. 그러나 현실적으로는 이런 도움을 받을 수 있는 인대 대표는 극소수에 불과하다. 현급·향급 인대 대표는 상황이 더욱 열악하다.

이런 문제 외에 재정 지원 문제도 있다. 중앙이나 지방을 막론하고 인대 대표는 겸직 대표이기 때문에 별도의 고정된 임금이 지급되지 않는다. 대신 인대 회의가 개최될 때나 시찰 활동을 전개할 때는 정부 재원으로 일정한 액수의 경비와 활동비가 지급된다. 또한 각급 인대 대표에게는 자료비 등의 명목으로 매달 일정 액수의 활동비가 지급된다.

그런데 이런 지원 경비가 너무 적기 때문에 대의 활동에는 큰 도움이 되지 않는다. 그래서 대부분 대표는 활동비 중에서 상당수를 자비로 충당—이를 "대표 밥을 먹는다(吃代表)"라고 표현한다—하거나, 아니면 소속 단위의 지원—이를 "단위 밥을 먹는다(吃單位)"라고 표현한다—을 받는다. 따라서 인대 대표의 대의 활동을 장려하기 위해서는 재정 지원책도 마련해야 한다.

다만 전국적으로 인대 대표가 250만 명이 넘는 현실에서 볼 때, 이는 쉽게 해결할 수 있는 문제가 아니다. 막대한 재정이 소요되기 때문이다.[27] 참고로 현재(2024년 기준) 국가 재정으로 임금이 지급되는 중국 공무원은 720만 명 정도다.

3. 활동 조건의 변화와 유권자의 기대 상승

　인대 대표가 대의 활동을 전개할 때, 이들의 활동을 뒷받침하는 법적 및 정치적 조건과 이들에 대한 유권자의 기대는 큰 영향을 미친다. 결론적으로 말하면, 1990년대 이후 법적이고 정치적인 활동 조건과 유권자의 인식은 점진적이지만 분명하게 개선되었다. 이와 같은 긍정적인 변화 속에서 인대 대표들은 대의 활동에 더욱 용감하고 적극적으로 나서는 태도를 보이기 시작했다.[28]

(1) 법적·정치적 조건의 개선

　우선 인대 대표의 대의 활동을 위한 법률적인 조건은 1992년에 개선되었다. 1980년대에 인대 그 자체와 인대 대표는 중국 정치체제에서 아직 자리를 잡지 못했고, 그래서 역할 수행에 큰 어려움을 겪었다. 특히 공산당 간부와 정부 관료는 인대 대표의 권한을 자주 침해했다.

　또한 인대 대표가 소속된 기업이나 단위의 책임자들은 이들이 대의 활동을 수행하는 데 필요한 충분한 시간을 제공하지 않았다. 이러한 이유로 대표들은 전국인대 지도자에게 인대 대표의 의무와 권한을 명확히 규정하는 법률을 제정할 것을 요청했다.[29] 그 결과 전국인대는 1992년에 〈전국인대 및 지방인대 대표법(代表法)〉을 제정했다.[30]

│ 〈대표법〉(1992년)의 법적 보장

〈대표법(Deputies Law)〉은 먼저 모든 인대 대표에게는 면책 특권, 현급 이상의 인대 대표에게는 불체포 특권을 보장한다. 〈대표법〉 31조는 다음과 같이 규정한다. "대표는 인대 회의 중의 발언과 표결로 법률 추궁을 받지 않는다." 이것이 면책 특권이다. 또한 32조는 다음과 같이 규정한다. "현급 이상의 각급 인대 대표는 본급(本級) 인대 주석단의 허가 없이는, 또한 본급 인대 폐회 기간에는 인대 상무위원회의 허가 없이는 체포되거나 형사 심판을 받지 않는다." 이것이 불체포 특권이다.

또한 〈대표법〉에 따르면 국가기관, 사회단체, 기업, 시민 등은 대표의 의정 활동을 지원해야 하고, 그들의 대의 활동에도 협력해야 한다. 예를 들어, 인대 대표가 소속된 기관이나 단위는 대표의 의정 활동 시간을 보장해야 한다. 또한 인대 대표가 소속된 단위는 이들이 의정 활동을 수행하는 동안에도 수입과 각종 혜택을 보장해야 한다.

〈대표법〉이 시행된 이후, 대표의 권한 침해 사건은 줄어들었고, 그에 비례해서 대표의 권리는 전보다 훨씬 잘 보호되었다. 이런 측면에서 〈대표법〉의 제정과 공포는 대표 역할의 '새로운 단계'를 의미한다.[31] 물론 〈대표법〉 발효 이후에도 인대 대표의 권한 침해 사례는 종종 있었다.[32] 그러나 〈대표법〉 제정 이후에는 이에 대한 처리가 달라졌다. 즉 대표 권한을 침해한 기관이나 개인은 법률에 따라 처벌되고, 그것이 언론에 보도되었다. 이를 통해 당정 간부가 〈대표법〉을 위반하면 어떻게 처벌되는지를 널리 알렸다.[33]

| 공산당의 정치적 보장

그런데 인대 대표에게는 〈대표법〉이 제공하는 법률적 보장보다 공산당이 제공하는 정치적 보장이 더욱 중요하다. 이와 관련하여 1990년대 이후 인대 대표는 눈에 띄게 개선된 정치적 조건을 누릴 수 있었다. 공산당이 인대 대표의 대의 활동을 강화하는 구체적인 정책을 추진했기 때문이다.

1986년 말과 1987년 초에 전국의 주요 대도시에서는 대학생의 민주화 시위가 발생했다. 이를 이어 1989년 봄에는 톈안먼 민주화 운동이 전국적으로 일어났다. 1990년대에는 동유럽 사회주의 국가가 점차로 무너졌고, 1991년에는 사회주의 종주국인 소련이 무너졌다.

이런 일련의 사건이 발생한 이후, 공산당은 당정간부의 부정부패를 통제하고 대중의 신뢰를 회복하기 위해 국가기관에 대한 감독을 강화한다는 방침을 결정했다. 1990년 3월에 개최된 공산당 13기 중앙위원회 6차 전체회의에서 〈당과 인민 군중의 연계 강화 결정〉이 채택된 것은 이를 잘 보여준다. 이는 인대와 인대 대표가 법률에 따라 감독 권한을 행사할 것을 지원하는 중요한 문건이다.

또한 1992년에 개최된 공산당 14차 당대회에서 '사회주의 시장경제론'이 당 노선으로 채택된 이후에는 의회의 입법 및 감독 역할이 더욱 중요해졌다. '시장경제는 법치 경제'로, 법률 체제의 수립과 집행이 보장되지 않으면 시행될 수 없기 때문이다. 그리고 이를 위해서는 인대와 인대 대표의 적극적인 활동이 필요했다.

이를 이어 1997년에 개최된 공산당 15차 당대회에서는 의법치국(依法治國) 방침이 결정되고, 1999년에는 〈헌법〉 개정을 통해 이것이 서문에 명시됨으로써 국가 방침으로 확정되었다. 이는 다시 인대 대표에게 활력을 불어넣었다. 인대와 그 대표는 입법권과 감독권을 행사하는 국가 권력기관이자 그 구성원이기 때문이다.[34]

성급(省級) 공산당 위원회는 공산당 중앙의 인대 강화 방침을 뒷받침하기 위해 해당 지역에서 '인대 공작회의'를 개최했다.[35] 예를 들어, 톈진시 공산당 위원회는 1994년 7월에 사상 최초로 인대 공작회의를 개최하여 두 가지 사항을 결정했다. 첫째, 공산당 위원회는 인대 업무를 당의 일상적인 의제에 포함한다. 또한 인대와 인대 대표가 법률에 따라 권한을 충분히 행사할 수 있도록 지원한다. 둘째, 인대는 공산당 노선과 방침을 굳게 견지하면서 활동해야 한다.[36] 이후 톈진시 지역의 18개 구(區)와 현(縣)의 공산당 위원회도 인대 공작회의를 개최하여 동일한 내용을 결정했다. 이런 과정을 거쳐 지역 공산당은 인대 대표의 대의 활동에 '새로운 바람'을 불어넣을 수 있었다.[37] 이는 다른 지역도 마찬가지였다.

(2) 지역 유권자의 기대 상승

또한 지역 유권자의 기대치가 높아짐에 따라 인대 대표는 대의 활동에 더욱 적극적으로 나설 수밖에 없었다. 1990년대 이후에는 점점 많은 수의 지역 주민이 어려움에 직면하면 인대 대표를 찾아 문제의 해결을 요청했다. 예를 들어, 1988년과 1996년에 베이징 시민에 대한 설문조사 결과에 따르면, 인대 대표를 통해 불만을 제기하고 해결을 호소하는 비율이 8.6%에서 14.1%로 5.5% 포인트나 증가했다.[38]

마찬가지로 의회에 접수된 청원 안건—중국에서는 이를 서신 및 방문을 통한 청원, 즉 '신방(信訪)'이라고 부른다—의 규모도 급격히 증가했다. 예를 들어, 1990년대 중반부터 헤이룽장성 인대의 신방 건수는 매년 50%씩 증가했다. 광시(廣西) 자치구의 현급 인대에서도 같은 기간 동안 신방 건수가 20~40% 증가했다.[39] 그 결과 인대는 공산당 및 정부와 함께 주민이 불만을 제기하는 중요한 통로가 되었다. 그래서 "일이 있으면 대표를 찾으라(有事就找代表)"라는 이야기가 나왔다.[40]

이처럼 지역 주민은 인대 대표가 더욱 엄격하게 정부와 법원 등 국가기관을 감독하기를 원했다. 동시에 주민의 요구와 불만을 국가기관에 전달하고, 관련 문제가 해결될 수 있도록 촉구하기를 요청했다. 동시에 만약 인대 대표가 직무를 제대로 수행하지 못하면 대표 직위에서 해임될 위험이 증가했다. 실제로 광시 자치구 난닝시(南寧市)의 한 선거구 유권자들은 2001년 3월에 유권자 회의를 개최하여 대의 활동을 제대로 수행하지 않은 인대 대표를 해임했다.[41] 이는 다른 지역도 마찬가지다.

그 밖에도 인대 대표는 정기적으로 지역 유권자들에게 자신의 의정 활동을 보고하고 평가를 받아야만 한다.[42] 이는 지역 유권자가 인대 대표에 대해 실시하는 직무평가 감독이라고 말할 수 있다. 예를 들어, 후난성 천저우시(郴州市)에서는 1994년부터 1996년까지 3년 동안 약 6,500명의 각급 인대 대표가 의정 활동을 보고하고 유권자의 평가를 받았다.[43]

4. 대의 역할의 네 가지 유형

〈대표법〉에 따르면, 인대 대표는 모두 일곱 가지의 의무를 이행해야 한다. 이 중에서 폐회 기간에 일상적으로 전개하는 대의 활동은 크게 보아 세 가지다. 첫째는 〈헌법〉과 법률을 모범적으로 준수하고, 〈헌법〉과 법률의 시행에 협조하는 일이다. 이는 '선전과 모범 선도' 역할이다. 둘째는 시찰, 조사 연구, 법률 집행 감독에 참여하는 일이다. 이는 '감독' 역할이다. 셋째는 선거구 유권자 및 선거 단위의 인민대중과 밀접한 연계를 유지하고, 이들의 의견과 요구를 경청하고 반영하는 일이다. 이는 '반영' 역할이다.

그렇다면 실제로 인대 대표들은 어떤 대의 활동을 얼마나 잘 수행할까? 내가 볼 때, 이들은 〈대표법〉의 규정에 따라 네 가지 역할을 수행한다. 첫째는 감독이고, 둘째는 반영이며, 셋째는 정책 제공이고, 넷째는 선전과 모범 선도 역할이다. 이 중에서 감독과 반영 역할이 가장 중요한 대의 활동이다.

(1) 감독(監督): 공공 감독관

인대 대표는 감독을 일상 시기의 대의 활동 중에서 가장 중요한 것으로 생각한다. 또한 실제로 감독 활동에 가장 많은 시간과 노력을 들이고 있다.[44] 이와 관련하여 인대 대표는 두 가지 이점을 가지고 있다.

첫째는 250만 명 이상의 인력이다. 인대 대표는 각계각층을 대표하는 '여론 주도자'이자 지역과 집단 내에서 중요한 역할을 담당하는 '중추 역량'이다. 인대는 이처럼 방대한 우수한 인력을 동원하여 감독 활동을 전개할 수 있다. 둘째, 인대 대표는 공산당이나 정부가 임명한 사람이 아니라 지역 유권자 혹은 하급 인대 대표가 선출한 '인민 대표(人民代表)'다. 따라서 이들은 '인민의 이름'으로 국가기관과 공직자를 대상으로 감독 활동을 전개할 수 있다.

│ 다양한 감독 활동

〈대표법〉은 인대 대표가 개인보다는 집단으로 감독 활동을 전개할 것을 권장한다. 실제로 대부분 지역에서는 인대 상임위원회의 계획과 지도하에 인대 대표가 집단으로 감독 활동을 전개한다.

예를 들어, 톈진시 난카이구(南開區) 인대는 2000년에 6개월 동안 인대 대표가 주도하는 업무평가 감독을 시행했다. 이때 전체 대표 중에서 85.6%가 참가하여 지역 주민을 만나 의견을 듣고 현장 점검을 진행했다.[45] 상하이시 홍커우구(虹口區) 인대 대표도 약 90%가 1995년 이후에 매년 몇 개월 동안 인대 상무위원회의 계획과 지도하에 업무평가 감독에 참여했다.[46]

또한 인대 대표는 대표소조를 구성해서 집단으로 감독 활동을 전개한다. 〈대표법〉에 따르면, 모든 인대 대표는 반드시 지역 또는 업종을 기반으로 구성된 대표소조에 소속되어 활동해야 한다. 예를 들어, 1997년에 베이징시에서는 총 1만 7,498명의 각급 인대 대표가 1,734개의 대표소조를 구성했다. 이 중에서 전국인대 대표소조는 3개, 베이징시 인대 대표소조는 36개, 구·현 인대 대표소조는 471개, 향·진 인대 대표소조는 1,224개였다.[47]

톈진시에서도 시 인대 대표의 약 77%가 경제·금융·교육·도시건설과 같은 업종을 기준으로 구성된 13개의 대표소조에 참여했다.[48] 이러한 대표소조는 매년 감독 계획을 작성하고 그에 맞추어 현장 조사 등 다양한 감독 활동을 전개한다.[49] 이는 다른 지역도 마찬가지다.

또한 인대 대표는 개별적으로도 정부 부서를 방문하거나 관료를 만나 문제의 해결을 촉구하는 등 다양한 감독 활동을 전개할 수 있다. 국가기관의 불법적인 법률 집행이나 중앙 정책의 잘못된 집행을 발견할 경우는 대표 신분증을 제시하고 문제를 제기할 수도 있다. 다만 이런 경우는 '보복' 등 상당한 위험이 따를 수 있다. 일부 인대 대표는 정부 공안국·법원·검찰원의 '특별 감독관'을 겸직하고 있다(이는 무보수 봉사직이다). 이는 해당 기관의 요청에 따른 것이다. 예를 들어, 1999년에 상하이시 인대 대표의 약 12%가 이러한 '특별 감독관'으로 활동했다.[50]

| 감독 활동의 어려움과 효과 제고 방안

그러나 인대 대표들은 감독 활동 과정에서 여러 가지 어려움에 직면하고, 어떤 경우에는 폭행이나 생명의 위협을 당하기도 한다.[51] 가장 일반적인 문제로는 감독의 실효성이 기대에 미치지 못한다는 점이다. 그 결과 일부 대표는 당선 초기에는 감독 활동을 열심히 수행하다가 시간이 가면서 열정이 떨어져 활동을 중단하기도 한다.

그런데 전체적으로 보면 1990년대 중반 이후에는 인대 대표의 감독 효과가 개선되었다. 몇 가지 이유 때문이다. 첫째, 정부 등 국가기관이 인대 대표의 시정 요구를 받아들이지 않을 경우, 인대 대표들은 질문권(質詢權) 같은 강력한 권한을 행사한다. 예를 들어, 1998년, 1999년, 2000년에 각각 후난성, 쓰촨성, 허난성, 하이난성

인대 대표들이 성 정부를 대상으로 질문권을 행사했다.[52]

또한 인대 대표의 감독 활동 이후에 인대 상무위원회가 주요 정부 관료, 판사, 검사를 해임하는 경우가 증가하고 있다. 예를 들어, 2000년 한 해에만 후난성 화이화시(懷化市) 인대는 한 명의 부현장(副縣長), 세 명의 판사, 두 명의 검사를 포함한 모두 여섯 명의 주요 당정 간부를 해임했다.[53]

둘째, 감독 이후 인대 대표가 정부에 제출한 건의(의견)를 이행하는 비율(落實率)이 증가하고 있다. 예를 들어 상하이시 인대의 경우, 〈표 10-5〉에서 볼 수 있듯이, '완료/처리 중' 비율이 8기 인대

〈표 10-5〉 상하이시 인대 대표 건의의 이행 상황

		제8기(1983~1987년)	제9기(1988~1992년)	제10기(1993~1995년)	합계
완료/처리 중	사례	1,666	3,245	1,228	6,139
	비율(%)	33.4	48	50.7	43.3
처리 예정	사례	734	1,110	429	2,273
	비율(%)	14.8	16.4	17.7	16.1
처리 논의	사례	753	1,192	636	2,583
	비율(%)	15.1	17.6	26.3	18.2
대표 설명	사례	1,831	1,214	128	3,173
	비율(%)	36.7	18	5.3	22.4
총계		4,984	6,761	2,421	14,166

자료: 蔡定劍, 『中國人民代表大會制度)』(修訂版)(北京: 法律出版社, 1998), p. 370.

시기(1983~1987년)에는 33.4%였던 것이 10기 인대 시기(1993~1995년)에는 50.7%로 증가했다. 마찬가지로 후난성 샹탄시(湘潭市) 인대에 따르면, 1980년대 중반에 20% 미만이었던 대표 건의(의견)의 이행 비율이 1999년에는 48.5%로 증가했다.[54]

특히 인대 상무위원회는 정부가 대표의 시정 요구를 성실히 수용하지 않는다고 판단할 때는 정부의 업무보고를 부결시키기도 한다. 예를 들어, 1999년 11월에 충칭시 인대 상무위원회는 대표의 약 40%가 정부의 대표 건의(의견) 처리에 불만을 표명했기 때문에 이에 대한 정부의 업무보고를 부결시켰다. 이런 방식으로 인대 대표는 다른 국가기관이 자신의 요구를 더 성실하게 이행하도록 강제하고 있다. 그 결과 감독 효과는 이전보다 훨씬 향상되었다.

(2) 반영(反映): 요구 반영자

인대 대표는 사회 문제를 이해하고 대중의 요구를 듣기 위해 지역 주민과 일상적으로 접촉하고 밀접한 관계를 유지해야 한다. 동시에 인대 대표는 대중의 요구를 국가기관에 전달하고, 해당 기관들이 이를 충실히 이행하도록 감독하고 촉구해야 한다. 〈대표법〉은 이를 '군중 연계'와 '반영'이라고 부른다. 인대 대표의 반영은 국민과 당—국가 간을 연결하는 일종의 '다리(橋梁) 역할'이라고 할 수 있다. 인대 대표는 감독과 함께 반영을 일상 시기의 가장 중요한 대의 활동으로 생각한다.

공산당 지도자도 인대 대표의 반영 역할을 높이 평가한다. 이것이 사회 문제에 대한 신뢰할 수 있는 정보를 전달해주는 중요한 통로이기 때문이다. 또한 이를 통해 폭발할 수 있는 사회적 불만을 사전에 완화함으로써 사회 통합을 높일 수 있기 때문이다. 대표적인 사례로, 장쩌민 총서기는 인대 대표가 대중과 더 성실히 접촉하고, 대중의 요구를 더 적극적으로 정부에 반영해야 한다고 주장했다.[55] 실제로 인대 대표가 반영한 대중의 요구는 정부에 점점 큰 영향을 미치고 있으며, 이는 대표 제안의 이행 비율이 증가한 결과로 확인할 수 있다.

│ 반영 내용

인대 대표는 대중의 일상생활에 영향을 미치는 다양한 요구를 국가기관에 반영한다. 도로와 다리 등 사회 기반 시설의 건설과 보수, 공중화장실·가로등·수도 등 공공시설의 설치와 개선, 수질오염과 대기오염의 완화, 교육 서비스와 의료 서비스의 개선, 공공치안의 강화 등은 도시와 농촌 지역에서 가장 자주 반영되는 문제다.[56] 일부 인대 대표들은 이런 대의 활동의 성과로 인해 '도로 대표(道路代表)' 또는 '오염완화 대표(減少汚染代表)' 같은 명예로운 칭호를 얻기도 한다.[57]

인대 대표는 또한 지역 주민의 개인적인 민원도 해결해주려고 노력한다. 이는 한국의 국회의원이 지역 유권자의 민원을 해결해주는 '심부름(errand-running)' 역할과 비슷하다. 예를 들어, 인대 대표는 실업자들에게 일자리를 찾아주기도 하고, 주민 간의 분쟁을 해결해주기도 한다. 가난한 학생들을 위한 기금 모금을 전개하기도 한다. 이처럼 인대 대표들은 지역 주민이 요청하는 경우 공공의 문제에 기꺼이 개입하기 때문에 애정 어린 별칭으로 '오지랖 대표(愛管閑事代表)'로 불리기도 한다.[58]

| 반영 방법: 집단과 개인

인대 대표는 집단으로 반영 활동을 전개할 때가 많다. 이때는 의안(議案)이나 건의(建議) 혹은 의견(意見)을 공동으로 제출하는 방식을 사용한다. 특히 해당 민원을 해결하는 데 상급 정부의 승인과 지원이 필수적인 경우는 상급 인대 대표의 도움을 받아 함께 의안이나 건의를 제출하기도 한다.[59]

예를 들어, 1993년에 헤이룽장성 하이룬시(海倫市)에서 선출된 전국인대 대표, 헤이룽장성 인대 대표, 하이룬시 인대 대표들은 공동으로 헤이룽장성 인대에 건의를 제출했다. 이 건의는 하얼빈시(哈爾濱市) 소유의 한 국유기업이 하이룬시에 거주하는 농민들에게 약 350만 위안(元: 한화 약 6억 8,400만 원)의 미청산 대금을 상환할 것을 촉구하는 것이었다. 이 건의가 제출된 이후 헤이룽장성 인대와 성 정부의 강력한 지원 덕분에 해당 농민들은 대금을 바로 받을 수 있었다.[60]

인대 대표는 개인적으로도 지역의 공산당 간부나 정부 지도자를 만나 지역 주민의 요구를 전달하기도 한다. 1990년대 이후 공산당과 정부는 인대 대표들이 대중의 요구를 직접 당정 지도부에 전달할 수 있는 다양한 제도를 도입했다. 예를 들어, 1998년에 광둥성 공산당 서기였던 리창춘(李長春)이 도입한 '대표 핫라인(直通快車)' 제도를 이용해 광둥성 인대 대표는 해안 지역에서 자주 발생하는 해양 사고 문제를 해결할 수 있었다.[61]

또한 인대 대표는 인대 연례 회의나 기타 회의에서 당정 최고 지도자와 만날 기회를 이용하여 대중의 요구를 반영하기도 한다. 한국식으로 말하면 일종의 로비 활동을 전개하는 것이다. 예를 들어, 1994년에 전국인대 연례 회의에서 지린성(吉林省) 대표는 자기가 속한 현(縣)의 경제적 어려움에 대해 국무원 관련 부서와 지린성 정부의 지도자에게 호소했다. 결국 지린성 성장은 정부 납부금을 줄여주겠다고 약속했다.[62] 다른 지역의 전국인대 대표도 이런 경로를 자주 사용하여 대중의 요구를 반영한다.[63]

(3) 정책 제공: '정책 결정자'가 아닌 '정책 제공자' 역할

전국인대는 비록 헌법상으로는 '최고 국가 권력기관'이지만, 입법을 제외하면 감독이나 중대 정책 결정 과정에서는 여전히 의미 있는 역할을 담당하지 못한다.[64] 마찬가지로 전국인대 대표들도 전국인대 자체의 정책 결정 과정에서 매우 제한적인 역할만 담당한다. 예를 들어, 1983년부터 1993년까지 10년 동안 전국인대 대표들이 제출한 총 3,667개의 의안 중에서 단지 4개만이 전국인대 연례 회의의 의제로 채택되었다. 그중에서 심의를 통과하여 결의(決議)로 채택된 것은 한 건에 불과했다.[65]

이에 반해 지방인대 대표는 정부의 정책 결정 과정에서 조금 더 나은 역할을 담당한다. 단 '정책 결정자(policy-maker)'가 아니라 '정책 제공자(policy-provider)'로서의 역할을 담당한다는 사실에 주의해야 한다. 여기서 '정책 제공'이란 인대 대표가 정부에 정책을 제안하고, 때로는 해당 지역의 법률과 동일한 법적 효력을 갖는 결정(決定) 혹은 결의(決議)를 채택하여 정부가 그 제안을 이행하게 만드는 활동을 말한다. 이 역할은 민주주의 국가에서 의원들이 수행하는 정책 대변과 비슷한 활동이다.

사실 인대 대표들은 1980년대에도 정책 제공 역할을 일부 수행했다. 주민에 대한 정보를 수집하여 당-국가에 제공하고, 정책 집행에 대한 공산당과 정부의 자문에 응하는 역할이 바로 그것이다.[66] 그러나 당시에는 공산당과 정부가 중요한 정책을 결정할 때, 인대 대표들이 직접적인 영향을 미칠 수는 없었다.

그러나 1990년대에 들어서는 상황이 달라졌다. 예를 들어 〈표 10-6〉에 따르면, 1990년대에 장쑤성 우시시(無錫市) 인대의 거의 모든 대표는 의안 제출에 참여했다. 동시에 인대 지도자들은 대표 의안을 더욱 적극적으로 회의 의제로 채택했다. 16년 동안 대표들

<표 10-6> 장쑤성 우시시 인대 대표의 의안 제출 사례

연도 (기간)	대표 수(1)	의안 수	참여 대표 수 (인원/횟수) (2)	(1) / (2)
1993 (11기)	596	18	786	1.3:1
1994 (11기)	596	20	846	1.42:1
1995 (11기)	596	12	439	0.74:1
1996 (11기)	596	21	847	1.42:1
1997 (11기)	596	15	1,052	1.77:1
1998 (12기)	418	20	809	1.94:1
1999 (12기)	418	13	553	1.3:1

자료: "亮點工程", 《人民與權力》8期(1999.8.), p. 22.

이 제출한 306개의 의안 중 27개(전체의 8.7%)가 회의에서 심의되어 결의 혹은 결정 형태로 통과된 것이다.[67] 그 결과 〈표 10-7〉에 나와 있듯이, 일부 의안은 대규모 자금과 긴 집행 시간이 필요한데도 우시시 정부는 이를 이행해야만 했다. 다른 지역도 상황은 비슷했다.

<표 10-7> 장쑤성 우시시 인대 대표의 의안 이행 사례

연도	법안 제목	참여한 대표 수	기간 / 자금(元, 위안)
1995	식량 프로젝트 건설 강화	184	3년 / 5,000만 위안
1996	타이후 수질오염 통제	351	8년 / 3억 500만 위안
1998	하천 침전물 청소 가속화	189	5~8년 / 7억 4,000만 위안

자료: "亮點工程", 《人民與權力》8期(1999.8.), pp. 22-23.

일반적으로 의회 지도자들은 대표 의안을 매우 엄격하게 심사한다. 의안이 인대의 연례 회의나 인대 상무위원회 회의에서 결의나 결정 형식으로 통과되면, 해당 지역에서는 법적 효력을 갖기 때문이다. 따라서 대표 의안을 상정하기 전에 지역 공산당 위원회의 사전 승인을 받아야 하고, 지역 정부와도 사전에 협의해야 한다. 이러한 이유로 대표 의안을 안건으로 상정하는 일은 쉽지 않다.

그러나 최근에는 점점 더 많은 대표 의안이 인대 연례 회의나 인대 상무위원회 회의에 정식 의제로 상정되고 있다. 앞에서 살펴본 사례는 이를 잘 보여준다. 다른 사례도 많이 있다. 예를 들어, 2001년 상하이의 쉬후이구(徐匯區)와 자딩구(嘉定區) 인대는 각각 여덟 개의 대표 의안 중에서 네 개, 일곱 개의 의안 중에서 세 개를 연례 회의에 정식 의제로 상정했다.[68]

(4) 선전과 모범 선도 역할: 모범 선도자

인대 대표는 당–국가의 대리인으로서 국가를 대신해서 지역 주민에게 법률과 정책을 선전해야 한다. 또한 이들은 주민이 이를 잘 준수하도록 설득할 의무가 있다. 중국에서는 이를 '선전 역할'이라고 부른다. 이런 역할은 1980년대에는 매우 중시되었다. 그러나 1990년대 이후에는 그렇지 않다. 엄밀히 말하자면, 이는 인대 대표의 역할이 아니라 정부 공무원의 역할이기 때문이다.[69]

선전 역할은 몇 가지로 구성된다. 첫째, 인대 대표들은 인대 연례 회의나 인대 상무위원회 회의에서 결정된 내용을 지역 유권자에게 전달할 의무가 있다. 또한 지역 주민이 법률과 정책에 대해 문의하면 친절히 설명해야 하고, 어떤 경우에는 주민의 불만이나 비판을 해소해주어야 한다. 둘째, 인대 제도와 정책을 선전한다. 인대 대표들은 일반적인 법률이나 정책 대신에 인대 제도를 홍보하는 데 더 많은 관심을 기울이고 있다.

'모범 선도' 역할도 선전 역할과 비슷하다. 특히 도시와 농촌의 기층 대표는 경제발전과 같은 국가 정책을 이행하는 데 지역 주민을 모범적으로 선도해야 한다. 실제로 일부 대표는 이를 자신의 중요한 임무로 생각한다. 예를 들어, 농촌 출신 대표는 정부의 농업구조 조정 정책에 호응하여 경제 작물을 가장 먼저 재배함으로써 다른 농민들이 이를 따르도록 설득한다. 자영업자 출신 대표는 정직하게 세금을 납부하고, 주변 작업 환경을 정화하는 일에 앞장서는 등 다른 자영업자가 본받을 수 있도록 활동한다.[70]

하지만 이들 대부분은 인대 대표가 되기 전부터 이미 각 분야에서 '모범(模範, role model)'이었다. 이 때문에 인대 대표로서 수행하는 모범 선도 역할이 특별하거나 새로운 것은 아니다. 따라서 인대 지도자와 대표가 공산당의 경제 정책에 부응하기 위해, 혹은 환경보호 정책에 호응하기 위해 인대 대표들이 모범 선도 역할을 열심히 수행한다고 말은 하지만, 이 역할이 감독 및 반영 역할에 비해 더 두드러진 역할이라고는 말할 수 없다.[71]

5. 출신 배경에 따른 대의 역할의 차이

인대 대표는 주요 사회계층 출신으로 구성된다. 〈표 10-8〉과 〈표 10-9〉에서 알 수 있듯이, 계층으로 보면 노동자와 농민, 지식인, 당정간부가 전체 대표의 70~90%를 차지한다. 나머지는 군인, 소수민족, 귀국 화교 출신이다(사실 이런 범주는 군인을 제외하고는 계층이라고 말할 수 없다).[72]

공산당 중앙과 전국인대 상무위원회는 5년에 한 번씩 거행되는 인대 대표 선거가 시작되기 전에 각 계층이나 집단, 소수민족, 여

〈표 10-8〉 인대 대표 구성 사례: 전국인대, 톈진시 인대, 난카이구 인대(1993년)

		전국인대: 2,978명(%)	톈진시: 718명(%)	난카이구: 265명(%)
사회 계층	노동자·농민	612명(20.6%)	209명(29.1%)	122명(46%)
	지식인	649명(21.8%)	136명(18.9%)	67명(25.3%)
	간부	842명(28.3%)	169명(23.5%)	46명(17.4%)
정당	공산당	2,037명(68.4%)	500명(69.6%)	195명(73.6%)
	민주당파	572명(19.1%)	169명(23.5%)	23명(8.7%)
기타	대학 이상 학력	68.74%*	70.50%	75.50%
	평균연령	53.13세	53.1세	49세
	연임 비율	28.05%*	35.10%	N.A.

자료: 蔡定劍, 『中國人民代表大會制度』, pp. 227-228 ; 天津市 地方志編修委員會 主編, 『天津通志: 政權志·人民代表大會卷』(天津: 天津社會科學院出版社, 1997), pp. 434-435; 康子名 主編, 『南開人大二十年 1979-1999』(天津, 1999), p. 273; •《光明日報》, 1998年 3月 1日.

<표 10-9> 14기 전국인대 대표 구성 상황(2023년)

분류		규모(명)(%)	비고
사회 계층	현장 노동자·농민	497명(16.69)	• 전국인대 대표 선출: 31개 성급 행정단위, 3개 특별 행정단위(대만·홍콩·마카오), 1개 군(軍) 등 모두 35개 단위 • 연임 대표: 797명(26.77%) • 공산당원: 70% 정도(공산당 중앙의 방침) • 소수민족 15%, 여성 30% 비율 유지
	기술전문직	634명(21.3)	
	당정 영도 간부	969명(32.55)	
	인민해방군	278명(9.34)	
	기타	599(20.12)	
	소계	2,977(100)	
민족	한족	2,535명(85.15)	
	소수민족	442명(14.85)	
화교		42명(1.41)	
평균연령(세)*		52.67세	
대졸 이상 학력(%)*		86.4	
성별	남성	2,187명(73.46)	
	여성	790명(26.54)	

해설: •는 13기 전국인대 시기(2018~2023년) 상황.

자료: "2977名十四屆全國人大代表具有廣汎的代表性",《新華網》2023年 2月 25日; • 何俊志·黄偉棋, "吸納與優化: 全國人大代表政治錄用的模式變遷",《經濟社會體制比較》2021年 5期, pp. 110-117.

성, 민주당파에 할당되는 비율, 즉 '대표 구성 비율'을 결정한다.[73] 그러면 성급 공산당 위원회와 성급 인대 상무위원회는 그렇게 결정된 비율을 각 지역의 상황에 맞게 조정하여 적용한다. 소수민족 지역에서는 소수민족의 비율을 높이고, 농촌 지역에서는 농민의 비율을 높이는 방식이다. 따라서 지역과 시기에 따라 약간의 차이

는 있지만, 전체적으로 보면 대표 구성 비율은 시기적으로 큰 변화
없이 유지된다.

| 두 가지 대의 이론과 변화

중국의 대의 이론, 즉 대표-유권자 관계에 대한 이론에 따르면,
인대 대표는 두 가지를 동시에 대변해야 한다. 하나는 국가와 전체
국민의 보편적인 이익이다. 다른 하나는 소속 지역과 계층(집단)의
국부적인 이익이다.[74] 1980년대에 인대 대표들은 실제로 이렇게 생
각했다. 예를 들어, 1987년에 베이징시와 항저우시(杭州市)에서 실
시된 설문조사 결과에 따르면, 인대 대표의 약 50%는 지역 유권자
의 이익을 대변해야 한다고 응답했고, 약 50%는 국가와 전체 국민
의 이익을 위해 봉사해야 한다고 응답했다.[75]

그러나 1990년대에는 상황이 달라졌다. 즉 인대 대표들은 자신
이 속한 사회계층과 지역 유권자의 국부적인 이익을 대변해야 한
다고 생각하는 경향이 증가했다. 그래서 대부분 대표는 자신을 '농
민의 대표', '노동자의 대표', '민영기업가의 대표' 혹은 '여성의 대표'
로 여기는 경향이 있다. 심지어 '관원대표'도 자신을 공안·교통·
법원 등 특정 분야를 대표하는 사람으로 인식한다.[76] 이는 대표의
대의 역할이 그들의 사회적 배경에 따라 차별화되고 있음을 보여
준다.

(1) 노동자와 농민: '요구 반영자'와 '공공 감독관'

일반적으로 노동자와 농민 출신 대표는 반영과 감독 역할에 많은 시간과 노력을 투자한다. 반면 이들이 정책 제공에서 두드러진 역할을 발휘하는 경우는 많지 않다. 이들이 반영과 감독 역할에 집중하는 데에는 두 가지 이유가 있다. 첫째, 반영과 감독 역할에는 특별한 능력이나 정치 자원이 필요하지 않다. 대신 지역 주민을 자주 방문하고 그들의 요구를 경청하려는 열정, 때로는 권위에 맞설 용기만 있으면 된다.

대부분 노동자·농민 출신 대표는 대표로 선출될 당시에 대표의 법적 지위·권한·의무에 대해 거의 알지 못한다. 대표 역할을 어떻게 수행할지를 잘 모르는 것은 말할 필요도 없다. 그러나 인대가 제공하는 신임 대표 교육과정과 개인 학습을 통해 기본적인 법률 지식을 습득한 이후에는 상황이 달라진다. 즉 일부 대표들은 이런 간단한 지식을 습득한 이후에 반영과 감독 역할을 충실히 수행한다.[77]

둘째, 대표-유권자 간의 밀접한 관계가 이들을 반영 역할에 집중하도록 만든다. 노동자나 농민 출신 대표에게는 지역 사회와의 관계가 더 중요하고, 대표-유권자 관계는 그다음이다. 그들 대부분이 인대 대표로 선출되기 오래전부터 지역 사회에 거주해왔기 때문이다. 또한 이들 대표 대부분은 현급·향급 대표로, 시급·성급 인대 대표와는 달리 이웃 주민들에 의해 직접 선출된다. 즉 직접적인 대표-유권자 관계가 존재한다.

이런 상황에서 이웃이자 유권자인 지역 주민이 공공의 이익을 위해 대의 활동을 충실히 수행해달라고 요청하면 쉽게 거절할 수 없다. 특히 그 이웃이 다른 모든 가능한 수단을 다 사용한 이후에 마지막 수단으로 도움을 요청하면 더욱 그렇다. 반면 전국인대 대표나 시급·성급 인대 대표는 하급 인대 대표에 의해 선출된다. 이 때문에 지역 주민과 직접적인 대표-유권자 관계가 없다. 그 결과 이들은 지역 주민에 대한 책임감이 덜하다.[78]

요컨대 이웃들의 요청과 그들과의 밀접한 관계는 노동자와 농민 출신 대표들이 반영과 감독 역할에 집중하도록 만든다.

(2) 지식인: 정책 제공자

지식인 출신 대표는 전문 지식과 이를 활용할 수 있는 인적 네트워크를 보유하고 있어 정책 제공 역할을 담당하는 데 비교적 유리한 위치에 있다. 실제로 이들은 자신의 이러한 장점을 최대한 발휘하여 정책 제공을 중심으로 하는 대의 활동을 전개한다. 그래서 '의안 챔피언(議案冠軍)' 중에는 지식인 출신의 대표가 특히 많다.

예를 들어, 2000년에 허베이성 스자좡시(石家莊市) 인대에서 최우수 의안 제창자로 선정된 네 명의 대표는 모두 지식인 출신이었다. 이들 중에서 세 명은 대학교수였고, 한 명은 선임 엔지니어였다.[79] 이와 비슷하게 후난성 인대 대표로서 13년간 활동한 선임 연구원은 39개의 연구 노트와 총 975개의 의안 및 건의를 인대에 제출한 것을 매우 자랑스럽게 여겼다.[80]

지식인 출신 대표들이 정책 제공 활동을 전개할 때는 자신의 연구나 전문 분야에 집중하는 경향이 있다. 예를 들어, 중의학자들은 중국의 전통 의학(中醫學)의 발전에 관한 의안을 제출하고, 다른 의사들은 자신들의 직업과 밀접한 의학 정책을 주창한다.[81] 많은 지식인 출신 대표는 공통으로 교육·환경·청소년 범죄와 같은 사회 분야에 관심을 가지고, 관련 문제를 해결하기 위한 정책 방안을 의안이나 건의 형식으로 제출한다.

또한 일부 지식인 출신 대표는 동료 전문가들을 동원하여 정책 주제를 선정하고 공동 연구를 진행한 후에 정책 관련 의안을 작성하여 제출하기도 한다.[82] 예를 들어, 상하이시의 의사 출신 전국인대 대표는 교수·의사·변호사·연구원·민영기업가들로 구성된 '의안 싱크탱크(議案智囊團)'를 개인적으로 조직하여 정책 의안을 준비했다. 그 결과 그는 수준 높은 의안을 전국인대에 제출하는 '의안 챔피언'이 될 수 있었다.[83]

강한 정치의식과 위험 감수

또한 지식인 출신 대표는 다른 계층의 대표들과 비교할 때, 강한 정치의식을 바탕으로 대의 활동에 헌신하는 경향이 있다. 특히 일부 교수 출신 대표 중에서는 정치적 위험을 감수하는 사례도 있었다. 예를 들어, 베이징 외국어대학 영어 교수로서 하이뎬구(海淀區) 인대와 베이징시 인대의 대표를 역임한 여성 대표가 있다. 그녀는 1984년에 대표로 선출되었는데, 당선된 다음 날부터 '접견일(接待日)'을 정해놓고 지역 주민을 만나서 민원을 해결해주는 활동을 전개했다. 또한 〈헌법〉과 대표 신분증을 지니고 주민의 권리를 보호하기 위해 정부 당국과 맞서 싸우는 데 주저하지 않았다. 특히 그녀는 2000년에 베이징시 인대 연례 회의에서 베이징시 고등법원을 대상으로 질문권(質詢權)을 행사하는 데 주도적인 역할을 담당했다.[84]

중국과학원 교수이자 랴오닝성 선양시 인대의 한 대표도 중국에서는 잘 알려진 인물이다. 그는 공산당과 정부 지도자 앞에서도 정부 업무와 법원 업무의 문제점을 신랄하게 비판했다. 2000년 선양시 인대에서 발생한 '선양 사건'의 중심에는 바로 그가 있었다(이에 대해서는 앞 장에서 살펴보았다). 그 결과 그는 '선양 최고 대표(瀋陽第一代表)'라는 칭호를 얻었다. 특히 그는 2000년 인대 연례 회의 이후에도 법원의 부패 문제를 신랄하게 비판하면서 일반 대중과 동료 대표들로부터 폭넓은 지지와 공감을 얻었다.

(3) 당정 간부: 소극적인 '정책 제공자'

'관원대표', 즉 공산당 영도 간부와 정부 고위 공무원 출신의 대표는 전체 대표 중에서 큰 비중을 차지한다. 그러나 이들은 '역할 충돌(角色衝突)' 문제로 인해 다른 대표와 비교해서 활동성이 가장 떨어진다. 앞에서 이미 살펴보았듯이, 관원대표는 한편에서는 당정 간부로서 법률과 정책을 집행할 책임이 있고, 다른 한편에서는 인대 대표로서 이를 감독해야 할 책임이 있다. 이런 이유로 관원대표는 활동 과정에서 종종 딜레마에 빠진다. 이들이 대의 활동에 소극적인 이유는 바로 이 때문이다.[85]

이런 역할 충돌 때문에 중국 전문가와 의회 지도자들은 관원대표의 규모를 축소해야 한다고 주장해왔다.[86] 그러나 현재까지도 관원대표는 전체 대표의 최소 20% 이상을 차지하고 있으며, 일부 지역에서는 50~60%를 넘기도 한다. 예를 들어, 1998년에 상하이시 푸퉈구(普陀區) 인대 대표 중에서 관원대표 비율은 55.94%였다.[87]

전국인대 대표도 예외는 아니다. 예를 들어, 11기 전국인대 시기(2008~2013년)의 대표 2,978명 중에서 공무원, 공산당 영도 간부, 국유기업 임원, 인민단체 지도자 등 넓은 의미의 '관원'은 2,491명으로, 전체 대표의 83.6%를 차지했다(다른 언론 보도는 전체의 85.3%인 2,496명으로 계산했다). 이 때문에 일부 사람들은 전국인대를 전국 '인민' 대표대회가 아니라 전국 '관원(官員)' 대표대회 혹은 '관원회(官員會)'라고 비아냥거린다.[88]

| 관원대표의 정책 제안과 감독 활동

관원대표는 역할 충돌로 인해 다른 역할보다는 그나마 정책 제공 역할에 집중한다. 이들이 제출하는 정책 의안은 일반적으로 자신의 업무와 밀접하게 관련된 것이 많다. 예를 들어, 정부 농업 부서 책임자 출신의 대표는 농업 관련 의안을 제출한다.[89] 또한 특정 지역의 관원대표들은 해당 지역을 위해 상급 정부에 더 많은 재정을 지원해달라고 요청하는 의안을 제출한다. 그 밖에도 이들은 지역 경제와 사회개발 의안, 주요 건설 프로젝트 의안을 다른 관원대표와 공동으로 발의한다.[90]

일부 관원대표는 정부 부서와 공무원에 대한 감독 활동을 실제로 전개하기도 한다. 예를 들어, 정부 교육국장 출신의 한 대표는 다른 동료 대표와 함께 학교 근처 불법 건축의 철거를 요구하는 질문서(質詢書)를 제출하여, 정부 도시건설국으로부터 철거하겠다는 확답을 받았다.[91] 또한 정부 공상국장(工商局長) 출신의 대표는 법원이 국유자산을 보호하기 위한 행정 처분을 더욱 철저히 집행할 것을 요구하는 질문서를 제출했다.[92] 참고로 국유자산 관리가 정부 공상국의 주요 업무 중 하나다.

그러나 이런 경우도 관원대표는 주로 자기 소속 부서의 업무를 돕기 위해 다른 정부 부서나 다른 국가기관에 대해 감독권을 행사하는 사례가 대부분이다. 즉 이는 인대 대표의 대의 활동이라기보다는 소속 부서의 정책을 집행하고 이익을 수호하기 위한 부서 이기주의 활동이라고 할 수 있다. 그러나 이것조차도 매우 적으며, 대부분 관원대표는 불필요한 갈등과 대립을 일으킬 것을 우려해서 감독 활동 자체에 소극적이다.

│ '관원'이 인대 대표가 되면 좋은 점

　재미있는 현상은, 이런 상황에서도 많은 정부 고위 관료와 공산당 영도 간부가 인대 대표로 선출되기를 희망한다는 사실이다. 몇 가지 실리 때문이다. 첫째, 인대 대표로 선출되었다는 것은 유능하고 대중의 지지를 받는 간부임을 입증하는 지름길이다. 따라서 인대 대표로 선출되면 이후에 더 높은 직위로 승진하는 데 유리하다. 둘째, 대표 신분을 통해 당정 지도자와 민영기업가 등 지역 유력인사와 '관시'를 맺을 수 있다. 셋째, 인대 대표로서 수행하는 의정 활동이 실제로도 소속 부서의 업무 수행에 도움을 준다.[93]

　예를 들어, 관원대표가 특정 부서 소속의 공무원 신분으로 행정 통로를 통해 다른 정부 부서나 다른 국가기관에 정책 협조를 요청할 경우는 마냥 답변을 기다리는 방법밖에 없다. 그러나 동일한 사항을 인대 대표 신분으로 동료 대표들과 공동으로 의회 통로를 통해 의안이나 건의 형식으로 제출하면, 다른 정부 부서나 다른 국가기관은 쉽게 무시할 수 없다. 이 경우는 '특정 정부 부서 업무'가 아니라 '의회 업무'이기 때문이다. 따라서 최소한 해당 부서나 기관은 인대 상무위원회를 통해 서면으로 답변서를 제출해야만 한다.

　상황에 따라서 관원대표는 질문권 행사와 같은 강력한 무기를 동원하여 소속 부서의 목표를 달성할 수도 있다. 이럴 경우는 소속 부서 전체의 동의와 지지가 필수적이다. 또한 관원대표는 인대 연례 회의나 인대 상무위원회 회의에서 소속 부서와 관련된 업무를 심의할 때, 소속 부서나 기관의 입장을 해명하거나 지원할 기회를 가질 수 있다. 만약 인대가 소속 부서를 감독할 경우는 소속 부서나 기관을 방어할 기회도 가질 수 있다. 이처럼 의회의 위상이 높아지고 역할이 강화되면서 이런 기회는 조직의 이익을 보호하는 중요한 자원이 되었다.

| 기층 간부 출신 대표의 대의 활동

마찬가지로 도시 지역의 거민위원회(居民委員會) 주임이나 농촌 지역의 촌민위원회(村民委員會) 주임, 총공회(노조연합회), 부녀연합회(부련), 공산주의청년단(공청단), 공상업연합회(공상련) 등 인민단체 책임자들도 인대 대표로 선출되기를 원한다. 인대 대표가 되면 정부가 아니라 의회 통로를 통해 자기 조직의 민원을 제기하고 도움을 받을 수 있기 때문이다.

예를 들어, 거민위원회 주임 신분으로 지방 정부에 하수도 정비와 보수를 위한 재정 지원을 요청할 때는 "너희가 알아서 해결하라"는 답변을 들었다. 그러나 같은 요구를 인대 연례 회의에서 인대 대표로서 다른 동료 대표들과 함께 의안 형식으로 제출했을 때는 지방 정부로부터 재정 신청 요구를 수용하겠다는 답변을 들었다.[94] 이는 하급 기층 간부가 아니라 인대 대표들이 요구한 것이기 때문이다.

또한 노조 조합장(주석) 출신의 인대 대표는 유사한 전술을 사용하여 외자기업(外資企業)의 불법 노동 행위를 해결하고, 이들 기업이 〈노동법〉을 조금 더 철저히 준수하도록 촉구할 수 있었다. 즉 노조 지도자의 신분으로 문제를 제기했을 때는 노동자의 요구로 간주하여 거절했으나, 인대 대표의 신분으로 동료 대표들과 함께 건의 형식으로 같은 문제를 제기했을 때는 의회의 요구라서 태도를 바꾸어 요청을 수용한 것이다.[95]

(4) 민영기업가: 모범 선도자

| 민영기업가의 출마 동기

모든 사회계층 중에서 민영기업가(民營企業主)와 자영업자(個體戶) 계층이 가장 적극적으로 인대 대표가 되기를 원한다. 이들이 공산당에 가장 입당하고 싶어 하는 계층인 것과 같은 이유에서다. 즉 인대 대표 신분이 이들의 낮은 정치적 지위와 불안정한 사회경제적 권리를 보완해줄 수 있기 때문이다.[96]

〈표 10–10〉은 민영기업가 대표의 출마 동기를 보여준다. 이에 따르면, 응답 비율이 높은 순서대로 '지방 엘리트와의 관시 형성', '사업 발전에 도움', '지방 약탈로부터의 사업 보호'가 이들의 주된 출마 동기다. 구체적으로 인대 대표로서 민영기업가와 자영업자는

<표 10-10> 민영기업가의 인대 대표 출마 동기(인터뷰 자료)

출마 동기	표본 수(개)	비율(%: 복수 응답 가능)
사업 발전에 도움	32	67
지방 엘리트와의 관시 형성	38	79
지방 약탈로부터 사업 보호	20	42
지역 이익 대의	2	4
지방 정책 이해	1	2
정책에 영향력 행사	1	2
총계	48	

자료: Hou, *The Private Sector in Public Office*, p. 82.

인대 연례 회의와 기타 의정 활동에 참석하여 공산당과 정부의 고
위 지도자를 만날 수 있고, 이를 통해 중요한 자원인 '관시'를 형성
할 수 있다. 또한 인대 대표 신분은 정부·법원·검찰원의 자의적인
법률 집행에 맞설 수 있는 '호신용 부적(護身符)' 역할을 담당하기도
한다. 앞에서 말했듯이, 현급 이상의 인대 대표는 불체포 특권이
있기 때문이다.[97]

　이를 뒷받침하는 다른 조사 결과도 있다. 예를 들어, 1999년과
2000년에 중국 사회과학원에서 실시한 설문조사 결과에 따르면,
민영기업가는 몇 가지 방법을 통해 사회 정치적 지위를 높이기 위
해 노력한다. 기업 규모의 확대를 통해 지역 내 영향력 확대하기,
빈민 구제와 환경보호 등 공공 활동에 기부금 출연하기, 좋은 기업

이미지를 창출하기 위해 홍보하기 등이 대표적인 방법이다. 그런데 이와 함께 인대 대표로 선출되는 것이 중요한 방법으로 떠올랐다. 반면 공산당에 입당하는 것은 너무 흔해서 더 이상 '호신용 부적' 이 되지 못한다.[98]

| 민영기업가 출신 대표의 규모

중국에서 민영경제가 급속히 확대되면서 인대 대표 중에서 이들 출신의 대표도 증가했다. 정확한 수치는 알 수 없지만, 중국 연구자와 인대 관계자가 조사한 자료를 보면, 이런 경향은 분명하다. 예를 들어, 1987년에 베이징시 하이뎬구(海淀區)와 둥청구(東城區) 인대 대표 중에서 민영기업가 출신의 대표는 단지 1%에 불과했다.[99] 반면 2000년에 장쑤성 타이저우시(泰州市) 인대 대표의 23.5%와 톈진시 징하이현(靜海縣) 인대 대표의 약 30%가 민영기업가였다.[100]

얼마나 많은 민영기업가 출신의 인대 대표가 있는지는 지역마다 편차가 있다. 민영경제가 발전한 지역, 공산당 지도부가 이들에 대해 우호적인 태도를 보이는 지역에서는 그 비율이 높지만—50% 가 넘는 지역도 있다—, 반대의 경우는 그렇지 않다. 예를 들어, 1998년에 후난성 화이화시(懷化市) 인대 대표 중에서 민영기업가와 자영업자 출신의 대표는 단지 2%에 불과했다. 그런데 해당 지역에서 민영경제 종사자는 전체 인구의 약 8%였다.[101]

한편 민영기업가 중에서 어떤 사람들이 인대 대표가 되는가에 대한 연구도 있다. 한 연구에 따르면, 시장경제가 덜 발전한 지역, 규제가 많고 세금이 많으며, 법제가 제대로 정비되지 않은 지역일수록 인대 대표가 되려는 민영기업가가 많다. 대표 직위가 이런 불리함을 해소해줄 수 있기 때문이다.[102] 인대 대표의 개인 특성에 초점을 맞추어 분석한 연구도 있다. 이에 따르면, 기업 규모가 크고 오래 사업한 기업가, 공산당원 등 정치 자원을 가진 고학력의 기업가, 자선사업을 많이 한 기업가가 인대 대표가 되려는 경향이 강하다.[103]

| 선전과 모범 선도 역할

자영업자 출신의 대표는 다른 계층 출신 대표와 달리 국가 정책의 선전과 모범 선도 역할에 훨씬 더 많은 주의를 기울인다. 예를 들어, 이들은 시장 정비, 정직한 영업, 성실한 세금 납부 같은 정부 정책을 가장 먼저 실천하는 경우가 많다. 또한 이들은 동료 사업가나 기업가를 설득하여 정부의 산업 정책이나 환경 정책을 실행하도록 촉구하기도 한다. 이렇게 하는 것이 본업에 도움이 되기 때문이다.

일부 민영기업가 출신의 대표는 자기 기업의 이익을 증진하려고 노력하지만, 일부 기업가는 최소한 단기적으로는 경제적 불이익을 감수하면서까지 대의 역할을 열성적으로 수행하기도 한다.

물론 이렇게 모범 선도 역할을 충실히 수행할 경우는 정부의 지원을 받는 일이 상대적으로 쉽기 때문에, 길게 보면 기업 경영에도 유리하다.[104]

민영기업가 출신의 대표는 기업 수입의 일부를 학교나 문화센터 건설, 도로와 교량 수리, 가난한 학생과 불우이웃 돕기에 기부한다. 또한 이들 대표는 기업 경영을 통해 지역 사회의 사회경제적 발전에 도움을 준 사실을 인대 대표로서 자랑스럽게 생각한다.[105] 사실 이들은 인대 대표가 되기 전에 사회적 지위와 기업 이미지를 개선하기 위해 많은 돈을 기부하거나 공익 활동에 참여했다. 그리고 이 때문에 지방 공산당 위원회의 후보 추천으로 인대 대표로 선출되는 경우가 많다. 그러나 어쨌든 민영기업가 출신의 대표는 이를 인대 대표의 모범 선도 역할로 간주한다.

마지막으로 민영기업가 출신의 대표는 집단 혹은 개인으로 지역 경제의 발전을 위한 활동에도 적극적으로 참여한다. 예를 들어, 헤이룽장성 치타이허시(七臺河市) 인대에는 민영기업가 출신 대표로 구성된 '경제발전연합회(發展經濟聯誼會)'가 있다. 이 단체는 경제발전 경험의 전파, 경제 및 기술 관련 정보의 공유와 확산, 외국 투자의 유치, 빈곤한 농촌 지역의 지원 등을 통해 지역 경제발전에 중요한 역할을 담당했다. 원래 이 단체는 1995년에 10여 명의 기업가 대표로 시작했는데, 2001년에는 156명의 각급 인대 대표가 참여하는 단체로 성장했다.[106] 이 밖에도 헤이룽장성에 있는 다른 지방

인대에도 민영기업가 대표소조가 구성되어 활발한 활동을 전개했
다.[107] 이는 다른 지역도 마찬가지다.

| 정책 제공 역할

민영기업가가 하나의 유력한 사회계층으로 자리를 잡으면서 이
들의 대의 활동에도 약간의 변화가 나타나고 있다. 바로 정책 제공
역할에도 관심을 가지고 활발히 활동하는 것이다. 〈표 10-11〉은
이를 잘 보여준다. 이에 따르면, 민영기업가 대표는 다른 인대 대표
와 비교해서 의안이나 의견을 1인당 평균 3.7건이나 많이 제출했다.
또한 입법청문회와 좌담회에는 1.5회 참석해서 다른 인대 대표와
차이가 없다. 이는 현급 인대의 민영기업가 대표에 대한 다른 조사

〈표 10-11〉 성급 인대 대표의 의정 활동 상황(2017년 조사 자료)

활동 내용	모든 인대 대표	민영기업가 대표
의안·건의 제출(건)	9.7	13.4
개인 조사와 연구*	0.9	1.3
청문회와 좌담회 참석*	1.5	1.5
정부 공무원 방문*	0.5	0.6
유권자 방문 접견*	0.9	0.9
소셜 미디어에 의견 개진*	0.5	0.4
연락처(전화·이메일) 공시(%)	71.1%	83.3(%)

해설: *는 빈도수 평균값 의미: 0은 없음, 1은 1회, 2는 2회. 수치는 스스로 답변한 것으로 객관적으로 검증된 것이
아님.
자료: Hou, *The Private Sector in Public Office*, p. 65.

에서도 확인되는 내용이다.[108]

　또한 민영기업가 출신 대표는 경제가 발전한 지역일수록 더욱 열심히 정책 제공 역할을 담당하는 경향이 있다. 예를 들어, 2008년부터 2012년까지 5년 동안 민영기업가 출신의 인대 대표가 제출한 의안의 지리적 분포를 분석한 연구에 따르면, 이런 성향이 뚜렷이 나타나고 있다. 이는 경제가 발전한 지역일수록 민영기업 활동에 대한 요구가 증가하고, 이를 반영하여 민영기업가 출신의 대표는 더 많은 정책 제공 역할을 담당하는 것으로 볼 수 있다.[109]

　그런데 일부 중국의 의회 전문가는 민영기업가 출신 대표의 정책 제공 활동에 대해 매우 비판적으로 평가한다. 우선 이들이 인대 대표가 된 것은 대부분 개인 이익, 즉 지역 당정 지도자와 접촉하여 관시를 형성하고, 이를 통해 '보호 우산'을 만들려는 동기 때문이다. 또한 이들의 대의 활동도 대부분 '형식적'이다. 예를 들어, 의안과 건의를 많이 제출하지만, 그 내용을 보면 사소한 것이 대다수다. 의안과 건의 제출도 주도적으로 하는 것이 아니라, 다른 대표가 제출하는 의안과 건의에 자기 이름을 얹는 식의 수동적인 것이 많다. 이처럼 민영기업가 출신 대표는 인대에서 '의회제도'가 아닌 '개인 관시'로 사적인 이익을 증대하려는 비규범적 이익 추구의 행태를 보인다.[110]

6. 인대 대표의 활동 평가

공산당 영도 체제에서 전국인대와 지방인대는 당—국가에 큰 영향력을 행사하는 강력한 의회가 아니다. 의회 구성원인 인대 대표도 마찬가지다. 이들은 대부분 겸직 대표로서 해당 분야의 '모범(模範)' 출신인 대표가 아직도 일정한 규모를 차지한다. 이런 경향은 하층 인대로 갈수록 더욱 분명하다. 또한 이들은 입법·감독·대의 등 의정 활동을 일상적으로 전개하기에는 시간·정보·자원이 부족하다.

특히 인대 대표의 70% 이상을 차지하는 향급(鄕級) 인대의 농민 출신 대표는 정치의식의 부족, 낮은 교육 수준, 의정 경험과 활동 능력의 부족 등 여러 가지 한계로 인해 대의 활동을 제대로 수행할 수 없다는 평가가 일반적이다. 반면 관원대표는 풍부한 정치 자원과 능력은 가지고 있지만, 역할 충돌 문제로 인해 대의 활동을 제대로 수행하지 않는다. 이런 문제는 겸직 대표제의 폐지 등 획기적인 개혁이 없으면 단기간 내에 해결될 수 없을 것이다.

그러나 1990년대 이후 의회의 지위가 높아지고 역할이 강화되면서 의회는 공산당 및 정부와 함께 중요한 기능을 수행하는 정치 주체로 등장했다. 인대 대표들이 대의 활동을 전개할 수 있는 법적이고 정치적인 조건도 개선되었다. 또한 지역 유권자의 인대 대표에 대한 기대도 높아졌다. 이를 배경으로 인대 대표는 '정권 대리인'으로서 선전이나 모범 선도 역할보다, '인민 대표'로서 감독과 반영 등 실제적인 대의 역할을 수행하기 시작했다.

또한 출신 배경에 따라 인대 대표 간에는 역할 수행에서 분명한 차이가 나타났다. 노동자와 농민 출신 대표는 반영과 감독 역할에 더 많은 관심을 기울인다. 이런 역할은 특별한 정치 자원이나 조직 능력이 없이도 성실함과 열정만 있으면 충분히 수행할 수 있다. 반면 지식인 출신 대표는 정책 제공 역할에 집중한다. 민영기업가 출신 대표는 모범 선도 역할과 지역 경제발전을 촉진하는 활동에 집중한다.

| 7. 인대 대표의 대의 활동이 주는 시사점 |

그렇다면 인대 대표의 대의 활동은 중국 정치에서 어떤 의의가 있을까? 한마디로 말해, 대의 활동은 모두에게 이익이 되기 때문에 앞으로도 더욱 장려되고 더욱 활발히 전개될 것이다. 또한 이것이 계속 발전한다면, 의회 발전에 새로운 동력이 될 가능성도 있다.

| 모두에게 이익이 되는 대의 활동

공산당 지도부의 관점에서 보면, 인대 대표의 대의 활동이 사회

안정과 통치 공고화에 도움을 준다는 면에서 환영할 만한 일이다. 이들의 대의 활동이, 지방 정부가 국가 법률과 중앙 정책을 충실히 집행하도록 감독하고 촉진하는 역할, 지방 공무원의 부정부패를 감시하고 시정하는 역할을 담당하기 때문이다. 대의 역할이 지금처럼 공산당 영도 체제에 위협을 가하지 않으면서 지방과 기층 사회의 사소한 문제를 해결하는 데 도움을 주는 한, 공산당 지도부는 앞으로도 인대 대표의 대의 활동을 적극적으로 지지하고 지원할 것이다.

전국인대와 성급 인대 지도부의 관점에서 보았을 때도 인대 대표의 대의 활동은 '의회 계통'의 이익을 증진하는 데 도움을 주기 때문에 환영한다. 우선 대의 활동을 통해 공산당 지도부가 의회를 정치적으로 지지하고 지원하도록 만들 수 있다. 공산당의 지지는 의회의 정치적 지위와 권위를 높이는 데 필수적이다. 또한 대의 활동을 통해 의회에 대한 국민의 지지와 협조를 확보할 수 있다. 전국인대와 성급 인대 지도자들이 인대 대표의 대의 활동을 적극적으로 지원하고 촉구하는 것은 이 때문이다.

마지막으로 인대 대표 본인과 지역 주민에게도 대의 역할은 이익을 가져다준다. 현급·향급 인대가 연례 회의를 개최하는 기간은 1년에 1주일 정도밖에 되지 않는다. 따라서 폐회 기간에 적극적으로 대의 활동을 수행하지 않으면 이들은 대표로서의 '존재 이유'가 없다. 지역 주민도 인대 대표의 대의 활동을 지지한다. 일상생활에서 부딪치는 각종 불만을 표출할 수 있는 새로운 통로, 어떤 경우는 공산당과 정부보다 더욱 효과적인 해결 통로가 새로 생기는 것이기 때문이다.

| 의회 발전의 새로운 동력?

인대 대표의 대의 역할 강화는 의회 발전에서도 중요한 의미가 있다. 1990년대까지 중국 의회는 '위로부터의 노력'에 의해 지위가 높아지고 역할이 강화되었다. 단적으로 6기 전국인대 시기(1983~1988년)의 펑전 위원장(공산당 정치국원 겸임), 7기 전국인대 시기(1988~1993년)의 완리 위원장(공산당 정치국원 겸임), 8기 전국인대 시기(1993~1998년)의 차오스 위원장(공산당 정치국 상무위원 겸임)의 노력이 없었다면 의회는 지금처럼 발전할 수 없었을 것이다. 다만 이들이 의회의 발전만을 위해 이렇게 노력한 것이 아니라, 공산당 통치의 공고화를 위해서도 그렇게 한 것이다.[111]

그러나 '위로부터의 노력'만으로는 중국 의회가 더 이상 발전할 수 없다는 한계에 도달했다. 실제로 9기 전국인대 시기(1998~2003년)의 리펑 위원장(공산당 정치국 상무위원 겸임)과 10기와 11기 전국인대 시기(2003~2013년)의 우방궈 위원장(공산당 정치국 상무위원 겸임)은 반대로 의회 활동을 위축시키는 데 중요한 역할을 담당했다(이에 대해서는 앞 장에서 살펴보았다). 다시 말해, '위로부터의 노력'은 상황에 따라서는 의회 발전을 촉진하는 것일 수도 있지만, 그 반대일 수도 있다는 것이다.

결국 인대 대표와 지역 주민의 '밑으로부터의 노력'이 없다면, 중국 의회는 앞으로 더 이상 발전할 수 없을 것이다. 또한 이런 조건이 갖추어져야 '위로부터의 노력'이 더욱 힘을 받을 수 있다. 다행히 1990년대 이후 보여준 인대 대표의 대의 활동은 이런 방식의 발전이 불가능하지만은 않다는 사실을 보여준다. 다만 실제로 이런 방식으로, 즉 '밑으로부터의 노력'을 통해 중국 의회가 더욱 발전할 수 있을지는 두고 보아야 할 것이다. 중국은 여전히 공산당 영도 체제의 권위주의 국가이기 때문이다.

2-1 전국인민대표대회가 개최되는 인민대회당(人民大會堂)

전국인민대표대회(전국인대)는 한국의 국회처럼 단순한 입법
기관이 아니라 인민이 인민주권의 원칙에 따라 정치권력을
행사하는 '최고 국가 권력기관'이다. 이런 지위에 맞게 전국인
대는 입법권, 감독권, 중대 사항 결정권, 인사권을 행사할 수
있고, 법적으로는 중국공산당도 감독할 수 있다. 그러나 실제
로 전국인대가 이런 권한을 모두 행사할 수 있는 것은 아니다.
중국에서는 공산당이 최고 권력기관이기 때문이다.

2-2 14기 전국인민대표대회 1차 연례 회의(2023년 3월)

전국인대는 한국 국회와 달리 '이중구조(dual structure) 현상'이 나타난다. 이중구조 현상이란, 전국인대 상무위원회가 전국인대와는 다른 구성·조직·권한을 가지고 있고, 실제 활동 과정에서 전국인대를 폐회 기간에 잠시 대신할 뿐 아니라 사실상 대체하는 현상을 가리킨다. 간단히 말해, 중국 의회는 사실상 두 개(즉 전국인대와 전국인대 상무위원회)로 구성되어 있고, 실제 활동은 전국인대 상무위원회가 수행한다는 것이다. 따라서 1년에 한 번 보름의 회기로 개최되는 전국인대 연례 회의만 보고 중국 의회는 '고무도장'에 불과하다고 주장하는 것은 잘못이다.

2-3 전국인대 연례 회의에서 투표하는 소수민족 출신의 대표(2023년 3월)

전국인대는 약 3,000명의 대표로 구성되는데, 이들은 31개의 성급 행정구역, 3개의 특별 행정구역(대만·홍콩·마카오), 1개의 군(軍) 등 모두 35개 선거단위에서 간접선거로 선출된다. 대표 중에서 공산당원은 70% 정도고, 소수민족은 15%, 여성은 30% 비율을 유지한다. 이들의 가장 큰 특징은 대부분 '겸직 대표(兼職代表)'라는 사실이다. 〈헌법〉에 따르면, 주권은 인민에게 있고, 인민은 전국인대를 통해 주권을 행사한다. 이런 인민주권 원칙을 실현하려면 대표는 직업 정치가가 아니라 일반 인민이어야 한다는 것이다. 이것이 공산당의 논리다.

2-4(왼쪽 위) 전국인대 위원장 펑전

2-5(오른쪽 위) 전국인대 위원장 완리

2-6(아래) 전국인대 위원장 차오스

중국 의회는 '위로부터의 노력'에 의해 지위가
높아지고 역할이 강화되었다. 단적으로 6기 전
국인대 시기(1983~1988년)의 펑전(彭眞) 위원장,
7기 전국인대 시기(1988~1993년)의 완리(萬里)
위원장, 8기 전국인대 시기(1993~1998년)의 차
오스(喬石) 위원장의 노력이 없었다면 의회는 지
금처럼 발전할 수 없었을 것이다. 다만 이들이 의
회의 발전만을 위해 이렇게 노력한 것이 아니라,
공산당의 통치를 공고하게 만들기 위해서도 그
렇게 한 것이다.

2-7(위) 전국인대 위원장 리펑

2-8(아래) 전국인대 위원장 우방궈

〈감독법〉(2006년)이 최종적으로 의회 감독
을 강화한 것이 아니라 그 반대가 되도록 제
정된 데에는 전국인대 위원장의 태도와 관
련이 있다. 단적으로 완리와 차오스 위원장
은 〈감독법〉이 의회의 감독을 강화하는 방
향으로 제정되도록 최선의 노력을 다했다.
따라서 이들이 위원장으로 재직할 때 〈감독
법〉이 제정되었다면, 지금과는 상당히 다른
모습이었을 것이다. 그러나 현실은 그렇지
않았다. 즉 리펑(李鵬)과 우방궈(吳邦國)가
위원장으로 재직할 때 〈감독법〉이 제정되면
서 원래의 입법 취지와 내용이 상당히 훼손
되었다. 이들은 의회가 강력한 감독기관이
되는 것을 원치 않았던 것이다.

2-9 상하이시 인민대표대회 연례 회의(2024년 1월)

상하이시 인민대표대회(인대)는 전국인대가 아직 법률을 제정하지 않은 상황에서 경제발전에 필요한 '창조성(創造性) 법규'를 많이 제정하여 입법 분야에서 '시험지역(試驗田)' 역할을 담당했다. 마치 광둥성 선전시(深圳市)가 경제특구로서 개혁 정책의 '시험지역' 역할을 담당한 것처럼 말이다. 예를 들어, 2003년에 상하이시에서 유효한 106건의 지방성법규 중에서 '창조성 법규'는 86건으로 전체의 약 78%를 차지했다. 이들 조례 중 일부는 이후 전국인대나 다른 지역의 의회가 관련 법률과 법규를 제정하는 데 중요한 참고 자료가 되었다.

2-10 광둥성 선전시 인민대표대회 상무위원회의 입법 공작회의

개혁기에 중국 의회, 특히 전국인대와 성급 및 시급 지방인대가
보여준 실제 활동 중에서 가장 특출한 성과를 거둔 영역은 입법
(law-making)이다. 이는 입법 산출과 입법 자율성이라는 두 가
지 기준에서 평가할 때, 분명히 확인할 수 있다. 광둥성 선전시는
1979년에 경제특구로 지정된 이후, 개인적 소유제도와 시장경제
의 확립, 해외직접투자(FDI)와 대외무역의 확대를 주요 내용으로
하는 개혁·개방 정책을 선도적으로 이끌었다. 선전시 의회는 중
앙이 부여한 수권 입법권을 이용하여 다양한 지방성법규(조례)를
제정해 개혁·개방 정책을 뒷받침했다.

2-11(위) 전국인민대표대회 대표인 샤오미(小米) 회장 레이쥔(雷軍)

2-12(아래) 전국인민대표대회 대표인 그리가전(格力電器) 회장 둥밍주(董明珠)

모든 사회계층 중에서 민영기업가와 자영업자(個體戶) 계층이 가장 적극적으로 인민대표대회(인대) 대표가 되기를 원한다. 인대 대표 신분이 이들의 낮은 정치적 지위와 불안정한 사회경제적 권리를 보완해줄 수 있기 때문이다. 중국에서 민영경제가 급속히 확대되면서 인대 대표 중에서 민영기업가 출신의 대표가 증가했다. 실제로 민영경제가 발전한 지역, 공산당 지도부가 이들에 대해 우호적인 태도를 보이는 지역에서는 인대 대표 중에서 50%가 민영기업가 출신인 경우도 있다.

2-13(위) 후베이성 이창시 창양현 인대 대표 선거(2021년 9월)

2-14(아래) 간수성 핑량시 쿵퉁구 따츠아이향 인대 대표 선거(2016년 7월)

중국 의회 선거는 직접선거와 간접선거로 이루어진다. 즉 향급(鄉級: 향·진) 및 현급(縣級: 현·시·구) 인대 대표는 유권자의 직접선거, 시급(市級: 시·자치주) 및 성급(省級: 성·자치구·직할시) 인대 대표와 전국인대 대표는 하급 인대 대표의 간접선거로 선출된다. 이처럼 향급 및 현급 인대 대표는 직접선거로 선출되기 때문에 유권자(지역 주민)의 요구를 반영하기 위해 열심히 활동하는 경향이 있다.

2-15 후베이성 샹양시 샹저우구 인대 대표 연락사무소(2022년 4월)

인대 대표는 본업에 종사하면서 의회 활동을 수행하는 겸직 대표가
다수를 차지한다. 따라서 폐회 기간에 이들이 의정 활동을 제대로 수
행할 수 있는 제도를 마련하는 일이 매우 중요하다. 이 문제를 해결하
기 위해 마련된 제도가 바로 '인대 대표 연계 제도(聯係制度)'다. 이에
따르면, 인대 상무위원회는 '대표연락소(代表聯絡站)'를 설치해서 인
대 대표가 감독과 대의 등 의정 활동을 전개할 수 있도록 지원해야 한
다. 실제로 현재 전국적으로 약 20만 개의 대표연락소가 있다.

2-16(위) 푸젠성 룽옌시 렌청현의 인대 대표 대의 활동

2-17(아래) 광시자치구 난닝시 씽닝구의 인대 대표 대의 활동

〈대표법〉에 따르면, 인대 대표는 모두 일곱 가지의 의무를 이행
해야 한다. 이 중에서 폐회 기간에 일상적으로 전개하는 대의
활동은 크게 세 가지로 정리할 수 있다. 첫째는 〈헌법〉과 법률을
모범적으로 준수하고, 〈헌법〉과 법률의 시행에 협조하는 '모범
선도' 역할이다. 둘째는 시찰, 조사 연구, 법률 집행 감독에 참여
하는 '감독' 역할이다. 셋째는 선거구 유권자 및 선거 단위의 인
민대중과 밀접한 연계를 유지하고, 이들의 의견과 요구를 경청
하고 정부에 전달하는 '반영' 역할이다.

2-18 당정간부의 부패를 막기 위한 감독을 선전하는 만화

중국의 지방 의회는 1980년대 중반부터 법률 집행 감독,
인사직무평가 감독, 업무평가 감독, 개별 안건 감독 등 새
로운 감독 방법을 개척했고, 이런 방법은 1990년대 중반
무렵에 전국적으로 확대되었다. 그 결과 〈감독법〉(2006년)
제정 직전까지 중국의 지방 의회는 '고무도장(橡皮圖章)'에
서 '철도장(鐵圖章)'으로 서서히 변해가고 있다고 평가되었
다. 이는 공산당이 의회를 동원하여 정부 조직과 공무원의
부정부패를 감독하려는 정책을 실행한 결과였다.

460

제3부

결론

국가 헌정 체제의 평가와 전망

국가 헌정 체제의 평가와 전망

지금까지 우리는 중국 정부와 의회의 활동을 중심으로 국가 헌정 체제에 대해 살펴보았다. 이제 국가 헌정 체제의 운영을 평가하고, 공산당 영도 체제가 그것에 어떤 영향을 미치는지를 살펴보자. 또한 국가 헌정 체제를 포함한 중국의 정치체제가 앞으로 어떻게 전개될지도 간략히 검토해보자.

1. 국가 헌정 체제의 평가

국가 헌정 체제는 〈헌법〉과 법률에 근거하여 구성되고 운영되는 정치체제'다. 그렇다면 우리가 지금까지 살펴본 정부와 의회는 〈헌법〉과 법률의 규정대로 자기 역할을 제대로 수행하고 있을까? 국가 헌정 체제를 평가할 때 가장 먼저 답해야 하는 질문이 바로 이 것이다. 만약 정부와 의회가 〈헌법〉과 법률의 규정대로 제대로 운영되지 않는다면, 국가 헌정 체제는 아무런 의미가 없다.

(1) 정부 활동: 개혁기 '최대의 수혜자'

정부·의회·법원·검찰원 등 국가 헌정 체제의 여러 국가기관 중에서 개혁기에 들어 지위가 높아지고 역할이 강화된 최대 수혜자는 아마 정부일 것이다. 중국이 1978년부터 현재까지 추진하고 있는 시장화·사유화·분권화·개방화의 개혁·개방 정책은 정부가 중심이 되어 시행하는 정책이기 때문이다. 물론 개혁·개방 정책의 추진과 함께 의회·법원·검찰원의 역할도 강화되었다. 그러나 이들 국가기관의 역할 강화는 정부의 역할 강화와는 비교할 수 없다.

반면 공산당의 역할은 이들 국가기관의 역할이 강화된 것과 비교했을 때, 또한 마오쩌둥 시기(1949~1976년)에 담당했던 역할과 비교했을 때 상대적으로 약해졌다고 평가할 수 있다. 개혁기에는 대약진운동(1958~1960년)이나 문화대혁명(1966~1976년) 시기에 그랬던 것처럼 공산당이 전면에 나서서 국가기관, 군(軍), 인민단체(총공회·부녀연합회·공청단), 인민대중을 총동원하여 공산당의 방침과 정책을 추진하는 일은 거의 없기 때문이다.

그래서 공산당은 한편에서는 정부의 기능을 시장경제에 맞게 전환하기 위해, 다른 한편에서는 정부의 조직과 권한이 지나치게 확대되는 것을 견제하기 위해 개혁기 40여 년 동안 모두 여덟 차례에 걸쳐 정부 기구개혁을 단행했다. 예를 들어, 2008년에 추진된 6차 개혁의 결과 국무원의 전체 부서 수는 53개로, 1982년 1차 개혁 이후의 61개에 비해 8개나 축소되었다.[1] 다만 시진핑 시기에 추진된 7차(2018년)와 8차(2023년) 개혁 이후에 국무원의 전체 부서 수는 다시 67개로 늘어났다.

| 정부 직책과 역할 수행 평가

〈헌법〉은 국무원을 '최고 국가 권력기관(즉 전국인대)의 집행기관'이자 '최고 국가 행정기관'으로 규정한다. 또한 이런 지위에 걸맞게 국무원은 모두 18개의 직책을 갖고 있다. 여기에는 법률 집행과 행정 입법, 행정 관리, 경제 관리, 사회 관리, 외교 관리, 국방 관리에 대한 권한과 책임이 들어 있다. 이 중에서 첫 번째 직책은 '최고 국가 권력기관의 집행기관'의 역할 수행에 필요한 것이고, 나머지는 모두 '최고 국가 행정기관'의 역할 수행에 필요한 것이다.

우리는 정책 결정 과정의 관점에서 정부가 〈헌법〉에 규정된 직책을 어떻게 수행하는지를 살펴보았다. 현재 중국 정부는 일상 시기와 위기 시기에 모두 네 개의 정책 결정 방식을 사용하고 있다. 구체적으로 일상 시기에는 관료 방식, 운동 방식, 실험 방식 등 세 가지 방식이 사용된다. 반면 위기 시기에는 운동 방식만이 사용된다. 이 중에서 운동 방식과 실험 방식은 마오쩌둥 시기부터 지금까지 이어지는 정책 결정 방식이고, 관료 방식은 개혁기에 주류로 등장한 방식이다.

중국 정부가 네 가지의 정책 결정 방식을 사용하여 〈헌법〉에 규정된 직책을 모두 잘 수행하고 있다고는 말할 수 없다. 정책의 성격에 따라, 정책을 집행하는 상황과 조건에 따라 정책 결과가 달라질 수 있기 때문이다. 또한 정부 최고 지도자, 즉 국무원 총리와 정부 부서 책임자의 업무 능력과 지도력에 따라 어떤 정책 결정 방식은 잘 운영되어 좋은 결과를 낼 수도 있고, 어떤 정책 결정 방식은 아닐 수도 있기 때문이다.

그러나 일상 시기와 위기 시기에 맞추어 중국 정부가 적절한 정책 결정 방식을 사용하여 〈헌법〉에 규정된 직책을 수행할 수 있는 제도는 이미 갖추어졌다고 평가할 수 있다. 우리가 자세히 살펴본 일상 시기의 의료개혁 추진과 위기 시기의 코로나19 대응이 이런 상황을 잘 보여준다. 또한 지난 40여 년 동안 수많은 도전과 위기를 헤쳐 나오면서 정부가 정책 수행 능력과 위기 대응 능력을 향상하고 경험을 축적한 것, 이를 기반으로 〈헌법〉에 규정된 직책을 더 잘 수행할 수 있도록 발전한 것도 사실이다. 이런 면에서 국가 헌정 체제에서 정부는 비교적 충실하게 역할을 수행한다고 평가할 수 있다.

| 정부의 통치 능력 평가

한편 정부가 〈헌법〉에 규정된 직책을 제대로 수행하려면 그에 걸맞은 조직 체계와 통치 능력(governing capacity)을 갖추어야 한다. 또한 여러 가지 분야에서 정부가 실제로 그런 통치 능력을 발휘하여 제대로 정책을 결정하고 집행하는지도 검토해야 한다. 이에 대해서는 이 책에서 살펴보지 않았다. 그런데 다른 학자들의 연구는 중국 정부가 그런 조직 체계와 통치 능력을 갖추고 있고, 실제 정책 결정과 집행을 통해 그런 사실을 증명했다고 주장한다.

예를 들어, 중국이 시장제도를 본격적으로 도입하고 세계화 추세에 적극적으로 편입하면서, 정부는 조직 체계를 개편하고 통치 능력을 높여야 하는 과제에 직면했다. 이런 과제에 맞추어 정부는 재정·금융·조세·통상·투자·회계 등 여러 분야에서 '규제 국가 (regulatory state)'로서의 면모를 갖추고 필요한 정책을 결정하여 집행했다.[2] 다양한 국가 계획의 수립과 집행,[3] 중앙–지방 관계의 재조정과 관리,[4] 국가–사회 관계의 관리와 기층 사회의 안정화,[5] 공공위생·환경·인터넷·범죄 등 사회 정책의 결정과 집행에서도 마찬가지다.[6]

(2) 의회 활동: 여전히 권력이 부족한 '국가 권력기관'

국가 헌정 체제의 두 번째 구성 기관인 의회의 입법·감독·대의 역할은 개혁기에 들어와서 역시 강화되었다. 사실 마오쩌둥 시기,

특히 문화대혁명 시기에는 의회가 폐지되었기 때문에 개혁기에 의회가 다시 설치된 것만으로도 전보다는 발전했다고 평가할 수 있다. 그러나 의회가 〈헌법〉의 규정대로 '최고 국가 권력기관(전국인대)' 혹은 '국가 권력기관(지방인대)'의 직책을 제대로 수행하고 있다고는 평가할 수 없다.

〈헌법〉에 따르면, 전국인대와 성급(省級) 및 시급(市級) 인대는 입법권, 법률 해석권, 중대 사항 결정권, 인사권, 감독권을 행사할 수 있다. 반면 현급(縣級) 및 향급(鄉級) 인대는 이 중에서 입법권이 없고, 따라서 그것을 제외한 나머지 권한을 행사할 수 있다.

그러나 중국에서 전국인대와 지방인대가 〈헌법〉에 규정된 여러 가지의 권한을 제대로 행사하고 있다고 믿는 사람은 아무도 없다. 특히 중대 사항 결정권과 인사권은 더욱 그렇다. 다시 말해, 이런 권한은 의회가 아니라 공산당이 행사하고, 의회는 이를 '합법화(合法化, legalization)'하는 역할을 담당할 뿐이다.

우선 의회의 입법 역할은 입법 산출의 증가와 입법 자율성의 제고라는 두 가지 측면에서 보았을 때, 전보다 분명히 강화되었다. 이는 전국인대와 성급·시급 인대 모두에 해당한다. 실제로 의회의 입법 활동은 매우 활발하다. 따라서 국가 헌정 체제에서 의회의 입법 역할은 공산당과 정부 등 다른 정치 주체로부터 의회의 고유한 활동 영역으로 확실히 인정받았다고 평가할 수 있다.

| 감독 역할: 정체와 후퇴

그러나 의회의 감독 역할은 그렇지 않다. 〈감독법〉(2006년)이 제정되기 전에도 전국인대의 감독은 그렇게 강화되지 않았다. 성급 및 시급 인대의 감독은 전국인대와 비교해서는 강화되었지만, 현급 인대에 비해서는 그렇지 않았다. 따라서 당시에도 의회 감독이 눈에 띄게 개선된 것은 현급 인대 정도였다. 참고로 향급 인대는 상설조직이 없으므로 일상적으로 감독 활동을 전개할 수 없다. 따라서 향급 인대의 감독이 강화되었다고는 말할 수 없다.

그런데 〈감독법〉이 제정된 이후에는 상황이 달라졌다. 전국인대와 성급·시급 인대는 〈감독법〉이 규정한 감독 방식 중에서 '연성' 수단, 즉 전문 업무보고의 청취와 심의, 경제발전 계획과 예산안의 집행 보고 청취와 심의, 법률 집행 감독, 규범성 문건의 등록과 심사에만 집중한다. 반면 이들은 '강성' 수단인 질의권과 질문권, 특별조사위원회 구성, 철직(파면) 권한은 행사하지 않는다. 이런 면에서 이들 의회는 〈감독법〉의 규정대로 감독하고 있다고는 평가할 수 있다. 다만 그것이 〈헌법〉이 규정한 '(최고) 국가 권력기관'의 지위에 부합하는 감독 역할이라고는 말할 수 없다.

현급 인대의 감독 활동도 〈감독법〉(2006년) 제정 이후에 위축되었다. 그렇다고 전국인대와 성급·시급 인대처럼 〈감독법〉에 규정된 감독 방식 중에서 '연성' 수단만 사용하는 것은 아니다. 즉 〈감독법〉에는 없는 인사직무평가, 업무평가, 개별 안건 감독도 여전히 시행하고 있다. 또한 '강성' 수단인 질문권과 특별조사위원회 구성도 종종 사용한다. 그러나 이들의 감독 빈도와 강도는 〈감독법〉 제정 이전보다는 크게 줄어들었다. 따라서 이들 의회도 〈감독법〉의 규정에서 벗어난 것은 아니지만, 〈헌법〉에 규정된 '국가 권력기관'으로서의 지위에 걸맞게 감독 활동을 전개하고 있다고는 평가할 수 없다.

│ 대의 역할: 강화와 한계

인대 대표의 대의 역할도 전보다는 강화되었다. 인대 대표는 감독과 반영을 가장 중요한 대의 역할로 생각하고, 실제로 이에 많은 시간과 노력을 들이고 있다. 지식인 출신 대표는 정책 제공 역할도 활발히 수행한다. 반면 '관원대표'와 민영기업가 출신 대표는 대의 활동에 소극적이며, '역할 충돌' 문제 때문에 모범 선도나 정책 제공 역할에 일부 나서고 있을 뿐이다. 이것도 역시 〈대표법〉의 규정에서 벗어난다고는 할 수 없지만, 그들이 인민 대표로서의 대의 역할을 충실히 수행하고 있다고는 말할 수 없다.

그런데 의회의 대의 역할은 공산당·의회·의원·국민 등 거의 모든 이해 당사자에게 이익을 가져다주는 활동이다. 이런 이유에서 공산당과 전국인대는 인대 대표의 대의 활동을 단순히 허용할 뿐 아니라 적극적으로 장려한다. 다만 정부·법원·검찰원 등의 국가기관, 그리고 그에 소속된 공직자는 활동이 제약되고 권한이 통제되는 '피해'를 입을 수 있다. 따라서 인대 대표의 대의 활동은 앞으로도 계속 강화될 가능성이 매우 크다. 공산당 영도 체제의 유지와 발전에 도움이 되기 때문이다.

정리하면 국가 헌정 체제를 구성하는 두 가지 요소 중에서 정부는 〈헌법〉과 법률의 규정에 따라 주어진 직능을 비교적 충실히 수행하면서 역할을 강화해왔다. 그러나 의회의 역할 강화는 정부와 달리 불균등하고 직선적이지도 않다. 즉 의회의 입법 역할은 개혁기에 들어 계속 강화되었지만, 감독 역할은 그렇지 않다는 것이다. 특히 의회의 감독 역할은 〈감독법〉(2006년) 제정 이전까지는 강화되다가 이후에는 오히려 약화되는 현상이 나타났다. 이를 종합하여 평가하면, 국가 헌정 체제는 공산당 영도 체제와 함께 중국 정치체제를 구성하는 핵심 요소로서 서서히 자리를 잡아가고 있다고 말할 수 있다.

2. 공산당 영도 체제가 국가 헌정 체제에 미치는 부정적 영향

중국의 정치체제(즉 당-국가 체제)는 공산당 영도 체제와 국가 헌정 체제가 서로 결합해 있고, 실제 정치과정에서 공산당 영도 체제가 국가 헌정 체제를 단순히 영도할 뿐 아니라 종종 대체하는 권위주의 정치체제다. 여기서 알 수 있듯이, 국가 헌정 체제는 공산당 영도 체제의 강한 영향을 받으면서, 정확히는 공산당 영도 체제의 '영도' 아래에서만 운영될 수 있고, 실제로 그렇게 운영된다. 따라서 국가 헌정 체제는 공산당 영도 체제에 의해 '왜곡'되고 '변형'될 수밖에 없다.

(1) 정부: '의회의 집행기관'인가, '공산당의 집행기관'인가?

우선 공산당 영도 체제로 인해 정부–의회 간의 '실제 관계'는 〈헌법〉에 규정된 '법적 관계'와는 상당히 다르다. 즉 '법적 관계'에서 보면, 의회는 정부를 구성 및 감독하고, 정부는 의회의 결정을 집행하고 그에 책임진다. 이런 면에서 보면, 정부–의회 관계는 의회 우위의 '감독 관계'라고 말할 수 있다. 그런데 양자 간의 '실제 관계'는 다르다. 즉 정부와 의회의 정치적 지위에 의해, 즉 공산당 영도 체제의 영향에 의해 정부 우위의 '분업(分工) 관계'가 형성된다.

정부 우위의 '분업 관계'는 정부의 실제 직책과 권한, 그것을 수행하는 데 필요한 정부의 조직·인력·재정 능력이 의회보다 월등히 뛰어난 객관적 조건을 반영하는 것이기도 하다. 그러나 정부–의회 간의 실제 관계를 결정하는 가장 중요한 요소는 두 기관의 정치적 지위다. 민주주의 국가의 정부–의회 관계에서도 정부가 객관적 조건에서는 의회에 월등히 앞서지만, 정부 우위의 '분업 관계'가 형성되지는 않는다. 이처럼 공산당 영도 체제는 정부–의회 관계를 〈헌법〉의 규정과는 다르게 '왜곡'하는 부정적인 영향을 미친다.

또한 〈국무원 조직법〉(1982년 제정, 2023년 수정)과 〈국무원 업무규칙〉(2023년 제정) 등 정부 관련 법률을 보면, 정부는 〈헌법〉이 규정한 의회의 집행기관이 아니라, '공산당의 집행기관'이라는 성격이 강하다. 모두 '〈헌법〉과 법률의 규정에 따른 정부 직능의 이행'은 간략하게 언급하는 반면에, '공산당 영도의 견지', '두 개의 확립(兩個確立)'과 '두 개의 옹호(兩個維護)' 등 시진핑 총서기의 지위와 공산당 중앙의 지위 확립 및 옹호를 강조하기 때문이다.

| 의회의 정부 업무보고 심의: '합법화' 역할

그 결과 정부-의회 관계에서 의회의 실제 역할은 '왜곡' 혹은 '형식화'하는 현상이 나타난다. 〈표 11-1〉에 보여주듯이, 마오쩌둥 시기의 '통합형' 체제(일원화 영도 체제)에서는 의회의 역할이 아예 없었다. 즉 '공산당의 정책 제안과 결정 → 정부와 인민대중의 정책 집행' 방식으로 정책이 결정되고 집행되었다. 대약진운동(1958~1960년)

〈표 11-1〉 당-국가 체제와 공산당·정부·의회의 역할

구분	정책 제안	정책 승인·결정	정책 심의·합법화	정책 집행
통합형(일원화)	공산당	공산당(결정)	-	정부(인민)
분리형(이원화)	정부	공산당(승인)	의회(심의)	정부
절충형(법제화)	정부	공산당(결정)	의회(합법화)	정부

자료: 필자 작성

과 문화대혁명(1966~1976년)은 이를 잘 보여주는 대표적인 사례다.

현재의 '절충형' 체제(법제화 영도 체제)에서는 의회의 역할이 분명히 있다. 이런 측면에서 중국 정치가 발전했다고 평가할 수 있다. 즉 의회는 정부가 제안하고 공산당이 사전에 승인한 정책을 심의해서 '합법화'하는 역할을 맡고 있다. 물론 〈헌법〉과 법률은 의회가 정부의 업무보고를 '심의'한다고 규정한다. 그러나 이는 형식적인 역할 규정이고, 실제는 '합법화' 역할만을 담당하고 있을 뿐이다.

여기서 말하는 의회의 '합법화' 역할은, 의회가 심의라는 법정 절차를 통해 공산당 정책을 국가 정책으로 바꾸어줌으로써 공산당 정책이 '합법적으로' 시행될 수 있도록 만들어주는 역할을 말한다. 바로 시진핑이 말한 인민대표대회 제도의 역할, 즉 '당의 주장을 법정 절차를 통해 국가 의지(意志)로 바꾸고, 당 조직이 추천한 인선(人選)을 법정 절차를 통해 국가 정권 기관의 영도자(領導人員)로 바꾸어주는' 바로 그 역할이다.[7]

그러나 전국인대와 지방인대의 '합법화' 역할은 민주주의 국가에서 의회가 수행하는 '심의(審議, deliberation)' 역할과는 분명히 다르다. 심의는 의회가 심의 결과에 따라 안건을 폐기하거나 수정할 수 있는 자율적인 권한을 갖는 행위를 말한다. 그런데 전국인대가 지금까지 그렇게 한 적은 한 번도 없고, 대부분 성급 및 시급 인대도 마찬가지다. 따라서 현재의 '절충형' 체제는 '공산당의 정책 제안과 결정 → 정부의 집행'이라는 마오쩌둥 시기의 '통합형' 체제와 비교해서, 중간에 형식적으로 의회를 추가해서 심의하는 모양새를 갖춘 것에 지나지 않는다. 정부가 법적으로는 '의회의 집행기관'이지만, 실제로는 '공산당의 집행기관'이라고 말하는 것은 이 때문이다.

(2) 의회: '이중구조 현상'과 '선택적 역할 강화 현상'

공산당 영도 체제의 강한 영향으로 인해 중국 의회의 구조와 역할은 '왜곡' 혹은 '변형'된다. 민주주의 국가의 의회와는 달리 중국 의회가 구조에서는 '이중구조 현상', 역할에서는 '선택적 역할 강화 현상'이 나타나는 것이 이를 증명한다.

| 이중구조 현상

'이중구조 현상'은 전국인대 상무위원회가 전국인대와는 다른 구성·조직·권한을 가지고 있고, 실제 활동 과정에서 전국인대를 폐회 기간에 잠시 대신할 뿐만 아니라 사실상 대체하는 현상을 말한다. 이 현상은 지방 의회에도 그대로 적용된다. 이 현상이 나타난 이유는, 공산당만이 인민을 대표하는 유일한 권력기관이 되어야 하고, 동시에 공산당이 의회 활동을 완전히 통제할 수 있어야 한다는 공산당의 의도 때문이다. 따라서 공산당 영도 체제가 존재하는 한, 의회의 이중구조 현상은 앞으로도 계속될 것이다.

예를 들어, 만약 전국인대 그 자체가 강화되면 진정한 국민의 대표기관으로 발전할 수 있고, 그렇게 되면 의회가 공산당의 권위와 권력에 도전하는 우려스러운 상황이 초래될 수 있다. 따라서 전국인대는 '허수아비'로 남겨둔 채, 전국인대 상무위원회의 역할이 강화되는 것이 공산당에는 유리하다. 또한 전국인대 대표가 아니라 전국인대 상무위원이 의정 활동을 주도해야만 공산당이 의회를 손쉽게 통제할 수 있다. 전국인대 상무위원은 모두 공산당 중앙이 관리하는 인사 대상이기 때문이다.

| 선택적 역할 강화 현상

'선택적 역할 강화 현상'은 전국인대와 지방인대가 행정등급별로 비교적 분명한 차이를 보이면서 역할이 강화된 현상을 가리킨다. 단적으로 전국인대는 입법 역할, 현급 인대는 감독 역할이 강화되었다. 성급 및 시급 인대는 전국인대와 현급 인대의 중간 정도로 입법과 감독 역할이 강화되었지만, 전체적으로 보면 전국인대에 가깝게 입법 역할이 더 강화되었다.

'선택적 역할 강화 현상'도 공산당 영도 체제로 인해 발생한 것이다. 입법은 공산당과 다른 국가기관도 인정하는 의회의 고유한 권한이자 활동이다. 중국이 개혁·개방 정책을 추진하기 위해서는 법률 체제의 수립과 집행이 필요한데, 의회만이 이 역할을 담당할 수 있기 때문이다. 또한 의회의 입법 역할은 크게 강화되어도 공산당이나 정부의 권위를 침해하는 일은 거의 없기 때문이기도 하다. 그래서 전국인대와 성급·시급 인대 등 입법권을 소유한 의회는 입법 활동에 집중할 수 있다.

그러나 의회의 감독 역할은 다르다. 그것은 정부·법원·검찰원 등 국가기관과 소속 공직자의 활동을 통제하고 권한을 제약하는 성격을 띠고 있다. 또한 의회가 〈헌법〉의 규정대로 감독 역할을 제대로 수행한다면, 공산당도 전국인대의 감독 대상에 포함된다. 공산당도 정치조직의 하나로 〈헌법〉과 법률의 범위 내에서 활동해야 하고, 전국인대는 법률 감독을 담당하는 '국가 최고 권력기관'이기 때문이다.

이처럼 의회의 감독 역할이 강화되면 공산당 영도 원칙, 특히 공산당 간부 관리 원칙이 침해받을 가능성이 매우 크다. 따라서 공산당은 결코 이를 허용할 수 없다. 전국인대와 성급·시급 인대가 제한된 범위 내에서만 '연성' 감독 수단을 이용해 정부·법원·검찰원을 감독할 수밖에 없는 이유는 이 때문이다. 〈감독법〉이 의회의 감독을 강화한 것이 아니라 오히려 통제하는 방향으로 제정된 것도 같은 이유 때문이다. 따라서 공산당 영도 체제가 존재하는 한, '선택적 역할 강화 현상'도 사라지지 않을 것이다.

3. 중국 정치체제의 분류와 순환

　중국의 당—국가 체제에는 크게 세 가지의 유형이 있다(〈표 11-2〉). 이런 세 가지 유형은 중국 정치체제의 현재와 미래를 검토할 때 하나의 지침이 될 수 있다. 결론적으로 말하면, 중국의 정치체제는 현재와 미래 모두 세 가지 유형에서 벗어날 수 없다. 물론 '민주화 운동'이 일어나서 공산당 영도 체제가 붕괴한다면 새로운 유형의 정치체제, 즉 '민주적인' 정치체제가 등장할 수 있다. 하지만 현재 관점에서 보면 최소한 단기간 내에는 그럴 가능성이 매우 적다.

| 당-국가 체제의 분류

　첫째는 '통합형' 체제의 길이다. 이는 마오쩌둥 시기의 대약진운동과 문화대혁명 시기처럼 공산당 영도 체제가 국가 헌정 체제를 사실상 흡수 통합함으로써 국가 헌정 체제가 다시 소멸하는 길이

〈표 11-2〉 당-국가 체제의 세 가지 유형

구분	시기	당정 관계	특징
통합형	1958~1976년	당정결합(黨政不分) (일원화 영도 체제)	• 공산당이 국가를 대체하는 체제 • 대약진운동과 문화대혁명을 위한 체제
분리형	1987년	당정분리(黨政分開) (이원화 영도 체제)	• 공산당과 국가의 직능 분리 체제 • 미완의 개혁(실패한 시도)
절충형	1997년~현재	당정결합(黨政不分) (법제화 영도 체제)	• 공산당과 국가의 결합을 전제로 한 체제 • 의법치국과 의법집권 원칙의 실행 체제

자료: 조영남, 『중국의 통치 체제 1』, p. 65.

다. 단적으로 '통합형' 체제에서는 정부·의회·법원·검찰원이 사실상 기능을 정지하거나, 기능이 매우 약해진다. 만약 이렇게 된다면 중국 정치는 다시 크게 후퇴할 것이다.

둘째는 '분리형' 체제의 길이다. 이는 국가 헌정 체제가 공산당 영도 체제로부터 분리되어 운영되는 길이다. 동시에 공산당 영도 체제가 크게 약해지거나 소멸하는 길(즉 민주화의 길)이기도 하다. 만약 공산당이 급진적인 정치개혁을 추진한다면, 이 길로 갈 수도 있다. 그러나 현재 상황에서 보면, 현실적으로 그런 일이 일어날 가능성은 매우 적다. 1987년 공산당 13차 당대회에서 '당정분리' 방침이 결정된 이후에 그랬던 것처럼, 당정간부들이 기득권을 절대로 포기하지 않으려 할 것이기 때문이다.

셋째는 '절충형' 체제의 길이다. 이는 공산당 영도 체제와 국가 헌정 체제가 현재처럼 전자의 주도하에 결합해 있고, 동시에 공산당 영도 체제가 강화되면서도 국가 헌정 체제도 함께 발전하는 길, 즉 정부와 의회가 헌법 및 법률에 규정된 기능을 더욱 잘 수행하는 길이다. 이는 공산당 영도 체제를 공고히 하는 데 매우 유리한 길이기도 하다. 이 때문에 현재 상황에서 볼 때, 공산당이 이 길을 선택할 가능성이 가장 크다. 이에 대해서는 뒤에서 자세히 살펴볼 것이다.

| 당-국가 체제의 순환(cycle)

한편 우리는 중국 정치체제의 변화를 시각적으로 표현할 수 있다. 〈그림 11-1〉이 바로 그것이다. 먼저 마오쩌둥 시기의 문화대혁명 기간(1966~1976년)에는 공산당 영도 체제만 있었고, 국가 헌정 체제는 사실상 없었다. 단적으로 의회·법원·검찰원 등 국가기관이 폐쇄되면서 기능이 정지되었다. 그래서 중국의 정치체제(즉 '당-국가 체제)는 공산당 영도 체제의 정점에 놓여 있었다.

반면 공산당 13차 당대회(1987년)에서는 '당정분리' 방침이 확정되면서 중국의 정치체제는 국가 헌정 체제에 가장 근접했다. 물론 이때도 공산당 영도 체제는 건재했다('당정분리' 방침에는 공산당 영도 체제를 부정하는 내용이 없다). 이후 공산당 영도 체제가 다시 강화되면서 중국의 정치체제는 오른쪽 위로 향하고, 그것은 시진핑 시기

〈그림 11-1〉 '당-국가' 체제의 순환 그래프

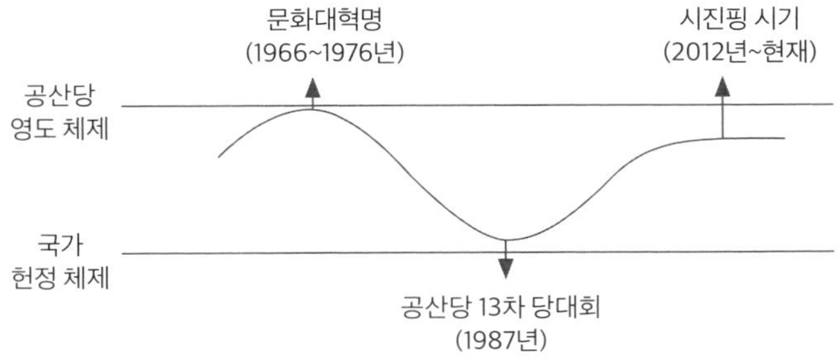

자료: 필자 작성

에 들어 정점을 이루게 된다. 그러나 문화대혁명 시기와는 달리 이 때에도 국가 헌정 체제는 건재하다.

중국의 정치체제는 당분간 이런 모습으로 유지될 가능성이 크 다. 우선 공산당 영도 체제는 건재하면서 계속 국가 헌정 체제를 영도 및 대체한다. 동시에 국가 헌정 체제는 위축되는 것이 아니라 현재보다 더욱 발전한다. 즉 정부와 의회는 〈헌법〉의 규정대로 주 어진 직책을 수행하고, 법원과 검찰원도 마찬가지다. 그것이 공산 당 영도 체제를 유지 및 강화하는 데 도움이 되기 때문이다. 마지 막으로 공산당 영도 체제와 국가 헌정 체제는 서로 결합한 상태에 서, 때로는 갈등하고 때로는 협력하면서 상호작용한다. 그 속에서 공산당 영도 체제의 주도성은 흔들리지 않는다.

다만 상황에 따라서는 당-국가 체제의 그래프가 다시 아래로 내려오는 변화가 발생할 수도 있다. 정치는 살아 움직이는 '생물(生 物)'로, 중국의 정치체제가 지금까지와는 반대로 다시 국가 헌정 체 제 쪽으로 가까워질 수도 있다는 것이다. 그런 변화는 공산당 영도 체제를 지나치게 강화한 결과 정치·경제·사회·외교 등 여러 영역 에서 심각한 부작용이 발생하고, 공산당 지도부와 일반 국민이 더 이상 이를 방치하면 안 된다고 생각할 때 시작될 수 있다.

예컨대, 정치권력의 지나친 집중과 정책 결정 과정의 하향식 운 영, 이에 따른 사회와 기업의 활력 저하와 여러 문제의 누적, 경제 성장률의 지속적인 하락과 국민의 생활 수준 저하, 국제사회에서의 고립 심화와 주변국과의 갈등 지속 등의 문제가 심각해지면, 공산당 지도부는 현재의 정치체제를 개혁해야 한다고 판단할 수 있다. 이런 판단에 따라 정치개혁에 대한 합의가 이루어지면, 문제의 원인인 공산당 영도 체제의 지나친 강화를 완화하려고 시도할 수 있다. 그 결과 국가 헌정 체제가 다시 강화되면서 당–국가 체제의 그래프가 하향 곡선을 그릴 수 있다는 것이다.

4. 공산당 영도 체제의 강화와 국가 헌정 체제의 발전

그렇다면 왜 중국의 정치체제는 현재의 '절충형'이 앞으로도 계속될 것인가? 두 가지 현상이 동시에 일어났기 때문이다. 첫째, 공산당 영도 체제가 지금까지 계속 강화되었다. 단적으로 시진핑 시기(2012년~현재)에 들어 인사 통제, 조직 통제, 사상 통제, 무력 통제, 경제 통제가 강화되었다. 둘째, 국가 헌정 체제도 발전했다. 헌법에 규정된 정부와 의회의 기능이 강화된 것은 이를 잘 보여준다. 특히 두 번째 현상으로 인해 중국의 정치체제는 마오쩌둥 시기의 '통합형'으로 후퇴하지 않는 것이다.

(1) 공산당 영도 체제의 강화

│ 인사 통제의 강화

먼저 공산당의 인사 통제가 강화되었다. 이것은 크게 두 가지 측면에서 확인할 수 있다. 우선 2000년대 상반기에 시험적으로 실시되던 공산당 내의 '경쟁 선거'가 중단되었다. 이런 경쟁 선거는 후진타오 정부의 '당내 민주(黨內民主, inter-party democracy) 확대' 방침에 따라 전국적으로 실시된 것이었다. 그런데 이것이 전면적으로 중단되었다는 것이다.

구체적으로 2003년부터 2007년까지 전국의 300여 개의 향(鄉)과 진(鎭)에서는 공산당 위원회 서기와 부서기를 선발하는 과정에서 '공개 추천(公推) 공개 선거(公選)', 혹은 '공개 추천(公推) 직접선거(直選)' 같은 다양한 선거 방법이 시행되었다. 일부 지역에서는 현급 및 시급 공산당 위원회 지도자 선발에도 이런 방법이 적용되었다. 이는 당서기 같은 당 지도부뿐만 아니라 일반 당원의 참여를 통해 공산당 지도자를 선발하는 '당내 민주 확대'의 실험이었다.[8]

그러나 후진타오 집권 2기에 들어서는 이런 실험이 축소되었고, 시진핑 시기에 들어서는 완전히 중단되었다. 공산당이 필요로 하는 인재가 아니라 당원에게 인기가 있는 간부가 선발되면서, 공산당의 인사권이 약해지는 결과가 나타났다고 판단했기 때문이다. 대신 공산당 위원회, 특히 당서기의 인사권을 강화하는 방침이 재

도입되었다. 이렇게 되면서 '당내 민주 확대' 방침은 사라지고, 대신 '공산당 전면 영도' 원칙이 인사제도에도 강력하게 적용되었다.

또한 시진핑 시기에 들어 미래 지도자를 양성하기 위한 '쾌속 승진 경로'가 대폭 축소되었다. 후진타오 시기까지 일부 당정간부는 공청단 경로, 겸직 단련, 파격 발탁 등의 방법을 이용하여 빠르게 승진할 수 있었다. 이런 쾌속 승진 과정에서는 공개 선발과 경쟁 방식이 적용되었고, 이 때문에 다양한 당정간부의 의견이 인사 결정에서 중요한 역할을 담당했다. 또한 이를 통해 인사제도의 투명성과 공정성을 강화할 수 있었다. 이런 면에서 이것도 '당내 민주 확대'를 위한 개혁의 하나라고 할 수 있다. 그런데 이 제도는 반대로 공산당의 인사권을 약하게 만드는 결과를 초래했다. 결국 '공산당 전면 영도' 원칙이 강조되면서 쾌속 승진 경로도 대폭 축소되었다.[9]

| 조직 통제와 사상 통제의 강화

공산당의 조직 통제도 마찬가지다. 단적으로 공산당 중앙의 영도소조가 시진핑 시기에 들어 대폭 증가했고, 시진핑 총서기가 이 중에서 중요한 영도소조의 조장을 독점했다. 지방에서는 당서기가 영도소조를 주도하고 있다. 공산당 중앙은 이를 통해 정부와 의회 등 국가기관에 대한 통제를 강화하려고 시도한 것이다. 또한 '영도소조 정치', 즉 영도소조가 국가를 통치(小組治國)하는 현상도 나타났다.[10] '공산당 전면 영도' 원칙이 조직 제도에도 적용된 것이다.

공산당의 사상 통제도 계속 강화되었다.[11] 장쩌민 시기에는 두 번, 후진타오 시기에는 네 번 진행된 정풍운동(整風運動)이 시진핑 시기에 들어서는 2년에 한 번씩 연속적으로 시행되고 있는 것이 이를 보여주는 대표적인 사례다. 즉 시진핑 집권 1기와 2기 10년 동안에만 모두 5회의 정풍운동이 추진되었다. 이는 시진핑 집권 3기(2022년~현재)에 들어서도 마찬가지다. 즉 2023년부터 새로운 정풍운동이 전개되고 있다.

특히 시진핑 시기에는 영도 간부를 대상으로 하는 '8항 규정(八項規定)'이 제정되고, 이를 철저히 실천하는 운동이 정풍운동과 함께 전개되었다. 이것은 영도 간부의 특권 의식, 사치 풍조, 형식주의, 관료주의라는 '사풍(四風)'을 타파하고, 실질적이고 견실한 업무 태도를 회복하여 국민의 신뢰를 다시 얻자는 운동이다. 실제로 시진핑 시기에는 매년 이를 위반한 당정간부가 수만 명씩 처벌되었다.

마지막으로 시진핑 시기에는 부패 척결 운동도 강력하게 전개되었다. 예를 들어, 2017년 10월 공산당 19차 당대회에서 발표된 중앙기율검사위원회의 업무보고에 따르면, 시진핑 집권 1기 5년(2012~2016년) 동안에만 모두 440명의 성부급(省部級: 장·차관급) 간부가 부패 혹은 당 기율 위반 혐의로 정식으로 조사를 받거나 처벌되었다. 이는 약 3,000명의 성부급 간부 중 약 15%에 해당하는 큰 규모다. 이 중에는 중앙위원 43명, 중앙기율검사위원회 위원 9명이

포함되었다. 연(年) 단위로 계산하면, 매년 88명의 성부급 간부가 조사를 받거나 처벌된 셈이다.[12]

(2) 국가 헌정 체제의 발전

시진핑 시기에 들어 공산당 영도 체제가 계속 강화되었다고 해서 국가 헌정 체제가 위축되거나 공산당 영도 체제 내로 흡수된 것은 아니다. 반대로 국가 헌정 체제는 장쩌민 시기에 본격적으로 시작하여 현재까지 계속 발전하고 있다. 이처럼 공산당 영도 체제와 국가 헌정 체제는 상호작용하면서 동시에 강화 및 발전하는 새로운 현상이 나타나고 있다. 이는 국가 헌정 체제가 공산당 영도 체제를 유지 및 강화하는 데 도움이 되기 때문에 나타난 현상이다.

또한 공산당 영도 체제의 강화와 국가 헌정 체제의 발전이 동시에 진행되는 현상은, 마오쩌둥 시기의 '통합형' 체제와 현재의 '절충형' 체제가 다른 가장 중요한 특징이기도 하다. 의법치국과 의법집권 방침이 등장하여 공산당이 국가를 통치하고 사회를 영도하는 새로운 원칙으로 확립했기 때문에 이런 현상이 나타난 것이다. 따라서 현재의 중국 정치체제를 이해할 때는 이 점에 특별히 주의해야 한다.

| 의법치국 방침의 등장과 발전

국가 헌정 체제는 1997년 공산당 15차 당대회에서 '의법치국과 사회주의 법치국가(法治國家) 수립'이 새로운 공산당 방침으로 확정되면서 공식적으로 등장했다.[13] 이어 1999년 3월에 개최된 9기 전국인대 2차 회의에서 중국이 "의법치국을 실시하여 사회주의 법치국가를 건설한다"라는 문구가 〈헌법〉에 추가되었다. 이로써 의법치국과 사회주의 법치국가 수립은 국가 방침으로 확정되었다.[14]

이후 공산당과 국가기관은 의법치국 방침을 추진하기 위한 세부 방침과 정책을 마련하여 집행하기 시작했다. 예를 들어, 국무원은 1999년 11월에 〈의법행정의 전면 추진 결정〉을 발표하면서, 정부 개혁의 핵심 목표이자 행정 방침으로 의법행정(依法行政)을 결정했다.[15] 최고법원도 1999년 10월에 〈인민법원 5년 개혁 요강(綱要)〉, 2005년에 〈제2차 5개년(2004~2008년) 법원개혁 요강〉, 2009년에 〈제3차 5개년(2009~2013년) 법원개혁 요강〉을 발표했다. 목표는 '사법공정(司法公正)의 실현'이었다.[16]

공산당도 마찬가지였다. 즉 2002년 공산당 16차 당대회에서 공산당은 의법치국을 공산당 집권에 적용한 의법집권 방침을 공식 채택했다. 이후 2004년에 열린 공산당 16기 중앙위원회 제4차 전체회의(16기 4중전회)에서는 공산당의 '집권 능력(執政能力) 강화'가 공산당 방침으로 결정되었고, 의법집권 방침의 강화는 그 가운데 하나가 되었다.[17] 이렇게 하여 의법치국이 공산당의 방침에서 국가 방침으로, 다시 공산당의 통치 원칙으로 확정되는 일련의 과정이 완성되었다.

| 시진핑 시기의 의법치국 방침 강조

이런 움직임은 시진핑 시기에도 이어졌다. 단적으로 2014년 10월에 개최된 공산당 18기 4중전회에서 〈의법치국의 전면 추진 결정〉(〈법치 결정〉)이 통과된 사실이 이를 잘 보여준다. 공산당 역사에서 법제(法制) 혹은 법치(法治)를 단일 주제로 중앙위원회 전체회의를 개최한 것은 이것이 처음이었다. 이처럼 시진핑 정부는 이전 정부보다 의법치국 방침을 더욱 중시한다.[18]

구체적으로 시진핑 총서기는 〈법치 결정〉을 2013년 11월의 공산당 18기 3중전회에서 통과된 〈개혁의 전면 심화 결정〉의 자매편(姉妹篇)이라고 부르면서 높이 평가했다. 이런 〈법치 결정〉에 따르면, 의법치국 방침의 총 목표는 '사회주의 법치(法治) 체계의 수립과 사회주의 법치국가의 건설'이다. 이렇게 해서 '법치 체계의 수립'과 '법치국가의 건설'이 다시 한번 공산당 및 국가의 통치 원칙으로 확인되었다.[19]

오랜 시간을 거쳐 의법치국과 의법집권 방침이 공산당의 통치 원칙으로 확정되고, 이를 통해 국가 헌정 체제가 발전한 것은 중요한 의미가 있다. 시진핑 시기에 들어서 공산당 영도 체제를 강화하는 정책이 추진되지만, 마오쩌둥 시기의 '통합형' 체제로는 다시 돌아가지 않겠다는 방침을 분명히 한 것이기 때문이다. 다시 말해, 공산당은 마오 시기처럼 최고 지도자의 명령이나 공산당의 지시로 국가를 통치하고 인민을 동원하는 방식 대신에, 법률을 이용하여 정치체제를 합리화(rationalization)하고 표준화(standardization)하는 법제화된 방식(legalized process)으로 국가를 통치하고 사회를 영도하겠다고 선언한 것이다.

만약 현재처럼 국가 헌정 체제가 계속 발전한다면, 공산당 영도 체제도 그에 따라 더욱 공고화될 것이다. 1997년 공산당 15차 당대회 이후의 경험이 보여주었듯이, 국가 헌정 체제는 공산당 영도 체제를 위협하는 것이 아니라 오히려 안정적이고 효과적으로 유지하는 데 큰 도움을 줄 수 있기 때문이다. 1991년에 소련과 소련공산당은 완전히 붕괴했는데, 중국과 중국공산당은 권위주의 정치체제를 굳건히 유지하고 있다는 단순한 사실이 이를 증명한다.

| 5. 중국 정치발전의 평가와 전망: 나의 관점 |

지금까지 살펴본 중국의 통치 체제에 대한 분석에 근거하여, 중국의 정치발전을 평가하고 전망하면서 이 연구를 정리하도록 하자. 아래에서 제기하는 몇 가지 관점은 내가 10여 년 전에 '중국의 법치와 정치개혁'을 연구하면서 결론 형식으로 제기한 것이다. 그런데 현재와 가까운 미래를 놓고 볼 때, 이 관점은 여전히 타당하다고 생각한다. 그래서 이를 다시 제시하면서 이 책을 끝내려고 한다.[20]

│ 관점 1: 정치 제도화의 길

첫째, 중국은 개혁기 40여 년 동안 정치 제도화(political institutionalization)를 중심으로 한 정치개혁을 지속적이고 적극적으로 추진했다. 겉으로 보면, 중국은 시종일관 확고하게 공산당 영도 체제(일당제)를 유지하는 권위주의 정치체제로서, 40여 년 전이나 지금이나 변한 것이 없어 보인다.

또한 경제체제가 시장제도와 사적 소유제도를 도입하면서 '사회주의 시장경제'로 변화한 것과 비교할 때도 정치체제의 변화는 매우 미약해 보인다. 그러나 중국 정치는 지속적인 개혁을 통해 많이 변화했다. 다만 그 변화가 다당제나 직선제 도입 등 정치 민주화를 동반하지 않았기 때문에 겉으로 잘 드러나지 않을 뿐이다.

이는 중국이 정치 민주화(political democratization)가 아니라 정치 제도화를 목표로 정치개혁을 추진했기 때문에 나타난 현상이다. 따라서 중국은 다당제와 직선제의 도입, 인권과 정치적 자유의 보장, 국민의 정치 확대 등 민주 제도 수립(democracy—building)에서는 많은 한계를 보여주었지만, 법률제도의 수립과 집행, 정부 행정의 합리화, 당정 관계의 제도화, 군(軍)의 전문화와 직업화 등 국가 제도 수립(state—building)에서는 상당한 성과를 거두었다. 이런 정치적 성과가 있었기 때문에, 중국은 지난 40여 년 동안 연평균 9%의 높은 경제성장률을 달성하면서 상대적으로 안정적인 사회관계를 유지할 수 있었다.

| 관점 2: 두 번의 정치개혁 방침 결정

둘째, 중국의 정치개혁 방침은 두 번의 공산당 당대회를 통해 수립 및 수정되면서 지금까지 이어져 오고 있다. 첫째는 1987년의 공산당 13차 당대회이고, 둘째는 1997년의 공산당 15차 당대회다.

먼저 공산당 13차 당대회에서는 '당정분리(黨政分開)'—내용 면에서 말하면, '당정 직능 분리(黨政職能分開)'—를 중심으로 한 정치개혁 방침이 결정되었다. 이 방침은 공산당으로 권력이 집중되고, 이 때문에 권력 남용, 관료주의, 가부장적 통치 등의 문제가 발생하는 것을 해결하려는 정치개혁 시도다. 이 방침의 핵심 내용은 정부·의회·법원·검찰원 등 국가기관을 공산당으로부터 '기능적으로' 분리하고, 동시에 법과 제도를 통해 이들에게 일정한 자율권을 보장함으로써 국가기관이 자신들의 고유한 직능을 제대로 수행할 수 있도록 만드는 것이다.

다만 '당정분리' 방침에서도 공산당 영도 체제는 계속 유지된다. 다시 말해, 이는 민주화 개혁 프로그램이 아니다. 이런 점에서 이 방침은 '통치 체제의 효율화'를 위한 정치개혁 프로그램이라고 말할 수 있다. 물론 이 방침이 제대로 추진된다면 '부분적인 민주화'가 가능할 수도 있다. 현급 및 향급 지방 정부 수장의 직접선거나, 전국인대 대표의 직접선거가 도입될 수 있다는 것이다.

그런데 '당정분리' 방침은 공산당이 국가권력을 장악하는 데 문제가 생길 수 있다는 위험성이 있다. 즉 국가기관이 공산당 영도 체제에서 분리되는 현상이 나타날 수 있다는 것이다. 특히 정부의 역할이 더욱 강화되고, 의회의 지위가 더욱 높아지면, 공산당은 권위가 떨어질 가능성이 있다. 이 때문에 당내 기득권 세력(주로 보수파)은 이 방침을 수용하지 않았고, 그 결과 '당정분리' 개혁은 실패했다. 미래에도 공산당 영도 체제를 고수하는 한 이 개혁은 추진될 수 없다.

10년이 지난 1997년에 개최된 공산당 15차 당대회에서 의법치국을 중심으로 한 새로운 정치개혁 방침이 결정되었다. 이는 공산당이 국가와 사회를 통치하는 데 이전처럼 공산당의 자의적인 명령과 지시가 아니라 국가 법률에 근거하겠다고 선언한 것이다. 따라서 이 방침은 '통치 방식의 법제화'를 위한 정치개혁 프로그램이라고 말할 수 있다. 의법치국 방침은 '당정분리(黨政分開)' 대신에 '당정결합(黨政不分)'을 주장하기 때문에 당내 기득권 세력도 수용할 수 있다.

│ 관점 3: 의법치국 방침의 두 가지 특징

셋째, 의법치국 방침, 즉 '통치 방식의 법제화'는 두 가지의 특징을 가지고 있는 정치개혁 프로그램이다. 먼저 공산당 영도 체제라는 현행 통치 체제를 전제로 한다. 그래서 기득권 세력은 '통치 방식의 법제화'로 인해 잃을 것이 별로 없다. 다만 기존의 자의적인 통치 행위, 특히 부정부패 등에 일정한 제약을 받을 뿐이다.

또한 국민의 정치 참여는 최대한 배제한다. 즉 의법치국 방침에는 직선제의 확대나 다당제의 도입과 같은 민주적인 정치개혁 내용이 전혀 들어 있지 않다. 대신 공산당은 의법치국 방침을 통해 당정 간부의 관료주의와 일탈행위를 줄임으로써 국민의 불만과 비판을 완화하려고 노력한다. 또한 공산당은 '통치 방식의 법제화'를 통해 고도의 경제발전을 지속하고, 국민의 생활 수준을 높여 국민의 정치 참여 요구를 최소화하려고 노력한다.

| 관점 4: 의법치국 방침의 장단점

넷째, 의법치국 방침은 장단점이 있다. 먼저 의법치국 방침은 경제발전에 필요한 정치체제를 수립하여 '정치적 공공재(political public goods: 정치재)'를 제공할 수 있다. 경제발전을 위해서는 '정치 민주화'가 아니라 '정치 제도화'가 무엇보다 필요하다. 의법치국 방침은 바로 '통치 방식의 법제화'를 목표로 추진되는 것으로, '정치 제도화'에 부합한다.

따라서 공산당은 이를 통해 경제개혁과 경제발전에 필요한 정치재, 즉 안전(security), 질서(order), 복리(welfare)를 제공할 수 있다. 한국·대만·싱가포르의 경험이 이를 뒷받침한다. 반면 '정치 민주화'는 자유·평등·법치 등 가치(value)를 제공할 수는 있어도, 안전·질서·복지 등 다른 정치재를 공급할 수 있다는 보장은 없다.

또한 '통치 방식의 법제화'를 통해 공산당은 권위주의 정치체제에서 발생하는 문제점을 일부 완화할 수 있다. 당정간부의 일탈행위(예를 들어, 부정부패)와 정부의 비효율성(즉, 관료주의) 문제는 공산당 영도 체제의 최대 문제인데, 의법치국 방침을 철저히 집행함으로써 이를 일정 부분 완화할 수 있다는 것이다.

그러나 의법치국 방침만으로는 권력 집중과 이에 따른 당정간부의 부패와 행정 비효율 문제를 근본적으로 해결할 수 없다. 이 문제는 상층보다 하층에서 더욱 심각한데, 통치 방식의 법제화만으로는 해결할 수 없다. 이를 해결하려면, 권력 분립을 통한 견제와 균형의 체제 수립, 국민의 정치 참여 보장과 확대, 언론의 자유와 시민사회의 활동 보장 등 민주적인 정치개혁이 필요하다. 또한 법치의 철저한 집행과 투명하고 공정한 행정 등 싱가포르식의 행정개혁도 추진해야 한다.

또한 국민의 정치 권리와 자유, 특히 정치 참여 요구를 계속 외면할 수만은 없다는 단점도 있다. 사회 모순이 축적되고, 정치적 억압이 지속되면, 국민은 시민의 기본적인 정치 권리(특히 자유)와 정치 참여를 더욱 강력하게 요구할 수 있다. 그런데 '통치 방식의 법제화'만으로는 이런 국민의 요구를 수용할 수 없다는 것이다. 따라서 장기적으로 볼 때, 다당제와 직선제의 도입, 국민의 정치 권리 보장과 정치 참여의 확대 같은 정치 민주화를 위한 정치개혁은 피할 수 없다.

다만 중국에서 실제로 정치 민주화가 이루어질지는 장담할 수 없다. 국민의 민주화 요구가 얼마나 강력하고, 경제발전과 국민의 생활 수준 향상으로 이런 민주화 요구를 얼마나 완화할 수 있는지, 세계적으로 '제3의 민주화 물결(the third wave of democratization)'과 같은 새로운 민주화의 물결이 일어나 중국에 어떤 압력으로 작용할지 등 여러 가지 상황이 아직 미지수이기 때문이다. 결국 공산당이 실제로 국민의 민주화 요구를 수용하여 민주적 정치개혁을 추진할지는 현재로서는 알 수 없다.

| 관점 5: '중국의 개혁 방침
= 사회주의 시장경제론 + 의법치국 방침'

다섯째, 1990년대 중반에 '사회주의 시장경제론'과 '의법치국 방침'이 확정되면서 중국은 정치와 경제 모두를 포괄하는 사회주의 개혁 방침을 확립했다. 또한 중국은 지난 20여 년 동안 이를 꾸준히 추진해왔다. 시장경제가 확산하고, 정부와 의회 등 국가기관이 자기 기능을 수행하기 시작한 것은 그런 개혁의 결과다.

1992년의 공산당 14차 당대회에서는 '사회주의 시장경제론'이 정식 수용되면서 소유제도의 다양화와 시장제도의 전면 도입을 기본 내용으로 하는 경제개혁 방침이 확립되었다. 이를 바탕으로 1990년대는 민영기업이 급증했고, 시장제도가 정착할 수 있었다. 2001년에 등장한 '삼개대표론(三個代表論)'은 이를 통해 성장한 민영기업가 계층을 정치적으로 수용하기 위한 공산당의 새로운 방침이다.

또한 대외무역과 해외직접투자(FDI) 등 경제적 대외 개방도 급속하게 추진되어, 중국 경제의 세계 경제로의 편입이 가속화되었다. 이는 2001년에 중국이 세계무역기구(WTO)에 가입함으로써 일단락되었다. 이렇게 되면서 중국은 경제적 세계화의 최대 수혜자이자 동시에 강력한 지지자가 되었다. 중국은 이런 일련의 경제개혁을 토대로 2000년대에 들어 비약적인 경제성장을 달성할 수 있었다.

여기에 더해 1997년 공산당 15차 당대회에서 의법치국 방침이 공식 결정되면서, 1989년 톈안먼 민주화 운동과 1991년 소련 붕괴 이후에 혼란스러웠던 정치개혁 방침도 확립할 수 있었다. 동시에 이를 기초로 공산당은 1990년대 후반부터 공산당·정부·의회·법원·검찰원 등 국가기관을 대상으로 하는 종합적이고 체계적인 정치개혁, 즉 국가 헌정 체제의 발전을 위한 개혁을 20여 년 동안 계속 추진할 수 있었다.[21]

| 관점 6: '중국 모델'과 '중국식 현대화'

여섯째, 만약 중국 정부가 주장하는 것처럼, '중국 모델(中國模式, Chinese model)'이나 '중국식 현대화(中國式現代化, Chinese-style modernization)'가 실제로 있다면, 그것은 정치적으로는 의법치국 방침(즉 정치 제도화 우선 방침)을 주요 내용으로 하고, 경제적으로는 사회주의 시장경제론을 주요 내용으로 하는 사회주의 개혁 프로그램이라고 말할 수 있다.

그런데 이런 중국 모델이나 중국식 현대화도 결코 '중국만의 고유한 그 무엇'은 아니다. 그것은 일본·한국·대만·싱가포르·홍콩이 1950년대부터 1980년대까지 경험한 동아시아 발전국가(East Asian developmental state) 모델이 사회주의 중국에 적용된 것일 뿐이다. 즉 중국 모델이나 중국식 현대화는 동아시아 발전국가 모델의 사회주의적 변종(socialist version)에 불과하다.[22] 미래에도 중국은 계속 이를 선전하고, 실제로 이 길을 걸으려고 노력할 것이다. 그러나 그것이 언제까지 지속될 수 있는 것은 아니다. 중국은 싱가포르나 홍콩이 아니기 때문이다.

따라서 중국 앞에는 두 가지 선택지 중에 하나를 골라야 하는 어려운 과제가 놓여 있다. 하나는 한국이나 대만처럼 정치 제도화를 달성한 이후에 정치 민주화의 길로 나아가는 길이다. 그러나 중국의 방대한 영토와 인구 규모, 한족과 소수민족의 다민족 사회, 혼란의 역사 경험과 질서 지향의 정치문화를 고려할 때, 이 길은 선택이 쉽지 않고, 설사 선택한다고 해도 성공을 보장할 수 없다. 다른 하나는 현 체제를 고수하면서 '시장경제+권위주의'의 어정쩡한 체제를 지속하는 길이다. 이 길을 가면 정치적 안정은 유지할 수 있지만, 국민의 정치 권리와 참여는 여전히 보장되지 않고, 여러 가지의 정치·경제·사회·환경 문제가 계속 발생할 수 있다. 중국이 어느 길을 갈지 선택은 오롯이 중국 인민의 몫이다.

국가 헌정 체제

1 조영남, 『중국의 통치 체제 1: 공산당 영도 체제』(파주: 21세기북스, 2022), p. 41.

2 조영남, 『중국의 통치 체제 1』, pp. 44−46.

3 蔡定劍, 『中國人民代表大會制度』(修訂版)(北京: 法律出版社, 1998), p. 25.

4 蔡定劍, 『中國人民代表大會制度』, p. 25.

5 蔡定劍, 『中國人民代表大會制度』, pp. 26−27.

6 胡偉, 『政府過程』(杭州: 浙江人民出版社, 1998), pp. 23−25; 習近平, "習近平在中央人大工作會議上發表重要講話", 《新華網》 2021年 10月 14日, www.news.cn.

7 蔡定劍, 『中國人民代表大會制度』, pp. 79, 88.

8 조영남, 『중국의 통치 체제 1』, pp. 106−115.

9 袁瑞良, 『人民代表大會制度形成發展史』(北京: 人民出版社, 1994), pp. 469−473; 蔡定劍 主編, 『中國憲法精釋』(北京: 中國民主法制出版社, 1996),

pp. 55, 106; 全國人大常委會辦公廳研究室 編, 『全國人大常委會法制 講座匯編』(北京: 中國民主法治出版社, 1999), pp. 63-65; 顧昂然, 『中華人 民共和國憲法講話』(北京: 法律出版社, 1999), pp. 27-28.

10 〈中國共產黨政法工作條例〉(2019년 1월 실시)의 '제1장 총칙'의 제1조, 제 6조, 제7조, 제12조.

11 조영남, 『중국의 통치 체제 2: 공산당 통제 기제』(파주: 21세기북스, 2022), pp. 632-645.

12 조영남, 『중국의 통치 체제 1』, p. 42.

13 조영남, 『중국의 통치 체제 2』, pp. 37-153.

14 조영남, 『중국의 통치 체제 1』, pp. 244-250.

15 조영남, 『중국의 통치 체제 1』, pp. 240-317.

16 Young Nam Cho, *Local People's Congresses in China: Development and Transition* (New York: Cambridge University Press, 2009), p. 45.

17 習近平, "習近平在中央人大工作會議上發表重要講話".

18 Oscar Almen, "Only the Party Manages Cadres: Limits of Local People's Congress Supervision and Reform in China", *Journal of Contemporary China*, Vol. 22, No. 80 (2013), pp. 237-254; Ying Sun, "Constraining or Entrenching the Party-State? The Role of Local People's Congresses in the PRC", *Hong Kong Law Journal*, Vol. 40, No. 3 (2010), pp. 833-866.

제1부 정부
정부의 구조와 운영

1 中共中央辦公廳 國務院辦公廳, "關於調整國務院辦公廳職責機構 編制的通知", 《中國機構編制網》2018年 11月 13日.

2 "國務院辦公廳主要職責內設機構和人員編制規定"(2008년 7월).

3 浦興祖 主編, 『當代中國政治制度』(上海: 復旦大學出版社, 1999), pp. 156-

157; 浦興祖 等著, 『中華人民共和國政治制度』(香港: 三聯書店, 1995), p. 212.

4 "國家發展改革委", www.ndrc.gov.cn.

5 "國務院關於議事協調機構的設置的通知"(國發(2008)13號)(2008年 3月21日); "關於國務院議事協調機構和臨時機構設置的通知"(國發 (1993)27號).

6 Nathaniel Ahrens, *China's Industrial Policymaking Process* (CSIS, 2013); Christopher K. Johnson, Scott Kennedy, and Mingda Qiu, "Xi's Signature Governance Innovation: The Rise of Leading Small Groups" (CSIS, 2017).

7 陳玲, 「中國高層領導小組的運作機制及其演化」, 俞可平 外 主編, 『中 共的治理與適應: 比較的視野』(北京: 中央編譯出版社, 2015), pp. 23-25.

8 浦興祖, 『當代中國政治制度』, p. 137.

9 浦興祖, 『當代中國政治制度』, p. 138; 謝慶奎 主編, 『當代中國政府』(瀋 陽: 遼寧人民出版社, 1991), p. 188.

10 景躍進·陳明明·肖濱 主編, 『當代中國政府與政治』(北京: 中國人民大 學出版社, 2016), p. 113; 浦興祖, 『當代中國政治制度』, p. 139; 謝慶奎, 『當代中國政府』, pp. 187-188.

11 朱光磊, 『當代中國政府過程』(修訂版)(天津: 天津人民出版社, 2002), pp. 41-42; 王勁松, 『中華人民共和國政府與政治』(北京: 中共中央黨校出版 社, 1994), p. 66; 謝慶奎, 『當代中國政府』, pp. 160-161. 참고로 일부 학 자는 국가주석이 '단일 원수제(單一元首制)'라고 주장한다. 浦興祖 等, 『中 華人民共和國政治制度』, pp. 163-164. 다만 그 근거는 부족하다.

12 〈中華人民共和國國務院組織法〉(1982년 제정, 2024년 수정).

13 景躍進·陳明明·肖濱, 『當代中國政府與政治』, p. 109.

14 〈國務院工作規則〉(2023년 3월).

15 "國務院領導怎麼開會?",《新華網》2015年 1月 8日, xinhuanet.com.

16 조영남, 『중국의 위기 대응 정책: 코로나와의 인민 전쟁』(파주: 21세기북스, 2024), p. 164.

17 王勁松, 『中華人民共和國政府與政治』, p. 79; 浦興祖, 『當代中國政治制度』, p. 139.

18 景躍進·陳明明·肖濱, 『當代中國政府與政治』, p. 115.

정부의 정책 결정과 집행

1 Gabriel A. Almond, G. Bingham Powell Jr., Kaare Strom and Russell J. Dalton (eds.), *Comparative Politics Today: A World View* (Updated 7th Edition) (New York: Pearson Longman, 2002), pp. 3−4; Gabriel A. Almond, G. Bingham Powell Jr., Russell J. Dalton and Kaare Strom, *Comparative Politics Today: A Theoretical Framework* (Updated 7th Edition) (New York: Pearson Longman, 2002), pp. 1−3.

2 Elizabeth J. Perry, "From mass campaigns to managed campaigns: 'Constructing a new socialist countryside'", Sebastian Heilmann and Elizabeth J. Perry (eds.), *Mao's Invisible Hand: The Political Foundations of Adaptive Governance in China* (Cambridge, MA: Harvard University Asia Center, 2011), p. 33.

3 이에 대한 자세한 논의는 조영남, 「개혁기 중국 정책 과정 연구의 현황과 과제」,《중소연구》47권 4호(2023/2024년 겨울), pp. 159−223을 참고할 수 있다.

4 Kenneth Lieberthal, "Introduction: The 'fragmented authoritarianism' model and its limitations", Kenneth Lieberthal and David M. Lampton (eds.), *Bureaucracy, Politics, and Decision Making in Post-Mao China* (Berkeley:

University of California Press, 1992), p. 6; Kenneth Lieberthal and Michel
Oksenberg, *Policy Making in China: Leaders, Structures, and Processes* (Princeton:
Princeton University Press, 1988), p. 137.

5 Kjeld Erik Brodsgaard (ed.), *Chinese Politics as Fragmented Authoritarianism:
Earthquakes, Energy, and Environment* (London and New York: Routledge, 2017).

6 Andrew Mertha, *China's Water Warriors: Citizen Action and Policy Change* (Ithaca
and London: Cornell University Press, 2008).

7 Sebastian Heilmann and Elizabeth J. Perry (eds.), *Mao's Invisible Hand: The
Political Foundations of Adaptive Governance in China* (Cambridge, MA: Harvard
University Asia Center, 2011); Sebastian Heilmann (ed.), *China's Political System*
(Lanham: Lowman and Littlefield, 2017); Sebastian Heilmann, *Red Swan: How
Unorthodox Policy Making Facilitated China's Rise* (Hong Kong: Chinese University
Press, 2018).

8 Chien-min Chao and Bruce J. Dickson (eds.), *Remaking the Chinese State:
Strategies, Society, and Security* (London and New York: Routledge, 2001); Dali
L. Yang, *Remaking the Chinese Leviathan: Market Transition and the Politics of
Governance in China* (Oxford: Oxford University Press, 2004); Yongnian Zheng,
Globalization and State Transformation in China (New York: Cambridge University
Press, 2004); Jude Howell (ed.), *Governance in China* (Lanham: Rowan &
Littlefield Publishers, 2004); Lowell Dittmer and Guoli Liu (eds.), *China's Deep
Reform: Domestic Politics in Transition* (Lanham: Rowan & Littlefield Publishers,
2006).

9 조영남, 『중국의 통치 체제 2』, pp. 37-153.

10 조영남, 『중국의 통치 체제 1』, pp. 240-317.

11 조영남, 『중국의 통치 체제 2』, pp. 154-210.

12 Lieberthal and Oksenberg, Policy Making in China, pp. 22-24, 137;

Kenneth Lieberthal, *Governing China: From Revolution through Reform* (Second Edition) (New York: W.W. Norton & Company, 2004), pp. 186–188, 206–215; David M. Lampton, *Following the Leader: Ruling China, from Deng Xiaoping to Xi Jinping* (Berkeley: University of California Press, 2014), pp. 84–86.

13 Andrew Mertha, *China's Water Warriors: Citizen Action and Policy Change* (Ithaca and London: Cornell University Press, 2008); Andrew Mertha, "'Fragmented authoritarianism 2.0': Political pluralization in the Chinese policy process", *China Quarterly*, No. 200 (December 2009), pp. 995–1012.

14 조영남, 『중국의 법치와 정치개혁』(파주: 창비, 2012).

15 Jonathan R. Stromseth, Edmund J. Malesky and Dimitar D. Gueorguiev, *China's Governance Puzzle: Enabling Transparency and Participation in a Single-Party State* (New York: Cambridge University Press, 2017), pp. 157, 159, 171–176, 188–189; Jamie P. Horsley, "Public participation in the People's Republic: Developing a more participatory governance model in China," September 2009, www.law.yale.edu; Caren Ergenec, "Political efficacy through deliberative participation in urban China: A case study on public hearings", *Journal of Chinese Political Science*, Vol. 19, No. 2 (July 2014), pp. 191–213; Beibei Tang, "Development and prospects of deliberative democracy in China: The dimensions of deliberative capacity building", Journal of Chinese Political Science, Vol. 19, No. 2 (July 2014), pp. 115–132.

16 Tyrene White, "Postrevolutionary mobilization in China: The one-child policy reconsidered", *World Politics*, Vol. 43, No. 1 (October 1990), pp. 53–76.

17 Stig Thogersen, "Revisiting a dramatic triangle: The state, villagers, and social activists in Chinese rural construction projects", *Journal of Current*

Chinese Affairs, Vol. 38, No. 1 (2009), pp. 9–33; Anna L. Ahlers and Gunter Schubert, "'Building a new socialist countryside': Only a political slogan?", *Journal of Current Chinese Affairs*, Vol. 38, No. 1 (2009), pp. 35–62; Anna L. Ahlers and Gunter Schubert, "Effective policy implementation in China's local state", *Modern China*, Vol. 41, No. 4 (2015), pp. 372–405; Kristen E. Looney, "China's campaign to build a new socialist countryside: Village modernization, peasant councils, and the Ganzhou model of rural development", *China Quarterly*, No. 224 (December 2015), pp. 909–932; Wen-Hsuan Tsai and Xingmiu Liao, "Mobilizing cadre incentives in policy implementation: Poverty alleviation in a Chinese county", *China Information*, Vol. 34, No. 1 (2020), pp. 372–405.

18 Nicole Ning Liu, Carlos Wing-Hung Lo and Xueyong Zhan Wei Wang, "Campaign-style enforcement and regulatory compliance", *Public Administration Review*, Vol. 75, No. 1 (2015), pp. 85–95; John James Kennedy and Dan Chen, "State capacity and cadre mobilization in China: The elasticity of policy implementation", *Journal of Contemporary China*, Vol. 27, No. 111 (2018), pp. 393–405; Kai Jia and Shaowei Chen, "Could campaign-style enforcement improve environmental performance? Evidence from China's Central Environmental Protection Inspection", *Journal of Environmental Management*, No. 245 (2019), pp. 282–290.

19 Harold M. Tanner, *Strike Hard!: Anti-Crime Campaigns and Chinese Criminal Justice, 1979-1985* (Ithaca and London: Cornell East Asia Program, 1999); Peng Wang, "Politics of crime control: How campaign-style law enforcement sustains authoritarian rule in China", *British Journal of Criminology*, No. 60 (2020), pp. 422–443; Bo Yin and Yu Mou, "Centralized law enforcement in contemporary China: The campaign to 'sweep away black societies and eradicate evil forces'", *China Quarterly*, No. 254 (July 2023), pp. 366–380.

20 White, "Postrevolutionary mobilization in China", pp. 53–76; Elizabeth J. Perry, "From mass campaigns to managed campaigns: 'Constructing a new socialist countryside'", Heilmann and Perry, *Mao's Invisible Hand*, pp. 30–61.

21 Huirong Chen, "Campaigns, bureaucratic cooperation, and state performance in China", *China Review*, Vol. 21, No. 3 (August 2021), pp. 55–87; Qingjie Zeng, "Managed campaign and bureaucratic institutions in China: Evidence from the targeted poverty alleviation program", *Journal of Contemporary China*, Vol. 29, No. 123 (2020), pp. 400–415.

22 Bin Xu, *The Politics of Compassion: The Sichuan Earthquake and Civic Engagement in China* (Stanford: Stanford University Press, 2017); Jessica C. Teets, "Post–Earthquake Relief and Reconstruction Efforts: The Emergence of Civil Society in China?", *China Quarterly*, No. 198 (June 2009), pp. 330–347; Shawn Shieh and Guosheng Deng, "An Emerging Civil Society: The Impact of the 2008 Sichuan Earthquake on Grass–Roots Associations in China", *China Journal*, No. 65 (January 2011), pp. 181–194; Bin Xu, "Consensus Crisis and Civil Society: The Sichuan Earthquake Response and State–Society Relations", *China Journal*, No. 71 (January 2014), pp. 91–108.

23 Arthur Kleinman and James L. Watson (eds.), *SARS in China: Prelude to Pandemic?* (Stanford: Stanford University Press, 2006); Deborah Davis and Helen Siu (eds.), *SARS: Reception and Interpretation in Three Chinese Cities* (London and New York: Routledge, 2007); Guobin Yang, *The Wuhan Lockdown* (New York: Columbia University Press, 2022).

24 Ann Florini, Hairong Lai, and Yeling Tan, *China Experiments: From Local Innovations to National Reform* (Washington D.C.: Brookings Institution Press, 2012); Ciqi Mei and Zhilin Liu, "Experiment-based policy making or conscious policy design? The case of urban housing reform in China", *Policy Science*, Vol. 47, No. 3 (2014), pp. 321–337; De Tong, Shuang Yang and Yani Lai, "Experiment-based policymaking for urban regeneration in Shenzhen, China", China Quarterly, October 2023 (Published online).

25 Heilmann, *Red Swan*, pp. 80–91; Sebastian Heilmann, Lea Shih and Andreas Hofem, "National planning and local technology zones: Experimental governance in China's torch programme", *China Quarterly*, No. 216 (December 2013), pp. 896–919.

26 조영남, 『중국의 법치와 정치개혁』, p. 157.

27 조영남, 『개혁과 개방: 덩샤오핑 시대의 중국 1, 1976~1982년』(서울: 민음사, 2016), pp. 177–206; 조영남, 『파벌과 투쟁: 덩샤오핑 시대의 중국 2, 1983~1987년』(서울: 민음사, 2016), pp. 232–233.

정부의 일상 시기 활동: 의료개혁 사례

1 王紹光·樊鵬, 『中國式共識型決策: '開門'與'磨合'』(北京: 中國人民大學出版社, 2013), pp. 32–36.

2 Winnie Yip and William C. Hsiao, "The Chinese Health System at a Crossroads", *Health Affairs*, Vol. 27, No. 2 (March/April 2008), pp. 460–468.

3 Yip and Hsiao, "The Chines Health System at a Crossroads", pp. 460–468; Winnie Yip and William C. Hsiao, "What Drove the Cycle of Chinese Health System Reform", *Health System and Reform*, Vol. 1, No. 1

(2015), pp. 52–61.

4 Joan Kaufman, "Policy case study: Public health", Joseph, William A., *Politics in China: An Introduction* (New York: Oxford University Press, 2019), pp. 399–417; 王紹光·樊鵬, 『中國式共識型決策』, pp. 37–39; Yip and Hsiao, "The Chinese Health System at a Crossroads", pp. 460–468; Yip and Hsiao, "What Drove the Cycle of Chinese Health System Reform", pp. 52–61.

5 王紹光·樊鵬, 『中國式共識型決策』, pp. 32, 36, 176–196.

6 Jane Duckett, "Bureaucratic interests and institutions in the making of China's social policy", *Public Administration Quarterly*, No. 27 (2003), pp. 210–237.

7 王紹光·樊鵬, 『中國式共識型決策』, pp. 32–36; Daniele Brombal, "Private interests in Chinese Politics: A case study on health care sector reforms", Brodsgaard, *Chinese Politics as Fragmented Authoritarianism*, pp. 98–119.

8 王紹光·樊鵬, 『中國式共識型決策』, pp. 141–175.

9 Yoel Kornreich, Ilan Vertinsky and Pitman B. Potter, "Consultation and Deliberation in China: The Making of China's Health-Care Reform", *China Journal*, No. 68 (July 2012), pp. 176–203; 王紹光·樊鵬, 『中國式共識型決策』, pp. 75–89; Yip and Hsiao, "The Chinese Health System at a Crossroads", pp. 460–468; Yip and Hsiao, "What Drove the Cycle of Chinese Health System Reform", pp. 52–61; Yoel Kornreich, "Unorthodox approaches to public participation in authoritarian regimes", Brodsgaard, *Chinese Politics as Fragmented Authoritarianism*, pp. 77–97.

10 國務院發展研究中心, "對中國醫療衛生體制改革的評價與建議(概要與重點)",《中國新聞網》2005年 7月 29日, www.sina.com.cn.

11 江澤民, "全面建設小康社會, 開創中國特色社會主義事業新局面", 新華月報 編, 『十六大以來黨和國家重要文獻選編上(一)』(北京: 人民出版社, 2005), pp. 3-45.

12 胡錦濤, "高舉中國特色社會主義偉大旗幟, 為奪取全面建設小康社會新勝利而奮鬥", 中共中央文獻研究所 編, 『十七重要文獻選編(上)』(北京: 人民出版社, 2009), pp. 1-65.

13 Kornreich, "Unorthodox approaches to public participation in authoritarian regimes",pp. 77-97; Kornreich, Vertinsky and Potter, "Consultation and Deliberation in China", pp. 176-203.

14 Kornreich, Vertinsky and Potter, "Consultation and Deliberation in China", pp. 176-203.

15 Kornreich, Vertinsky and Potter, "Consultation and Deliberation in China", pp. 176-203.

16 王紹光·樊鵬, 『中國式共識型決策』, pp. 80-84.

17 Kornreich, Vertinsky and Potter, "Consultation and Deliberation in China", pp. 176-203; 王紹光·樊鵬, 『中國式共識型決策』, pp. 80-84.

18 王紹光·樊鵬, 『中國式共識型決策』, pp. 84-86.

19 王紹光·樊鵬, 『中國式共識型決策』, pp. 80-84; Lewis Husain, "Looking for 'new ideas that work': County innovation in China's health system reform—The case of the New Cooperative Medical Scheme", *Journal of Contemporary China*, Vol. 25, No. 99 (May 2016), pp. 438-452; Alex Jingwei He, "Maneuvering within a Fragmented Bureaucracy: Policy Entrepreneurship in China's Local Healthcare Reform", *China Quarterly*, No. 236 (December 2018), pp. 1088-1110.

20 참고로 2006년 6월에 '조정 공작소조'가 출범할 때도 의료개혁에 대한 대

중의 의견을 듣기 위해 인터넷 사이트와 전화를 개설했는데, 그해 12월까지 모두 1만 5,000건의 의견과 600여 건의 편지가 접수되었다. 또한 2008년에는 약 3만 6,000건의 의견 접수 이후, 이에 근거하여 의료개혁 초안의 137곳을 수정했다고 한다. 王紹光·樊鵬, 『中國式共識型決策』, pp. 90−101.

21 Kornreich, Vertinsky and Potter, "Consultation and Deliberation in China", pp. 176−203.

22 Steven J. Balla, "Information technology, political participation, and the evolution of Chinese policymaking", *Journal of Contemporary China*, Vol. 21, No. 76 (July 2012), pp. 655−673.

23 Steven J. Balla, "Health system reform and political participation on the Chinese internet", *China Information*, Vol. 28, No. 2 (2014), pp. 214−236.

24 Steven J. Balla and Zhou Liao, "Online consultation and citizen feedback in Chinese policymaking", *Journal of Current Chinese Affairs*, Vol. 42, No. 3 (2013), pp. 101−120.

25 Yoel Kornreich, "Authoritarian responsiveness: Online consultation with 'issue publics' in China", *Governance Wiley*, Vol. 32, No. 3 (2019), pp. 547−564.

26 Kornreich, "Unorthodox approaches to public participation in authoritarian regimes", pp. 77−97.

27 王紹光·樊鵬, 『中國式共識型決策』, pp. 187−218.

28 中共中央·國務院, "關於深化醫藥衛生體制改革的意見"(2009年 3月 17日),《中央政府門戶網站》, www.gov.cn.

29 國務院, "醫藥衛生體制改革近期重點實施方案(2009~2011年)"(2009年 3月 18日),《中央政府門戶網站》, www.gov.cn.

30 王紹光·樊鵬, 『中國式共識型決策』, pp. 240−242.

31 Yip and Hsiao, "What Drove the Cycle of Chinese Health System Reform", pp. 52−61.

32 Edward Gu and Imogen Page−Jarrett, "The top−level design of social health insurance reforms in China: Towards universal coverage, improved benefit design, and smart payment methods", *Journal of Chinese Governance*, Vol. 3, No. 3 (2018), pp. 331−350.

33 Jane Duckett and Neil Munro, "Authoritarian regime legitimacy and health care provision: Survey evidence from contemporary China", *Journal of Health Politics, Policy and Law*, Vol. 47, No. 3 (June 2022), pp. 375−409.

34 Jiwei Qian, "Reallocating authority in the Chinese health system: An institutional perspective", *Journal of Asian Public Policy*, Vol. 8, No. 1 (2015), pp. 19−35.

35 Qian, "Reallocating authority in the Chinese health system", pp. 19−35.

36 Qian, "Reallocating authority in the Chinese health system", pp. 19−35.

정부의 위기 시기 활동: 코로나19 대응 사례

1 조영남, 「중국은 왜 코로나19의 초기 대응에 실패했는가?」, 《한국과 국제정치》, 36권 2호(통권 109호)(2020년, 여름), pp. 105−135.

2 Joan Kaufman, "SARS and China's Health−Care Response: Better to Be Both Red and Expert?", Arthur Kleinman and James L. Watson (eds.), *SARS in China: Prelude to Pandemic?* (Stanford: Stanford University Press, 2006), p. 54.

3 "三大事實支持中國坦蕩面對雜音", 《環球時報》 2020년 3월 30일, www.huanqiu.com.

4 "關於群眾反映的涉及李文亮醫生有關情況調查的通報",《人民網》
  2020년 3월 20일, www.people.com.cn.

5 "'發哨人'刪稿背後 疫情中的輿情與法理",《多維新聞》2020년 3월
  12일, www.dwnews.com.

6 "關於群眾反映的涉及李文亮醫生有關情況調查的通報."

7 習近平, "在統籌推進新冠肺炎疫情防控和經濟社會發展工作部署會
  議上的講話",《新華網》2020년 2월 23일, www.xinhua.net.

8 "國家醫療專家組專家: 武漢不明原因肺炎病源認定意義重大 目前總
  體可控",《央視新聞》2020년 1월 11일, www.nbd.com.cn; "衛健委專家
  組成員王廣發出院了",《瀟湘晨報》2020년 2월 2일, k.sina.com.cn.

9 國務院 新聞辦公室,『抗擊新冠肺炎疫情的中國行動(2020년6월)』,《人
  民網》2020년 6월 8일, www.people.com.cn; "國家衛健委高級別專
  家組就新型冠狀病毒肺炎答記者問",《央視新聞》2020년 1월 21일,
  www.hubei.gov.cn; "蔣超良被免内幕 鍾南山團隊披露武漢始末",《多
  維新聞》2020년 3월 25일, www.dwnews.com.

10 習近平, "全面提高依法防控依法治理能力, 健全國家公共衛生應急
   管理體系",《求是網》2020년 2월 29일, www.qstheory.cn.

11 "進一步研究疫情防控形勢, 部署有針對性加強防控工作",《人民網》
   2020년 1월 30일, www.people.com.cn.

12 "中央應對新型冠狀病毒疫情工作領導小組",《維基百科》,
   zh.wikipedia.org.

13 "慎終如始加强疫情防控",《人民網》2020년 3월 7일, www.people.com.
   cn.

14 "中央指導組約談武漢市相關人員",《人民網》2020년 2월 12일, www.
   people.com.cn.

15 "中共中央印發〈通知〉黨員要堅定站在疫情防控第一綫",《解放日報》

2020년 1월 29일, www.shanghai.gov.cn.

16 "精準監督 凝聚抗疫合力", 《人民網》2020년 4월 22일, www.people. com.cn.

17 "黨旗高高飄揚在防控疫情鬥爭第一綫", 《新華網》2020년 1월 29일, www.xinhuanet.com.

18 "分析新型冠狀病毒肺炎疫情形勢研究近期防控重點工作", 《人民網》 2020년 2월 27일, www.qstheory.cn; "應勇主持召開湖北省常委會會 議", 《湖北省人民政府門戶網站》2020년 2월 28일, www.hubei.gov.cn.

19 "中共中央組織部印發通知 要求各級黨組織做好黨員自願捐款指 導服務工作 支持新冠肺炎疫情防控工作", 《新華網》2020년 2월 25일, www.xinhuanet.com; "彰顯忠誠擔當 書寫大愛真情", 《人民網》 2020년 3월 9일, www.people.com.cn.

20 "全國1037萬多黨員自願捐款11.8億元", 《人民網》2020년 3월 1일, www.people.com.cn; "彰顯家國情懷 匯聚人間大愛", 《人民網》2020년 5월 22일, www.people.com.cn.

21 "牢記宗旨 勇挑重擔 為打贏疫情防控阻擊戰作出貢獻", 《人民網》 2020년 1월 30일, www.people.com.cn.

22 "軍隊抽組醫療力量 承擔武漢火神山醫院醫療救治任務", 《人民網》 2020년 2월 3일, www.people.com.cn; "中央指導組首次披露!11位部級 幹部在湖北一綫協調指揮"; Minnie Chan, "How China's military took a frontline role in the coronavirus crisis", *South China Morning Post*, March 17, 2020, www.scmp.com.

23 "動員聯係群衆 投身疫情防控", 《人民網》2020년 4월 16일, www. people.com.cn.

24 Ian Johnson, "Religious Groups in China Step Into the Coronavirus Crisis", *New York Times*, February 23, 2020, www.nytimes.com.

25 習近平, "在中央政治局常委會會議研究應對新型冠狀病毒肺炎疫情工作時的講話",《求是網》2020년 2월 15일, www.qstheory.cn.

26 유상철, "사망 425명, 확진 2만 명 돌파…중 분풀이할 희생양 찾고 있다",《중앙일보》2020년 2월 4일, www.joins.com.

27 "湖北省召開全省領導幹部會議傳達中央決定",《湖北日報》2020년 2월 13일, www.hubei.gov.cn.

28 "黃岡處理處分防控不力黨員幹部337人 6名領導幹部予以免職",《湖北省人民政府門戶網站》2020년 2월 2일, www.hubei.gov.cn.

29 "嚴查違反疫情防控工作紀律履責不力者 省紀委通報曝光六起典型問題",《湖北省人民政府門戶網站》2020년 2월 16일, www.hubei.gov.cn.

30 "省委組織部通報表揚214個醫院基層黨組織和223名醫院工作者",《湖北省人民政府門戶網站》2020년 2월 7일, www.hubei.gov.cn.

31 "關於給予張定宇和張繼先同志大功獎勵的決定",《湖北省人民政府門戶網站》2020년 2월 6일, www.hubei.gov.cn.

32 "抓緊做好在新冠肺炎疫情防控一綫發展黨員工作",《人民網》2020년 2월 27일, www.people.com.cn.

33 "全力做好新冠肺炎防控工作",《人民網》2020년 4월 23일, www.people.com.cn.

34 "2019冠狀病毒中國大陸疫區封鎖措施",《維基百科》, zh.wikipedia.org.

35 "蔣超良要求全力打好疫情殲滅戰 堅決遏制疫情蔓延勢頭",《湖北省人民政府門戶網站》2020년 1월 24일, www.hubei.gov.cn; "應勇: 優化指揮部職能 做細做實各項防控工作",《湖北省人民政府門戶網站》2020년 2월 17일, www.hubei.gov.cn.

36 "武漢成立防控指揮部, 公佈定點救治醫療機構名單",《湖北省人民

政府門戶網站》2020년 1월 21일, www.hubei.gov.cn.

37 "武漢成立新型冠狀病毒感染肺炎疫情防控指揮部", 《中國新聞南方網》2020년 1월 21일, www.southcn.com.

38 "王曉東出席新型肺炎防控新聞發佈會並答記者問", 《湖北省人民政府門戶網站》2020년 1월 27일, www.hubei.gov.cn.

39 Chan, "How China's military took a frontline role in the coronavirus crisis".

40 "堅持重症輕症并重, 千方百計救治患者", 《人民網》2020년 2월 20일, www.people.com.cn.

41 "援漢疾控隊凱旋!", 《人民網》2020년 4월 20일, www.people.com.cn.

42 "官方發佈! 各省對口支援湖北名單來了", 《湖北省人民政府門戶網站》2020년 2월 7일, www.hubei.gov.cn.

43 陳義平·徐理響 主編, 『當代中國的基層民主建設』(合肥: 安徽人民出版社, 2014), pp. 74-75.

44 陳義平·徐理響 『當代中國的基層民主建設』, pp. 90-105; 박철현, 「중국 사구모델의 비교분석: 상하이와 선양의 사례」, 《중국학연구》 69집 (2014년), pp. 321-354.

45 장윤미, 「중국 '안정유지(維穩)'의 정치와 딜레마」, 《동아연구》 64권(2013년 2월), pp. 105-143; 장윤미, "'돈으로 안정을 산다' 시위 급증에 대처하는 중국식 해법", 《중앙일보》 2020년 4월 8일, www.joins.com.

46 류쓰치·백승욱, 「사회치리(社會治理)로 방향 전환을 모색하는 광둥성의 사회관리 정책」, 《현대중국연구》 17집 2호 (2016년 2월), pp. 37-78; 백승욱·장영석·조문영·김판수, 「시진핑 시대 중국 사회건설과 사회관리」, 《현대중국연구》 17집 1호 (2015년 8월), pp. 1-51; 조문영·장영석·윤종석, 「중국 사회 거버넌스(治理) 확산 속 동북지역 사구건설의 진화」, 《중소연구》 41권 2호 (2017년 여름), pp. 181-223.

47 Jonathan Schwartz and R. Gregory Evans, "Causes of Effective Policy Implementation: China's Public Health Response to SARS", *Journal of Contemporary China*, Vol. 16, No. 51 (May 2007), pp. 195–213.

48 "蔣超良召開省委常會會議暨省新型肺炎防控指揮部會議", 《湖北省人民政府門戶網站》 2020년 1월 29일, www.hubei.gov.cn.

49 "省指揮部下發新規十三條: 紅事一律禁止 白事一律從簡並報備", 《湖北省人民政府門戶網站》 2020년 2월 6일, www.hubei.gov.cn; "關於農村疫情防控措施抓實抓細抓落地的緊急通知", 《湖北省人民政府門戶網站》 2020년 2월 7일, www.hubei.gov.cn.

50 "〈關於全力以赴堅決打贏我省新冠肺炎疫情防控阻擊戰的意見〉解讀之二", 《湖北省人民政府門戶網站》 2020년 2월 19일, www.hubei.gov.cn.

51 "省疫情防控指揮部下發通知: 所有下沉社區(村)黨員幹部嚴禁挂名式點卯式下沉", 《湖北省人民政府門戶網站》 2020년 2월 27일, www.hubei.gov.cn.

52 William Zheng and Kristin Huang, "Street by street, home by home: how China used social controls to tame an epidemic", *South China Morning Post*, April 22, 2020, www.scmp.com.

53 "非接觸送菜移動菜籃子供銷小貨郎 我省推廣市場保供七大招", 《湖北省人民政府門戶網站》 2020년 2월 13일, www.hubei.gov.cn.

54 習近平, "在統籌推進新冠肺炎疫情防控和經濟社會發展工作部署會議上的講話".

55 "一條時間軸縱覽習近平的戰'疫'日志", 《人民網》 2020년 2월 17일, www.people.com.cn.

56 Chun Han Wong, "Beijing portrays President Xi Jinping as hero of coronavirus fight", *Wall Street Journal*, March 8, 2020, www.wsj.com; Javier

C. Hernandez, "China spins coronavirus crisis, hailing itself as a global leader", *New York Times*, February 28, 2020, www.nytimes.com.

57 Chris Buckley and Steven Lee Myers, "Where's Xi? China's leader commands coronavirus fight from safe heights", *New York Times*, February 9, 2020, www.nytimes.com.

58 "新聞聯播報道玄機, 折射中南海抗疫模式",《多維新聞》2020년 3월 19일, www.dwnews.com.

59 Kristin Huang, "Coronavirus: Wuhan doctor says officials muzzled her for sharing report on Wechat", *South China Morning Post*, March 11, 2020, www.scmp.com; "'發哨人刪稿背後 疫情中的輿情與法理",《多維新聞》2020년 3월 12일, www.dwnews.com.

60 Jeremy Page, Wenxin Fan and Natasha Khan, "How it all started: China's early coronavirus missteps", *Wall Street Journal*, March 6, 2020, www.wsj.com.

61 박우,「코로나19, 사회 통제, 그리고 방역 정치」, 백영서 엮음,『팬데믹 이후 중국의 길을 묻다』(서울: 책과함께, 2021), p. 59; Guobin Yang, *The Wuhan Lockdown* (New York: Columbia University Press, 2022), p. 12.

62 Yang, *The Wuhan Lockdown*, pp. 187–210.

63 Mimi Lau, Echo Xie, Guo Rui, "Coronavirus: Li Wenliang's death prompts academics to challenge Beijing on freedom of speech", *South China Morning Post*, February 12, 2020, www.scmp.com.

64 Jun Mai and Mimi Lau, "Chinese scholar blames Xi Jinping, Communist Party for not controlling coronavirus outbreak", *South China Morning Post*, February 6, 2020, www.scmp.com; Jane Cai, "China is paying a heavy price for coronavirus because of lack of free speech, says leading professor", South China Morning Post, February 18, 2020, www.scmp.

com.

65 "兩高兩部: 嚴懲妨害疫情防控犯罪, 推動提高依法治理能力", 《人民網》 2020년 2월 10일, www.people.com.cn); Shi Jintao, "Chinese authorities say coronavirus control at heart of clampdown on 10 broad categories of crime", *South China Morning Post*, February 12, 2020, www.scmp.com.

66 Raymond Zhong, "China clamps down on coronavirus coverage as cases surge", *New York Times*, February 2, 2020, www.nytimes.com; Paul Wolfowitz and Max Frost, "China's censorship helps spread the virus", *Wall Street Journal*, January 26, 2020, www.wsj.com.

67 "시진핑 비판 후 실종된 중 기업인, 당국 조사받아", 《연합뉴스》 2020년 4월 8일, www.donga.com.

68 "'시진핑 하야' 촉구 중국 활동가 쉬즈융 체포 구속", 《동아일보》 2020년 2월 17일, www.donga.com.

69 유상철, "『우한일기』 작가 고발…中 코로나 잠잠한 틈타 보복 시작됐다", 《중앙일보》 2020년 4월 9일, www.joins.com; "方方6套房產來源不明 遭舉報, 本人回應", 《多維新聞》 2020년 4월 8일, www.dwnews.com; Chun Han Wong, "A Wuhan writer rages against China's communist machine and becomes an online star", *Wall Street Journal*, April 1, 2020, www.wsj.com.

70 팡팡 지음, 조유리 옮김, 『우한일기: 코로나19로 봉쇄된 도시의 기록』(파주: 문학동네, 2020), p. 435.

71 Jonathan Schwartz, "Compensating for the 'Authoritarian Advantage' in Crisis Response", *Journal of Chinese Political Science*, Vol. 17, No. 3 (July 2012), pp. 313–331.

제2부
의회의 구조와 역할

1 肖蔚雲,『我國現行憲法的誕生』(北京: 北京大學出版社, 1986), p. 59; 彭真, 『論新時期的社會主義民主與法制建設』(北京: 中央文獻出版社, 1989), p. 111; 蔡定劍,『中國人大制度』(北京: 社會科學文獻出版社, 1993), pp. 206-207.

2 蔡定劍·王晨光 主編,『人民代表大會二十年發展與改革』(北京: 中國檢察出版社, 2001), p. 47.

3 全國人大常委會秘書處秘書組 編,『中華人民共和國法律總目(2003年版)』(北京: 中國民主法制出版社, 2003), pp. 89-105.

4 조영남,『중국 정치개혁과 전국인대: 개혁기 구조와 역할의 변화』(서울: 나남, 2000), pp. 271-271; Murray Scot Tanner, *The Politics of Lawmaking in China: Institutions, Processes, and Democratic Prospects* (Oxford: Clarendon Press, 1999), pp. 398-400.

5 彭沖,『民主法制論』(北京: 中國民主法制出版社, 1993), p. 174.

6 조영남,『중국 정치개혁과 전국인대』, pp. 339-404.

7 蔡定劍·王晨光,『人民代表大會二十年發展與改革』, pp. 270-271.

8 程湘清 外,『國家權力機關的監督制度和監督工作』(北京: 中國民主法制出版社, 1999), p. 213.

9 全國人大常委會辦公廳研究室 編,『地方人大是怎樣行使職權的』(北京: 中國民主法制出版社, 1992), p. 284; 全國人大常委會辦公廳研究室 編,『我國當前法律實施的問題和對策』(北京: 中國民主法制出版社, 1997), pp. 7-8; 廣東省人大制度研究會 外 主編,『依法治省的探討』(北京: 中國民主法制出版社, 1997), p. 146.

10 Young Nam Cho, "Symbiotic Neigbour or Extra-Court Judge? The Supervision over Courts by Chinese Local People's Congresses", *China*

Quarterly, No. 176 (December 2003), pp. 1068–1083.

11 全國人大常委會辦公廳研究室文化研究室 編, 『國家權力機關的監督制度和監督工作』(北京: 中國民主法制出版社, 1999), pp. 44–46; 楊逢春 主編, 『在省級人大工作崗位上』(北京: 中國民主法制出版社, 1997), pp. 378–379.

12 Liang Zhang and Wubin Yuan, "Can local people's congress supervision improve the expenditure behavior of local governments? Evidence from provincial budget review", *Heliyon*, No. 9 (2023), pp. 1–14.

13 조영남, 『중국 정치개혁과 전국인대』, pp. 248–261.

14 1988년에 성급 인대가 정부·법원·검찰원의 책임자를 선출할 때, 18개 성(자치주·직할시)에서 공산당 중앙이 추천한 712명의 후보 중에서 49명이 낙선했다(약 4%의 부결률). 蔡定劍, 『中國人大制度』(北京: 中國社會科學文獻出版社, 1993), p. 304.

15 Tanner, *The Politics of Lawmaking in China*, pp. 51, 66–70; 蔡定劍, 『中國人大制度』, pp. 252–254; 何俊志, 『從蘇維埃到人民代表大會制』(上海: 復旦大學出版社, 2011), pp. 272–273.

16 何俊志, 『從蘇維埃到人民代表大會制』, pp. 273–274.

17 曉棟, "中共上海市委批准本市五年立法規劃", 《上海人大月刊》 1999年 5期, pp. 5–6; 上海市人大常委会研究室 編, 『實踐與探索』(第四集)(上海: 復旦大學出版社, 2003), pp. 56–57, 130–131.

18 王宗炎, "市人大常委會編制五年立法規劃", 《上海人大月刊》 2004年 1期, pp. 15–16.

19 "地方立法步伐加快的五年", 《上海人大月刊》 1997年 9期, pp. 6–8.

20 許祖雄·朱言文 主編, 『民主法制與人大制度』(上海: 復旦大學出版社, 1999), pp. 266–272.

21 陳鐵迪, "充分發揮人大黨組的核心保障作用", 《上海人大月刊》

2000年 11期, p. 6.

22 상하이시 인대 고위 관계자와의 인터뷰(상하이시, 2003년 8월 13일).

23 상하이시 인대 고위 관계자와의 인터뷰(상하이시, 2003년 8월 13일).

24 陳鐵迪, "充分發揮人大黨組的核心保障作用", p. 5.

25 許祖雄·朱言文,『民主法制與人大制度』, p. 229.

26 헤이룽장성(黑龍江省)과 허베이성(河北省) 인대가 1980년 이후 20년 동안 제정한 법규 중 경제와 관련된 것이 60% 정도였고, 간쑤성(甘肅省) 인대의 경우, 1993–1998년 기간 동안 제정된 법규의 58.8%가 경제와 관련된 것이었다. 徐雲雲, "白水黑山總関情: 黑龍江省人大常委會立法工作回眸", 《人民日報》2001年 6月 6日; 李臨珂, "加强立法工作 保障經濟發展", 《地方人大建設》1999年 2期, pp. 7–8; 馬斌, "地方立法幾個理論問題與甘肅20年地方立法實踐",《人大研究》1999年 6期.

27 上海市人大 法制工作委員會, "上海市人大常委會2000年度審議法規草案計劃" (1999/2000/2001).

28 David M. Olson, *Democratic Legislative Institutions: A Comparative View* (Armonk: M.E. Sharpe, 1994), pp. 84, 134.

29 顧萍, "關於改進法規起草工作的思考",《上海人大月刊》2003年 1期.

30 徐惟凱, "提高地方性法規質量 當前亟待解決的問題",《人民之声》2000年 5期, pp. 18–20; 劉勉義, "从程序的角度談克服立法中的部門利益",《中國人大》2003年 16期, pp. 12–13.

31 齊良如, "略談地方立法中的部門主義",《人大工作通訊》1995年 14期, pp. 21–24; 劉雲龍, "地方立法中部門利益傾向的表現危害成因及對策",《人大工作通訊》1996年 10期, pp. 13–15, 35; 蔡定劍·王晨光,『人民代表大會二十年發展與改革』, pp. 75–85; 許祖雄·朱言文,『民主法制與人大制度』, pp. 233; 上海市人大常委会研究室,『實踐與探索』p. 141; 顧萍, "關於改進法規起草工作的思考".

32 齊良如, "略談地方立法中的部門主義", p. 21; 蔡定劍·王晨光, 『人民代表大會二十年發展與改革』, p. 82.

33 徐燕, "以人為本唯生命至尊: 中華人民共和國道路交通安全法通過隨記",《中國人大》2003年 21期, pp. 20–22.

34 蔡定劍□王晨光, 『人民代表大會二十年發展與改革』, p. 82.

35 吳邦國, "提高立法質量是本屆立法工作的重点",《中國人大》2003年 21期, pp. 2–6; 王兆國, "立法是依法治国的基礎",《中國人大》2003年 21期, pp. 7–10.

36 彭真, 『論新時期的社會主義民主與法治建設』(北京: 中央文獻出版社, 1989), pp. 244–250; 彭沖, 『民主法治論集』, p. 5.

37 蔡定劍·王晨光, 『人民代表大會二十年發展與改革』, pp. 57–74; 劉政·程湘清, 『人民代表大會制度的理論和實踐』(北京: 中國民主法制出版社, 2003), p. 286; 韓麗, "中國立法過程中的非正式規則",《戰略與管理》2001年 5期, pp. 16–27.

38 沈紅華, "規范建築市場的一部重要法規",《上海人大月刊》1999年 12期, pp. 7–8.

39 黃利群, "略談改進地方立法的提出機制和起草機制",《中國人大》2003年 4期, pp. 29–31.

40 凌蘇, "这實際上也是本屆省人大常委會工作的基本經驗",《人民之聲》2003年 1期, pp. 4–9.

41 베이징시 인대 사례는 "立法聽證: 關注傾聽姿态, 更關注吸納內容",《人民網》2004年 9月 6日; 간쑤성 인대 사례는 甘肅省人大常委會法工委, "加强立法提高質量促進發展: 甘肅省九屆人大常委會5年立法工作回顧",《人大研究》2003年 2期, pp. 19–20; 저장성 인대 사례는 闞珂, "地方人大現行立法聽證會制度比較研究",《人大研究》2003年 4期, pp. 26–31 참조.

42 王勝明·孫禮海 主編, 『〈中華人民共和國婚姻法〉修改立法資料選』(北京: 法律出版社, 2001); 彭東星, "星星点点話立法: 九届全國人大立法工作紀實", 《中國人大》 2002年 24期, pp. 11−14.

43 上海市人大常委會研究室, 『實踐與探索』, p. 62.

44 周文菁, "上海: 地方立法24年諸多創新", 《人民網》 2004年 8月 27日.

45 상하이시 인대 고위 관계자와의 인터뷰(상하이시 2004년 2월 17일).

46 上海市人大常委會研究室, 『實踐與探索』, pp. 128−147.

47 Rory Truex, "Authoritarian Gridlock? Understanding Delay in the Chinese Legislative System", *Comparative Political Studies*, Vol. 53, No. 9 (2020), pp. 1455−1492.

48 William Zheng, "China's draft energy law finally sees the light after 18 years in the making", *South China Morning Post*, April 20, 2024, www.scmp.com.

49 上海市人大常委會研究室, 『實踐與探索』, pp. 50−67, 128−147.

중앙 의회의 입법 활동: 〈입법법〉과 〈감독법〉 사례

1 Laura Paler, "China's Legislation Law and the Making of a More Orderly and Representative Legislative System", *China Quarterly*, No. 182 (June 2005), pp. 301−318; Li Yahong, "The Law−making Law: A Solution to the Problems in the Chinese Legislative System", *HKLJ*, Vol 30, No. 1 (2000), pp. 120−140.

2 Lei Zhang, Guizhen He, Arthur P.J. Mol and Xiao Zhu, "Power politics in the revision of China's Environmental Protection Law", Environmental Polities, Vol. 22, No. 6 (2013), pp. 1029−1035; Tyler Liu, "China's revision to the Environmental Protection Law", Journal of

Energy and Environmental Law, Spring 2015, pp. 60−70; Xiao Zhu and Kaijie Wu, "Public participation in China's environmental law−making", Journal of Environmental Law, Vol. 29, No. 3 (November 2017), pp. 389−416.

3 盛艷春，"行穩致遠：四十年地方人大監督"，《人大研究》2019年 10期，pp. 21−23；馬競遙，"實施監督法辦法立法研究"，《人大研究》2018年 6期，pp. 31−39.

4 Oscar Almén, "Only the Party Manages Cadres: Limits of Local People's Congress Supervision and Reform in China", Journal of Contemporary China, Vol. 22, No. 80 (2013), pp. 237−254; Ying Sun, "Constraining or Entertaining the Party−State? The Role of Local People's Congresses in the PRC, HKLJ, Vol. 40, No. 2 (2010), pp. 841−853.

5 李光偉，"關於監督法實施情況的評估報告"，《人大研究》2010年 11期，pp. 16−48；席文啓，"關於人大監督問題的一些思考"，《人大研究》2014年 8期，pp. 17−24；李定毅，"我國人大及其常委會監督的成效問題及其對策分析"，《新疆社科論壇》2014年 3期，pp. 5−36；山東省人大工作研究會，"人大監督任重道遠"，《山東人大工作》2017年 2期，pp. 48−51；劉永學，"十年審視"，《人大研究》2016年 11期，pp. 17−19.

6 Young Nam Cho, "From 'Rubber Stamps' to 'Iron Stamps': The Emergence of Chinese Local People's Congresses as Supervisory Powerhouses", *China Quarterly*, No. 171 (September 2002), pp. 724−740; Young Nam Cho, "Symbiotic Neighbour or Extra−Court Judge? The Supervision over Courts by Chinese Local People's Congresses", *China Quarterly*, No. 176 (December 2003), pp. 1068−1083; Ming Xia, *The People's Congress and Governance in China* (London: Routledge, 2008), pp. 200−212;

Young Nam Cho, *Local People's Congresses in China: Development and Transition* (New York: Cambridge University Press, 2009), pp. 83−142.

7 劉松山, "一部關於立法制度的重要法律: 〈立法法〉制定過程中爭論的主要問題及其解決方式(上)", 《中國司法》2000年 5期, pp. 6−8; 李鵬, 『立法與監督: 李鵬人大日記(上)』(北京: 新華出版社, 2006), p. 285.

8 Paler, "China's Legislation Law", pp. 301−318.

9 劉松山, "一部關於立法制度的重要法律(上)", pp. 6−8; Paler, "China's Legislation Law", pp. 301−318; Li, "The Law−making Law", pp. 120−140.

10 劉松山, "一部關於立法制度的重要法律(上/中/下)", 《中國司法》2000年 5期, pp. 6−8; 6期, pp. 7−9; 7期, pp. 5−6.

11 全國人大常委會 辦公廳研究室 編, 『中國憲法精釋』(北京: 中國民主法制出版社, 1996), p. 53.

12 Paler, "China's Legislation Law", pp. 301−318; Li, "The Law−making Law", pp. 120−140.

13 Paler, "China's Legislation Law", pp. 301−318; Li, "The Law−making Law", pp. 120−140; Truex, "Authoritarian Gridlock?" pp. 1455−1492; 武增, "〈立法法〉起草過程中的幾個問題", 《中國人大》2000年 4期, pp. 34−36; 陳斯喜, "關於〈立法法〉制定過程中不同觀點的綜述", 《國家行政學院學報》2000年 2期, pp. 66−69; 徐向華, "我國〈立法法〉的成功和不足", 『法學』2000年 6期, pp. 2−14.

14 徐向華, "我國〈立法法〉的成功和不足", p. 2.

15 Paler, "China's Legislation Law", pp. 301−318; Li, "The Law−making Law", pp. 120−140; Truex, "Authoritarian Gridlock?", pp. 1455−1492

16 李建國, "關於〈中華人民共和國立法法修正案(草案)〉的説明"(2015年 3月 8日).

17 王晨, "關於〈中華人民共和國立法法(修正草案)〉的說明"(2023年 3月 5日).

18 "二十年磨一劍: 記監督法出臺前後", 《人民日報》 2006年 8月 30日, www.reformdata.org.

19 조영남, 『중국의 정치개혁과 전국인대: 개혁기 구조와 역할의 변화』(서울: 나남, 2000), p. 401−402.

20 中共中央, "關於加强黨同人民群衆聯係的決定", 中共中央文獻研究室 編, 『十三大以來重要文獻選編(中)』(北京: 人民出版社, 1992), p. 935.

21 楊中旭, "人大監督法風雨20年", 《人大建設》 2006年 10期, pp. 12−14; 李鵬, 『立法與監督: 李鵬人大日記(下)』(北京: 新華出版社, 2006), pp. 529−530; 喬曉陽, "監督法和全國人大常委會的監督工作", 《中國人大網》 2008年 5月 30日, www.npc.gov.cn.

22 李鵬, 『立法與監督(下)』, pp. 529−530; 蔡定劍·王晨光 主編, 『人民代表大會二十年發展與改革』(北京: 中國檢察出版社, 2001), pp. 265−276; 楊中旭, "人大監督法風雨20年", pp. 12−14; 何俊志, 『從蘇維埃到人民代表大會制』(上海: 復旦大學出版社, 2011), pp. 279−284.

23 李鵬, 『立法與監督(下)』, pp. 529−530; 楊中旭, "人大監督法風雨20年", pp. 12−14; 何俊志, 『從蘇維埃到人民代表大會制』, pp. 279−284.

24 李鵬, 『立法與監督(下)』, pp. 531−532.

25 李鵬, 『立法與監督(下)』, pp. 533−536, 541.

26 李鵬, 『立法與監督(下)』, pp. 547−549, 551.

27 李鵬, 『立法與監督(下)』, pp. 552, 558.

28 吳邦國, 『吳邦國論人大工作』(北京: 人民出版社, 2017), pp. 189−192.

29 "二十年磨一劍: 記監督法出臺前後", 《人民日報》 2006年 8月 30日, www.reformdata.org; 楊中旭, "人大監督法風雨20年", pp. 12−14; 何俊志, 『從蘇維埃到人民代表大會制』, pp. 279−284.

30 "二十年磨一劍"; 楊中旭, "人大監督法風雨20年", pp. 12−14; 何俊志,

『從蘇維埃到人民代表大會制』, pp. 279−284.

31 葉靜, "〈監督法〉爲何只是'小'監督法: 專家詳解〈監督法〉出臺背景和内容",《中國經濟周刊》2006年 34期, p. 35.

32 李鵬,『立法與監督(下)』, pp. 547−549.

33 李鵬,『立法與監督(下)』, p. 558.

34 田紀雲,『田紀雲文集: 民主法治卷』(北京: 中國民主法制出版社, 2016), pp. 277−278.

35 萬里論著編輯組 編,『萬里論人民民主與法制建設』(北京: 中國民主法制出版社, 1996), pp. 130−139; 喬石,『喬石談民主與法制(下)』(北京: 人民出版社, 2012), pp. 436, 533, 536.

36 中共中央黨史和文獻研究院 編,『十九大以來重要文獻編(上)』(北京: 中央文獻出版社, 2019), p. 338.

37 Keith J. Hand, "Constitutional Supervision in China After the 2018 Amendment of the Constitution: Refining the Narrative of Constitutional Supremacy in a Socialist Legal System", *Asian-Pacific Law & Policy Journal*, Vol. 23, No. 2 (2022), pp. 137−175. 다른 연구도 그 전부터 헌법 감독이 점점 강화되고 있었다고 주장한다. Yan Lin and Tom Ginsburg, "Constitutional Interpretation in Lawmaking: China's Invisible Constitutional Enforcement Mechanism", *American Journal of Comparative Law*, Vol. 63, No. 2 (Spring 2015), pp. 467−492; Taisu Zhang and Tom Ginsburg, "China's Turn Toward Law", *Virginia Journal of International Law*, Vol. 59, No. 2 (2019), pp. 306−389.

38 李鵬,『立法與監督(下)』, pp. 553, 559−563.

39 潘國紅, "'兩官'履職評議: 地方人大司法監督的探索創新",《人大研究》2023年 11期, pp. 36−42; 李梅, "法官履職評議: 地方人大司法監督的制度創新",《中國特色社會主義研究》2016年 4期, pp. 43−47;

庄澤林, "地方人大述職評議監督的思考探討和展望",《人大研究》2022年 7期, pp. 4-9.

40 陳書僑, "對工作評議的再認識",《人大研究》2011年 1期, pp. 20-23; 潘國紅, "規範和實效: 人大工作評議的目標取向—以江蘇省啓東市人大爲例",《人大研究》2015年 2期, pp. 42-45; 許美群, "地方人大開展工作評議: 實踐與思考",《人大研究》2019年 5期, pp. 37-40; 葉文科, "地方人大評議的權力空間: 黨的領導入法入規視角下",《人大研究》2022年 5期, pp. 53-47.

41 Almén, "Only the Party Manages Cadres", pp. 237-254.

42 Cho, "Symbiotic Neighbour or Extra-Court Judge?" pp. 1068-1083; Randall Peerenboom, "Judicial Independence and Judicial Accountability: An Empirical Study of Individual Case Supervision", China Journal, No. 55 (January 2006), pp. 67-92.

43 劉德興, "人大個案監督與法官獨立審判的矛盾性和兼容性探討",《四川師範大學學報》38卷 4期(2011. 7), pp. 94-102.

44 鍾雯, "反對個案監督的若干理由",《法制與社會》2008年 8期, p. 171; 鄧富妮, "試論人大個案監督的困境與出路",《前沿》2012年 20期, pp. 69-71; 秦小建, "人大監督法院的實踐審思及規范性重構",《烟臺大學學報》36卷 6期(2023. 11), pp. 35-50; 席文啓, "關於人大個案監督的幾個問題",《人大制度研究》2016年 3月 10日, pp. 53-57; 冀夢琦, "論人大監督與司法裁判的良性互動",《法制博覽》2015年 1期, pp. 11-13.

45 Cho, "From 'Rubber Stamps' to 'Iron Stamps,'" pp. 724-740.

46 조영남,『중국의 통치 체제 1』, pp. 29-87.

47 李鵬,『立法與監督(下)』, pp. 547-549.

48 李鵬,『立法與監督(上)』, pp. 279-343.

49 李鵬,『立法與監督(下)』, p. 563.

50 李鵬, 『立法與監督(下)』, pp. 563–565.

51 吳邦國, 『吳邦國論人大工作』, pp. 189–192.

52 조영남, 『중국 정치개혁과 전국인대』, p. 49; 조영남, 『중국 의회정치의 발전』, pp. 33–62.

53 이런 견해는 다음의 연구에 잘 나타나 있다. Murray Scot Tanner, *The Politics of Lawmaking in China: Institutions, Processes, and Democratic Prospects* (Oxford: Clarendon Press, 1999), pp. 231–251; Xia, *The People's Congress and Governance in China*, pp. 247–271.

54 Cho, *Local People's Congresses in China*, pp. 163–172; 조영남, 『중국 의회정치의 발전』, pp. 195–203.

55 彭冲, 『民主法制論集』(北京: 中國民主法制出版社, 1993), p. 174; 蔡定劍, 『中國人民代表大會制度』(北京: 法律出版社, 1998), p. 298; 何俊志, 『從蘇維埃到人民代表大會制』, pp. 272–273.

56 Murray Scot Tanner, "The Erosion of Communist Party Control over Lawmaking in China", China Quarterly, No. 138 (June 1994), pp. 398–401; Cho, Local People's Congresses in China, pp. 22–23; Xia, The People's Congress and Governance in China, pp. 150–177.

57 Elizabeth C. Economy, *The Third Revolution: Xi Jinping and the New Chinese State* (New York: Oxford University Press, 2018); Carl Minzner, *End of an Era: How China's Authoritarian Revival Is Undermining Its Rise* (New York: Oxford University Press, 2018); David Shambaugh, *China's Leaders: From Mao to Now* (Medford: Polity, 2021); Bruce J. Dickson, *The Party and the People: Chinese Politics in the 21st Century* (Princeton: Princeton University Press, 2021); Tony Saich, *From Rebel to Ruler: One Hundred Years of the Chinese Communist Party* (Cambridge, MA: Belanap Press, 2021).

58 조영남, 「중국 시진핑 시기의 정치변화 분석과 평가: '권력 집중형' 권위주

의의 등장", 『국제·지역연구』 32권 2호(2023년 여름호), pp. 41-69.

지방 의회의 입법 활동: 상하이시 의회 사례

1 許祖雄·朱言文 主編, 『民主法制與人大制度』(上海: 復旦大學出版社, 1999), pp. 236-245, 260-265, 266-272; 상하이시 인대 고위 관계자와의 인터뷰(상하이시, 2003년 8월 13일).

2 Glenn R. Parker, *Characteristics of Congress: Patterns in Congressional Behavior* (Englewood Cliffs: Prentice Hall, 1989), pp. 199-215; Roger H. Davidson, Walter J. Oleszek, and Frances E. Lee, *Congress and Its Members* (Fourth Edition) (Washington D.C.: CQ Press, 1994), pp. 306-307.

3 屠國明, "突出依法維權, 體現上海特色: 淺談修改後的〈上海市工會條例〉", 《工會理論研究》 2002年 6期, pp. 22-23, 30.

4 中華全國總工會 法律工作部, 『中華人民共和國工會法講話』(北京: 中國工人出版社, 2001), pp. 2-4.

5 朱濟民, "關於〈修改上海市工會條例〉的決定〈草案〉和廢止〈上海市中外經營企業工會條例〉的說明", 『上海市人大常委會公報』 152號(2002年); 胡廷福, "市人大法制委關於〈關於修改'上海市工會條例'的決定草案〉審議結果的報告", 《上海市人大常委會公報》 152號(2002年); 郁侃, "為使百萬職工更放心: 市人大常委會對修改工會條例進行立法調研", 《上海人大月刊》 2002年 6期; 丁賢, "努力開創工會工作新局面: 介紹修改後的〈上海市工會條例〉", 《上海人大月刊》 2002年 10期; 상하이시 인대 및 총공회 고위 관계자와의 인터뷰(상하이시, 2003년 8월 13일, 2004년 2월 18일).

6 上海市人大常委會 法制工作委員會 編, 『〈上海市勞動合同條例〉釋義』(上海: 上海人民出版社, 2002), pp. 101-110.

7 상하이시 총공회 고위 관계자와의 인터뷰(상하이시, 2004년 2월 18일).

8 上海市人大常委會,『〈上海市勞動合同條例〉釋義』, pp. 104−109; 상하이시 총공회 및 공상련 고위 관계자와의 인터뷰(상하이시, 2004년 2월 17일과 18일).

9 中國金融工會全國委員會 編,『工會工作重要文件選編』(北京: 中國金融出版社, 2002), p. 141.

10 上海市人大常委會 法制工作委員會 編,『〈上海市勞動合同條例〉釋義』, pp. 104−109; 鄭輝, "心系人民 坦誠直言: 市人大常委會審議勞動合同條例草案",《上海人大月刊》2001年 10期; 상하이시 총공회 및 공상련 고위 관계자와의 인터뷰(상하이시, 2004년 2월 17일과 18일).

11 上海市人大常委會,『〈上海市勞動合同條例〉釋義』, pp. 111−115.

12 李磊·陳榮華, "市民參與立法的有益實踐",《上海人大月刊》2001年 10期; 沈建明, "實踐立法聽證 提高立法質量: 記上海市勞動合同條例'立法聽證会",《上海人大月刊》2001年 11期.

13 上海市人大常委會,『〈上海市勞動合同條例〉釋義』, p. 87.

14 上海市人大常委會,『〈上海市勞動合同條例〉釋義』, pp. 116−130; 상하이시 인대 고위 관계자와의 인터뷰(상하이시, 2003년 8월 13일).

15 상하이시 인대 고위 관계자와의 인터뷰(상하이시, 2003년 8월 13일).

16 상하이시 인대 고위 관계자와의 인터뷰(상하이시, 2003년 8월 13일).

17 上海市人大常委會 法制工作委員會 編,『〈上海市消費者權益保護條例〉釋義』(上海: 上海人民出版社, 2003), pp. 151−153.

18 상하이시 소비자협회 고위 관계자와의 인터뷰(상하이시, 2004년 2월 18일).

19 上海市人大常委會,『〈上海市消費者權益保護條例〉釋義』, pp. 153−154, 171−175.

20 上海市人大常委會,『〈上海市消費者權益保護條例〉釋義』, pp. 154−161; 小龍, "市消协把維權工作落到實處",《上海人大月刊》2002年

12期; 상하이시 소비자협회 고위 관계자와의 인터뷰(상하이시, 2004년 2월 18일).

21 상하이시 소비자협회 고위 관계자와의 인터뷰(상하이시, 2004년 2월 18일). 참고로 상하이시 소비자협회는 2004년 2월 상하이시 인대의 심의를 거쳐 정부 공상국으로부터 분리하여 독립된 비정부조직(NGO)으로 법적 지위가 변경되었다. 명칭도 '상하이시 소비자권익보호위원회'로 바꾸었다.

22 광둥성 소비자위원회 고위 관계자와의 인터뷰(광저우시, 2004년 8월 11일).

23 상하이시 소비자협회 고위 관계자와의 인터뷰(상하이시, 2004년 2월 18일).

24 상하이시 소비자협회 고위 관계자와의 인터뷰(상하이시, 2004년 2월 18일).

25 上海市人大常委會, 『〈上海市消費者權益保護條例〉釋義』, pp. 162-165.

26 上海市人大常委會, 『〈上海市消費者權益保護條例〉釋義』, pp. 166-175.

지방 의회의 감독 활동

1 瀋陽市人大常委會, 『地方人大代表工作實踐與探索』(北京: 中國民主法制出版社, 2002), pp. 231-241.

2 吳習, "人大工作的廣東現象", 《人民與權力》 2002년 10기, p. 39; 尹中卿 主編, 『人大研究文萃(第4卷)』(北京: 中國法制出版社, 2004), pp. 613-620.

3 全國人大常委會辦公廳研究室 編, 『地方人大是怎樣行使職權的』(北京: 中國民主法制出版社, 1992), p. 284; 全國人大常委會辦公廳研究室 編, 『我國當前法律實施的問題和對策』(北京: 中國民主法制出版社, 1997), p. 8; 廣東省人大制度研究會 外 編, 『依法治省的探討』(北京: 中國民主法制出版社, 1997), p. 146; 陳耀良 主編, 『銳意進取的縣級人大工作』(北京:

中國民主法制出版社, 1997), pp. 1-3.

4 Peter Vanneman, *The Supreme Soviet: Politics and the Legislative Process in the Soviet Political System* (Durham, North Carolina: Duke University Press, 1977), pp. 14, 101.

5 全國人大常委會, 『我國當前法律實施的問題和對策』, p. 105.

6 全國人大常委會辦公廳研究室 編, 『人民代表大會成立40周年紀念文集』(北京: 中國民主法制出版社, 1995), pp. 327-328.

7 湖北省武穴市人大常委會 編著, 『縣鄉人大工作研究』(北京: 中國民主法制出版社, 1994), p. 24.

8 全國人大常委會, 『人民代表大會成立40周年紀念文集』, p. 272; 全國人大常委會, 『我國當前法律實施的問題和對策』, pp. 293, 295; 衛乃斌, 『人大主任工作崗位上的思考與實踐』(北京: 中國民主法制出版社, 1994), p. 53. 그러나 이러한 정책이 효과적인 것 같지는 않다. 왜냐하면 당서기는 공산당 업무가 너무 바빠 의회 업무를 볼 시간이 없기 때문이다. 衛乃斌, 『人大主任』, p. 71; 楊逢春 主編, 『在省級人大工作崗位上』(北京: 中國民主法制出版社, 1997), p. 364. 결국 이 문제는 의회 지도자의 당내 지위를 높인다고 해결될 문제는 아니다.

9 조영남, 『중국 정치개혁과 전국인대』, pp. 222-248.

10 全國人大常委會, 『地方人大是怎樣行使職權的』, pp. 294-296; 全國人大常委會 辦公廳 研究室 文化研究室 編, 『國家權力機關的監督制度和監督工作』(北京: 中國民主法制出版社, 1999), pp. 148-149.

11 全國人大常委會, 『我國當前法律實施的問題和對策』, p. 294.

12 全國人大常委會, 『地方人大監督工作探索』, p. 70; 許祖雄·朱言文 主編, 『民主法制與人大制度』(上海: 復旦大學出版社, 1999), p. 20; 全國人大常委會, 『地方人大是怎樣行使職權的』, p. 275.

13 白廣全 主編, 『開創城市區級人大工作的新局面』(北京: 中國民主法制出版社, 1997), pp. 78, 316-320; 全國人大常委會, 『地方人大監督工作探索』, p. 160.

14 白廣全, 『開創城市區級人大工作』, p. 78; 全國人大常委會, 『地方人大監督工作探索』, p. 187.

15 白廣全, 『開創城市區級人大工作』, p. 160; 陳耀良, 『銳意進取的縣級人大工作』, p. 227.

16 蔡定劍·王晨光 主編, 『人民代表大會二十年發展與改革』(北京: 中國檢察出版社, 2001), p. 265.

17 톈진시(天津市) 지역 인대 고위 관계자와의 인터뷰(톈진시, 2001년 3월과 8월, 2002년 1월); 허베이성 한단시(邯鄲市) 지역 인대 고위 관계자와의 인터뷰(한단시, 2000년 7월).

18 Young Nam Cho, *Local People's Congresses in China: Development and Transition* (New York: Cambridge University Press, 2009), pp. 66-69.

19 金牛區人大志編纂委員會 編, 『成都市金牛區人民代表大會志』(成都: 四川人民出版社, 1995), pp. 163-174.

20 廣東省人大制度研究會, 『依法治省的探討』, pp. 164-165; 湖北省武穴市人大常委會, 『縣鄉人大工作研究』, p. 166.

21 黃冬婭, "縣級人大代表履職: 誰更積極?", 《社會學研究》 2015年 4期, pp. 169-193.

22 株州市人大志編纂委員會 編, 『株州市人大志』(湖南出版社, 1991), p. 191; 泉州市鯉城區人民代表大會志編纂委員會 編, 『泉州市鯉城區人民代表大會志』(北京: 中國民主法制出版社, 1994), p. 173; 鳥杰 主編, 『中國政府與機構改革(上)』(北京: 國家行政學院出版社, 1998), p. 1051.

23 100%의 의회가 감독 활동에 참여하지 않은 것은 도시 지역의 의회는 감독 대상이 없기 때문이다. 따라서 농민 경감 문제가 발생하는 농촌 지역에 있는 의회는 사실상 모두 참여했다고 보면 된다.

24 全國人大常委會,『人民代表大會成立40周年紀念文集』, p. 239; 孟連崑, "關于人大開展評議司法機關工作的體會", p. 7; 全國人大常委會,『地方人大行使職權實例選編』, pp. 159–163; 楊逢春,『在省級人大工作崗位上』, pp. 48–49, 104, 197, 290.

25 Young Nam Cho, "Public Supervisors and Reflectors: Role Fulfillment of the Chinese People's Congress Deputies in the Market Socialist Era", *Development and Society*, Vol. 32, No. 2 (December 2003), pp. 197–227.

26 全國人大常委會,『人民代表大會成立40周年紀念文集』, pp. 141–163; 全國人大常委會,『國家權力機關的監督制度和監督工作』, pp. 224–225.

27 孫維本 主編,『人大工作手冊』(北京: 中國民主法制出版社, 1997), pp. 161–164; 蔡定劍,『中國人民代表大會制度』(北京: 法律出版社, 1998), pp. 381–390.

28 全國人大常委會,『人民代表大會成立40周年紀念文集』, pp. 330–331; 全國人大常委會,『地方人大是怎樣行使職權的』, pp. 207–221, 222–227; 全國人大常委會辦公廳研究室 編,『地方人大行使職權實例選編』(北京: 中國民主法制出版社, 1996), pp. 107–113, 114–131.

29 全國人大常委會,『人民代表大會成立40周年紀念文集』, pp. 330–331; 全國人大常委會,『地方人大是怎樣行使職權的』, pp. 268–273; 全國人大常委會,『地方人大行使職權實例選編』, pp. 283–300.

30 全國人大常委會辦公廳研究室 編,『地方人大監督工作探索』(北京: 中國民主法制出版社, 1997), p. 44.

31 全國人大常委會,『地方人大是怎樣行使職權的』, pp. 57–104, 177–196.

32 全國人大常委會,『國家權力機關的監督制度和監督工作』, pp. 44–46; 楊逢春,『在省級人大工作崗位上』, pp. 378–379.

33 全國人大常委會, "全國人大常委會關于加强對法律實施情況檢查監督的若干規定",《人大工作通迅》1994年 13期, p. 5.

34 全國人大常委會,『地方人大是怎樣行使職權的』, pp. 156-158; 陳勇, "關于法律執行監督的幾個問題",《人大工作通迅》1994年 2期, p. 30.

35 全國人大常委會,『人民代表大會成立40周年紀念文集』, p. 329.

36 中共中央, "中共中央關于加强黨同人民群衆聯系的決定"(1990), 中共中央文獻研究室 編,『十三大以來重要文獻選編』(中)(北京: 人民出版社, 1991), p. 935.

37 "田紀雲副委員長在全國人大常委會秘書長會議上的講話",《人大工作通迅》1997年 4期, p. 6; 劉夫生, "認清形勢明確任務努力開創地方人大工作的新局面",《人大工作通迅》1997年 4期, p. 9.

38 조영남,『중국 정치개혁과 전국인대』, pp. 354-360; 全國人大常委會,『地方人大是怎樣行使職權的』, pp. 284-285; 孫維本,『人大工作手冊』, p. 165.

39 全國人大常委會,『國家權力機關的監督制度和監督工作』, p. 121; 全國人大常委,『地方人大行使職權實例選編』, pp. 233-234.

40 全國人大常委會,『地方人大監督工作探索』, pp. 119, 123.

41 全國人大常委會,『國家權力機關的監督制度和監督工作』, p. 97.

42 全國人大常委會,『國家權力機關的監督制度和監督工作』, pp. 81, 88; 全國人大常委會,『地方人大監督工作探索』, pp. 99, 123.

43 全國人大常委會,『我國當前法律實施的問題和對策』, p. 355.

44 톈진시(天津市) 지역 인대 고위 관계자와의 인터뷰(톈진시, 2001년 3월과 8월, 2002년 1월); 허베이성 한단시(邯鄲市) 지역 인대 고위 관계자와의 인터뷰(한단시, 2000년 7월).

45 程湘清 外,『國家權力機關的監督制度和監督工作』(北京: 中國民主法制出版社, 1999), pp. 264-273.

46 孫維本,『人大工作手冊』, pp. 167–168; 孟連崑, "認眞總結經驗推動 評議工作健康開展",《人大工作通迅》1995年 24期, pp. 9–12; 尹萬邦, "試論人大代表的評議工作",《人大工作通迅》1994年 13期, pp. 27– 32.

47 全國人大常委會,『國家權力機關的監督制度和監督工作』, p. 239; 全 國人大常委會,『地方人大監督工作探索』, p. 207; 孟連崑, "關于人大 開展評議司法機關工作的體會",《人大工作通迅》1994年 21期, p. 6.

48 全國人大常委會,『我國當前法律實施的問題和對策』, p. 34; 全國人 大常委會,『國家權力機關的監督制度和監督工作』, p. 213.

49 蔡定劍·王晨光,『人民代表大會二十年發展與改革』, p. 267; 程湘清, 『國家權力機關的監督制度和監督工作』, p. 222.

50 全國人大常委會,『國家權力機關的監督制度和監督工作』, pp. 217, 225–226, 242; 尹萬邦, "試論人大代表的評議工作", p. 28.

51 全國人大常委會,『國家權力機關的監督制度和監督工作』, pp. 226– 228, 243–245; 孫維本,『人大工作手冊』, pp. 166–168; 尹萬邦, "試論人 大代表的評議工作", pp. 28–29; 杭州市人大 主編,『中心城市人大工 作的新進展』(北京: 中國民主法制出版社, 1997), p. 74.

52 田紀雲, "發揮人大監督作用促進民主法制建設",《人大工作通迅》 1995年 12期, p. 3; 孟連崑, "關于人大開展評議司法機關工作的體會", pp. 7–8; 孟連崑, "認眞總結經驗推動評議工作健康開展", pp. 10–11; 尹萬邦, "試論人大代表的評議工作", pp. 30–31; 全國人大常委會,『國 家權力機關的監督制度和監督工作』, pp. 245–247; 全國人大常委會, 『我國當前法律實施的問題和對策』, pp. 369–370; 全國人大常委會, 『地方人大監督工作探索』, pp. 224–229; 楊逢春,『在省級人大工作崗 位上』, pp. 433–434.

53 全國人大常委會,『國家權力機關的監督制度和監督工作』, pp. 228–

229, 245; 全國人大常委會, 『地方人大監督工作探索』, pp. 217-218, 255.

54 全國人大常委會, 『國家權力機關的監督制度和監督工作』, pp. 232-233; 陳耀良, 『銳意進取的縣級人大工作』, p. 221; 全國人大常委會, 『地方人大行使職權實例選編』, p. 300 참조.

55 Cho, *Local People's Congresses in China*, pp. 70-73; 蔡定劍·王晨光, 『人民代表大會二十年發展與改革』, pp. 283-288; 蔡定劍 主編, 『監督與司法公正:研究與案例報告』(北京: 法律出版社, 2005).

56 連玉明 主編, 『中國國政報告-體驗"兩會"問題中國新語態』(北京: 中國時代經濟出版社, 2003), pp. 15-16.

57 蔡定劍·王晨光, 『人民代表大會二十年發展與改革』, pp. 401-413.

인대 대표의 대의 활동

1 Xuedong Yang and Jian Yan, "Governance edging out representation? Explaining the imbalanced functions of China's people's congress system", *Journal of Chinese Governance*, Vol. 6, No. 1 (2021), pp. 110-130; Zhongyuan Wang, "Engineering Representation in a Single-Party Regime: A Mobilization Model of Political Representation in China's Local Congresses", *Journal of Chinese Political Science*, Vol. 25, No. 3 (2020), pp. 371-393.

2 Barrett L. McCormick, "China's Leninist parliament and public sphere: A comparative analysis", Barrett L. McCormick and Jonathan Unger (eds.), *China after Socialism: In the Footsteps of Eastern Europe or East Asia?* (Armonk: M. E. Sharpe, 1996), p. 40.

3 Kevin O'Brien, "Agents and remonstrators: Role accumulation by

Chinese people's congress deputies", *China Quarterly*, No. 138 (June 1994), pp. 365−72.

4   Young Nam Cho, *Local People's Congresses in China: Development and Transition* (New York: Cambridge University Press, 2009), pp. 83−112.

5   Chuanmin Chen, "Getting Their Voices Heard: Strategies of China's Provincial People's Congress Deputies to Influence Policies", *China Journal*, No. 82 (May 2019), pp. 46−70; Thomas Heberer, "Representation in a context across political orders and the Chinese case", *Journal of Chinese Governance*, Vol. 4, No. 4 (2019), pp. 339−361.

6   Rory Truex, *Making Autocracy Work: Representation and Responsiveness in Modern China* (New York: Cambridge University Press, 2016), pp. 55, 169, 186−182; Xiaobo Lu, Mingxing Liu, and Feiyue Li, "Policy Coalition Building in an Authoritarian Legislature: Evidence from China's National Assemblies (1983−2007)", *Comparative Political Studies*, Vol. 53, No. 9 (2020), pp. 1380−1416; 劉樂明, "全國人大代表個體屬性與履職行爲模式實證分析", 『深圳大學學報』37卷 2期(2020. 3.), pp. 108−116; 何俊志, "全國人大代表的個體屬性與履職狀況關係研究", 『復旦學報』2013年 2期, pp. 113−121.

7   Melanie Manion, *Information for Autocrats: Representation in Chinese Local Congresses* (New York: Cambridge University Press, 2015), pp. 2−5, 96−102, 15−154.

8   Yue Hou, The Private Sector in Public Office: Selective Property Rights in China (New York: Cambridge University Press, 2019), pp. 134−137, 156−158

9   "要重視選民對代表執行職務的監督", 《人大工作通訊》8期(1994), p 30.

10 톈진시 인대 지도자 및 고위 실무자와의 인터뷰(톈진시, 2001년 3월); "人大

代表不是護身符",《中國人大新聞》2001年 9月 18日.

11 唐娟·鄒樹彬 主編, 『2003年深圳競選實錄』(西安: 西安大學出版社, 2003); 鄒樹彬 主編, 『2003年北京市區縣人大代表競選實錄』(西安: 西安大學出版社, 2004); 黃衛平·汪永成 主編, 『當代中國政治研究報告IV』(北京: 社會科學文獻出版社, 2004), pp. 224-240.

12 "代表眼中的代表工作",《人大論壇》8期(1999年 8月), p. 28; "百姓心目中的人大",《時代主人》, 11期(2000年 11月), pp. 26-27; "廣州市民普遍認同人大代表建言",《南方都市報》, 2001年 3月 29日; 趙寶煦 主編, 『民主政治與地方人大』(西安: 陝西人民出版社, 1990), pp. 87-112, 185-196, 217-241.

13 시기는 1999년 1월부터 2001년 6월까지 2년 6개월이며, 10개 기관지는 다음과 같다. 상하이시의《상하이인대월간(上海人大月刊)》, 광둥성의《인민의 목소리(人民之聲)》, 푸젠성의《인민정치포럼(人民政壇)》, 헤이룽장성의《법치(法治)》, 장쑤성의《인민과 권력(人民與權力)》, 산둥성의《산둥인대공작(山東人大工作)》, 후베이성의《후베이주인(楚天主人)》, 후난성의《인민의 벗(人民之友)》, 장시성의《시대주인(時代主人)》, 허베이성의《지방인대건설(地方人大建設)》. 또한 1994년부터 2001년까지 전국인대의 기관지인《인대공작통신(人大工作通訊)》과《중국인대(中國人大)》에 실린 대표 활동을 조사하였다. 마지막으로 전국인대의 요청으로 지방인대가 추천한 100명의 모범적인 대표 활동을 분석하였다. 全國人大常委會辦公廳聯絡局 主編, 『我怎樣當人大代表』(北京: 中國民主法制出版社, 2000).

14 全國人大常委會辦公廳聯絡局, "我國各級人大代表共有350多萬名",《人大工作通訊》1期(1995.1.), p. 320.

15 張業遂, "中國共有各級人大代表262.3萬 縣鄉代表比例94.5%",《人民網》2022年 3月 4日.

16 Manion, *Information for Autocrats*, pp. 32-33; Melanie Manion, Viola

538

Rothschild and Hongshen Zhu, "Dual Mandates in Chinese Congresses: Information and Cooptation", *Issues and Studies*, Vol. 58, No. 1 (March 2022) (Online version).

17 北京市人大常委會 代表聯絡室, "北京市學習實踐代表法情況的調查", 全國人大常委會 辦公廳研究室 主編, 『人民代表大會成立40周年紀念文集』(北京: 中國民主法制出版社, 1995), pp. 28–29.

18 王澤春, "人大代表專職化困境與出路探究", 《人大研究》2016年 8期, pp. 37–41.

19 潘兆民, "中國地方人大的身份結構變遷及其影響分析", 《展望與探索》5卷 11期(2007.11.), pp. 22–38; 北京市人大常委會, "北京市學習實踐代表法情況的調查", p. 28; 甘益偉, "地方人大常委會委員的專職化", 全國人大常委會, 『人民代表大會成立40周年紀念文集』, pp. 336–337.

20 甘益偉, "地方人大常委會委員的專職化", pp. 336–337.

21 卞愉清 外, "論人大代表的代表認識", 《政治與法律》1990年 6期, pp. 32–33.

22 李珠·向前, "淺談黨員人大代表的雙重身份問題", 《人大研究》2015年 5期, pp. 8–13.

23 甘益偉, "地方人大常委會委員的專職化", pp. 336–337; 薛加良, "論人大代表專職化", 《探索》1992年 3期, pp. 53–55.

24 "人大代表選舉是全過程人民民主生動實踐", 《文匯報》(홍콩) 2023年 3月 6日.

25 全國人大常委會, "關於加強同代表聯係的幾點意見", 全國人大常委會 辦公廳研究室 主編, 『中華人民共和國人民代表大會文獻資料匯編1949–1990』(北京: 中國民主法制出版社, 1990), pp. 467–469; 王方渝, "發揮人大代表作用 圍繞大局服務人民", 《社會主義論壇》2022年 4期,

pp. 25-26.

26 付宇程, "人大代表聯係選民的激勵機制研究", 《人大研究》2019年 2期, pp. 31-42; 解玉良, "制度空間與空間制度化", 《人大研究》 2021年 11期, pp. 35-39; 張娟, "加强人大代表聯係群衆工作的實踐 與思考", 《三晉基層治理》2022年 1期, pp. 105-108; 張洲, "新時代楓 橋經驗視角下的人大代表社區聯絡站在基層治理中的作用機制與效 果評價", 《人大研究》2021年 11期, pp. 22-27; 嚴行健, "地方人大代 表直接聯係群衆工作的現狀及特徵", 『北京航空航天大學學報』31卷 3期(2018.5.), pp. 47-54; 付宇程, "人大代表聯係選民的激勵機制研究", 《人大研究》2019年 2期, pp. 31-42; 張翔, "城市基層制度變遷", 『公共 管理學報』15卷 4期(2018.10.), pp. 27-38; 葛微, "人大代表社區聯係站 有效運行的制度内核分析", 《人大研究》2019年 11期, pp. 28-33.

27 北京市人大常委會, "北京市學習實踐代表法情況的調查", pp. 28-29; 馬耕夫, "關於新形勢下人大代表工作的重要意義和正確方法", 《人民 工作通訊》3期(1995.2.), p. 27.

28 何俊志, "代表結構與履職績效", 《南京社會科學》2012年 1期, pp. 78-83; 葛微, "城市基層人大代表閉會履職創新形式與作用發揮探 討", 《人大研究》2019年 6期, pp. 19-24; 範東升, "基層人大代表結構 及履職狀況分析", 《長江論壇》2017年 3期, pp. 65-69; 王龍飛, "現階 段我國縣級人大代表會議之外履職狀態的考察", 《人大研究》2018年 2期, pp. 32-39; 張淳翔, "中國大陸地方人大代表監督過程中的角色 而分析", 《展望與探索》12卷 6期(2014.6.), pp. 33-48; 蘇茜, 『區縣人大 代表在社區治理中的履職研究: 以重慶市九零坡區爲例』, 重慶大 學 公共管理學院 碩士學位論文(2018.11.); 王珂, 『地方人大代表參與基 層社會治理的功能地位研究』, 華東師範大學 政治學係院 碩士學位 論文(2019.5.); 張樟, 『"使調節更有效": 人大代表工作站的實踐機制與功能拓展研究: 以W市人大代表工作站爲例』, 華中師範大學 碩士學位論文(2016.5.); Guo Jiguang, *A Study of Deputies in Local People's Congresses in China* (Doctoral Degree Thesis), Department of Political Science, National University of Singapore, 2007.

29 趙寶煦, 『民主政治與地方人大』, pp. 190-191.

30 劉政等 主編, 『人民代表大會工作全書』(北京: 中國法制出版社, 1999), pp. 281-283.

31 安徽省人大, "成效顯著任重道遠", 《中國人大》1期(2000.1.), p. 14; 인대 지도자와 및 고위 직원과의 인터뷰(톈진시, 2001년 3월).

32 安徽省人大, "成效顯著任重道遠", p. 14.

33 河北省人大常委會, "關於峰峰礦區法院非法拘銬省人大代表", 《中國人大》1期(2000.1.), p. 23; "湖南人大代表無辜被打, 打人民警察終受處分", 《中國人大新聞》2001年 9月 5日.

34 인대 지도자 및 고위 직원과의 인터뷰(톈진시, 2001년 3월).

35 "各省自治區直轄市黨委召開人大代表工作會議的情況", 《中國人大》3期(2000.2.), pp. 19-20.

36 天津市 地方志編修委員會 主編, 『天津通志: 政權志人民代表大會卷』(天津: 天津社會科學院出版社, 1997), pp. 482-483.

37 인대 지도자 및 고위 직원과의 인터뷰(톈진시, 2001년 4월); 康子名 主編, 『南開人大二十年 1979-1999』(天津, 1999), p. 4.

38 Tianjian Shi, "Mass political behavior in Beijing", Merle Goldman and Roderick MacFarquhar (eds.), *The Paradox of China's Post-Mao Reforms* (Cambridge: Harvard University Press, 1999), p. 155.

39 "依法規範人大常委會信訪工作", 《法治》1期(2001.1.), p. 12; "有爲才有位, 無爲才無位", 《廣西人大》4期(1999.4.), p. 5.

40 "蜀川縣人大的信訪爲何越來愈多", 《時代主人》4期(2000.4.), p. 28.

41 "廣西南寧市永新區: 代表職務被終止", 《中國人大新聞》2001年 5月 23日; "不稱職代表該免", 《中國人大新聞》2001年 9月 19日.

42 "當前地方人大代表工作的新進展和需要研究的一些問題", 《人大研究》9期(2001.9.).

43 安徽省人大, "成效顯著任重道遠", p. 14; "向選民述職讓選民評說", 《上海人大月刊》2期(2000.2.), pp. 12–14; "人大代表走上述職台", 《人民政壇》8期(2001.8.), pp. 38–39.

44 인대 지도자 및 고위 직원과의 인터뷰(톈진시, 2001년 10월).

45 "一次新的嘗試: 南開區執法評議大會側記", 《天津人大工作》12期 (2000.12.), pp. 8, 17.

46 "發揮代表在評議中的主體作用", 《上海人大月刊》8期(1999.8.), pp. 31–2.

47 北京市人大常委會 代表聯絡室, "關於人大代表小組工作的調查", 《人大工作通訊》8期(1 1997.4.), p. 20.

48 楊逢春 主編, 『在省級人大崗位上』(北京: 中國民主法制出版社, 1996), p. 51; 天津市大港區 第九代表組, "擺正關係, 搞好結合, 努力發揮代表組作用", 《人大工作通訊》18期(1996. 9.), p. 31.

49 全國人大常委會, 『我怎樣當人大代表』, pp. 270–8.

50 "胡正昌談新一年代表工作思路", 《上海人大月刊》2期(1999.2.), pp. 4–5.

51 "冰清玉潔係民心", 《人大工作通訊》5期(1996.3.), pp. 35–36; 全國人大常委會, 『我怎樣當人大代表』, pp. 212–220.

52 "委員怒提質詢案", 《人民之友》3–4期(1999.4.), pp. 20–22; "四川人大代表質詢社保局", 《人民之友》3–4期(1999.4.), p. 55; "一片開闊而清涼的天空: 記起質詢案紀實", 《人民政壇》6期(2001.6.), pp. 10–13.

53 "嚴明法律 推進法治", 《中國人大新聞》2001年 4月 4日.

54 "讓代表滿意", 《人民之友》11期(2000.11.), pp. 23-24; 인대 지도자 및 고위 직원과의 인터뷰(톈진시, 2001년 10월).

55 江澤民, "關於堅持和完善人大制度", 全國人大常委會 辦公廳研究室 主編, 『中華人民共和國人民代表大會文獻資料匯編1949-1990』, pp. 624-625.

56 "認准的事就幹: 一位基層人大代表的自述", 《人民政壇》7期(2001.7.), pp. 22-23.

57 全國人大常委會, 『我怎樣當人大代表』, pp. 35-37.

58 "無愧于人民的重托", 《人民之友》12期(2000.12.), pp. 12-13.

59 Tomoki Mamo and Hiroki Takeuchi, "Representation and Local People's Congresses in China: A Case Study of the Yangzhou Municipal People's Congress", *Journal of Chinese Political Science*, Vol. 18 (2013), pp. 401-60; 徐理響, "從代表建議看我國人大代表選舉制度的改革", 《濟南大學學報》23卷 4期(2013), pp. 36-41; 左才, "地方人大中的地域代表現象探析", 《開放時代》2020年 2期, pp. 145-158; 李翔宇, "中國人大代表行動中的分配政治", 《開放時代》2015年 4期, pp. 140-156; 郝詩楠, "省級人大代表回應民意的邏輯與動力", 《學習與探索》2022年 8期, pp. 74-81; 王雄, "進取心, 政策信號與聯署行爲", 《經濟社會體制比較》2021年 5期, pp. 118-128.

60 "平肝村村民心中的好代表", 《法治》5期(2000.5.), pp. 14-15.

61 "一片丹心爲人民", 《人民之聲》11期(1999.11.), pp. 32-33.

62 "加强和改進代表工作 更好地發揮代表作用", 《人大工作通訊》23期(1994.12.), pp. 16-18; "我是怎樣履行人大代表職務的", 《人大工作通訊》5期(1995.3.), pp. 19-20.

63 内蒙古自治區 人大常委會辦公廳, "身擔代表職, 心係人民事", 《人大工作通訊》21期(1995. 11.), pp. 34-35; "代表說的話管用", 《人大工作通訊》5期(1995.3.), p. 22; "心係地方經濟發展, 放眼全國參政議政", 《人大工作通訊》15期(1995.8.), pp. 33–34.

64 王敏, 『國家權力機關的國民經濟計劃和預算監督機制』(北京: 中國民主法制出版社, 1993), pp. 253–258; 黃濟人, 『一個全國人大代表的日記』(重慶: 重慶出版社, 1997), pp. 121–263; 朱光磊, 『當代中國政府過程』(天津: 天津人民出版社, 1997), pp. 157–165.

65 全國人大常委會, 『中華人民共和國人民代表大會文獻資料匯編』, pp. 855–857; "八屆全國人大一次會議代表提出的議案審議報告綜述", 《人大工作通訊》3期(1994.2.), pp. 14–15, 36.

66 編纂組 主編, 『辦理人大代表建議政協委員提案工作資料匯編』(北京: 中國展望出版社, 1989), pp. 41–50, 139–141, 183–193.

67 "亮點工程", 《人民與權力》8期(1999.8.), p. 23.

68 "上海各區縣人大代表議案不寫流水帳", 《中國人大新聞》2001年 3月 8日.

69 인대 지도자 및 고위 직원과의 인터뷰(톈진시, 2001년 10월).

70 萬樹明, "選她當代表沒有錯", 《時代主人》4期(2001.4.), p. 31; "葉代表特寫", 《人民之友》1–2期(2001.2.), pp. 33–34.

71 인대 지도자 및 고위 직원과의 인터뷰(톈진시, 2001년 10월).

72 劉智 等著, 『數據選舉: 人大代表選舉統計研究』(北京: 中國社會科學出版社, 2001).

73 全國人大常委會, 『中華人民共和國人民代表大會文獻資料匯編 1949–1990』 p. 185; 全國人大常委會 辦公廳研究室 主編, 『人民代表大會文獻匯編』(北京: 中國民主法制出版社, 1992), pp. 171–178.

74 蔡秉文 主編, 『上海人民代表大會志』(上海: 上海社會科學院出版社, 1998), pp. 189–191.

75 趙寶煦, 『民主政治與地方人大』, p. 180.

76 全國人大常委會, 『我怎樣當人大代表』, pp. 145–155, 415–417; "選他 當代表, 更把他當榜樣", 《人民與權力》9期(2000.9.), p. 16; "公僕心民 族情", 《上海人大月刊》7期(2000.7.), pp. 45–46.

77 "'專職代表'阮珮金", 《人民政壇》5期(2001.5.), pp. 5–9.

78 인대 지도자 및 고위 직원과의 인터뷰(톈진시, 1998년 5월 및 2001년 10월).

79 "做人民的忠實代言人", 《地方人大建設》8期(2000.8.), pp. 15–17.

80 全國人大常委會, 『我怎樣當人大代表』, pp. 132–6.

81 "人民醫生為人民", 《人民之聲》9期(1999.9.), pp. 28–29; "爲了永不消去 的聲波", 《人民與權力》10期(2000.10.), p. 15; 全國人大常委會, 『我怎樣 當人大代表』, pp. 3–9.

82 全國人大常委會, 『我怎樣當人大代表』, pp. 28–34.

83 "綠葉對根的情誼", 《上海人大月刊》6期(1999.6.), p. 29; 全國人大常委 會, 『我怎樣當人大代表』, pp. 160–163.

84 "人大代表的天職", 《人民與權力》9期(2000.9.), pp. 14–15.

85 趙寶煦, 『民主政治與地方人大』, pp. 177–178.

86 "人大代表的天職", p. 15; 劉政等, 『人民代表大會工作全書』, pp. 949, 958.

87 "新一屆人大代表情況分析及搞好代表工作設想", 《上海人大月刊》 7期(1998.7.), p. 25.

88 "中國人大代表公務員比率高達83.6%", 2012年 8月 3日, https://www. rfi.fr; 王廣輝, "人大代表結構優化之探索", 《河南工業大學學報》14卷 1期(2018.1.), pp. 14–22.

89 "'農官'代表心係農業", 《人民政壇》5期(2001.5.), p. 25; "王福慶的'代表 情節'", 《人民政壇》8期(2001.8.), p. 24.

90 "代表要唱這樣的歌", 《人民之友》3–4(1999.4.), pp. 38–39; "牢記重托 十五年", 《楚天主人》7期(2000.7.), pp. 22–23; "新的起點", 《人民政壇》

3期(2001.3.), p. 24.

91 "公僕心",《人民之友》9期(2000.9.), pp. 19–20.

92 "最是難忘工商情",《人民之聲》3期(2001.3.), pp. 32–33.

93 O'Brien, "Agents and remonstrators", pp. 375–377.

94 "平凡中的光輝",《人民之聲》12期(1999.12.), pp. 32–33.

95 全國人大常委會,『我怎樣當人大代表』, pp. 384–387; 톈진시 공청단 직원과의 인터뷰(톈진시, 2001년 5월); 산시성 부녀연합회 직원과의 인터뷰(톈진시, 2001년 7월).

96 陸學藝 主編,『當代中國社會流動』(北京: 社會科學文獻出版社, 2004), pp. 263–265; 吳波,『新階段中國社會階級階層分析』(北京: 淸華大學出版社, 2004), pp. 223–226.

97 인대 지도자와 고위 직원과의 인터뷰(톈진시, 2001년 3월).

98 陸學藝 主編,『當代中國社會階層研究報告』(北京: 社會科學文獻出版社, 2002), p. 221.

99 趙寶煦,『民主政治與地方人大』, p. 199.

100 中共中央組織部課題組 主編,『中國調查報告2000–2001: 新形勢下人民內部矛盾硏究』(北京: 中央編譯出版社, 2001), p. 158; 인대 지도자와 고위 직원과의 인터뷰(톈진시, 2001년 10월과 2002년 1월). 지난 연구에 의하면, 기업가(국유기업과 민영기업 모두 포함)의 공식 정원은 없지만 전국인대와 지방인대 대표 중에서 이들이 차지하는 대략적인 비율은 있다. 전국인대는 17%, 성급 인대는 15%, 현급 인대는 11% 정도다. Hou, *The Private Sector in Public Office*, p. 49.

101 "有作爲的人大代表",《人民之友》12期(2000年 12月), p. 47.

102 Hongbin Li et al., "Why Do Entrepreneurs Enter Politics? Evidence from China", *Economic Inquiry*, Vol. 44, No. 3 (July 2006), pp. 559–578.

103 呂鵬, "私營企業主擔任人大代表或政協委員影響因素的實證考察", 《社會學研究》 2013年 4期, pp. 154-178; Li et. al., "Why Do Entrepreneurs Enter Politics?", pp. 559-578.

104 "閃光的足跡", 《人民之聲》 5期(2000.5.), pp. 30-31; "牢記代表深深職責, 全心全意為人民服務", 《地方人大建設》 7期(1999.7.), pp. 35-36.

105 "傅進程的'說'和'做'", 《人民政壇》 20期(2001.1.), p. 20; "我是怎樣當人大代表的", 《山東人大工作》 9期(1999.9.), pp. 49-50; "一個事業家的追求", 《法治》 10期(2000.10.), pp. 10-11; "榮譽責任義務", 《法治》 7期(2000.7.), pp. 14-15; "科技崇德奉獻人生", 《人民之聲》 6期(2001.6.), pp. 36-37, 40.

106 "代表活動與經濟建設結合促進區域經濟發展", 《法治》 8期(1999.8.), p. 19; "七臺河市人大代表發展經濟聯誼會", 《法治》 7期(2001.7.), p. 6.

107 鷄西市 滴道區 個體私營企業 人大代表小組, "充分發揮自身優勢, 認真履行代表職責", 《法治》 11期(2000.11.), p. 19.

108 Hou, The Private Sector in Public Office, p. 88.

109 Chuanmin Chen, "Local Economic Development and the Performance of Municipal People's Congress Deputies in China: An Explanation for Regional Variation", Journal of Chinese Political Science, Vol. 25, No. 3 (2020), pp. 395-410.

110 王龍飛, "政治資本: 作爲縣級人大代表的私營企業家", 《上海大學學報》 33卷 4期(2016.7.), pp. 112-123.

111 Kevin O'Brien, *Reform without Liberalization: China's National People's Congress and the Politics of Institutional Change* (New York: Cambridge University Press, 1990), pp. 3-8; Murray Scot Tanner, "The National People's Congress", Merle Goldman and Roderick MacFarquhar (eds.), *The Paradox of China's Post-Mao Reforms* (Cambridge: Harvard University Press, 1999), p. 126.

제3부 결론
국가 헌정 체제의 평가와 전망

1 조영남, 『파벌과 투쟁: 덩샤오핑 시대의 중국 2(1983~1987년)』, pp. 271-271.

2 Dali L. Yang, *Remaking the Chinese Levithan: Market Transtion and the Politics of Governance in China* (Stanford: Stanford University Press, 2004); Yongnian Zheng, *Globalization and State Transformation in China* (Cambridge: Cambridge University Press, 2004); Chien-min Chao and Bruce J. Dickson (eds.), *Remaking the Chinese State: Strategies, Society, and Security* (London and New York: Routledge, 2001); Hongyi Lai, *China's Governance Model: Flexibility and Durability of Pragmatic Authoritarianism* (London and New York: Routledge, 2016).

3 鄢一龍, 『目標治理: 看得見的五年規劃之手』(北京: 中國人民大學出版社, 2013); 王紹光·鄢一龍, 『大智興邦: 中國如何制定五年規劃』(北京: 中國人民大學出版社, 2015).

4 정재호, 『중국의 중앙-지방 관계론: 분권화 개혁의 정치경제』(파주: 나남, 1999); Jia Hao and Lin Zhimin (eds.), *Changing Central-Local Relations in China: Reform and State Capacity* (Boulder: Westview Press, 1994); David S.G. Goodman and Gerald Segal (eds.), *China Deconstructs: Politics, Trade, and Regionalism* (London and New York: Routledge, 1994); David S.G. Goodman (ed.), China's Provinces in Reform: Class, *Community ad Political Culture* (London and New York: Routledge, 1997); Linda Chelan Li, *Centre and Provinces: China 1978-1993* (Oxford: Clarendon Press, 1998); Hans Hendrischke and Feng Chongyi (eds.), *The Political Economy of China's Provinces: Comparative and Competitive Advantage* (London and New York: Routledge, 1999); Jae Ho Chung, *Central Control and Local Discretion in China* (New York: Oxford University Press, 2000); Jae Ho Chung, *Centrifugal Empire: Central-Local Relations in China* (New

York: Columbia University Press, 2016).

5 Suzanne Ogden, *Inklings of Democracy in China* (Cambridge MA: Harvard University Asia Center, 2002); Jude Howell (ed.s), *Governance in China* (Lanham: Rowman & Littlefield Publishers, 2004); Elizabeth J. Perry and Merle Goldman (eds.), *Grassroots Political Reforms in Contemporary China* (Cambridge, MA: Harvard University Press, 2007; Luigi Tomba, *The Government Next Door: Neighborhood Politics in Urban China* (Ithaca and London: Cornell University Press, 2014); Ben Hillman, *Patronage and Power: Local State Networks and Party-State Resilience in Rural China* (Stanford: Stanford University Press, 2014); Daniel C. Mattingly, *The Art of Political Control in China* (New York: Cambridge University Press, 2020); Szu-chien Hsu, Kellee S. Tsai, and Chun-chih Chang (eds.), *Evolutionary Governance in China: State-Society Relations under Authoritarianism* (Cambridge, MA: Harvard University Asia Center, 2021).

6 William A. Joseph (ed.), *Politics in China: An Introduction* (Third Edition) (New York: Oxford University Press, 2019).

7 習近平, "在中央人大工作會議上的講話",《求是》2022年 5月, www. people.com.cn.

8 조영남·안치영·구자선,『중국의 민주주의: 공산당의 당내민주 연구』(파주: 나남, 2011), pp. 156-167.

9 조영남,『중국의 통치 체제 2』, pp. 144-153.

10 조영남,『중국의 통치 체제 1』, pp. 278-285.

11 조영남,「중국 시진핑 시기의 정치변화 분석과 평가: '권력 집중형' 권위주의의 등장」,《국제·지역연구》32권 2호(2023년 여름), pp. 41-69.

12 조영남,「2013년 중국 정치의 현황과 향후 전망」, 국립외교원 중국연구센터,『2013중국정세보고』(서울: 웃고문화사, 2014), pp. 3-6.

13 조영남,『중국의 법치와 정치개혁』, pp. 19-21; 人民代表大會制度研究

所 編, 『與人大代表談依法治國方略』(北京: 人民出版社, 2004), p. 9; 江澤
民, "高舉鄧小平理論偉大旗幟, 把建設有中國特色社會主義事業全
面推向21世紀", 中共中央文獻研究室 編, 『十五大以來重要文獻選編
(上)』(北京: 人民出版社, 2000), pp. 30−31.

14 "中華人民共和國憲法修正案", 中共中央文獻研究室 編, 『十五大以
來重要文獻選編(上)』(北京: 人民出版社, 2000), p. 808; 조영남, 『후진타오
시대의 중국 정치』(파주: 나남, 2006), p. 63.

15 袁曙宏 主編, 『〈全面推進依法行政實施綱要〉讀本』(北京: 法律出版社,
2004), pp. 329−332, 334−343; 江必新 主編, 『法制政府的建構』(北京: 中
國青年出版社, 2004).

16 最高人民法院研究室 編, 『人民法院五年改革綱要』(北京: 人民法院出版
社, 2000), p. 72; 公丕祥 主編, 『回顧與展望: 人民法院司法改革研究』
(北京: 人民法院出版社, 2009), p. 74.

17 張恆山 等著, 『法治與黨的執政方式研究』(北京: 法律出版社, 2004), pp.
1−23, 115−136; 俞可平 主編, 『依法治國與依法治黨』(北京: 中央編譯出版
社, 2007), pp. 1−9.

18 中共中央, "關於全面推進依法治國若干重大問題的決定", 《求是理論
網》 2014년 10월 28일, www.qstheory.cn.

19 中共中央, "關於全面深化改革若干重大問題的決定", 《求是理論網》
2013년 11월 15일, www.qstheory.cn.

20 조영남, 『중국의 법치와 정치개혁』, pp. 251−255.

21 조영남, 『중국의 법치와 정치개혁』은 이를 체계적이고 깊이 있게 분석한
연구 결과다.

22 조영남, 「'중국식 현대화'는 얼마나 '중국식'인가?」, 《성균차이나브리프》
12권 2호(2024년 4월), pp. 71−77; Young Nam Cho, "Democracy with
Chinese Characteristics? A Critical Review from a Developmental State

Perspective", *Issues and Studies*, Vol. 45, No. 4 (December 2009), pp. 71–106; Andras Szekely–Doby, "The Chinese Developmental State: Threats, Challenges, and Prospects", *Issues and Studies*, Vol. 56, No. 4 (December 2020) (Online version).

KI신서 13408

중국의 통치 체제 3: 국가 헌정 체제

1판 1쇄 인쇄 2025년 2월 19일
1판 1쇄 발행 2025년 3월 12일

지은이 조영남
펴낸이 김영곤
펴낸곳 (주)북이십일 21세기북스

인문기획팀 팀장 양으녕 **책임편집** 노재은 **마케팅** 김주현
표지 디자인 THIS-COVER **본문 디자인** 푸른나무디자인
출판마케팅팀 남정한 나은경 최명열 한경화 권채영
영업팀 변유경 한충희 장철용 강경남 황성진 김도연
제작팀 이영민 권경민

출판등록 2000년 5월 6일 제406-2003-061호
주소 (10881) 경기도 파주시 회동길 201(문발동)
대표전화 031-955-2100 **팩스** 031-955-2151 **이메일** book21@book21.co.kr

ⓒ 조영남, 2025
ISBN 979-11-7357-120-6 94340
          978-89-509-4148-2 94340 (세트)

(주)북이십일 경계를 허무는 콘텐츠 리더

21세기북스 채널에서 도서 정보와 다양한 영상자료, 이벤트를 만나세요!
페이스북 facebook.com/jiinpill21   **포스트** post.naver.com/21c_editors
인스타그램 instagram.com/jiinpill21   **홈페이지** www.book21.com
유튜브 youtube.com/book21pub

중국의 통치 체제 1: 공산당 영도 체제

조영남 | 520쪽

공산당 일당 통치는 왜 굳건히 유지되는가?
공산당의 영도 원칙과 구조 분석

- 이론적 측면에서 공산당 영도 체제와 원칙을 소개하고, 공산당 전면 영도, 민주 집중제, 당관간부(黨管幹部), 통일전선 등 운영 원칙을 알아본다.
- 공산당의 각종 조직 체제를 검토한다. 지역별로 중앙·지방·기층 조직, 기능별로 영도조직과 사무기구로 나뉘는 조직의 실제 모습과 운영을 체계적으로 분석한다.
- 공산당원의 구성과 활동을 살펴본다. 당원 구성의 변화 양상을 역사적으로 분석하면서 당원 충원과 일상 활동 등을 자세히 알아본다.

중국의 통치 체제 2: 공산당 통제 기제

조영남 | 836쪽

공산당은 국가와 사회를 어떻게 통치하는가?
공산당의 다섯 가지 통제 기제 분석

- 인사 통제: 국가기관·공공기관·국유기업·대중조직 등 주요 기관과 조직을 통제하는 공산당의 막강한 인사 권한과 실제 사용 사례를 구체적으로 분석한다.
- 조직 통제: 공산당 기층조직이 '영도 핵심'으로써 민영기업·비정부기구(NGO)·대학·도시사회를 통제하는 생생한 활동 사례를 살펴본다.
- 사상 통제: 당원과 국민의 생각을 조종하기 위해 일상적으로 사용되는 당원 학습 제도와 국민 교육 운동을 살펴보고, 언론 매체와 인터넷 공간의 통제도 체계적으로 알아본다.
- 무력 통제와 경제 통제: 공산당이 군사력과 공권력을 동원해 권력을 어떻게 공고히 유지하고, 국유자산과 국유기업을 이용해 경제 전반을 어떻게 통제하는지를 살펴본다.

중국의 통치 체제 3: 국가 헌정 체제

조영남 | 552쪽

중국의 정부와 의회는 어떻게 작동하는가?
중국 헌법의 다섯 가지 원칙과 구현 시스템 분석

- 문화대혁명 시기 미약하던 중국 정부와 의회의 역할은 개혁·개방 이후 급격히 커졌으며 다양한 현실 상황에 대응하며 독특한 작동 방식과 기능을 갖추었다. 이러한 중국 정부와 의회가 어떻게 작동하며 어떤 일에 집중하는지를 상세히 살펴본다.
- 중앙 정부인 국무원과 각급 지방 정부는 국가 헌정 체제를 주도하는 국가기관으로 거대한 관료조직을 갖추고 공산당 영도 속에서 일사불란한 정책 '집행'에 주력하고 있다. 또한, 중앙 의회인 전국인민대표대회, 지방 의회인 지방인민대표대회는 입법·감독·대의 활동을 펼친다.
- 중국 〈헌법〉의 5대 국가 헌정 체제 원칙은 ① 공산당 영도 ② 인민주권과 인민대표대회 ③ 민주집중제 ④ 민족자치 ⑤ 의법치국이다.

함께 읽으면 좋은 책

중국의 위기 대응 정책

조영남 | 332쪽

중국은 팬데믹에 어떻게 대응했는가?
'공산당－국가－사회－국민' 간 역동적인 상호작용

- 이 책은 2019년 12월 코로나19 발생 시 초기 대응 실패와 2020년 3월 '국내 확진자 없음(zero)' 상태로 통제하는 데 성공한 과정, 그리고 2022년 12월 말 '제로 코로나' 정책을 공식 폐기하기까지의 3년간을 추적하고 분석한다.
- 초기 대응에 실패한 중국이 어떻게 신속한 통제에는 성공할 수 있었을까? 공산당 중앙과 국무원은 중앙 지휘기구를 구성하고 '총동원령'과 신속한 집행을 통해 일사불란하게 움직였으며 지역에서는 '격자식' 사구 관리 체계를 통한 방역과 생활 관리가 이루어졌기 때문이다.
- 중국은 위기 시에 일상 시기의 '관료적 정책 방식'과는 다른 '운동식 정책 방식'을 사용하여 과감하고 신속하게 정책을 추진한다.